精品课程配套教材
21世纪应用型人才培养"十三五"规划教材
"双创"型人才培养优秀教材

U0731235

国际贸易理论

主　编　周双燕　吴　莎

副主编　李照青　雷安然　谢梦琴

　　　　周露昭　陈伟芝　谢　莹

　　　　林盛伟　任丹丹　罗　平

　　　　徐玉萍

GUOJI MAOYI LILUN

中国海洋大学出版社
CHINA OCEAN UNIVERSITY PRESS

·青岛·

图书在版编目（CIP）数据

国际贸易理论／周双燕，吴莎主编 . —青岛：中国海洋
大学出版社，2019.1
ISBN 978-7-5670-2107-5

Ⅰ.①国… Ⅱ.①周… Ⅲ.①国际贸易理论 Ⅳ.
①F740

中国版本图书馆 CIP 数据核字（2019）第 026063 号

出版发行	中国海洋大学出版社
社　　址	青岛市香港东路 23 号　　　　　邮政编码　266071
出 版 人	杨立敏
网　　址	http://pub.ouc.edu.cn
电子信箱	2880524430@ qq.com
订购电话	010-82477073（传真）　　　　　电　　话　010-82477073
责任编辑	郭周荣
印　　制	北京俊林印刷有限公司
版　　次	2019 年 5 月第 1 版
印　　次	2019 年 5 月第 1 次印刷
成品尺寸	185 mm×260 mm
印　　张	17.25
字　　数	406 千
印　　数	1—10000
定　　价	39.50 元

前　言

　　国际贸易对世界经济的发展乃至人类社会的进步都起到了巨大的促进作用。改革开放以来，为适应我国对外开放和经济发展的需要，国际贸易学科在我国得到了迅速的发展，国际贸易专业的学生也越来越多。进入 21 世纪以来，国际经济贸易环境发生了重大变化，对我国外经贸人才素质和知识结构提出了更高的要求。同时，随着我国对外贸易的迅速发展，基层外经贸部门和企业对应用型外经贸人才的需求也随之增加。

　　为适应培养新型经贸人才的需要，我们在广泛吸收国内外国际贸易教学成果的基础上，结合多年国际贸易的教学实践，编写了本书，目的是使学生学会并掌握国际贸易中的基本理论、基本知识和基本技能，培养学生分析和解决国际贸易问题的能力，使其掌握国际贸易理论、通晓国际贸易政策和体制规则，为毕业后从事对外经济贸易工作奠定良好的基础。

　　本书可作为国际贸易、电子商务、物流、商务英语、涉外会计等相关专业的教材或参考书，也可作为经济、贸易、管理及从事或准备从事外经贸工作的人员的培训用书和参考读物，还可供参加自学考试、执业资格考试（国际商务师资格考试）的人员参考之用。

　　本书力求做到以下几点。

　　1. 体系完整

　　在设计本书框架结构时，参阅了国内外具有代表性的相关教材，并结合编写人员多年的教学经验。本书内容主要包括国际贸易理论和国际贸易政策两大部分，便于学生学习和掌握不同部分的理论与现实意义，将理论与现实结合起来分析和解决国际贸易问题。

　　2. 内容新颖

　　国际贸易理论一直是一个非常活跃的研究领域，本书在保证思想性、科学性的前提下，注重对国际贸易发展的新领域、新现象、新理论、新规则的介绍，并纳入了当代国际贸易理论与实践的最新发展。

　　3. 联系实际

　　本书在对各种贸易理论和政策措施进行论述的同时，注重理论与实际的结合。既保证了对理论系统的完整介绍，又通过案例分析，培养了学生独立分析问题、思考问题和解决问题的能力。

　　4. 适用范围广

　　在教学内容的难易程度方面，本书既可满足国际贸易基础教学的需要，又便于学有余力的读者进行更升入的学习。

5. 便于使用

本书在每章前有学习目标，有助于学生明确学习目的。每章后有本章小结、案例分析和思考题，便于学生的复习、总结和提高。

本书由周双燕、吴莎担任主编，由李照青、雷安然、谢梦琴、周露昭、陈伟芝、谢莹、林盛伟、任丹丹、罗平、徐玉萍担任副主编。具体分工如下：周双燕编写第一章、第二章、第三章；吴莎编写第四章、第五章；李照青编写第六章；雷安然编写第七章；谢梦琴编写第八章；周露昭、陈伟芝、任丹丹编写第九章、第十章；谢莹、林盛伟、罗平、徐玉萍编写十一章。最后由周双燕对全书进行修改。

在本书编写出版过程中，得到了编者单位领导的大力支持，同时还参考和引用了国内外有关教材、著作和研究成果，在此一并致以衷心的感谢！

由于作者水平有限，书中难免存在疏忽与不妥之处，敬请同行专家及读者多提建议和意见，以便修订时更加完善。

编　者
2019 年 1 月

CONTENTS 目录

第一章　国际贸易概论 ·· 1

  第一节　国际贸易研究的对象和内容 ··· 1

  第二节　国际贸易的基本概念和分类 ··· 7

第二章　国际贸易理论 ·· 18

  第一节　早期的国际贸易理论 ·· 18

  第二节　古典国际贸易理论 ·· 23

  第三节　新古典国际贸易理论 ·· 30

  第四节　新贸易理论 ··· 37

  第五节　新兴古典国际贸易理论 ··· 42

第三章　对外贸易政策 ·· 50

  第一节　对外贸易政策的含义和类型 ··· 50

  第二节　对外贸易政策的制定和执行 ··· 53

  第三节　对外贸易政策的演变过程 ·· 56

  第四节　中国对外贸易政策 ·· 61

第四章　关税措施 ·· 68

  第一节　海关税则与通关制度 ·· 68

  第二节　关税概述 ··· 72

  第三节　普遍优惠制 ··· 78

  第四节　关税的经济效应 ·· 81

  第五节　WTO 的关税制度 ··· 85

第五章　非关税措施 ··· 90

  第一节　非关税措施概述 ·· 90

第二节　非关税措施种类 …………………………………………………… 93

第三节　非关税措施的经济效应 …………………………………………… 107

第六章　出口鼓励与出口管制 ……………………………………………… **114**

第一节　出口鼓励措施 ……………………………………………………… 114

第二节　出口管制措施 ……………………………………………………… 133

第七章　"不公平"贸易及其救济措施 …………………………………… **139**

第一节　倾销与反倾销 ……………………………………………………… 139

第二节　补贴与反补贴 ……………………………………………………… 150

第三节　保障措施 …………………………………………………………… 158

第八章　区域经济一体化与国际贸易 ……………………………………… **164**

第一节　区域经济一体化的形成 …………………………………………… 164

第二节　区域经济一体化的发展 …………………………………………… 168

第三节　区域经济一体化理论 ……………………………………………… 179

第四节　区域经济一体化对国际贸易的影响 ……………………………… 186

第九章　跨国公司与国际贸易 ……………………………………………… **192**

第一节　跨国公司概述 ……………………………………………………… 192

第二节　跨国公司内部贸易 ………………………………………………… 197

第三节　跨国公司主要理论 ………………………………………………… 204

第四节　跨国公司对国际贸易的影响 ……………………………………… 208

第十章　国际直接投资与国际贸易 ………………………………………… **212**

第一节　国际直接投资概述 ………………………………………………… 212

第二节　国际直接投资的发展历程 ………………………………………… 214

第三节　国际直接投资对国际贸易的影响 ………………………………… 217

第十一章　国际无形贸易 …………………………………………………… **224**

第一节　国际服务贸易 ……………………………………………………… 224

第二节　国际技术贸易 ……………………………………………………… 238

第三节　灵活多样的国际经济合作方式 …………………………………… 256

参考文献 ……………………………………………………………………… **268**

第一章
国际贸易概论

学习目标

· 了解
国际贸易的研究对象
国际贸易的产生和发展
· 掌握
国际贸易的相关概念
国际贸易的相关分类

第一节　国际贸易研究的对象和内容

一、研究对象

国际贸易作为一门学科，它的研究对象是具有各自经济利益的不同关税区，即不同国家或地区之间的商品和服务的交换活动。通过研究这些商品和服务交换活动的产生、发展过程，以及贸易利益的产生和分配，揭示这种交换活动的特点和规律。

二、研究内容

国际贸易主要研究国际贸易的产生、发展和贸易利益及分配问题，以揭示其中的特点与运动规律，具体的研究内容包括以下四个方面。

（一）国际贸易的产生与发展

国际贸易是在一定的历史条件下产生和发展起来的。一方面，社会生产力的发展既产生了可供交换的剩余产品，又产生了对国际分工的需要；另一方面，国际分工只有在社会分工和私有制的基础上才能产生。因此，社会生产力的发展和社会分工的产生和扩大是国际贸易产生和发展的基础。

1. 国际贸易的产生

在原始社会初期，人类的祖先结伙群居，打鱼捕兽，生产力水平极度低下，人们处于自然分工状态，劳动成果仅能维持群体最基本的生存需要，没有剩余产品用以交换，因此谈不上对外贸易。

人类历史的第一次社会大分工，即畜牧业和农业的分工，促进了原始社会生产力的发展，产品除维持自身需要以外，还有少量的剩余。人们为了获得本群体不生产的产品，便出现了氏族或部落之间用剩余产品进行的物物交换。当然，这种交换还是极其原始并偶然发生的。

在漫长的年代里，随着社会生产力的继续发展，手工业从农业中分离出来成为独立的部门，形成了人类社会第二次大分工。由于手工业的出现，产生了直接以交换为目的的生产——商品生产。当产品是专门为满足别人的需要而生产时，商品交换就逐渐成为一种经常性的活动。随着商品生产和商品交换的扩大，出现了货币，于是，商品交换就变成了以货币为媒介的商品流通。这样就进一步促使私有制和阶级的形成。由于商品交换的日益频繁和交换的地域范围不断扩大，又产生了专门从事贸易的商人阶层。

第三次社会大分工使商品生产和商品流通进一步扩大。商品生产和流通更加频繁和广泛，从而阶级和国家相继形成。于是，到原始社会末期，商品流通开始超越国界，这就产生了对外贸易。

总之，人类社会三次大分工，每次都促进了社会生产力的发展和剩余产品的增加，同时也促进了私有制的发展和国家的形成。当商品的交换超出国界时，国际贸易便应运而生。

2. 国际贸易的发展

（1）奴隶社会的国际贸易。

在奴隶社会，自然经济占主导地位，其特点是自给自足，生产的目的主要是为了消费，而不是为了交换。奴隶社会虽然出现了手工业和商品生产，但在一国整个社会生产中显得微不足道，进入流通的商品数量很少。同时，由于社会生产力水平低下和生产技术落后，交通工具简陋，道路条件恶劣，严重阻碍了人与物的交流，对外贸易局限在很小的范围内，其规模和内容都受到很大的限制。

奴隶社会是奴隶主占有生产资料和奴隶的社会，奴隶社会的对外贸易是为奴隶主阶级服务的。当时，奴隶主拥有财富的重要标志是其占有多少奴隶，因此奴隶社会的国际贸易中主要商品是奴隶。据记载，希腊的雅典就曾经是一个贩卖奴隶的中心。此外，粮食、酒及其他专供奴隶主阶级享用的奢侈品，如宝石、香料和各种织物等也都是当时国际贸易中的重要商品。

奴隶社会时期从事国际贸易的国家主要有腓尼基、希腊、罗马等，这些国家集中在地中海东部和黑海沿岸地区，主要从事贩运贸易。我国在夏商时代进入奴隶社会，贸易集中在黄河流域沿岸各国。

对外贸易在奴隶社会经济中不占有重要的地位，但是它促进了手工业的发展，奴隶贸易成为奴隶主经常补充奴隶的重要来源。

（2）封建社会的国际贸易。

在封建社会，封建地主阶级占统治地位，对外贸易是为封建地主阶级服务的。奴隶贸易在国际贸易中基本消失。参加国际贸易的主要商品，除了奢侈品以外，还有日用手工业品和食品，如棉织品、地毯、瓷器、谷物和酒等。这些商品主要是供国王、君主、教堂、封建地主和部分富裕的城市居民享用的。

在封建社会，国际贸易的范围明显地扩大。亚洲各国之间的贸易由近海逐渐扩展到远洋。早在西汉时期，中国就开辟了从长安经中亚通往西亚和欧洲的陆路商路——丝绸之路，把中国的丝绸、茶叶等商品运往西方各国，换回良马、种子、药材和饰品等。到了唐朝，除了陆路贸易外，还开辟了通往波斯湾以及朝鲜和日本等地的海上贸易。在宋、元时期，由于造船技术的进步，海上贸易进一步发展。在明朝永乐年间，郑和曾率领商船队七次下"西洋"，经东南亚、印度洋到达非洲东岸，先后访问了30多个国家，用中国的丝绸、瓷器、茶叶、铜铁器等同所到的国家进行贸易，换回各国的香料、珠宝、象牙和药材等。

在欧洲，封建社会的早期阶段，国际贸易主要集中在地中海东部。在东罗马帝国时期，君士坦丁堡是当时最大的国际贸易中心。7～8世纪，阿拉伯人控制了地中海的贸易，通过贩运非洲的象牙、中国的丝绸、远东的香料和宝石，成为欧、亚、非三大洲的贸易中间商。11世纪以后，随着意大利北部和波罗的海沿岸城市的兴起，国际贸易的范围逐步扩大到整个地中海以及北海、波罗的海和黑海的沿岸地区。当时，南欧的贸易中心是意大利的一些城市，如威尼斯、热那亚等，北欧的贸易中心是汉撒同盟的一些城市，如汉堡、卢卑克等。

综上所述，资本主义社会以前的国际贸易是为奴隶主和封建地主阶级利益服务的。随着社会生产力的提高，以及社会分工和商品生产的发展，国际贸易不断扩大。但是，由于受到生产方式和交通条件的限制，商品生产和流通的主要目的是为了满足剥削阶级奢侈生活的需要，贸易主要局限于各洲之内和欧亚大陆之间，国际贸易在奴隶社会和封建社会经济中都不占有重要的地位，贸易的范围和商品品种都有很大的局限性，贸易活动也不经常发生。15世纪的"地理大发现"及由此产生的欧洲各国的殖民扩张则大大发展了各洲之间的贸易，从而开始了真正意义上的"世界贸易"，而到了资本主义社会国际贸易才获得了广泛的发展。

(3) 资本主义时期的国际贸易。

15世纪末期至16世纪初，哥伦布发现新大陆，瓦斯科达·迦马从欧洲经由好望角到达亚洲，麦哲伦完成环球航行，这些地理大发现对西欧经济发展和全球国际贸易产生了十分深远的影响。大批欧洲冒险家前往非洲和美洲进行掠夺性贸易，运回大量金银财富，甚至还开始买卖黑人的罪恶勾当，同时还将这些地区作为本国的殖民地，妄图长久地保持其霸权。这样，既加速了资本原始积累，又大大推动了国际贸易的发展。西班牙、荷兰、英国之间长期战火不断，目的就是为了争夺海上霸权，归根到底，就是要争夺殖民地和国际贸易的控制权。可见，国际贸易是资本主义生产方式的基础，同争夺海运和国际贸易的霸权相呼应，这些欧洲国家的外贸活动常常具有一定的垄断性质，甚至还建立了垄断性外贸公司（如英国的东印度公司）。

17世纪中期英国资产阶级革命的胜利，标志着资本主义生产方式的正式确立。随后英国夺得海上霸权，意味着它在世界贸易中占据主导地位，这就为它向外掠夺扩张铺平了道路。18世纪中期的产业革命又为国际贸易的空前发展提供了十分坚实而又广阔的物质基础。一方面，蒸汽机的发明使用开创了机器大工业时代，生产力迅速提高，物质生活大为丰富，真正的国际分工开始形成。另一方面，交通运输和通讯联络的技术和工具都有突飞猛进的发展，各国之间的距离似乎骤然变短，这就使得世界市场真正得以建立。正是在这种情况下，国际贸易有了惊人的巨大发展，并且从原先局部的、地区性的交易活动转变为全球性的国际贸易。这个时期的国际贸易，不仅贸易数量和种类有长足增长，而且贸易方式和机构职能也有创新发展。显然，国际贸易的巨大发展是资本主义生产方式发展的必然结果。

19世纪70年代后，资本主义进入垄断阶段，此时的国际贸易不可避免地带有"垄断"的特点。主要资本主义国家的对外贸易被为数不多的垄断组织所控制，由它们决定着一国对外贸易的地理方向和商品构成。

（4）二战后的国际贸易。

为了获得更多的垄断利益，垄断资本家又互相勾结，建立起国际联盟组织，共同瓜分势力范围。如果说自由竞争时期的国际贸易活动还在推动资本主义方式发展的话，此时资本主义国际贸易则完全是为了攫取高额垄断利润，为了更有效地争夺原料产地、商品市场和投资场所。正因为这样，从全球范围来看，总的来说国际贸易的范围和规模在不断扩大，国际贸易越来越成为各国经济发展的重要因素。

两次世界大战时期，资本主义世界爆发了三次经济危机，战争的破坏和空前的经济危机使世界工业生产极为缓慢，在1913～1938年的25年间，世界工业生产量只增长了83%，同时，这一时期贸易保护主义显著加强，奖出限入措施交互推进，螺旋上升，给国际贸易的发展设置了层层的人为障碍。因此，两次世界大战期间，国际贸易的扩大进程几乎处于停滞状态。1913～1938年，世界贸易量只增长了3%，年增长率为0.7%，世界贸易值反而减少了32%，而且这一时期，国际贸易的增长更为明显地落后于世界工业生产的增长，许多国家对对外贸易的依赖性减小了。

在这一时期，国际贸易的地理格局发生了变化。第一次世界大战打断了各国间特别是欧洲国家与海外国家间的经济贸易联系，使欧洲在国际贸易中的比重下降，而美国的比重却有了较大的增长。亚洲、非洲和拉丁美洲的经济不发达国家在国际贸易中的比重亦有所上升。但在这一时期，欧洲国家仍然处于国际贸易的控制地位，因为两次大战期间的经济危机和超保护主义政策措施在限制欧洲各国间贸易的同时，鼓励和扩大了欧洲对其他国家的贸易。

两次世界大战期间，国际贸易商品结构的特点体现在初级产品和制成品上。在1913～1938年的初级产品贸易中，食品和农业原料所占的比重都下降了，而燃料和其他矿产品所占比重均有增加。制成品贸易结构的突出变化是重工业品贸易所占比重显著增加和纺织品贸易比重下降。金属和化学品的国际贸易比重也有所增加，但其他轻工产品贸易比重则下降了。制成品贸易日益从消费品贸易转向资本货物贸易，半制成品贸易也稍有增加。

第二次世界大战后，世界经济又一次发生了巨大变化，国际贸易再次飞速增长，其速度和规模都远远超过了19世纪工业革命以后的速度和规模。从1950年到2000年的50年中，全世界的商品出口总值从约610亿美元增加到61328亿美元，增长了将近100倍。即使扣除通货膨胀因素，实际商品出口值也增长了15倍多，远远超过了工业革命后乃至历史上任何一个时期的国际贸易增长速度。而且，世界贸易实际价值的增长速度（年平均增长6%左右）超过了同期世界实际GDP增长的速度（年平均增长3.8%左右）。这意味着国际贸易在各国 GDP 中的比重在不断上升，国际贸易在现代经济中的地位越来越重要。

二战后国际贸易领域出现了两个不同于以前的特征：服务贸易的快速发展和电子商务的广泛应用。二战后，伴随着第三次科学技术革命的发生，各国（尤其是发达国家）产业结构不断优化，第三产业急剧发展，加上资本国际化和国际分工的扩大和深化，国际服务贸易得到迅速发展。发达国家服务业占其国内生产总值比重达 2/3，其中美国已达 3/4，发展中国家服务业所占比重也达 1/2。发达国家服务业就业人数占其总就业人数比重达 2/3，发展中国家的这一比重达 1/3。随着服务业的发展，其专业化程度日益提高，经济规模不断扩大，从而使效率不断提高，为国际服务贸易打下了坚实的基础。在国际贸易商品结构不断软化的过程中，国际贸易的交易手段也发生着变化。特别是 20 世纪 90 年代，随着信息技术的发展，信息、计算机等高科技手段在国际贸易上的应用，出现了电子商务这种新型的贸易手段，无纸贸易和网上贸易市场的发展方兴未艾，已经引起了全球范围的结构性商业革命，有人声称 没有 EDI，就没有订单。据统计，EDI 使商务文件传递速度提高 81％，文件成本降低 44％，文件处理成本降低 38％，由于错讯造成的商贸损失减少 40％，市场竞争能力则提高 34％。利用国际互联网络的网上交易量也呈逐年上扬的势头，据国际电信联盟统计称，1996 年因特网交易总额为 20 亿～30 亿美元，1998 年增长至 500 亿美元。

电子商务的蓬勃发展，为企业生存注入了强大的活力。为推动我国电子商务的发展，各级外经贸部门要充分发挥掌握国际市场信息的优势，加紧研究，为实施"科技兴贸"战略发挥积极的市场导向作用。运用现代先进的电子网络技术，建立高新技术产品的信息数据库和电子交易系统，形成连接国际市场和国内高技术企业产品出口的专用信息网、交易网，使广大中、小高技术企业能够及时获得国内外高技术产业发展状况和高技术产品的供求信息，并根据这些信息，完成自己的技术创新，跻身国际市场。

随着历史的演进和科学技术的发展，无论是国际贸易的总量、规模，还是结构、形式都将逐步改变。

(5) 21 世纪的国际贸易。

进入 21 世纪，受到经济危机的影响，国际贸易的发展速度有所降低，但从总体上来看，经济全球化的势头依然不可阻挡，区域经济合作也进入新一轮高潮。纵观近年来国际贸易的发展情况，国际贸易呈现出如下发展特点和趋势。

第一，以发达国家为中心的贸易格局保持不变。

美、欧、日作为世界经济的主要力量，仍在国际贸易中占据主导地位。但随着一些发展中国家（或地区）在工业化方面取得了举世瞩目的成就，其经济结构与发达国家日益趋近，中国、韩国和东南亚等国家在全球贸易中所占的比重将会显著提升，特别是中国，已成为世界贸易大国，其在国际分工中的地位不断改善，将持续增加对全球贸易量的贡献率。

第二，国际贸易利益分配两极化。

发达国家和发展中国家在知识经济的发展过程中所处的地位不同，因此在国际贸易利益分配格局中，两极化的趋势将进一步明显，即所谓的"中心—外围化"趋势。在国际技术贸易中，发达国家占80％的份额，其中美、英、德、法、日等5国又占发达国家技术贸易总额的90％以上，仅美国就占了世界技术贸易总额的1/3，而且全球技术贸易的85％在发达国家之间进行。在知识经济全面发展的21世纪，在国际贸易利益分配中，发达国家"中心化"和发展中国家"外围化""边缘化"的趋势将进一步加剧。首先，发达国家和发展中国家在科学技术发明与创造中处于不对称地位，发达国家基本垄断了世界科技发明与创造。据统计，诺贝尔科学奖95％以上是被发达国家的科学家所获得，二战后世界应用的主要新技术成果也绝大部分由发达国家所垄断，仅美国就占其中的40％，日本、欧盟和其他新兴工业化国家则垄断了其余部分；其次，在国际贸易分工和产业升级换代中，发达国家也处于领先地位。有资料表明，在国际贸易中创造的每一美元，发达国家就可以拿到八十几美分，发展中国家仅能分到剩下的十几美分。所以，一方面要承认随着全球经济的发展，各国经济的绝对量在优化，但是另一方面也要认识到各国的相对量的恶化。

第三，国际贸易区域化。

世界贸易组织（WTO）是一个"以规则为基""成员主导"的混合体，这使得WTO在取得巨大成绩的同时，也面临着挑战。一方面，WTO还存在规则上的例外，导致对非歧视原则的严重侵蚀，在多边贸易谈判和争端解决机制背后仍掺杂着大量的政治权力因素，仍无法有效保护欠发达国家的利益；另一方面，WTO近年来在农业等领域谈判的失败，发达国家在多边贸易体制中的利好因素受到约束，因此区域性贸易合作不断增强。一些区域性合作集团想要借助区域化的力量形成新格局，并以此建立新的国际贸易秩序，如跨大西洋贸易与投资伙伴协议（TTIP）等。

第四，绿色贸易成为主流。

这一将在未来获得长远发展的知识经济，可以说是一种促进人和自然协调相处的、可持续发展的经济。与传统的工业经济不同，传统工业经济是以充分利用自然资源获取最大利润为目的，因此，很少或是不考虑生态效应、环境效应或社会效应。未来十几年内，生产、贸易和消费的观念将会发生巨大的改变，高新技术产品的研究和开发将遵循一种新的指导思想，即科学、合理、综合和高效地利用现有资源，同时开发尚未被利用的富裕的自然资源，以取代即将消耗殆尽的自然资源。因此，知识经济下的生产更加注重与自然、环境的和谐，在此基础上，绿色消费将成为潮流，绿色贸易将顺应环境保护的客观要求得到极大发展。

第五，贸易自由化成为主流，但仍存在变数。

在经济全球化的推动之下，世界各国的交往更加频繁、密切，贸易自由化已成为世界经济发展的主流。但是，随着国际贸易规模的不断扩大，因各国越来越考虑各自的战略利益，以及经济发展的不均衡性、区域贸易集团的排他性、贸易利益分配的两极化等因素，贸易摩擦日益增多，名目繁多的非关税壁垒层出不穷。

从上述国际贸易的产生和发展来看，尽管世界政治和经济的发展道路并不平坦，但是总的趋势仍是向前的。在科学技术的推动之下，经济全球化、生产国际化的趋势越来越明显，这是国际贸易不断发展的强大动力。各国在积极参与国际竞争的同时，也有必要更多地参与国际分工和国际贸易，以促进本国经济的发展，因此，21世纪国际贸易的发展前景更加广阔。

（二）国际贸易理论与学说

国际贸易理论的发展大致经历了古典、新古典、新贸易理论以及新兴古典国际贸易理论四大阶段。

古典和新古典国际贸易理论以完全竞争市场等假设为前提，强调贸易的互利性，主要解释了产业间贸易。古典国际贸易理论产生于 18 世纪中叶，是在批判重商主义的基础上发展起来的，主要包括亚当·斯密的绝对优势理论和大卫·李嘉图的比较优势理论，古典贸易理论从劳动生产率的角度说明了国际贸易产生的原因和利益分配。新古典贸易理论则产生于 19 世纪末 20 世纪初，主要代表性的理论为要素禀赋理论和里昂惕夫之谜。二战后，以全球贸易的新态势为契机，新贸易理论应运而生，从不完全竞争、规模经济、技术进步等角度解释了新的贸易现象。新兴古典国际贸易理论则以专业化分工来解释贸易，力图将传统贸易理论和新贸易理论统一在新兴古典贸易理论的框架之内。新兴古典经济学是20 世纪 80 年代以来新兴的经济学流派。新兴古典贸易理论依托新兴古典经济学的新框架，将贸易的起因归结为分工带来的专业化经济与交易费用两难冲突相互作用的结果，从而对贸易的原因给出了新的解释思路，使贸易理论的核心重新回到分工引起的规模报酬递增，是一种内生动态优势模型，是贸易理论和贸易政策统一的模型，是国内贸易和国际贸易统一的模型，能够整合各种贸易理论，是贸易理论的新发展。

上述国际贸易理论和学说对不同时期的贸易原因、贸易条件、贸易模式、贸易政策以及贸易和经济发展之间的关系进行了分析和研究，其中不乏有价值的理论和分析。对许多国家正确认识当代国家贸易，制定并实施符合自身国情的贸易政策具有积极的意义。

（三）对外贸易政策

对外贸易政策根据政策内容和目的的不同，大致可以分为自由贸易政策和保护贸易政策两大类。贸易政策发展到今天，其种类越来越多，除了传统的关税壁垒，还出现了种类繁多的非关税壁垒。一个国家究竟应该推行何种贸易政策，主要是由其经济发展水平和国际地位决定的。

（四）国际贸易格局

以国际分工产生的原因、内容和特点作为切入点，分析世界各国及各贸易集团在国际分工中的地位和发达国家、发展中国家、转型经济国家对外贸易发展的主要特点，研究以国际分工为基础和社会生产力发展下所形成的当代国际贸易发展的特点、格局和未来发展趋势。

第二节　国际贸易的基本概念和分类

国际贸易是社会生产力发展到一定阶段的产物，它的产生必须满足两个条件：一是国家的形成；二是可供交换的剩余产品的出现。进入 20 世纪之后，随着国际分工的深化和世界市场的扩大以及科学技术的迅猛发展，国际贸易无论是总量、规模，结构、形式都发生了巨大的变化。

一、国际贸易的基本概念

(一) 国际贸易和对外贸易

国际贸易（Internation l Trade）亦称"世界贸易"，泛指国际商品和劳务（即货物、知识和服务）的交换。它由各国（地区）的对外贸易构成，是世界各国对外贸易的总和。国际贸易在奴隶社会和封建社会就已发生，并随生产的发展而逐渐扩大。到资本主义社会，其规模空前扩大，具有世界性。

对外贸易（Foreign Tr de）亦称"国外贸易"或"进出口贸易"，是指一个国家（地区）与另一个国家（地区）之间的商品和劳务的交换。这种贸易由进口和出口两个部分组成。对运进商品或劳务的国家（地区）来说，就是进口；对运出商品或劳务的国家（地区）来说，就是出口。

(二) 国际贸易额和对外贸易额

国际贸易额（Internati nal Trade Value），又称国际贸易值，是用货币表示的反映一定时期内世界贸易规模的指标，是一定时期内世界各国（地区）出口贸易额的总和。

统计国际贸易额，必须把世界各国（地区）的出口额折算成同一货币后相加。同时要特别注意不能简单地把世界各国（地区）的对外贸易额相加，而只能是把世界各国（地区）的出口额相加。因为，一个国家的出口就是另外一个国家的进口，所以，如果把世界各国（地区）的进出口额相加，就会造成重复计算。又因为，大多数国家（地区）统计出口额以 FOB 价格计算，统计进口额以 CIF 价格计算，CIF 价格比 F B 价格多了运费和保险费，所以，以世界各国（地区）的出口额相加，能更确切地反映国际贸易的实际规模。

对外贸易额（Foreign rade Value），又称对外贸易值，是用货币表示的反映一国一定时期内对外贸易规模的指标，由一国一定时期内的出口额加进口额构成。目前，有的国家用本国货币表示，有的用外国货币表示。在计算时，出口额一般以 FOB 价格计算，进口额一般以 CIF 价格计算。

一国在一定时期内商品出口额与进口额相比而形成的差额，称为对外贸易差额（Foreign Trade Balance）。当出口额超过进口额时，为贸易顺差（Favorable Balance of Trade），也称为贸易出超；当进口额超过出口额时，为贸易逆差（Unfavorable Balance of Trade），也称为贸易入超；当出口额等于进口额时，叫作贸易平衡（Trade Balance）。

(三) 国际贸易量和对外贸易量

国际贸易量（Quantun of International Trade），是为了剔除价格变动影响，能准确反映国际贸易的实际数量，而确立的一个指标。在计算时，是以固定年份为基期而确定的价格指数去除报告期的国际贸易额，得到的就是相当于按不变价格计算（剔除价格变动的影响）的国际贸易额，该数值就叫报告期的国际贸易量。

对外贸易量（Quantun of Foreign Trade）是为剔除价格变动的影响，并能准确反映一国对外贸易的实际数量而确立的一个指标，它能确切地反映一国对外贸易的实际规模。具体计算是以固定年份为基期而确定的价格指数去除报告期的出口总额或进口总额，得到的是相当于按不变价格计算的出口额或进口额，叫做报告期的对外贸易量。

以货币所表示的对外贸易值经常受到价格变动的影响，因而不能准确地反映一国对外贸易的实际规模，更不能用不同时期的对外贸易值直接比较。而以一定时期为基期的贸易量指数同各个时期的贸易量指数相比较，就可以得出比较准确反映贸易实际规模变动的贸易量指数。

$$贸易量 = \frac{进出口额}{进出口价格指数}$$

$$价格指数 = \frac{报告期指数}{基期指数} \times 100\%$$

【例1-1】 以2015年为基期，某国该年的进出口价格指数均定为100。2016年该国进口贸易额为1170亿美元，出口贸易额为1200亿美元。2016年该国出口产品价格平均下跌5%，出口价格指数为95；2016年该国进口产品价格平均上涨3%，进口价格指数为103。

把这些数值代入上面的公式，便可得出该国2016年剔除了价格变动因素后的贸易额，即实际的进出口贸易量：

进口贸易量=1170÷103%=1135.92亿美元

出口贸易量=1200÷95%=1263.16亿美元

可见，该国2016年的进口贸易额虽然达到1170亿美元，但剔除价格变动因素后的实际进口贸易量只有1135.92亿美元；而该国2016年的出口贸易额虽然只有1200亿美元，但剔除价格变动因素后的实际出口贸易量却高达1263.16亿美元。

（四）国际贸易地理方向和对外贸易地理方向

国际贸易地理方向亦称"国际贸易地区分布"（International Trade by Region），用以表明世界各洲、各国或各个区域集团在国际贸易中所占的地位。计算各国在国际贸易中的比重，既可以计算各国的进、出口额在世界进、出口总额中的比重，也可以计算各国的进出口总额在国际贸易总额（世界进出口总额）中的比重。

对外贸易地理方向又称对外贸易地区分布或国别结构（Foreign Trade by Region），是指一定时期内各个国家或区域集团在一国对外贸易中所占有的地位，通常以它们在该国进出口总额或进口总额、出口总额中的比重来表示。对外贸易地理方向指明一国出口商品的去向和进口商品的来源，从而反映一国与其他国家或区域集团之间经济贸易联系的程度。一国的对外贸易地理方向通常受经济互补性、国际分工的形式与贸易政策的影响。比如说，"欧盟成为中国第一大贸易伙伴，双边贸易额达1772.9亿美元，美国次之，双边贸易额1696.3亿美元，中日双边贸易额1678.9亿美元"。这就是描述中国贸易地理方向的，中国的对外贸易主要朝向欧洲，其次是美国、日本等。

（五）国际贸易商品结构和对外贸易商品结构

国际贸易商品结构（Composition of International Trade）是指一定时期内各大类商品或某种商品在整个国际贸易中的构成，即各大类商品或某种商品贸易额与整个世界出口贸易额相比，以比重表示。

对外贸易商品结构（Composition of Foreign Trade）是指一定时期内一国进出口贸易中各种商品的构成，即某大类或某种商品进出口贸易与整个进出口贸易额之比，以份额表示。

为便于分析比较国际贸易商品结构与对外贸易商品结构，世界各国和联合国均以联合国《国际贸易商品标准分类》（SITC）公布的国际贸易和对外贸易商品结构进行分析比较。国际贸易商品结构可以反映出整个世界的经济发展水平、产业结构状况和科技发展水平；一国对外贸易商品结构可以反映出该国的经济发展水平、产业结构状况、科技发展水平等。

（六）对外贸易依存度

对外贸易依存度（Ratio of Dependence on Foreign Trade）又称为对外贸易系数，是指一国的进出口总额占该国国民生产总值或国内生产总值的比重。一国对国际贸易的依赖程度，一般可用对外贸易依存度来表示，体现该国经济增长对进出口贸易的依附程度，也是衡量一国贸易一体化的主要指标。比重的变化意味着对外贸易在国民经济中所处地位的变化。其计算公式为：

$$对外贸易依存度 = \frac{进出口贸易值}{GNP/GDP}$$

为了准确地表示一国经济增长对外贸依赖程度，人们又将对外贸易依存度分为进口依存度和出口依存度。进口依存度反映一国市场对外的开放程度，出口依存度则反映一国经济对外贸的依赖程度。其计算公式分别为：

$$进口依存度 = \frac{进口贸易额}{GNP/GDP}$$

$$出口依存度 = \frac{出口贸易额}{GNP/GDP}$$

一般来说，对外贸易依存度越高，表明该国经济发展对外贸的依赖程度越大，同时也表明对外贸易在该国国民经济中的地位越重要。伴随经济的全球化，对外贸易在各国经济中的比重都在增加。

资料链接 1-1

中国的对外贸易依存度

20世纪80年代以来，随着中国经济融入世界经济一体化的进程，对外贸易快速增长。伴随着外贸的增长，中国的对外贸易依存度也不断提高。中国对外贸易依存度经历了三个阶段的发展。

第一阶段是1985～1990年，随着中国对外开放的逐步扩大，出口缓慢增长。1985年，中国对外贸易依存度为23.1%，其中出口依存度为9.02%，进口依存度为14.08%；1990年中国对外贸易依存度首次达到30%，其中出口依存度为16.05%，进口依存度为13.84%，中国出口慢慢赶上并超过进口。这一阶段，主要由于国内资源紧缺和大量技术设备的进口，使进口依存度连续多年高于出口依存度。

第二个阶段是1990～2000年，在这一阶段，中国采取了一系列的宏观经济调控措施，使出口额年均增长达到12.4%，超出了中国年均GDP的增长速度8.8%。劳动密集型产业崛起，加工贸易的开展，使出口快速增长，出口依存度超过进口依存度，推动外贸稳步上升，中国的对外贸易依存度也于1994年突破40%。虽然1996～1999年四年内中国的对外贸易依存度有所滑落，但是在35%左右徘徊，2000年再次达到43.9%。

第三个阶段是 2001 年至今。随着中国加入 WTO，经济全球化进一步加深，对外贸易对经济增长的作用日益明显，2004 年中国进出口贸易总额历史性的突破万亿美元大关，超过日本，名列世界第三位，对外贸易的增长速度，远远高于中国国内生产总值的增长和世界贸易的增长。中国对外贸易依存度快速增加，2002 年突破 50％，2005 年已经高达 63％，2006 年更是达到 67％的高点，此后受我国经济转型、内外需结构调整以及国际金融危机的影响，从 2007 年开始对外贸易依存度逐步回落，2008 年为 60.2％，2012 年为 45.2％，到 2017 年更是低至 33.6％，仅比 2002 年高 0.1％。据有关学者分析，中国已经跻身中等贸易依存度国家行列，即贸易依存度集中在 30％～100％之间，与法国、意大利、英国、韩国、德国等国相似。

（七）贸易条件

贸易条件（Terms of Trade）是用来衡量在一定时期内一个国家出口相对于进口的盈利能力和贸易利益的指标，反映该国的对外贸易状况，一般以贸易条件指数表示，在双边贸易中尤其重要。常用的贸易条件有 3 种不同的形式：商品贸易条件、收入贸易条件和要素贸易条件，它们从不同的角度衡量一国的贸易所得。

1. 商品贸易条件

商品贸易条件（Commodity Terms of Trade）又称净易货贸易条件（Net Barter Terms of Trade），也称纯物物贸易条件，是指同额价款的商品在国际交换中的数量比率。即指出口价格对进口价格的比率。用于表示每出口一单位商品所能获得的进口商品数量。通过计算其指数，可反映一国对外贸易的状况是有利还是不利。其计算公式为：

$$N = (P_x / P_m) \times 100$$

式中：N 为商品贸易条件；P_x 为出口价格指数；P_m 为进口价格指数。

如果贸易条件指数大于 100，说明出口价格比进口价格相对上涨，出口同量商品能换回比原来更多的进口商品，该国的该年度贸易条件比基期有利，即得到改善；如果贸易条件指数小于 100，说明出口价格比进口价格相对下跌，出口同量商品能换回的进口商品比原来减少，该国的该年度贸易条件比基期不利，即恶化了。

【例 1-2】 假定某国净贸易条件以 1975 年为基期，即为 100。到 2015 年，该国出口价格指数下降 5％，即为 95；进口价格指数上升 10％，即为 110，那么，这个国家 2015 年的净贸易条件为：

$$N = (P_X / P_M) \times 100 = (95/110) \times 100 = 86.36$$

这表明该国从 1975 年到 2015 年的 40 年间，净贸易条件从 1975 年的 100 下降到 2015 年的 86.36。2015 年与 1975 年相比，贸易条件恶化了 13.64。

2. 收入贸易条件

收入贸易条件指数（Income Terms of Trade，ITT）是将商品贸易条件指数乘以出口贸易量指数，是一定时期内出口量指数与商品贸易条件指数的乘积。其计算公式为：

$$I = (P_x / P_m) \times Q_X$$

式中：I 为收入贸易条件；Q_X 为出口数量指数。

收入贸易条件反映了一国出口商品的总体进口能力的变动情况以及一国通过对外贸易满足本国消费需求和经济增长的能力，对宏观经济的影响较直接。但收入贸易条件无法说明贸易条件的改善是由于出口商品结构优化、技术含量提高还是由于低价促销带动出口数量增长，无法表明一国出口商品的实际竞争能力。

如果商品贸易条件下降导致出口收入更大幅度的增加，则收入贸易条件就是上升的。例如，如果沙特增加了石油的出口，从而导致世界石油价格的下跌，但石油价格下跌的幅度小于石油出口量增加的幅度，则石油的出口收入就会增加，在进口价格不变的情况下，该国的收入贸易条件就是上升的。

3. 要素贸易条件

要素贸易条件（Factorial Terms of Trade，简称 FTT）是指以出口商品生产所需生产要素投入量作为衡量依据的贸易条件。

要素贸易条件常分为单要素贸易条件（Single Factorial Terms of Trade，简称 SFTT）和双要素贸易条件（Double Factorial Terms of Trade，简称 DFTT）。

单要素贸易条件是在商品贸易条件的基础上，考虑了出口商品劳动生产率提高或降低之后贸易条件的变化，其计算公式为：

$$S = (P_x / P_m) \times Z_X$$

式中：S 为单要素贸易条件；Z_X 为出口商品劳动生产率指数。

双要素贸易条件不仅考虑了出口商品劳动生产率的变化，而且还考虑了进口商品劳动生产率的变化。其计算公式为：

$$D = (P_x / P_m) \times (Z_X / Z_M) \times 100$$

式中：D 为双要素贸易条件；Z_M 为进口商品劳动生产率指数。

要素贸易条件表明，商品贸易条件恶化并不一定是一件坏事，因为出口生产率的提高会使出口价格下降，而国外进口品生产率的下降会使进口价格上升，但无论发生哪种情况，一国从贸易中获得利益的大小主要取决于劳动生产率上升或下降的幅度是否超过了价格的上升或下降的幅度，而不是取决于价格贸易条件。

二、国际贸易的分类

国际贸易活动种类繁多，性质复杂，从不同的角度对国际贸易进行分类有利于更好地了解和研究国际贸易。

（一）按货物移动方向划分

1. 出口贸易

出口贸易又称输出贸易（Export Trade），是指本国生产或加工的商品输往国外市场销售。从国外输入的商品，未在本国消费，又未经本国加工而再次输出国外，称为复出口或再输出（Re-Export Trade）。出口贸易大于进口贸易，外汇收支表现为顺差，构成了外汇储备的来源，它标志着一个国家的支付能力和经济实力。

2. 进口贸易

进口贸易又称输入贸易（Import Trade），是指将外国商品输入本国市场销售。输往国外的商品未经消费和加工又输入本国，称为复进口或再输入（Re-Import Trade）。

一国在同类商品上既有出口也有进口，如该类货物出口量大于进口量，被称为净出口（Net Export）；反之，该货物出口量小于进口量时被称为净进口（Net Import）。

3. 过境贸易

过境贸易（Transit Trade）是指甲国向乙国运送商品，由于地理位置的原因，必须通过第三国，对第三国来说，虽然没有直接参与此项交易，但商品要进出该国的国境或关境，并要经过海关统计，从而构成了该国进出口贸易的一部分。

过境贸易可分为直接和间接两种。

直接过境贸易是外国商品纯系转运性质经过本国，并不存放在本国海关仓库，在海关监督下，从一个港口通过国内航线装运到另一个港口再输出国外；或在同一港口内从这艘船装到另一艘船；或在同一车站从这列火车转装到另一列火车后离开国境。

间接过境贸易是外国商品运到国境后，先存放在海关保税仓库，以后未经加工改制，又从海关保税仓库提出，再运出国境，根据专门贸易体系，这种商品移动作为过境贸易处理不计入对外贸易额内（专门贸易体系以关境为标准划分进出口，过境贸易只通过一国国境，没有通过一国关境，因此没有计入对外贸易额）。

（二）按商品形态划分

有形商品贸易（Tangible Goods Trade）是指买卖那些看得见、摸得着的具有物质形态的商品（如粮食、服装等）的交换活动，有形商品的进出口都要通过海关办理手续，并且在海关统计中反映出来，从而构成一个国家（地区）的对外贸易额。为了便于统计和分析，联合国秘书处于1950年公布了《国际贸易标准分类》（Standard International Trade Classification，简称SITC）。1960年、1975年、1985年、2006年还分别对其作过四次修订。在这个标准分类中，把有形商品分为10大类（Section）、63章（Division）、233组（Group）、786个分组（Sub-group）和1924个项目（Item）。SITC几乎包括了所有的有形贸易商品。每种商品都有一个六位数的目录编号。第一位数表明类，第二位数表示章，第三位数表示组，第四位数表示分组，第五位数表示项目，第六位数表示"子目"。这10类商品分别为：食品及主要供食用的活动物（0）；饮料及烟类（1）；燃料以外的非食用粗原料（2）；矿物燃料、润滑油及有关原料（3）；动植物油脂及油脂（4）；未列名化学品及有关产品（5）；主要按原料分类的制成品（6）；机械及运输设备（7）；杂项制品（8）；没有分类的其他商品（9）。在国际贸易中，一般把0到4类商品称为初级产品，把5到8类商品称为制成品。

无形商品贸易（Intangible Goods Trade），是相对于有形商品贸易而言的，指劳务或其他非实物商品的进出口而发生的收入与支出。主要包括：①和商品进出口有关的一切从属费用的收支，如运输费、保险费、商品加工费、装卸费等；②和商品进出口无关的其他收支，如国际旅游费用、外交人员费用、侨民汇款、使用专利特许权的费用、国外投资汇回的股息和红利、公司或个人在国外服务的收支等。以上各项中的收入，称为"无形出口"；以上各项中的支出，称为"无形进口"。

无形贸易通常不办理海关手续，在海关的出口统计中反映不出来，而在国际收支中反映出来。无形贸易额是一国国际收支的重要部分。

（三）按关境和国境划分

1. 总贸易

总贸易是以国境为标准划分进口与出口的。凡进入国境的商品一律列为进口；凡离开国境的商品一律列为出口。前者被称为总进口，后者被称为总出口。总进口额与总出口额之和就是一国的总贸易额（General Trade）。采用这种标准的国家有美国、日本、英国、加拿大、澳大利亚、中国和东欧国家。

2. 专门贸易

专门贸易与总贸易相反，是以关境为标准划分进出口的。凡进入关境的商品一律列为进口，凡离开关境的商品一律列为出口。因此，当外国商品进入国境后，暂时存放在保税仓库，尚未进入关境，一律不列为进口。只有从外国进入关境的商品以及从保税仓库提出，进入关境的商品，才列为进口。专门进口额加专门出口额即为专门贸易额（Special Trade）。采用这种标准的国家有德国、意大利、瑞士等。

总贸易和专门贸易反映的问题不同。前者包括所有进出该国的商品，反映一国在国际商品流通中所处的地位；后者包括进口用于该国生产和消费的商品，出口由该国生产和制造的商品，反映一国作为生产者和消费者在国际贸易中所起的作用。

资料链接 1-2

关境与国境

关境是各国政府海关管辖内的并要执行海关各项法令和规章的区域，也称为关税领域。从一般情况看，关境与国境是一致的，但有些国家境内设立经济特区，而这经济特区不属于关境范围之内，这时，关境就比国境小。有些国家相互间缔结关税同盟，把参加关税同盟国家的领土连成一片，在整个关税同盟的国境范围设立关境，这时的关境就比国境大。关境是海关学的一个基本概念，关境是指适用于同一海关法或实行同一关税制度的领域。关境同国境一样，包括其领域内的领水、领陆和领空，是一个立体的概念。

关境与国境有着密切的关系：

（1）在一般情况下，关境的范围等于国境。

（2）关境可能大于国境。如关税同盟的成员国之间货物进出国境不征收关税，只对来自和运往非同盟国的货物在进出共同关境时征收关税，因而对于每个成员国来说，其关境大于国境，如欧盟。

（3）关境可能小于国境。若在国内设立自由港、自由贸易区等特定区域，因进出这些特定区域的货物都是免税的，因而该国的关境小于国境。

（4）我国的关境范围是除享有单独关境地位的地区以外的中华人民共和国的全部领域，包括领水、领陆和领空。目前我国的单独关境有香港、澳门和台、澎、金、马单独关税区。在单独关境内，各自实行单独的海关制度。因此，我国关境小于国境。

（四）按贸易主体的关系划分

1. 直接贸易

直接贸易（Direct Trade）是指商品生产国与商品消费国直接卖买商品而不通过第三国的行为，国际贸易中大多采用直接贸易。

2. 间接贸易

间接贸易（Indirect Trade）是"直接贸易"的对称，是指商品生产国与商品消费国通过第三国进行卖买商品的行为。其中，生产国是间接出口；消费国是间接进口；第三国是转口。

3. 转口贸易

转口贸易（Transport Trade）是指国际贸易中进出口货物的买卖，不是在生产国与消费国之间直接进行，而是通过第三国转手进行的贸易。这种贸易对中转国来说就是转口贸易。交易的货物可以由出口国运往第三国，在第三国不经过加工（改换包装、分类、挑选、整理等不作为加工论）再销往消费国；也可以不通过第三国而直接由生产国运往消费国，但生产国与消费国之间并不发生交易关系，而是由中转国分别同生产国和消费国发生交易。

转口贸易的发生，主要是有些国家（或地区）由于地理的、历史的、政治的或经济的因素，其所处的位置适合于作为货物的销售中心。这些国家（或地区）输入大量货物，除了部分供本国或本地区消费外，又再出口到邻近国家和地区。如新加坡、中国香港、伦敦、鹿特丹等，都是国际著名的中转地，拥有数量很大的转口贸易。它们通过转口贸易，除了可以得到可观的转口利润和仓储、运输、装卸、税收等收入外，同时也推动了当地金融、交通、电讯等行业的发展。

....

资料链接 1－3

转口贸易与过境贸易

转口贸易：货物消费国和货物生产国通过第三国进行的贸易活动，对于第三国而言就是转口贸易。商品的生产国把商品卖给第三国（或地区）的商人，然后第三国（或地区）的商人再把商品卖给真正的商品消费国。这种贸易对商品生产国和消费国来说是间接贸易（Indirect Trade），对第三国（或地区）来说，则是转口贸易（Transport Trade）。

过境贸易：别国出口货物通过本国国境，未经加工改制，在基本保持原状条件下运往另一国的贸易活动，包括直接过境贸易和间接过境贸易。比如内陆国与不相邻的国家之间的商品交易，就必须通过第三国国境，对第三国海关来说，就会把这类贸易归入过境贸易。不过如果这类贸易是通过航空运输飞越第三国领空的话，第三国海关不会把它列入过境贸易。

转口贸易和过境贸易的区别，在于商品的所有权在转口贸易中先从生产国出口者那里转到第三国（或地区）商人手中，再转到最终消费该商品的进口国商人手中。而在过境贸易中，商品所有权无需向第三国商人转移。

....

（五）按清偿工具划分

1. 现汇贸易

现汇贸易（Cash-Liquidation Trade）又称自由结汇贸易，是用国际货币进行商品或劳务价款结算的一种贸易方式。买卖双方按国际市场价格水平议价，按国际贸易惯例议定具体交易条件。交货完毕以后，买方按双方商定的国际货币付款。买卖行为是各自独立的单向贸易。它非常方便，是国际贸易中使用最多、最普遍的贸易方式。而作为偿付工具的货币必须是国际金融市场上能自由兑换的货币，主要为美元、欧元、日元和英镑等。

2. 记账贸易

记账贸易（Clearing Agreement Trade）是指在国际贸易中，贸易双方通过银行记账进行清算的一种贸易方式，通常是根据两国政府间签订的双边贸易协定和支付协定，商定每年进出口额，主要进出口商品的品种和数量，执行期限和记账程序，各自在对方国家开立银行账户，集中结算货款。双方的进出口公司出运商品以后，只在各自的银行账户上记入贷出或借入即可。每年年终进行结算，差额部分用商定的货币偿还，或转入下一年度。通常双方规定一个限额限度，当一方结欠超过限额时，另一方可以停止交货，或者催促对方加速交货。

3. 易货贸易

易货贸易（Barter Trade）是指在换货的基础上，把等值的出口货物和进口货物直接结合起来的贸易方式。传统的易货贸易，一般是买卖双方各以等值的货物进行交换，不涉及货币的支付，也没有第三者介入，易货双方签订一份包括相互交换抵偿货物的合同，把有关事项加以确定。在国际贸易中，使用较多的是通过对开信用证的方式进行易货。易货贸易在实际做法上比较灵活，例如：在交货时间上，可以进口与出口同时成交，也可以有先有后；在支付办法上，可用现汇支付，也可以通过账户记账，从账户上相互冲抵；在成交对象上，进口对象可以是一个人，而出口对象则是由进口人指定的另一个人等等。

● 本章小结

本章首先介绍了国家贸易的研究对象和研究内容，以及国际贸易的基本概念和分类，可以从不同的角度对国家贸易的分类进行了解；分析了国际贸易产生的原因和发展的历程。

● 重要概念

国际贸易（International Trade）

国际贸易额（International Trade Value）

对外贸易额（Foreign Trade Value）

贸易顺差（Favorable Balance of Trade）

贸易逆差（Unfavorable Balance of Trade）

国际贸易量（Quantum of International Trade）

对外贸易量（Quantum of Foreign Trade）

国际贸易地理方向（International Trade by Region）

国际贸易商品结构（Composition of International Trade）

对外贸易依存度（Ratio of Dependence on Foreign Trade）

贸易条件（Terms of Trade）

过境贸易（Transit Trade）

总贸易（General Trade）

专门贸易（Special Trade）

转口贸易（Transport Trade）

练习题

1. 什么是国际贸易？与对外贸易的区别是什么？
2. 如何区分贸易量和贸易额？
3. 什么是国际贸易地理方向？
4. 如何用公式表示对外贸易依存度？对外贸易依存度有何意义？
5. 什么是商品贸易条件？如何根据计算值判断一国的贸易条件状况？
6. 关境和国境有什么区别和联系？
7. 过境贸易和转口贸易的区别是什么？

第二章
国际贸易理论

学习目标

- **了解**

  国际贸易理论的产生背景

  对相关国际贸易理论的评价

- **掌握**

  国际贸易理论的主要内容

  能用相关国际贸易理论分析实际问题

国际贸易理论的发展大致经历了古典、新古典、新贸易理论以及新兴古典国际贸易理论四大阶段。古典和新古典国际贸易理论以完全竞争市场等假设为前提，强调贸易的互利性，主要解释了产业间贸易。二战后，以全球贸易的新态势为契机，新贸易理论应运而生，从不完全竞争、规模经济、技术进步等角度解释了新的贸易现象。新兴古典国际贸易理论则以专业化分工来解释贸易，力图将传统贸易理论和新贸易理论统一在新兴古典贸易理论的框架之内。

第一节　早期的国际贸易理论

一、重商主义

（一）历史背景

历史上对国际贸易的研究和理论在最早的时候几乎都是出自重商学派的著作。重商主义（Mercantilism）是资产阶级最初的经济学说。产生和发展于欧洲资本原始积累时期，反映这个时期商业资本的利益和要求。它对资本主义生产方式进行了最初的理论考察。重商主义学说产生于15世纪，全盛于16和17世纪，衰落于18世纪。重商主义最早出现在意大利，随后发展到西班牙、葡萄牙、荷兰、英国和法国。15世纪末，西欧社会进入封建社会的瓦解时期，资本主义生产关系开始萌芽和成长；地理大发现扩大了世界市场，给商业、航海业、工业以极大刺激；商业资本发挥着突出的作用，促进各国国内市场的统一和世界市场的形成，推动对外贸易的发展；与商业资本加强的同时，西欧一些国家建立起封建专制的中央集权国家，运用国家力量支持商业资本的发展。随着商业资本的发展和国家支持商业资本的政策的实施，产生了从理论上阐述这些经济政策的要求，逐渐形成了重商主义的理论。重商主义抛弃了西欧封建社会经院哲学的教义和伦理规范，开始用世俗的眼光，依据商业资本家的经验去观察和说明社会经济现象。它以商业资本的运动作为考察对象，从流通领域研究了货币——商品——货币的运动（资本产生的过程）。

（二）主要内容

重商主义是资本主义生产方式准备时期，代表欧洲商业资本利益的经济思想和政策体系。它追求的目的就是在国内积累货币财富，把贵重金属留在国内，在对外贸易上采取国家干预的强制的保护贸易政策。重商主义的发展经历了早期重商主义和晚期重商主义两个阶段。

1. 早期重商主义

早期重商主义产生于 15—16 世纪中叶，以货币差额论为中心（即重金主义），强调少买。该时期代表人物为英国的威廉·斯塔福。早期重商主义者主张采取行政手段，禁止货币输出，反对商品输入，以贮藏尽量多的货币。一些国家还要求外国人来本国进行交易时，必须将其销售货物的全部款项用于购买本国货物或在本国花费掉。

2. 晚期重商主义

16 世纪下半叶到 17 世纪是重商主义的第二阶段，即晚期重商主义，其中心思想是贸易差额论，强调多卖，代表人物为托马斯·孟，他的主要著作是《英国得自对外贸易的财富》。他认为增加英国财富的手段就是发展对外贸易。但是必须遵循一条原则，就是卖给外国人的商品总值应大于购买他们的商品总值，从每年的总进出口贸易中取得顺差。增加货币要与商品联系起来，只有输出商品，才能输入更多的货币。孟主张扩大农产品和工业品的出口，减少外国制品的进口，反对英国居民消费英国能够生产的外国产品，主张发展加工工业，发展转口贸易。16 世纪下半叶，西欧各国力图通过实施奖励出口，限制进口，即奖出限入的政策措施，保证对外贸易出超，以达到金银流入的目的。

....

资料链接 2－1

托马斯·孟

托马斯·孟（Thomas Mun，1571—1641），出生于伦敦的一个商人家庭，早年从商，后来成为英国的大商人。托马斯·曼是英国重商主义的集大成者，其重商主义理论及税收思想集中表现在《英国得自对外贸易的财富》一书之中。该书不仅成为英国，而且成为一切实行重商主义政策的国家在政治、经济等方面的基本准则。托马斯·孟的《英国得自对外贸易的财富》一书，在历史上占据着不可磨灭的地位。马克思曾对该书给予很高的评价，被看作是"重商主义的圣经"。他在谈到托马斯·孟这本改写后出版的著作时说："这一著作早在第一版就有了特殊的意义，即它攻击当时在英国作为国家政策还受到保护的原始的货币制度，因而它代表重商主义体系对于自己原来体系的自觉的自我脱离。这一著作已经以最初的形式出了好几版，并且对立法产生了直接影响。"（马克思：《＜批判史＞论述》，《马克思恩格斯全集》第 20 卷，人民出版社 1971 年版）

马克思接着指出，这部书"在一百年之内，一直是重商主义的福音书。因此，如果说重商主义具有一部划时代的著作……那么这就是托马斯·孟的著作"。

托马斯·孟重商主义理论的核心，是国际贸易差额论。认为金银货币是财富的唯一形态，而对外贸易是财富的唯一源泉。外贸要"少买多卖"，使货币流入多于支出。为此，托马斯·孟认为：为了实现国家外贸出超，增加本国货币积累的目的，国家要干预经济生活，以保证上述目标的实现。他建议国家采取有效政策和措施，其中主要是保护关税政策，以奖励输出，限制输入。他主张，当商品输出时，国家全部或部分地退还资本家原先已纳的税款；同时，对输入本国的外国商品课以高额关税或禁止性关税，保护本国工业发展；当进口商品经过加工重新输出时，国家则应退还这些商品在进口时所纳的关税。

（三）政策主张

1. 贵金属（货币）是衡量财富的唯一标准

一个国家的财富必不可少的是贵金属，如金银等。一切经济活动的目的就是为了获取金银。除了开采金银矿以外，对外贸易是货币财富的真正的来源。因此，要使国家变得富强，就应尽量使出口大于进口，因为贸易出超才会导致贵金属的净流入。一国拥有的贵金属越多，就会越富有、越强大。因此，政府应该竭力鼓励出口，不主张甚至限制商品（尤其是奢侈品）进口。

2. 保护关税政策

关税制度在重商主义之前主要是出于增加财政收入的目的，到了重商主义时期关税就成为贸易保护政策的一种手段。其具体做法是：对进口的制成品设置关税壁垒，课以重税，使进口商品的成本增加，售价昂贵，已达到限制进口的目的；对进口的原材料和出口的制成品，则减免关税或是在出口制成品时再退还进口原材料所征收的关税，以鼓励和支持本国制成品的出口。例如，法国1667年实行保护关税政策，把从英国、荷兰进口的呢绒税率提高一倍，花边等装饰品的税率也提高一倍，限制了这些产品的进口，而对法国急需的工业原材料如铁、锡、铅和羊毛等的进口则加以鼓励。

3. 奖出限入政策

重商主义学派认为政府应阻止原料或是半制成品出口，鼓励制成品出口，提高出口产品的加工程度；对缺乏竞争力的本国产品实行退税或是由国家给予补贴；奖励在国外市场上销售本国产品的商人；积极发展本国工业，提高产品质量，增强产品的国际竞争力；争取贸易顺差，改善本国贸易地位，利用对外贸易积累本国经济发展的外汇资金。

4. 发展本国工业政策

强大的工业是贸易顺差的基础，因此，各国都制定了大力发展本国工业的政策。如高薪聘请国外工匠，禁止熟练工人外流和机械设备输出，给工场手工业者发放贷款和提供各种优惠条件等。

总之，重商主义的观点可以概括为：在金本位制度下，贵金属成为衡量国家财富的唯一标准，为了最大限度地增加国家财富就要尽可能地多出口、少进口，大力发展本国工业。从根本上来说，重商主义认为国际贸易是一种"零和博弈"。

（四）对重商主义的评价

重商主义是西方最早的国际贸易理论，其理论和政策主张极大地促进了资本的原始积累，推动了资本主义生产方式的发展，在历史上起到一定的进步意义。同时，重商主义的政策主张还对广大发展中国家制定对外贸易政策有重要的理论和实践意义。然而，重商主义也存在一定的缺陷，具体表现在如下几方面。

1. 重商主义在理论上还不成熟

贸易差额论由于受到当时国际贸易实践的限制，在理论上是不成熟的，许多观点是以专题或是小册子的形式阐发的，而且除少数人（如托马斯·孟等）外，绝大多数重商主义者只针对某个具体问题一事一议，虽然各观点之间存在一些联系，但并不紧密。同时，重商主义对社会经济现象的研究仅限于流通领域，而未深入到生产领域，因而无法揭示财富的真正来源。

2. 重商主义的财富观是错误的

重商主义者认为金银是唯一的财富形态，一切经济活动的目的就是为了获取金银，这说明对国民财富的理解是狭隘的，而真正的财富是一国国民所能消费的本国和外国的商品和服务的种类和数量。

3. 重商主义的"零和博弈"观点是错误的

重商主义者认为一国只有在他国受损的情况下才能获利，并没有认识到国际贸易对各国经济增长的意义。如果一个国家进行国际贸易毫无利益或只有损失，那其就会拒绝国际贸易，这样国际贸易就不会发生。因此，各国只有从贸易中获利，才会自愿进行国际贸易。

需要指出的是，重商主义虽然不能适应自由贸易和自由竞争的需要，但其影响却从未消失过。20世纪80年代以来，随着受高失业困扰的国家试图通过限制进口来刺激国内生产，新重商主义抬头。

二、重农学派

（一）历史背景

重农学派处在法国18世纪50年代到70年代，重农学派的出现与当时法国的社会历史条件相吻合。18世纪中叶，法国资本主义工商业有了一定的发展，但是当时的法国仍然是一个落后的以封建农业为主的国家。柯尔培尔主义的推行，加剧了农业的衰败，人民生活困苦。在经济思想领域，由于法国重商主义与封建专制王朝有着紧密的联系，所以当时人们展开对重商主义的批判也就成了对封建制度的批判。于是，由布阿吉尔贝尔开创的，以重农反对重商，用农业资本概括产业资本的特殊形式，为资本主义发展开辟道路的法国资产阶级古典经济学理论，便在新的历史条件下发展成为重农主义体系。

（二）代表人物

重农学派在法国是最早系统的研究了资本主义生产方式，所以重农学派被称为近代资产阶级政治经济学的鼻祖，其代表人物主要有布阿吉尔贝尔、弗朗斯瓦·魁奈和杜尔阁。

1. 布阿吉尔贝尔——重农学派的先驱

布阿吉尔贝尔的主要著作有：《谷物论》《论财富、货币和赋税的性质》等。他认为社会财富是农业中生产出来的农产品及其必需品，财富来源于农业生产。他还论述了农业的优越及其在国民经济中的重要作用。除了论述农业的重要之外，还提出了各产业部门之间保持"经济协调"的思想。总之，布阿吉尔贝尔认为，要维持社会的普遍富裕，社会生产各部门必须按照一定的比例均衡的发展，这一思想为当代西方经济学家所继承。

2. 弗朗斯瓦·魁奈——重农学派的领袖

弗朗斯瓦·魁奈是重农学派的创始人，代表作有《经济表》。《经济表》分析了社会总资本简单再生产的前提是：社会上普遍实行的是大规模租地农业经济；社会上划分为三个主要阶级；生产阶级和不生产阶级之间进行的是简单再生产；三个主要阶级相互间的买卖价格是不变的；货币只在三个阶级之间流通，各阶级内部的流通被抽象掉；不存在对外贸易关系。在《经济表》中，魁奈第一次对社会再生产和流通理论进行了分析，这是魁奈在西方经济思想史上做出的最大贡献。

3. 杜尔阁——重农学派的发展

杜尔阁是继魁奈之后的重农学派最重要的代表人物。他深受魁奈的影响但不是魁奈的门徒，也几乎没有参加所谓"经济学家"们的派系活动。他的《关于财富的形成和分配的考察》是重农主义的重要文献。他发展、修正了魁奈和其徒党的论点，使重农主义作为资产阶级思想体系的特征有更加鲜明的表现。在他那里重农主义发展到最高峰。

（三）主要观点

1. 纯产品学说

纯产品学说是重农主义（Physiocracy）理论的核心。他们的全部体系都围绕着这一学说而展开，一切政策也以之为基础。重农主义者认为财富是物质产品，财富的来源不是流通而是生产。所以财富的生产意味着物质的创造和其量的增加。在各经济部门中，他们认为只有农业是生产的，因为只有农业既生产物质产品又能在投入和产出的使用价值中，表现为物质财富的量的增加。工业不创造物质而只变更或组合已存在的物质财富的形态，商业也不创造任何物质财富，而只变更其市场的时、地，二者都是不生产的。农业中投入和产出的使用价值的差额构成了"纯产品"。重视农业是法国古典政治经济学的传统。法国古典政治经济学的创始人布阿吉尔贝尔自称为农业的辩护人，认为农业是一个国家富强的基础。重农主义者继承了这一传统，并以"纯产品"学说论证了农业是一个国家财富的来源和一切社会收入的基础，为这一传统观点提供了理论基础。

2. 自然秩序

自然秩序是重农主义体系的哲学基础，是在法国资产阶级大革命前启蒙学派思想影响下形成的杜邦·德·奈穆尔在为重农主义体系下定义时，明确地称之为"自然秩序的科学"。重农主义者认为，和物质世界一样，人类社会中存在着不以人们意志为转移的客观规律，这就是自然秩序，自然秩序是永恒的、理想的、至善的。但社会的自然秩序不同于物质世界的规律，它没有绝对的约束力，人们可以以自己的意志来接受或否定它，以建立社会的人为秩序。后者表现为不同时代，不同国度的各种政治、经济制度和法令规章等等。重农主义者认为如果人们认识自然秩序并按其准则来制定人为秩序，这个社会就处于健康状态；反之，如果人为秩序违背了自然秩序，社会就处于疾病状态。他们认为当时的法国社会就由于人为的社会秩序违反了自然的社会秩序而处于疾病状态，而他们的任务就是为医治这种疾病提出处方。

3. 资本的流通和再生产

在分析社会财富、资本的流通和再生产的尝试上，重农学派做出了重要贡献。他们既分析了资本在劳动过程中借以组成的物质要素，研究了资本在流通中所采取的形式；又在此前提下，把社会总产品的生产，通过货币的中介，在社会三个阶级间的流通过程，表现为社会总资本的再生产过程。同时，在再生产过程中，包括了对各社会阶级收入来源，资本和所得的交换，再生产消费和最终消费的关系，农业和工业两大部门之间的流通等的分析。这些都在魁奈的《经济表》中得到了全面表达。

（四）重农学派的崩溃

重农学派对农业的过分重视和对商业的轻视使得他们在国际贸易理论方面没有多大的贡献，但是其自由经济思想对后来的古典经济学家亚当·斯密产生了很大的影响。现代经济学之父亚当·斯密在游历法国期间，与魁奈和杜尔阁有过多次接触，斯密正是在这些接触中产生对经济学的研究兴趣并着手制定《国富论》的写作计划。魁奈的去世和杜尔阁被免职后对他所推动的改革的反对，标志着这个学派的迅速崩溃。1776 年《国富论》的出版给重农学派以致命的打击，在理论上和政策主张上，斯密的经济思想成为以后的资产阶级古典经济学的传统思想。

第二节　古典国际贸易理论

古典国际贸易理论产生于 18 世纪后半期，这一时期，英国率先完成了工业革命，确立了资产阶级在国内的统治，机器大工业代替了工场手工业，工业得以迅速发展。英国的产品销往世界各地，原料、食品来自世界各地，英国被形容为"世界工厂"，重商主义的保护贸易政策成为束缚英国经济发展和阻碍资产阶级对外扩张的严重障碍。为此，英国的新兴工业资产阶级迫切要求废除以往的保护贸易政策，主张在世界市场上实行无限制的自由竞争和自由贸易政策。正是在这一历史前提下，产生了资产阶级古典经济学派，他们在经济政策上反对政府干预，主张"自由放任"；在对外贸易方面提出"绝对成本"和"比较成本"理论，为英国及西欧各国的工业资产阶级确立统治地位、争取自由贸易提供了依据。

一、亚当·斯密绝对优势理论

（一）产生背景

18 世纪 60 年代，英国处于从工场手工业向机器大工业的过渡时期，随着资本主义生产的迅速发展，工业资本要求自由贸易，以便从海外获取廉价的原材料，并为其产品寻求更广阔的海外市场。当时英国产业的发展，在很大程度上受到了封建残余势力和流行一时的重商主义政策的束缚，处于青年时期的英国资产阶级，为了清除它前进道路上的障碍，正迫切要求一个自由的经济学说体系为它鸣锣开道。亚当·斯密（Adam Smith，1723－1790）是英国工业革命早期的经济学家，古典经济学派的奠基人，他代表新兴工业资产阶级的利益，在其1776年出版的代表作《国民财富的性质和原因的研究》（简称《国富论》）中猛烈抨击了重商主义，鼓吹自由放任，系统的提出了绝对成本说。

（二）主要内容

亚当·斯密在1776年出版的《国富论》中系统地提出了绝对成本说，所谓绝对成本（Absolute Cost），是指某两个国家之间生产某种产品的劳动成本的绝对差异，即一个国家所耗费的劳动成本绝对低于另一个国家。亚当·斯密的绝对成本说主要阐明了如下内容。

1. 分工可以提高劳动生产率，增加国民财富

斯密认为，交换是出于利己心并为达到利己目的而进行的活动，是人类的一种天然倾向。人类的交换倾向产生分工，社会劳动生产率的巨大进步是分工的结果。他以制针业为例说明其观点。根据斯密所举的例子，分工前，一个粗工每天至多能制造20枚针；分工后，平均每人每天可制造4800枚针，每个工人的劳动生产率提高了几百倍。由此可见，分工可以提高劳动生产率，增加国民财富。

2. 分工的原则是成本的绝对优势或绝对利益

斯密进而分析到，分工既然可以极大地提高劳动生产率，那么每个人专门从事他最有优势的产品的生产，然后彼此交换，则对每个人都是有利的。即分工的原则是成本的绝对优势或绝对利益。他以家庭之间的分工为例说明了这个道理。他说，如果购买一件东西所花费用比在家内生产的少，就应该去购买而不要在家内生产，这是每一个精明的家长都知道的格言。裁缝不为自己做鞋子，鞋匠不为自己裁衣服，农场主既不打算自己做鞋子，也不打算缝衣服。他们都认识到，应当把他们的全部精力集中用于比邻人有利地位的职业，用自己的产品去交换其他物品，会比自己生产一切物品得到更多的利益。

3. 国际分工是各种形式分工中的最高阶段

在国际分工基础上开展国际贸易，对各国都会产生良好效果。斯密由家庭推及国家，论证了国际分工和国际贸易的必要性。他认为，适用于一国内部不同个人或家庭之间的分工原则，也适用于各国之间。国际分工是各种形式分工中的最高阶段。他主张，如果外国的产品比自己国内生产的要便宜，那么最好是输出在本国有利的生产条件下生产的产品，去交换外国的产品，而不要自己去生产。他举例说，在苏格兰可以利用温室种植葡萄，并酿造出同国外一样好的葡萄酒，但要付出比国外高30倍的代价。他认为，如果真的这样做，显然是愚蠢的行为。每一个国家都有其适宜于生产某些特定产品的绝对有利的生产条件，如果每一个国家都按照其绝对有利的生产条件（即生产成本绝对低）去进行专业化生产，然后彼此进行交换，则对所有国家都是有利的，世界的财富也会因此而增加。

4. 国际分工的基础是有利的自然禀赋或后天的有利条件

斯密认为，有利的生产条件来源于有利的自然禀赋或后天的有利条件。自然禀赋和后天的条件因国家而不同，这就为国际分工提供了基础。因为有利的自然禀赋或后天的有利条件可以使一个国家生产某种产品的成本绝对低于别国而在该产品的生产和交换上处于绝对有利地位。各国按照各自的有利条件进行分工和交换，将会使各国的资源、劳动和资本得到最有效的利用，将会大大提高劳动生产率和增加物质财富，并使各国从贸易中获益。这便是绝对成本说的基本精神。

根据绝对优势理论（Absolute Advantage），一国应该专门生产并出口其具有"绝对优势"的产品，而进口其具有"绝对劣势"的产品。"绝对优势"就是一国生产某种产品的劳动生产率绝对高于另一国，或成本绝对低于另一国；反之，则为"绝对劣势"。

亚当·斯密以英、法两国生产毛呢和葡萄酒为例来论述其观点（见表2-1）。

表2-1　英法生产毛呢和葡萄酒的劳动时数

	毛呢（匹）	劳动时数	葡萄酒（吨）	劳动时数
英国	1	100	1	110
法国	1	120	1	100
合计	2	220	2	210

表2-1说明，英国在毛呢的生产上处于绝对有利的地位，因为英国生产1匹毛呢需要消耗100单位劳动时数，而法国生产1匹毛呢需要消耗120单位劳动时数，即英国生产毛呢的成本绝对低于法国；同时，英国在葡萄酒的生产上处于绝对不利的地位，因为英国生产1吨葡萄酒需要消耗110单位劳动时数，而法国生产1吨葡萄酒需要消耗100单位劳动时数，即英国生产葡萄酒的成本绝对高于英国。在自由贸易的条件下，英国应该专门生产毛呢并出口一部分以换取法国的葡萄酒，法国应该专门生产葡萄酒并出口一部分以换取英国的毛呢（见表2-2）。

表2-2　英法生产毛呢和葡萄酒的生产效率

	毛呢（匹）	劳动时数	葡萄酒（吨）	劳动时数
英国	（100＋110）/100＝2.1	210		
法国			（120＋100）/100＝2.2	220
合计	2.1	210	2.2	220

显然，分工之后，毛呢和葡萄酒的生产效率均提高了，因而在原有资源基础上，能生产出较分工之前更多的毛呢和葡萄酒。如果两国按照1∶1交换毛呢和葡萄酒，则分工并交换之后英国现有1.1匹毛呢以及交换得到的1吨葡萄酒，比分工前多出了0.1匹毛呢；而法国则有1.2吨葡萄酒以及交换得到的1匹毛呢，比分工之前多出了0.2吨葡萄酒。可见，实行国际分工后，通过国际贸易，英法两国都得到了实惠，利益就来自各自发挥生产中的绝对优势，使生产效率提高而增加产量。

（三）对绝对优势理论的评价

1. 进步性

（1）斯密对社会经济现象的研究从流通领域转向生产领域，用自由贸易思想代替了重商主义的保护贸易思想，反映了当时社会经济中已经成熟的要求，成为英国新兴资产阶级反对封建贵族和发展资本主义的理论工具。

（2）绝对优势理论深刻指出了分工对提高劳动生产率的巨大意义。各国之间根据各自的优势进行分工，通过国际贸易使各国都能得利。

2. 局限性

（1）绝对优势理论在逻辑上存在不完美之处。"在每一个私人家庭的行为中是精明的事情，在一个大国的行为中就很少是荒唐的了"，这种推论也许适合当时历史条件下的英国，但是否适合任何历史条件下的任何国家，值得商榷。

（2）绝对优势理论解决了具有不同优势的国家之间的分工和交换的合理性。但是，这只是国际贸易中的一种特例。如果一个国家在各方面都处于绝对的优势，而另一个国家在各方面则都处于劣势，那么，他们应该怎么办？对此，斯密的理论无法回答，这个问题的解决是大卫·李嘉图的功劳。

资料链接 2-2

亚当·斯密

亚当·斯密（Adam Smith），（公元 1723～公元 1790），是经济学的主要创立者。1723 年亚当·斯密出生在苏格兰法夫郡（County Fife）的寇克卡迪（Kirkcaldy）。亚当·斯密的父亲也叫 Adam Smith，是律师，也是苏格兰的军法官和寇克卡迪的海关监督，在亚当·斯密出生前几个月去世；母亲玛格丽特（Margaret）是法夫郡斯特拉森德利（Strathendry）大地主约翰. 道格拉斯（John Douglas）的女儿，亚当·斯密一生与母亲相依为命，终身未娶。

1723～1740 年间，亚当·斯密在家乡苏格兰求学，在格拉斯哥大学（University of Glasgow）时期亚当·斯密完成了拉丁语、希腊语、数学和伦理学等课程；1740～1746 年间，赴牛津大学（Colleges at Oxford）求学，但在牛津并未获得良好的教育，唯一收获是大量涉猎了许多格拉斯哥大学缺乏的书籍。1751 年后，亚当·斯密不仅在格拉斯哥大学担任过逻辑学和道德哲学教授，还兼负责学校行政事务，一直到 1764 年离开为止；这时期中，亚当·斯密于 1759 年出版的《道德情操论》获得学术界极高评价。而后于 1768 年开始着手著述《国家财富的性质和原因的研究》（简称《国富论》）。1773 年时认为《国富论》已基本完成，亚当·斯密又多花了三年时间润饰此书，1776 年 3 月此书出版后引起大众的广泛讨论，影响所及之地除了英国本地，连欧洲大陆和美洲也为之疯狂，因此世人尊称亚当·斯密为"现代经济学之父"和"自由企业的守护神"。

1778～1790 年，亚当·斯密与母亲和阿姨在爱丁堡定居，1787 年被选为格拉斯哥大学荣誉校长，同时也被任命为苏格兰的海关和盐税专员。1784 年斯密出席格拉斯哥大学校长任命仪式，但因其母于 1784 年 5 月去世所以迟未上任，直到 1787 年才担任校长职位直至 1789 年。亚当·斯密在去世前将自己的手稿全数销毁，他于 1790 年 7 月 17 日与世长辞，享年 67 岁。亚当·斯密并不是经济学说的最早开拓者，他最著名的思想中有许多也并非新颖独特，但是他首次提出了全面系统的经济学说，为该领域的发展打下了良好的基础。因此完全可以说《国富论》是现代政治经济学研究的起点。

二、大卫·李嘉图比较优势理论

（一）产生背景

进入 19 世纪，机器大工业的蓬勃发展使英国在对外贸易中处于绝对优势地位，英国工业资产阶级迫切要求进一步扩大对外贸易。1815 年英国政府为维护土地贵族阶级利益而修订实行了"谷物法"。"谷物法"颁布后，英国粮价上涨，地租猛增，它对地主贵族有利，却严重地损害了产业资产阶级的利益。昂贵的谷物，使工人货币工资被迫提高，成本增加，利润减少，削弱了工业品的竞争能力；同时，昂贵的谷物，也扩大了英国各阶层的吃粮开支，而减少了对工业品的消费。"谷物法"还招致外国以高关税阻止英国工业品对他们的出口。为了废除"谷物法"，工业资产阶级采取了多种手段，鼓吹谷物自由贸易的好处。而地主贵族阶级则千方百计维护"谷物法"，他们认为，既然英国能够自己生产粮食，那么根本不需要从国外进口，反对在谷物上自由贸易。

这时，工业资产阶级迫切需要找到谷物自由贸易的理论依据。李嘉图适时而出，他在 1817 年出版的《政治经济学及赋税原理》，提出了著名的比较优势原理（Law of Comparative Advantage）。这是一项最重要的、至今仍然没有受到挑战的经济学的普遍原理，具有很强的实用价值和经济解释力。他认为，英国不仅要从外国进口粮食，而且要大量进口，因为英国在纺织品生产上所占的优势比在粮食生产上优势还大。故英国应专门发展纺织品生产，以其出口换取粮食，取得比较利益，提高商品生产数量。

（二）主要内容

按照亚当·斯密的绝对优势理论，一国要想参与国际分工和国际贸易，必须在一种产品的生产上具有绝对的低成本优势，按照绝对优势原则进行分工和交换，各国均可获益。大卫·李嘉图的比较优势理论是在斯密绝对优势理论的基础上发展而来的，大卫·李嘉图认为各国不一定要专门生产劳动成本绝对低或劳动生产率绝对高的产品，而只要专门生产劳动成本相对低或劳动生产率相对高的产品就可以进行对外贸易，并能从中获益和实现社会劳动的节约。他认为国家之间要按照"两利相衡取其重，两弊相衡取其轻"的比较优势原则进行分工，如果两个国家中有一个国家在两种产品的生产中都处于绝对优势地位，但是有利的程度不同，而另一个国家在两种产品的生产中都处于绝对劣势地位，但不利的程度也不同，在这种情况下，前者应该生产比较最有利的产品，而后者应该生产其不利程度最小的产品，这样通过对外贸易，双方均可获益。

现以英、葡两国生产毛呢和葡萄酒的例子说明比较优势理论。

从表 2-3 中可以看出，分工前，英国用于生产毛呢和葡萄酒所消耗的劳动时数比葡萄牙多，可见其劳动成本比葡萄牙的劳动成本高，即在两种产品的生产上均具有绝对劣势；葡萄牙用于生产毛呢和葡萄酒所消耗的劳动时数比英国少，可见其劳动成本比英国的劳动成本低，即在两种产品的生产上均具有绝对优势。

表 2-3　英、葡生产毛呢和葡萄酒的劳动时数

	毛呢（匹）	劳动时数	葡萄酒（吨）	劳动时数
英国	1	100	1	110
葡萄牙	1	90	1	80

我们可以通过计算劳动时数来说明英国和葡萄牙的相对优势和劣势：

英国生产毛呢的比较成本＝英国生产毛呢的成本/葡萄牙生产毛呢的成本＝100/90 ≈1.11

英国生产葡萄酒的比较成本＝英国生产葡萄酒的成本/葡萄牙生产葡萄酒的成本＝110/80≈1.38

葡萄牙生产毛呢的比较成本＝葡萄牙生产毛呢的成本/英国生产毛呢的成本＝90/100 ＝0.9

葡萄牙生产葡萄酒的比较成本＝葡萄牙生产葡萄酒的成本/英国生产葡萄酒的成本＝ 80/110≈0.73

由此可见，英国生产毛呢的成本为葡萄牙生产毛呢成本的 1.11 倍，而生产葡萄酒的成本为葡萄牙生产葡萄酒成本的 1.38 倍；葡萄牙生产毛呢的成本为英国生产毛呢成本的 0.9 倍，而生产葡萄酒的成本为英国生产葡萄酒成本的 0.73 倍。英国的相对优势是毛呢的生产，而相对劣势是葡萄酒的生产，因为与葡萄酒的生产相比较，毛呢的生产劣势更小；而葡萄牙的相对优势是葡萄酒的生产，而相对劣势是毛呢的生产，因为与毛呢的生产相比较，葡萄酒的生产优势更大。按照李嘉图的观点，两国应在毛呢和葡萄酒的生产上进行分工，英国专门生产劣势更小的毛呢，而葡萄牙专门生产优势更大的葡萄酒，这样就能提高劳动生产效率，节约劳动数量，从而创造出更大的价值（见表 2-4）。

表 2-4　英、葡毛呢和葡萄酒生产效率比较

	毛呢（匹）	劳动时数	葡萄酒（吨）	劳动时数
英国	2.1	210		
葡萄牙			2.125	170

在自由贸易条件下，假设英国和葡萄牙围绕毛呢和葡萄酒展开国际贸易，并且两种产品的交换比率为 1：1，英国用 1 匹毛呢与葡萄牙的 1 吨葡萄酒相交换，则交换之后，英国除了换回 1 吨葡萄酒外，还剩下 1.1 匹毛呢，比分工之前多了 0.1 匹毛呢；葡萄牙除了换回 1 匹毛呢外，还剩下 1.125 吨葡萄酒，比分工之前多了 0.125 吨葡萄酒（见表 2-5）。可见，交换对两国均有利。

表 2-5　英葡毛呢和葡萄酒交换

	毛呢（匹）	葡萄酒（吨）
英国	1.1	1
葡萄牙	1	1.125

（三）对比较优势理论的评价

1. 进步性

（1）这一理论揭示了发展程度不同的国家都能确定自己的比较优势，各国按照比较优势理论进行生产，参与国际贸易，不论是先进国家还是落后国家，都会取得高于封闭条件下的社会福利。对这一理论的论证，有利于整个世界贸易的扩大和社会生产力的发展。

（2）李嘉图的比较优势理论，在历史上曾起到过进步作用，它曾为英国工业资产阶级争取自由贸易提供了有力的理论"武器"，而自由贸易又促进了英国生产的迅速发展，使英国成为"世界工厂"，在世界工业和贸易中居于首位。

2. 局限性

（1）根据该理论，贸易各国所获得的利益都是短期利益，这个静态的短期利益往往与一国的长期利益相矛盾。比如一个国家为了长远发展，对关乎国计民生的战略性产业和高科技产品，不论有无优势都应该进行发展。因此，在制定对外贸易政策时，应灵活运用比较优势理论；否则，就会陷入"比较优势陷阱"。

（2）比较优势理论一直被发达国家宣扬为自由贸易政策的理论基础，其目的无非是为发达国家的产品打开发展中国家市场的大门，蒙骗发展中国家拆除保护民族经济的屏障，为外国垄断资本长驱直入和控制发展中国家的经济制造舆论。

··

资料链接 2 - 3

比较优势陷阱

所谓"比较优势陷阱"是指一国（尤其是发展中国家）完全按照比较优势，生产并出口初级产品和劳动密集型产品，则在与技术和资本密集型产品出口为主的经济发达国家的国际贸易中，虽然能获得利益，但贸易结构不稳定，总是处于不利地位，从而落入"比较优势陷阱"。

比较优势陷阱包括两种形式。第一种是初级产品比较优势陷阱，它是指执行比较优势战略时，发展中国家完全按照机会成本的大小来确定本国在国际分工中的位置，运用劳动力资源和自然资源优势参与国际分工，从而只能获得相对较低的附加值。并且比较优势战略的实施还会强化这种国际分工形式，使发展中国家长期陷入低附加值环节。由于初级产品的需求弹性小，加上初级产品的国际价格下滑，发展中国家的贸易条件恶化，甚至不可避免地出现贫困化增长的现象。第二种类型是制成品比较优势陷阱。由于初级产品出口的形势恶化，发展中国家开始以制成品来替代初级产品的出口，利用技术进步来促进产业升级。但由于自身基础薄弱，主要通过大量引进、模仿先进技术或接受技术外溢和改进型技术等作为手段来改善在国际分工中的地位，并有可能进入高附加值环节。但是这种改良型的比较优势战略由于过度依赖技术引进，使自主创新能力长期得不到提高，无法发挥后发优势，只能依赖发达国家的技术进步。

发展中国家必须要调整自己的贸易发展战略，突破比较优势战略的束缚，实行竞争优势战略。所谓竞争优势战略就是指以技术进步和制度创新为动力，以产业结构升级为特征，全面提高本国产业的国际竞争力，以具有竞争优势的产品参与国际竞争，分享国际贸易利益的一种强调贸易动态利益的贸易发展战略。它强调贸易利益的动态性和长期性，为了获得稳定的、长期的贸易利益，甚至可以牺牲一些中短期的比较优势。竞争优势战略注重产业内部的交换关系和产业的生产率以及产业替代的因果关系，能适应当前国际贸易中产业内贸易不断上升的趋势，它所关心的是如何将一国的潜在优势转变成现实的竞争优势。竞争优势战略是发展中国家改变在国际贸易中不利地位，充分发挥对外贸易作用的一个必然选择。

资料链接 2-4

大卫·李嘉图

大卫·李嘉图（David Ricardo，1772.04.18～1823.09.11），英国古典政治经济学的代表。生于犹太人家庭，父亲为证券交易所经纪人。他12岁到荷兰商业学校学习，14岁随父从事证券交易，1793年独立开展证券交易活动，25岁时拥有200万英镑财产，随后开始钻研数学、物理学。1799年读亚当·斯密《国富论》后开始研究经济问题，参加了当时关于黄金价格和谷物法的讨论，1817年发表《政治经济学及赋税原理》，1819年选为上议院议员。在经济理论研究方面，大卫·李嘉图算得上是一位大器晚成的奇才。他27岁时才第一次读到亚当·斯密的《国民财富的性质与原因的研究》，37岁发表了他的第一篇经济学论文，随后就一发而不可收拾。在他14年短暂的学术生涯中，为后人留下了大量的著作、文章、笔记、书信、演说。其中，1817年出版的《政治经济学及赋税原理》（Principles of Political Economy and Taxation）最具盛名。李嘉图的著作不像斯密那样结构严谨，行文没有斯密那样流畅，词句也不如斯密那样华美，但《政治经济学及赋税原理》以更为精炼的理论架构，更加贴近现实的语言与例证，全面论述了他所生活的那个年代资本主义生产方式的运行机制，使他成了英国古典政治经济学的集大成者，19世纪初叶最伟大的经济学家。李嘉图在《政治经济学及赋税原理》中辟出专章，集中讨论了国际贸易问题，提出了著名的比较优势贸易理论（Comparative Advantage Theory）。

第三节　新古典国际贸易理论

无论是斯密的绝对优势理论还是李嘉图的比较优势理论，古典学派在解释国际贸易基础，揭示决定生产和贸易模式的因素，以及衡量国际贸易对本国经济的影响和贸易所得等方面都做出了极其重要的贡献。当今的许多重要理论和政策仍得益于古典贸易理论的启示。

但是，古典贸易理论的基础是古典经济学。作为整个古典经济学理论的一个重要组成部分，古典贸易理论也是建立在"劳动价值论"的基础之上的，即认为劳动是创造价值和产生生产成本差异的唯一要素。因此，在他们的分析中，只要生产技术不变，只有一种要素（劳动）投入。而在有两种或两种以上要素投入的情况下，许多分析过程和结论便不再有效。然而，随着资本主义生产关系的出现和工业革命的发生，资本越来越成为一种重要的生产要素，产品生产不再由单一要素决定，研究投入产出关系的有关经济学理论也随之产生。19 世纪末 20 世纪初，以瓦尔拉斯、马歇尔为代表的新古典经济学逐步形成，在新古典经济学框架下对国际贸易理论进行分析的新古典贸易理论也随之产生。

一、要素禀赋理论

（一）产生背景

一种商品在不同的国家具有不同的价格，体现了比较优势的存在，这是两国互惠贸易的基础。但是比较优势产生的原因是什么？古典经济学家认为比较优势的存在源于各国间劳动生产率的差异，而在新古典经济学家看来，仅用劳动生产率的差异去解释比较优势进而说明国际贸易产生的原因是片面的，他们试图从要素禀赋差异的角度去解释国际贸易产生的原因。要素禀赋理论最早是由瑞典经济学家伊莱·赫克歇尔（Eli Heckscher）和伯蒂尔·俄林（B. Ohlin）师徒俩提出来的，因此这一理论被称为赫克歇尔—俄林模型（Heckscher-Ohlin Theory），简称赫—俄模型或 H-O 模型，后经保罗·萨缪尔森（Paul Samuelson）等经济学家不断完善。要素禀赋理论无论在理论分析还是实践应用中，都取得了巨大的成功，以至于在 20 世纪前半叶到 70 年代末这段时期，要素禀赋理论成为国际贸易理论的典范，几乎成为国际贸易理论的代名词。

（二）主要内容

1919 年瑞典赫克歇尔发表的《对外贸易对收入分配的影响》一文，认为在两个国家各个生产部门技术水平相同时，两个国家生产要素禀赋的差异也会形成不同的比较优势，只要生产不同产品所使用的要素比例不同，仍然存在分工和贸易的基础。这一观点经其学生、瑞典经济学家伯蒂尔·俄林在 1933 年发表的经典著作《地区间贸易与国际贸易》一书中阐释和发展，创立了生产要素禀赋理论，理论学界称其为 H-O 原理。

在介绍要素禀赋理论主要内容之前，先引入几个重要的概念。

1. 要素禀赋

要素禀赋（Factor Endowments）也被称为要素丰裕度，是指一国所拥有的两种生产要素的相对比率，这是一个相对的概念，与其所拥有的生产要素绝对数量无关。若一国拥有的资本总量为 TK，拥有的劳动总量为 TL，则其相对要素禀赋为 TK/TL。在要素禀赋存在差异时，如果一国的要素禀赋小于他国，则称该国为资本（相对）稀缺或劳动（相对）丰富的国家，他国为资本（相对）丰富或劳动（相对）稀缺的国家。关于要素禀赋差异的衡量，还可以用要素相对价格来确定。如果一国的资本价格（r）和劳动价格（w）之间的比率小于他国，则称该国资本比较丰富而价格低廉，他国劳动比较丰富而价格低廉。

2. 要素密集度

要素密集度（Factor Intensity）是指生产一个单位某种产品所使用的生产要素的组合比例。在资本与劳动两种生产要素的情形下，要素的密集度就是指生产 1 单位该产品所使用的资本—劳动比率。若生产 X 产品的资本与劳动投入比例为：$(K/L)x$，生产 Y 产品的资本与劳动投入比例为：$(K/L)y$，且有：$(K/L)x < (K/L)y$，则 X 是劳动密集型

产品，Y 就是资本密集型产品。要素密集度是一个相对概念，即使生产两种产品时各投入的要素数量不同，但只要所投入的各种要素的相对比率相同，那么这两种产品的要素密集度就是相同的。例如，在 X、Y 两种产品的生产中，生产 1 单位 X 需要投入的资本是 3 单位，需要投入的劳动是 3 单位；而生产 1 单位 Y 需要投入的资本是 4 单位，需要投入的劳动是 12 单位。从绝对量上来看，生产 1 单位 Y 所需要的资本和劳动量均大于 X 产品，但我们不能据此判断 Y 为资本或劳动密集型产品，因为 X 的资本和劳动的比率（$K/L=3/3=1$）大于 Y 的资本和劳动的比率（$K/L=4/12=1/3$）。因此，X 是资本密集型产品，而 Y 是劳动密集型产品。

要素禀赋理论认为，即使每个国家的劳动生产率完全一样，但是每个国家的要素丰裕程度不同，也会产生生产成本的差异。劳动丰裕的国家在生产劳动密集型产品方面具有比较优势，而资本丰裕的国家在生产资本密集型产品方面具有比较优势。如果两个国家发生贸易，那么劳动丰裕的国家就应该生产并出口劳动密集型产品，进口资本密集型产品；而资本丰裕的国家应该生产并出口资本密集型产品，进口劳动密集型产品，两国都将从国际贸易中受益。这就是 H-O 定理。

根据 H-O 定理，相同产品在不同国家的价格不同，是国际贸易产生的直接原因。而相同产品在不同国家之间之所以存在这种价格差异，就是因为各国在生产该产品时的生产成本，也就是生产要素价格不同所导致的。在需求偏好相同的情况下，要素禀赋决定要素供给，而要素供给决定了要素的相对价格。因此，要素禀赋是各国具有比较优势的基本原因和决定因素。

（三）对要素禀赋理论的评价

1. 进步性

（1）H-O 模型是以两种生产要素的投入作为分析的前提的。因此，其理论是建立在多种而不是一种生产要素投入的基础上的，这一点与比较优势理论相比更接近现实。因为在现实中，生产某种产品时一般都是两种以上生产要素的组合。

（2）要素禀赋理论是对比较优势理论的发展，李嘉图是用比较优势理论确定国际分工格局的，而俄林是用生产要素禀赋的差异分析比较优势的来源。他把李嘉图的个性分析扩大为总量的分析，把国家之间的分工扩大为地区之间的分工，改变了仅局限于流通领域分析国家贸易的现实，开拓了一个新的研究方向，为各国依据要素禀赋情况，合理分配和使用本国的资源，建立符合本国国情的产业结构，提供了各国参与国际分工的新的理论依据。

2. 局限性

（1）要素禀赋理论比较强调静态结果，忽略了经济和技术上的差异，强调各种生产要素本身的生产效率相同，把禀赋差异和比较优势看成是一成不变的。没有看到随着各国生产力水平的提高，各国的要素禀赋和比较优势是会发生变化的。

（2）该理论在分析过程中引入了价格因素，增加了问题的复杂性。在我们前面的分析中，各国间的比较利益和价格差异的测度标准仅是物质产品间的比价。而要素禀赋理论为了说明问题，引入了价格因素，但是在国际贸易中，产品价格要受到众多因素的影响，因而可能引起建立在比较利益基础上比较优势和价格竞争优势之间的脱节。

资料链接 2－5

伊·菲·赫克歇尔

伊·菲·赫克歇尔（Eli F Heckscher，1879—1952），瑞典经济学家，生于瑞典斯德哥尔摩的一个犹太人家庭。新古典贸易理论最重要部分—要素禀赋论就是他和他的学生贝蒂·俄林（Bertil Ohlin）最早提出来的，并命名为赫克歇尔－俄林理论（简称 H-O 定理）。

1897 年起，赫克歇尔在乌普萨拉大学（Uppsala University）跟耶尔纳（Hjarne）学习历史，跟戴维森（Davidson）学习经济，并于 1907 年获得博士学位。毕业后，他曾任斯德哥尔摩大学商学院的临时讲师；1909～1929 年任经济学和统计学教授。此后，因他在科研方面的过人天赋，学校任命他为新成立的经济史研究所所长。他成功地使经济史成为瑞典各大学的一门研究生课程。

俄林

戈特哈德·贝蒂·俄林（Bertil Gotthard Ohlin，1899——1979），瑞典著名经济学家，现代国际贸易理论的创始人。1977 年，贝蒂·俄林因对国际贸易理论和国际资本运动理论做出了开拓性的研究，与英国剑桥大学的詹姆斯·爱德华·米德一同获得了当年的诺贝尔经济学奖。

早在 1922 年，他在其博士资格预选论文中，第一次提出了自己的国际贸易理论的初步大纲，成为他后来关于国际贸易理论的基础。1924 年，在其博士论文及答辩中，他提出的贸易理论被认为是第一次较完整地阐述了资产阶级经济学关于区际和国际分工贸易理论体系。1931 年，他把自己的贸易理论体系进一步加以充实、修改和提高，完成了著称世界经济学坛的著作《区际贸易和国际贸易》。至此，最终形成俄林贸易理论体系。这个理论体系，很快就被写进当时世界上一些最有影响的经济学教科书里，被称为赫克歇尔—俄林模型。

二、要素价格均等化理论

完整的赫克歇尔—俄林模型实际上是由四个基本定理组成的，他们分别是 H-O 定理、要素价格均等化定理、斯托帕—萨缪尔森定理和雷布津斯基定理。H-O 定理在上一部分已经介绍过，后三个定理实际上是 H-O 定理的推论，在这里我们重点介绍要素价格均等化定理（Factor Price Equalization Theorem）。

（一）主要内容

赫克歇尔在《国际贸易对收入分配的影响》一文中指出，如果所有国家的生产技术相同，贸易必然会使各国相对稀缺的生产要素价格出现均等化；贸易发展的最终结果是使这种均等化既是绝对的又是相对的。

俄林 1933 年在《地区间贸易与国际贸易》一书中指出，斯堪的纳维亚半岛北部的森林产品便宜，所以出口木材，但是如果不出口木材，斯堪的纳维亚半岛的森林还会更便宜；相反，美国的森林产品相当昂贵，如果不从加拿大和斯堪的纳维亚进口木材，美国的森林价格还会更高。

美国经济学家保罗·萨缪尔森（Paul samuelson）1948 年在其发表的《国际贸易与要素价格均衡化》一书中指出，自由贸易不仅使两国的商品价格均等化，而且使两国的生产要素的价格均等化，以致两国所有工人都能获得相同的工资率，所有资本（或土地）都能获得相同的利润（或租金）报酬，而不管两国的生产要素的供给和需求模式如何。萨缪尔森正是在 H-O 定理的基础上，得出了要素价格均等化的命题，并对其进行了论证。由于它是对 H-O 定理的推论，因此又被称为 H-O-S 定理。

（二）生产要素价格均等化过程

由前面的分析我们知道，国际贸易是由相对价格差引起的，反过来，国际贸易又会促使各贸易国商品的价格趋于均等化，同时生产要素的价格也会发生变化。这种变化经过一段时间之后，在没有其他因素干扰的情况下，各国同一生产要素的价格会达到均等化。

根据生产要素禀赋论的解释，各国生产要素的丰裕程度是不同的，这种生产要素丰裕程度在各国间的差异，使一国比较丰裕的生产要素价格比较低，而比较稀缺的生产要素价格比较高。国际贸易使一国的生产结构发生变化，各国会较多生产并出口密集使用本国生产要素比较丰裕的产品，较少生产密集使用本国生产要素比较稀缺的产品，并以进口来代替。国际贸易造成的贸易参加国生产结构的变化，使各国对不同生产要素的需求程度发生变化。这种生产要素需求程度的变化又进一步影响到各生产要素的价格。从而使本国比较丰裕的生产要素价格水平上升，本国比较稀缺的生产要素价格下降。

为说明这一点，我们假定中国劳动力丰裕，因而贸易前的工资率比较低；美国资本丰裕，因而贸易前的资本报酬率比较低。从两国的总体情况看，贸易前，中国的资本比美国的价格要高，中国的劳动力比美国的劳动力价格要低。贸易后，中国的资本价格趋于下降，而美国资本的报酬率趋于上升，结果两国资本的价格趋于相同或接近；同时，中国的劳动力价格趋于上升，而美国的劳动力价格趋于下降，因而劳动力的价格也趋向于均等。由此可以得出结论，国际贸易不仅使产品的价格均等化，也使生产要素的价格趋向于均等化。根据前面的分析，我们还可以引申出另一个重要结论：国际贸易会提高该国丰富要素所有者的收入，降低稀缺要素所有者的收入。这一结论的重要含义是国际贸易虽然改善了一国的整体福利水平，但并不是对每一个人都是有利的，因为国际贸易会对一国要素收入分配格局产生实质性影响。

（三）要素价格均等化的限制条件

尽管上面的分析合情合理，但是在现实中，世界各国的要素价格并不相等，有时甚至相差很大，这是因为 H-O-S 定理所依托的一些假设在现实中是不成立的。例如，世界各国生产的产品并不相同，使用的生产要素也存在差别，各国也并非使用相同的生产技术，而且各国间贸易壁垒和运输成本的存在也阻碍着各国相同商品价格的均等化过程。此外，许多生产商处于不完全竞争的市场上，其运作也不是规模报酬不变的，因此，国际贸易并没有从实际上使各国同质要素的工资和利率均等化。

在此种情况下，我们说国际贸易减少了同质要素报酬的国际差异，而不是将其完全消除了。尽管国际贸易在缩小各国要素收入的绝对差异中起了作用，但是许多其他因素也在同时发挥作用,使这种关系变得不是很明显了。例如,国际贸易在缩小美国和埃及同类型劳动实际工资和实际收入差异的同时,美国科技的发展速度要远大于埃及,又使得这种差距扩大了。同样,国际要素价格现实中的差异也并不能推翻要素价格均等化定理,因为没有国际贸易,这种国际差异要比现在大得多,因此,在任何情况下,要素价格均等化定理都是有用的,它确定了影响要素价格的重要因素,而且使我们对现实中的贸易模型和经济的一般均衡性有了更深入的认识。

斯托帕和萨缪尔森在考虑要素价格均等化定理时指出,自由贸易不仅使两国的商品价格均等化,而且使两国的生产要素的价格均等化,以致两国所有工人都能获得相同的工资率,所有资本(或土地)都能获得相同的利润(或租金)报酬,而不管两国的生产要素的供给和需求模式如何。对进口竞争品的保护会增加该部门密集使用的生产要素的收入,即对自由贸易的任何人为干预都会阻止要素价格均等化的实现,表现为要素价格均等化的停滞或是反向运动,这一结论是要素价格均等化理论的完整论述。

三、里昂惕夫之谜

(一)里昂惕夫之谜的提出

从 1933 年到 1953 年的 20 年时间里,要素禀赋理论被公认为经济学中的一颗明珠,经济学家惊异于其严谨的逻辑和精巧的模型,以及对现实问题的解释能力。但是一个再好的模型也要经得起实践的检验,否则这一理论就失去了生命力。从 20 世纪 50 年代开始,随着经济学家对要素禀赋理论所做的实证检验工作的不断深入,其不足逐步暴露出来。其中,最具代表性的是诺贝尔经济学奖获得者、美国经济学家华西里·里昂惕夫(Wassily Leontief, 1906 1999)对要素禀赋理论适用性所做的检验,他的研究工作对要素禀赋理论的后续发展产生了重大影响。

根据传统的要素禀赋理论,战后美国出口的应是资本密集型产品,进口劳动密集型产品。但美国经济学家华西里·里昂惕夫采用投入产出法对战后美国对外贸易发展状况进行分析后,却发现美国进口的是资本密集型产品,出口的是劳动密集型产品。这与赫-俄模型刚好相反。由于赫-俄模型已经被西方经济学界广泛接受,因此里昂惕夫的结论被称为"里昂惕夫谜"或"里昂惕夫反论"。

1953 年里昂惕夫在费城的美国哲学协会上宣读了题为《国内生产与对外贸易:美国资本状况的重新检验》的论文。论文根据 1947 年美国 200 个行业的材料,将它们归纳为50 个部门(其中 38 个部门的产品是直接进入国际市场的),制定了"投入-产出表"并进行了一系列的计算,得出一个结论性统计表(见表 2-6)。

表 2-6　美国每百万美元出口产品和竞争性进口替代品所需的国内资本和劳动

	出口产品	进口竞争品
每百万美元所含资本(1947 年价格)	2550780 美元	3091339 美元
每百万美元所含劳动量(人/年)	182	170
资本-劳动比率(美元/人)	14010 美元	18180 美元

结果发现生产出口产品每一个劳动力一年中使用的资本为 14010 美元，而生产进口替代品每一个劳动力一年中使用的资本为 18180 美元。也就是说，出口品的资本含量低于进口品，这与 H-O 理论所推断的结果恰好相反。经过多次检验，1951 年和 1962 年出现了与 1947 年相同的情况，即美国出口品的资本含量低于进口品，即美国出口的是劳动密集型产品，进口的是资本密集型产品。这一现象引起了经济学的关注，被称为里昂惕夫之谜。

（二）对里昂惕夫之谜的解释

对里昂惕夫之谜产生的原因有各种各样的解释，归结起来主要分两类：一类是对里昂惕夫的统计方法和统计资料的处理提出不同的意见；另一类是对 H-O 模型本身进行重新的研究和探讨。针对里昂惕夫之谜，以下是具有代表性的三种解释。

1. 人力资本说

里昂惕夫本人最为推崇人力资本说的解释。这一学说认为，美国是当时世界上教育水平最高的国家，而教育也是一种投资，受到良好教育的美国劳动力蕴含了更多资本，也就是所谓的人力资本。里昂惕夫经过计算发现，美国工人一年的劳动量是其他国家工人劳动量的 3 倍，因此，美国工人所使用的资本也应该乘以三。里昂惕夫之谜所揭示的美国的出口品比进口品的劳动力含量更多，这个劳动力应该是富含人力资本的劳动力，这更像一种资本。

2. 要素密集度逆转

在 H-O 理论中曾假设，如果在某一要素价格比率下，商品 X 是劳动密集型的，Y 是资本密集型的，那么在所有要素价格比率下，商品 X 总是劳动密集型的，Y 总是资本密集型的。但在现实中，要素密集度可能发生逆转。要素密集度逆转是指一种给定的商品（如小麦）在劳动丰裕的国家是劳动密集型产品，而在资本丰裕的国家却是资本密集型产品。如果产品要素密集度发生逆转，则 H-O 定理就会被颠覆。比如玩具在中国是劳动密集型的，如果要素密集度不逆转，则玩具在美国也应该是劳动密集型的，根据 H-O 定理中国应该出口玩具，美国应该进口玩具。但是，如果要素密集度逆转，即玩具在美国是资本密集型产品，在这种情况下，中国向美国出口玩具，对中国而言属于出口劳动密集型产品，而对美国而言则属于进口资本密集型产品。从而也就解释了所谓的昂惕夫之谜。

3. 自然资源说

该解释认为，H-O 模型只考虑两种要素，即劳动和资本，而没有考虑自然资源要素，如森林、矿藏、土地、水资源等。自然资源和资本要素之间存在着相互替代的关系，如果生产某种产品的自然资源不足，就必须投入更多的资本（先进设备等）。阿拉伯半岛石油资源丰富，开采方便，所需的开采设备较为简单，因此需要投入的资本较少。而在石油稀缺的地区，开采困难，需要投入大量的设备进行开发，因此需要投入大量的资本。研究表明，美国进口的大多数产品都是美国资源稀缺的产品，若自己生产必然要投入大量的资本，而对于出口国来说，这些产品是资源密集型的，所需投入的资本较少。在考虑自然资源这一因素之后，里昂惕夫之谜也得到了解释。从自然资源的角度看，美国进口的实际上是其稀缺的自然资源，而不是资本。

第四节　新贸易理论

二战后，国际贸易的产品结构和地理结构出现了一系列新变化。同类产品之间以及发达工业国之间的贸易量大大增加，产业领先地位不断转移，跨国公司内部化和对外直接投资兴起，这与传统比较优势理论认为的贸易只会发生在劳动生产率或资源禀赋不同的国家间的经典理论是相悖的。

古典与新古典国际贸易理论都假定产品市场是完全竞争的，这与当代国际贸易的现实也不相吻合，在这样的国际环境下，新贸易理论应运而生。

一、新生产要素理论

新生产要素理论赋予了生产要素除了土地、劳动和资本以外更丰富的内涵，认为它还包括自然资源、技术、人力资本、研究与开发、信息、管理等新型生产要素，从新要素的角度说明国际贸易的基础和贸易格局的变化。新生产要素理论主要包括四大理论，由于自然资源理论和人力资本理论在上一节内容中已经详述，所以新生产要素理论部分重点介绍研究与开发学说和信息要素理论。

（一）研究与开发学说

20 世纪 60 年代，美国经济学家格鲁伯、弗农等提出了研究与开发学说，他们认为随着经济的发展和技术的进步，无形生产要素起着日益重要的作用，而研究和开发就是最重要的一种无形的生产要素。一个国家出口产品的国际竞争能力和该种产品中的研究与开发要素密集度之间存在着很高的正相关关系，如果一个国家研究与开发实力雄厚，则在研究与开发领域中的投资能够获得更高的效率，从而促使本国新兴产业的发展，形成新的区域比较优势，提高本国在国际劳动分工中的地位。如果一个国家或地区要提高自己的地位，就必须在先进的技术领域保持一定的领先。

（二）信息要素理论

信息要素理论认为信息是可以创造价值并能进行交换的无形资源，是现代生产要素的组成部分，占有信息便会产生贸易；信息本身同时又是可以交换的商品，且是一种无限的资源，占据信息意味着比较优势的改变，可以促进一国贸易格局的变化。

二、偏好相似理论

斯戴芬·伯伦斯坦·林德（Staffan B. Linder）在《论贸易和转变》一书中提出了偏好相似理论（Preference Similarity Theory），第一次从需求方面寻找贸易的原因。他认为，要素禀赋学说只适用于解释初级产品贸易，工业品双向贸易的发生是由相互重叠的需求决定的。偏好相似理论的基本观点有：产品出口的可能性决定于它的国内需求；两国的贸易流向、流量取决于两国需求偏好相似的程度，需求结构越相似则贸易量越大；平均收入水平是影响需求结构的最主要因素。

林德认为国际贸易是国内贸易的延伸，产品的出口结构、流向及贸易量的大小取决于本国的需求偏好，而一国的需求偏好又取决于该国的平均收入水平。这一理论有以下三个方面的原因。

（1）一种产品的国内需求是其能够出口的前提条件，换句话说，出口只是国内生产和销售的延伸。企业不可能去生产一个国内不存在扩大需求的产品。

（2）影响一国需求结构的最主要因素是平均收入水平。高收入国家对技术水平高、加工程度深、价值较大的高档商品的需求较大，而低收入国家则以低档商品的消费为主。所以，收入水平可以作为衡量两国需求结构或偏好相似程度的指标。例如高尔夫球在欧美是普及运动，但在发展中国家却不是代表性需求。

（3）如果两国之间有共同需求的情形，我们称存在重叠需求。两国消费偏好越相似，则其需求结构越接近，或者说需求结构重叠的部分越大。重叠需求是两国开展国际贸易的基础，品质处于这一范围的商品，两国均可进口和出口。

平均收入水平越高，对消费的需求的质和量都会提高；平均收入水平越高，对先进的资本设备需要越高。因此两国人均收入相同，需求偏好相似，两国间贸易范围可能最大。但如果人均收入水平相差较大，需求偏好相异，两国贸易则会存在障碍。

三、产业内贸易理论

传统的国际贸易理论，主要是针对国与国、劳动生产率差别较大的和不同产业之间的贸易，但自20世纪60年代以来，随着科学技术的不断发展，国际贸易实践中又出现了一种和传统贸易理论的结论相悖的新现象，即国际贸易大多发生在发达国家之间，而不是发达国家与发展中国家之间；而发达国家间的贸易，又出现了既进口又出口同类产品的现象。为了解释这种现象，国际经济学界产生了一种新的理论——产业内贸易理论（Intra-Industry Trade）。

产业内贸易是当代最新国际贸易理论之一，它突破了传统国际贸易理论的一些不切实际的假定（如完全竞争的市场结构、规模收益不变等），从规模经济、产品差异性、国际投资等方面考察贸易形成机制，从而解决了传统贸易理论所不能解释的贸易现象，产业内贸易日益占据国际贸易的主要地位。

（一）产业内贸易理论的发展阶段

产业内贸易理论的发展历程大约可以分为三个阶段。

第一阶段是经验分析阶段。主要包括1960年佛得恩（Verdoom）对"荷比卢经济同盟"集团内贸易格局的研究；巴拉萨（Balassa）对欧共体成员制成品贸易情况的分析；小岛清（Kojima）对发达国家间横向制成品贸易的关注。

第二阶段是理论研究阶段。里程碑是格鲁贝尔（Grubel）和劳埃德（Loyd）于1975年编写的《产业内贸易：差别化产品国际贸易的理论与度量》，这是最早的关于产业内贸易理论的专著。在这本书中作者修正了H-O模型中的某些前提条件，把贸易中有关的费用引入模型，解释了部分产业内贸易现象。

第三阶段是丰富发展阶段。主要理论模型有20世纪70年代末，迪克西特（Dixlt）、斯蒂格利茨（Stiglitz）、克鲁格曼（Krugman）等创立的新张伯伦模型，把张伯伦的垄断竞争理论运用到产业内贸易领域；20 世纪 80 年代初，布兰德（Brander）和克鲁格曼（Krugman）为解释标准化产品的产业内贸易现象建立的差别模型。

（二）产业内贸易理论的主要内容

1. 产品的差异性是产业内贸易的基础

产品的差异性是指一种产品所具有的区别于其他产品的特性，这种差异性既可以是客观上的，也可以由于广告宣传等原因所造成的主观上的差别。产品的差异包括水平和垂直差异两种：水平差异是指同类产品由于规格、款式和颜色等形成的差异；垂直差异是指商品质量、功能和档次等方面的差异。

由于产品差异性的存在，同一产业内的产品就不能完全相互替代，因此就可以满足不同国家、不同消费层次消费者的消费欲望和消费心理。然而由于每个国家在科技水平和要素禀赋方面的不同以及产品种类越来越多样化，使得每个国家不可能在一个产业的所有产品上都具有比较优势，因此必须有所取舍，着眼于某些差别化产品的专业化生产，以获取规模经济效应。而为满足消费者多样化的需求，国家会对同类产品既进口又出口，即产业内贸易。

2. 需求偏好相似是产业内贸易的动因

一国的需求结构和收入水平密切相关。两国的人均收入水平越接近，彼此需求结构重叠的部分就越大，两国就越有可能进行产业内贸易。由于发达国家平均收入水平接近，需求结构重叠的部分就会越大，因此产业内贸易量也相对较大。动态来看，当部分新兴发展中国家收入增加到一定程度，其需求结构与发达国家也会产生重叠，由此也会与发达国家产生产业内贸易。

3. 规模经济是产业内贸易的主要利益来源

规模经济通常分为内部规模经济和外部规模经济。内部规模经济是指由于单个企业规模的扩大而导致的单位生产成本的降低；外部规模经济是指同一地域内行业规模的扩大（企业数量增加）而导致的单位生产成本的降低。

为追求内部规模经济，企业必须将有限的资源集中到某一种或几种差异化产品的生产上，以降低成本垄断市场。由于消费者的需求是多样化的，国内市场对差异化产品的需求有限，而国外的消费者对同一种差异化产品也会产生需求。因此，企业为降低成本，追求内部规模经济，必然会去拓展国外市场，而国内的消费者也会对国外同一行业的其他差异化产品产生需求，这样，就会由于追求内部规模经济效益而产生产业内贸易。

与内部规模经济不同，外部规模经济是靠行业规模的扩大而降低成本取得竞争优势。较大的行业规模有利于人才、技术、信息等资源的共享，也有助于企业经营效率的提升和生产成本的降低。但由于工业品的多样化，任何国家都不可能生产同一行业的所有产品，为实现外部规模经济，就必须选择其中的优势产品进行生产，产业内贸易也由此产生。

（三）产业内贸易程度的测量

产业内贸易程度可以用产业内贸易指数（IIT）来衡量，其计算公式为：

$$IIT = 1 - \frac{|X - M|}{X + M}$$

其中，X 和 M 分别表示某一产业产品的出口值和进口值。$IIT=0$ 时，表示没有产业内贸易；$IIT=1$ 时，表示产业内贸易程度最大；$0<IIT<1$ 时，IIT 的值越接近于 1，产业内贸易的程度就越高；IIT 的值越接近于 0，产业内贸易的程度就越低。

值得注意的是，产业内贸易程度的高低与产业范围的界定有关。产业界定的范围越大，产业内贸易程度越高；产业界定的范围越小，产业内贸易程度越低。

四、国家竞争优势理论

国家竞争优势，又称"国家竞争优势钻石理论""钻石理论"。由哈佛大学商学院教授迈克尔·波特（Michael E. Porter）在其代表作《国家竞争优势》（The Competitive Advantage of Nations）中提出，属于国际贸易理论之一。国家竞争优势理论既是基于国家的理论，也是基于公司的理论。国家竞争优势理论试图解释如何才能造就并保持可持续的相对优势。

（一）理论起源

传统的以 H-O 理论为代表的国际贸易理论基本上是一个静态的理论体系，缺乏以动态的眼光分析各国资源禀赋和比较优势的部分。为了克服传统国际贸易理论的缺陷，一些经济学家开始在 H-O 理论的框架之外寻求新的贸易理论和贸易政策选择，目前在这方面比较有影响的理论是国家竞争优势理论（National Competitive Advantage Theory）。

（二）主要内容

哈佛大学教授迈克尔·波特提出的这一理论从企业参与国际竞争这一微观角度解释国际贸易，弥补了比较优势理论在有关问题论述中的不足。波特认为，一国的竞争优势就是企业与行业的竞争优势，一国兴衰的根本原因在于它能否在国际市场中取得竞争优势。而竞争优势的形成有赖于主导产业具有优势，关键在于能否提高劳动生产率，其源泉就是国家是否具有适宜的创新机制和充分的创新能力。

波特提出的"国家竞争优势四基本因素、两辅助因素模型"中，生产要素、需求状况、相关产业和支持产业、企业战略、结构和竞争对手、政府、机遇都是国家竞争优势的决定因素。波特根据以上各大要素建立了钻石模型，说明了各个因素间如何相互促进或阻碍一个国家竞争优势的形成。波特认为，一国的国内经济环境对企业开发其自身的竞争能力有很大影响，在一国的许多行业中，最有可能在国际竞争中取胜的是那些国内"四要素"环境对其特别有利的那些行业。因此，"四要素"环境是产业国际竞争力的最重要来源。

（三）国家竞争优势理论的四个阶段

波特认为，国家经济发展可分为四个阶段，即生产要素导向阶段、投资导向阶段、创新导向阶段和富裕导向阶段，其中前三个阶段是国家竞争优势发展的主要力量，通常会带来经济上的繁荣，第四个阶段则是经济上的转折点，有可能因此而走下坡。

1. 生产要素导向

在经济发展的最初阶段，几乎所有的成功产业都是依赖基本生产要素。这些基本生产要素可能是天然资源，或是适合作物生长的自然环境，或是有充足的廉价劳工。在此阶段，只有生产要素具有优势。在这种条件下，只有具备相关资源的企业才有资格进军国际市场。

2. 投资导向

在这一阶段中，国家竞争优势的确立以国家和企业的投资意愿和投资能力为基础，并且越来越多的产业开始拥有不同程度的国际竞争力。企业有能力对引进的技术实行消化、吸收和升级，是一国达到投资导向阶段的关键所在，也是区别要素导向阶段与投资导向阶段的标志。

3. 创新导向

在这一阶段，企业在应用并改进技术的基础上，开始具备独立的技术开发能力。技术创新成为提高国家竞争力的主要因素。处于创新导向阶段的产业，在生产技术、营销能力等方面居领先地位。有利的需求条件、供给基础及本国相关产业的发展，使企业有能力进行不断的技术创新。在重要的产业群中开始出现世界水平的辅助行业，相关产业的竞争力也不断提高。

4. 富裕导向

在这一阶段，国家竞争优势的基础是已有的财富。企业进行实业投资的动机逐渐减弱，金融投资的比重开始上升。部分企业试图通过影响和操纵国家政策来维持原有的地位。大量的企业兼并和收购现象是进入富裕导向阶段的重要迹象，反映了各行业希望减少内部竞争以增强稳定性的愿望。

（四）国家竞争优势理论对我国的借鉴意义

1. 从重视宏观环境到改善微观环境

在政府层面，我国关于国家竞争力的讨论主要集中在宏观层面，而实际上真正限制一国竞争力的却是微观经济问题。一些地方政府通过各种优惠政策来吸引外商投资，但是这种建立在优惠基础上的投资对国家是没有好处的。一国真正的问题是本国的发展环境，只有发展环境才是一国生产水准的真正决定因素，但是许多人并没有对发展环境加以重视，错误地认为只要加入几个区域协定，签订几个贸易协定就可以实现国家竞争力的提升。虽然宏观层面的改革对经济发展非常必要，但是并不充分，微观层面和宏观层面的问题一样重要，微观层面主要是由公司的战略性质、制度环境、政策和基础设施等组成，这些因素构成了一个公司进行竞争的基础环境。我国以后应该加强微观基础层面竞争力的研究。

2. 以产业群重构区域经济布局

我国目前的资源配置方式还停留在计划经济体制下大而全的时代，如何在新的国际分工格局中开拓思想，借鉴发达国家资源配置的新方式，按照我国不同区域的实际情况来进行资源的重新配置，已成为我国各级政府和业界的重要工作之一。产业群是一种比较理想的资源配置方式。过去人们认为，只有大规模才能取胜，小规模只能是弱小的，但是小的农户和企业如果以产业群的方式进行重新组织，集中精力搞好一个产业，就能够达到"以小博大"的效果，形成未来我国独特的国家竞争优势。

3. 重新认识产业政策的作用

产业政策一直是我国经济发展中的一个热门话题，但在国家竞争优势理论中波特却对它说"不"。波特认为产业政策是建立在一个高度简化而又有问题的假设之上的，这些假设认为规模和开支对竞争力起决定性作用。在许多产业政策盛行的国家，如日本、韩国和法国等，目前已经出现很多问题。许多现象使人们开始怀疑：产业政策是否有效？我国过去的产业政策究竟有多大的成效？要不要对它进行大的调整？

4. 重塑政府和企业的角色

按照经典理论，经济规模、劳动成本、利率高低、外汇汇率等是一国竞争优势的最重要来源。目前，企业界不断向政府要求对产业予以支持和保护，但实际上，许多保护和支持政策的后果可能会与企业的期望恰好相反。这些政策短期内可能起到一定的作用，但是从长远来说，这些政策永远造就不了一个国家真正的竞争优势。我们应该采取全新的视野和工具，来分析和研究国际成功经验，而不是在传统的思想中停滞不前。

随着目前全球以创新和扩散为主的知识经济的发展，国家在其中所起的作用越来越大。不同国家的文化、价值观、经济结构甚至是历史传统都对一国能否成功起着重要作用。虽然世界上每一个国家的竞争优势来源千差万别，但有一点是相同的，那就是一个国家不论怎么强大都不可能在所有的领域独领风骚。每一个有竞争优势的国家都是靠某一个或几个产业发展起来的，从而大大提升本国的国际竞争优势，如美国的信息产业、荷兰的以花卉为主导的包装产业等。所以，我国的产业结构调整也要有所侧重。

第五节　新兴古典国际贸易理论

新兴古典经济学是 20 世纪 80 年代以来由杨小凯等人创立的新的经济学流派。新兴古典经济学放弃了新古典经济学中生产者和消费者两分的假设，引入了专业化经济和交易费用作为核心概念，运用超边际分析的方法，将古典经济学中最有价值的分工思想形式化，并在新的框架中，将现代经济理论进行重新组织，对各种微观和宏观经济现象做出解释。该学派认为，各种经济现象都是劳动分工的内生演进引起的，贸易作为劳动分工的一个侧面，也可以从分工角度进行解释。新兴古典经济学在新的框架下，对传统的贸易理论进行重新思考，并以新框架为依托，对贸易理论的基本问题给出新的解释，创立了新兴古典贸易理论（又称内生贸易理论）。

新兴古典贸易理论认为无论国内贸易还是国际贸易都是折中专业化经济与节省交易费用之间两难冲突的结果。即使所有人（既是消费者，又是生产者）都天生相同，没有外生比较优势，只要存在专业化经济，每个人选择不同专业后都会产生内生比较优势。然而，生产专业化与消费多样化之间存在矛盾，只有通过贸易才能解决。而贸易又产生交易费用，当交易费用大于每个人的专业化经济时，贸易就不能产生，在多样化需要的强制下，每个人只能回到自给自足状态。贸易产生的经济条件是分工经济大于交易费用，这时每个人就可以选择不同的专业，并通过贸易来满足多样化的需要，贸易便产生了。随着交易效率的不断提高，贸易由地区贸易发展为国内贸易，进而发展为国际贸易；如果存在多样化消费的好处，交易效率的改进会导致商品种类数的增加。一个社会的专业化程度、结构多样性、贸易依存度、商品化程度、经济一体化程度、生产集中度等组织结构问题都可以由此说明。

一、新兴古典贸易理论的基本内容

新兴古典经济学弥补了新古典经济学框架的重要缺陷，从每个个体既是消费者同时又是生产者的现实出发分析个体的决策过程及其结果。基于个体是消费—生产者的新框架更适合国家层次上对单个国家的分析，新兴古典经济学把对个体之间分工和贸易的分析用于分析国际分工和国际贸易，用分工经济和交易费用的两难冲突及其折中解决的个体专业化决策思路，重新考察了国际贸易理论，用分工演进模型对贸易理论的基本问题给出了新的解释，构成了新兴古典贸易理论的主要内容。

（一）贸易的原因

在新兴古典经济学中，贸易是个体专业化决策和社会分工所带来的直接结果，贸易的原因是分工和专业化引发和强化的内生优势。新兴古典贸易理论模型假定每个人的人生相同，不存在先天差别，在社会分工中各人后天选择了不同的专业才产生了同种产品的生产率的差别和某一方面的优势，从而形成了贸易的基础。而且，这种优势与社会分工水平互相促进。分工和专业化带来了各人之间在某种产品上的生产率的差别，形成生产成本的优势，而这种差别和优势又会进一步促进和强化分工，从而进一步强化差别和优势。可见，新兴古典贸易理论中的贸易优势是后天获得并且具有自我强化的性质，是一种内生优势。但仅有生产方面的内生优势并不是开展贸易的充分条件，还要同时考虑其相对面——交易效率的高低。新兴古典贸易理论认为，贸易的开展取决于一种综合优势，既要考虑生产上的内生优势或劣势，也要考虑交易效率优势或劣势，要取决于二者的相对关系，即内生的生产率和交易效率的综合比较优势。

（二）贸易的结果

在新兴古典经济学框架中，分工和贸易同时产生，贸易是专业化生产和多样化消费这一矛盾的解决方式，贸易的结果本质上是分工的结果。分工使个体的自给率降低，每个人生产的产品种类数更少而相互交换的产品种类更多，产品生产的集中程度和个体的贸易依存度提高。贸易品种类的增加意味着市场种类的增加和社会商业化程度的提高，每个人对他人的依赖程度加强。随着分工的深化，个体的生产结构差别越来越大，经济结构则由自给自足时的单一结构趋于多样化。经济由自给自足时的互不往来到局部分工时的市场分割最后发展到完全分工时的市场一体化，市场从无到有，一体化程度逐步提高。所以，分工和贸易的直接结果是提高了个体的贸易依存度、产品生产的集中程度、社会的商业化程度、经济结构的多样化程度和市场的一体化程度。而且，分工减少了每个人必需的学习时间和费用，提高了专业化水平，促进了生产率的提高，使得人力可以用于新的专业产品的生产。在高水平的分工模式中，不同的人可以通过专业化生产不同的产品而增加不同的专业种类数，因此分工和贸易还促进了产品种类的增加。

（三）国内贸易向国际贸易的发展

新兴古典贸易理论最重要的特点在于该理论能够揭示国内贸易为何和如何发展到国际贸易。新兴古典贸易理论这一解释力源于该理论依托的经济学框架。新兴古典经济学与主流经济学的不同就在于其前提中摒弃了新古典经济学生产者和消费者两分的假设，从消费—生产者个体开始分析，认为一切经济现象都可以用个体权衡专业化经济和交易费用的两难冲突决策进行统一的解释。国内贸易的产生是二者作用的结果，而同样的原因也可以解释国内贸易向国际贸易的延伸。每个消费者同时是生产者，当交易效率很低时，人们自给自足，没有交换和贸易产生。随着交易效率的提高，首先出现一些地方性市场，但尚不需要统一的国内市场。随着交易效率的进一步提高，各分割的地方性市场逐渐形成统一的国内市场。同样的理由，当交易效率提高，分工进一步深化到可以突破国内市场规模的限制时，国际贸易就产生了。对于一个国家而言，消费—生产者的假设非常贴切，因此将个体决策过程应用到分析国家的经济行为也同样有解释力。只要国家之间分工的好处超过了国际贸易带来的交易费用，各国就会选择专业化生产并与他国交换，贸易也就由国内贸易发展到了国际贸易阶段。国际贸易之所以在国内贸易之后产生，原因就在于国际贸易较国内贸易有额外的交易费用。

（四）贸易政策内生化

新兴古典贸易理论不但解决了传统贸易理论的基本问题，同时将贸易政策的选择在模型中内生化。新兴古典经济学把交易成本和内生比较优势概念引入李嘉图模型，证明政府的贸易政策体制、分工的均衡网络规模与整个经济的生产力是相互依赖的，均衡的贸易政策和国际分工水平密切相关。分工演进模型表明，随着交易效率的改进，经济结构的一般均衡会不连续地从自给自足跳到部分劳动分工继而跳到完全分工。在部分劳动分工的情形下，交易效率较低的国家分工水平比交易效率高的国家要低，在参与国际分工后，国际贸易中的贸易条件更有利于分工水平更高的国家，这些国家更倾向于采取单边自由贸易政策。而分工水平落后国从贸易中获利甚微，因此，落后国试图通过关税手段来改变贸易品的相对价格以获得较多的贸易好处。随着交易效率的进一步改进，一般均衡会从低水平的分工状态非连续地跳到高水平的分工状态。这时贸易品的相对价格不再由任一国的国内生产条件决定，而由两国的生产条件和消费偏好共同决定。每个国家都可以通过关税手段来争取更多的分工利益，由此可能引发关税战从而使分工的好处全部消耗。在这种情况下，两国都有意愿参加纳什关税谈判，谈判的结果是双边自由贸易。这一分析，一方面解释了单个国家在经济发展过程中贸易政策的选择问题（即从单方保护转向双边关税谈判到最终参与双边或多边自由贸易的转变），而且能够解释世界范围内在经济发展过渡期贸易政策的二元结构问题（即发达国家追求单方自由贸易，而发展中国家追求单方贸易保护），也揭示了在经济发展的成熟期通过多边关税谈判形成多边自由贸易的局面。基于上面的分析，在政策主张上，新兴古典经济学派认为，一国在经济发展的不同阶段应该通过分工的自发演进来确定贸易模式。政府应该致力于通过谈判实现多边自由贸易，削减关税和非关税壁垒，降低交易费用，以促进劳动分工的扩张和深化，带来更大的生产率收益。也正是从这个意义上看，"新兴古典超边际分析甚至比边际分析更支持自由贸易政策"。

（五）贸易与经济发展问题

贸易与经济发展的关系问题也是传统贸易理论中经常涉猎的问题。与传统结论不同的是，在新兴古典贸易理论中，贸易与经济发展的关系不是遵循互为条件、相互作用的机制，而是作为分工的不同侧面相伴而生，二者都是分工产生和深化的结果。分工引起了贸易，同时也是分工带来的生产率的增加促进了经济发展。内生比较优势随着分工的演进会带来一国贸易结构和格局的动态变化，并且带来经济持续增长的可能性。新兴古典贸易理论新的研究成果还考察了一国特别是发展中国家参与国际分工开展国际贸易对一国国内和国家之间二元经济结构和收入分配的影响。

二、新兴古典贸易理论与传统贸易理论的比较

（一）与斯密绝对优势理论的比较

新兴古典经济学是对斯密分工思想的形式化，斯密的思想是新兴古典经济学的理论渊源。新兴古典贸易理论对斯密理论的继承体现在以下几点。

第一，贸易理论是分工理论的一个侧面。斯密在《国富论》中的核心思想是分工，以分工来解释国民财富的源泉。交换和贸易是分工的共生物，交换和贸易促进分工，而分工的利益是交换和贸易利益的源泉。斯密并没有专门独立的贸易理论，他的绝对成本理论是建立在他的分工和国际分工学说基础之上的。新兴古典经济学的核心问题同样是分工和专业化，贸易作为分工的一个侧面来体现，贸易理论是分工理论的一个方面。斯密的分工理论认为，分工受制于市场范围，运输费用是交易费用的一种具体形式。斯密强调决定市场范围的自然地理条件和政府政策两个因素。新兴古典经济学遵循了这个传统，使用了交易费用这一现代概念，揭示了市场的范围怎样被经济代理人之间的交易成本所影响，交易费用的存在限制了分工和专业化的程度，并用交易费用和专业化经济的两难冲突解释贸易的产生和发展。同时，新兴古典经济学的分工理论发扬了杨格的思想，用严密的数学模型阐述了分工和市场范围的相互依赖关系，并用知识的积累解释了分工的自发演进。

第二，国内交换与国际贸易具有统一基础。在斯密的理论中，无论是国内交换还是国际贸易，直接动因都是交换比自己生产成本更低，也就是为了获得分工和专业化的好处。同样的，新兴古典贸易理论用个人对专业化经济和交易费用的权衡决策解释国内贸易和国际贸易的产生，并且揭示了国内贸易发展到国际贸易的动态过程。

第三，内生优势理论。新兴古典贸易理论和斯密绝对优势理论都描述了生而相同的个人之间通过选择专业化而形成生产率的差别，内生出了个体的优势，并且专业化不断强化这种优势。这两种理论都认为，不是生产力的差别导致分工，而是分工带来了生产力的差别，因此二者都是内生优势理论。

（二）与李嘉图比较优势理论的比较

在李嘉图比较优势理论模型中，只有一种生产要素——劳动，其边际生产率和平均生产率都是不变常数，既没有新古典边际分析中假定的单一要素的边际收益递减规律，也没有新兴古典经济学中考察的分工导致的规模报酬递增。新兴古典经济学认为，李嘉图的比较优势理论是新古典贸易理论和新兴古典贸易理论之间的分水岭。新兴古典贸易理论与李嘉图的比较优势理论存在着本质的区别，李嘉图的比较优势是一种外生静态优势，而新兴古典贸易理论的核心是内生动态优势。

李嘉图理论中贸易的基础是国家间天然存在的生产率或技术差异，这种差别不依赖于个体配置劳动资源的决策。存在这种外生优势就存在获利的条件。在没有交易费用的前提

下，贸易的展开是必然的。李嘉图模型将天然的生产率的差异作为分工的前提条件，重点在于揭示贸易的结构和贸易的结果，而没有分析也无须分析一国是否开展贸易的决策。这种外生静态优势的缺陷在于容易导致贸易结构的静态化，形成比较利益陷阱，而且理论认为各国会根据各自的比较优势原则进行完全的专业化生产，这与现实状况也有较大的出入。

新兴古典贸易理论中贸易的基础是一种内生的动态优势，理论不但分析了生产率的差异是贸易的基础，而且用分工和专业化解释了生产率差异产生的原因，分工的演进能够不断创造和增进生产率差异，形成动态优势，克服了李嘉图理论的缺陷。新兴古典贸易理论用自己的思路和方法对李嘉图模型进行了重新分析。对于李嘉图模型而言，当存在外生技术差异时，外生技术比较优势可以带来分工经济，是否利用比较优势所带来的分工的好处，要同时考虑交易效率的高低，这种分工经济与贸易带来的交易费用是一对两难冲突，二者折中的一般均衡结果决定一国是否开展贸易。

由此可见，相比较而言，新兴古典贸易理论较李嘉图的贸易理论具有更强的解释力。但在国际贸易理论的发展史上，李嘉图比较优势原理的价值和意义不容低估。李嘉图理论中最具启发意义的是比较的方法。新兴古典贸易理论沿用了比较优势的概念。在新兴古典贸易理论中，贸易的基础即分工带来的内生优势未必一定是绝对优势，也可以是内生比较优势。而且，新兴古典贸易理论还借此创造了交易效率比较优势的概念。

（三）与新古典贸易理论的比较

新古典贸易理论是在新古典经济学框架内建立的标准的贸易理论形式。新古典经济学和新兴古典经济学两种框架的不同特点决定了贸易理论在经济学中的不同地位。新古典贸易理论是从新古典经济学的概念和前提出发，利用新古典的边际分析、均衡分析方法考察国际贸易问题，是新古典经济学基本框架外的一个理论分支。而新兴古典贸易理论则是该学派理论框架中的基本问题，即分工问题的一个侧面。就贸易理论的内容而言，新兴古典贸易理论和新古典贸易理论的思想渊源不同，二者分别沿袭两条不同的贸易理论的发展线路，两种理论对贸易基础的认识不同，前面关于斯密理论和李嘉图理论的区别也适用于新兴古典贸易理论和新古典贸易理论。2001 年，杨小凯、张永生曾撰文批评新古典贸易理论的逻辑矛盾和缺陷，并指出，新古典贸易理论中产品要素密集度在两国相同并且保持不变的假定无论在理论上还是在现实中都是容易被推翻的。"用传统的资本密集或劳动密集这类概念来解释贸易的原因和结构等问题就缺乏实用性，这种概念也变得没有意义了"。而这些问题完全可以用新兴古典经济学框架中的专业化经济和交易费用的对比来解释。新兴古典贸易理论可以将新古典贸易理论含于解释框架之内。

（四）与新贸易理论的比较

新兴古典贸易理论与新贸易理论相比，二者既有相同之处又存在区别。

相同之处在于两种贸易理论模型都是内生优势模型。这两种贸易理论的前提都是个体或国家的先天条件完全相同。二者都假定不存在先天优势而专于分析后天优势。而且，在创造内生比较优势的同时伴随着生产率的提高、贸易依存度的增加和经济增长。

尽管都是斯密内生理论的继承，但两种理论依托于不同框架，这就决定了二者仍然存在区别。第一，虽然都是后天获得的比较优势，但是这两种内生优势产生的基础不同。新贸易理论中内生优势的基础是规模经济，而新兴古典贸易理论中是专业化经济。规模经济和专业化经济是互不相同的两个概念。在新古典框架中两分的假定之下，专业化经济变得没有意义，而只用规模经济反映分工经济的量的方面。而新兴古典经济学框架用专业化经济代替规模经济概念，认为只有专业化经济才是递增报酬的真正原因，经济增长的促进因素是分工和专业化而不是规模经济。而且，在新兴古典框架中，专业化经济和消费多样性是可以相容的。第二，新贸易理论不能解释国内贸易向国际贸易的演进。新贸易理论基于新古典框架，国内贸易是消费者和生产者两分假定的自然结论。贸易理论只用于解释国际贸易，与国内贸易二者间没有联系，也就没有国内贸易向国际贸易的演进。而新兴古典经济学框架修订了基本的前提假定，从而将国内贸易和国际贸易联系起来，给出了统一的解释，同时，用解释贸易产生的原理解释了国内贸易向国际贸易的演进。

总体看来，与传统的贸易理论相比，新兴古典贸易理论的创新优势体现在以下几点。

第一，新兴古典贸易理论是内生动态比较优势模型。新兴古典贸易模型不仅将贸易原因内生化，还同时考察了分工演变的不同侧面，将产品种类、商业化程度、市场一体化程度、一国卷入贸易的程度、经济结构、收入分配、贸易政策等问题同时在模型中给出解释，把内生性贯彻到底。同时，模型中的内生比较利益会随分工的发展而不断被创造和增进，因此新兴古典贸易理论模型是动态优势模型。

第二，新兴古典贸易理论是理论和政策统一的模型。传统的贸易理论分为纯理论和政策理论。国际贸易纯理论论证贸易利益的存在，之后再结合政策制定的政治经济学分析，对各国贸易政策选择做出说明。而新兴古典贸易模型则既解释了贸易理论的基本问题，也说明了一国贸易政策的选择和演变。

第三，新兴古典贸易理论是国内贸易和国际贸易统一的模型。新兴古典经济学的理论框架中贸易的原因和基础的创造在国内和国际都以相同的方式起作用，理论能够对国内贸易和国际贸易给出统一的解释并能解释从国内贸易到国际贸易的演变。因此，新兴古典贸易理论是国内国际统一的"贸易理论"而不只是"国际贸易理论"。

第四，新兴古典贸易理论是能够整合各种贸易理论的模型。新兴古典贸易理论重新阐释了绝对优势、比较优势等贸易理论中的核心概念，运用新兴古典经济学框架中的超边际分析方法，引入交易费用，对贸易问题进行重新解释，在一定程度上将各种贸易理论整合到统一的框架下，与以往的贸易理论相比，其解释力和包容性更强。

新兴古典贸易理论也存在缺陷，其最重要的缺陷在于贸易模式不确定。新兴古典贸易理论只能说明个人应买卖那些专业化经济较大、交易条件较好的产品，但是哪个人或哪个国家买卖哪种商品是不确定的。"交易费用的大小决定了是否分工及分工水平的高低，但是不能决定如何分工，不能确定哪一国家生产何种产品的分工方式，交易效率的高低无法确定某个国家出口何种产品、进口何种产品的贸易结构"。这也是以"生而相同"为前提的内生优势理论的一个显著缺陷。

三、新兴古典贸易理论的评价

同新古典经济学相比，新兴古典分析框架有如下特征：

第一，它扬弃了新古典规模经济的概念，而用专业化经济来表征生产条件。

第二，它没有纯消费者与企业的绝对分离，而新古典框架则是纯消费者和纯生产者的绝然两分。

第三，在新兴古典经济学中，交易费用对经济组织的拓扑性质具有决定性的意义。

对新兴古典贸易理论，主要有以下几点评论。

1. 纠正了新贸易理论的错误观点，即：①经济规模的充分利用要与更大规模的市场相适应，所以人口的增加会带来生产率的上升；②根本不存在一个经济学界普遍认同的不完全竞争模型的错误结论，所以必须按照不同的市场结构、不同的产品差异性来构造相应的贸易模型，导致新贸易理论的各种模型纷繁复杂，难于统一，无法形成对传统贸易理论的替代。并指出交易效率决定经济和贸易发展；基于分工和专业化建立新的贸易模型可以避开不完全竞争市场。

2. 其建立的每个人既是生产者又是消费者的分析框架，从交易效率提高的角度解释了国际贸易如何从国内贸易而来，从而将国内贸易和国际贸易原理统一起来。

3. 解决了递增规模报酬与竞争市场的相容性问题，认为存在竞争均衡和帕累托最优的一致性。

4. 重新阐释了绝对优势，比较优势等贸易理论的核心概念，在一定程度上将贸易理论整合到一个统一的框架之下。

本章小结

本章以重商主义理论作为开端，系统地介绍了国际贸易理论的发展历程，即从古典贸易理论、新古典贸易理论、新贸易理论到新兴古典贸易理论，并重点介绍了古典贸易理论中的绝对优势理论和比较优势理论，新古典贸易理论中的要素禀赋理论、要素价格均等化和里昂惕夫之谜以及新贸易理论中的新生产要素理论、偏好相似理论、产业内贸易理论和国家竞争优势理论。通过本章的学习可以了解国际贸易理论的发展、演变历程，清楚了解典型贸易理论产生背景及其代表阶级利益的政策主张。这对于我们分析和认识当代全球的贸易活动，分析和研究各国的贸易政策和措施，借鉴历史经验和理论工具，制定适合中国国情的对外贸易政策，以及企业和个人的经济行为决策具有重要的现实意义。

重要概念

重商主义（Mercantilism）

重农主义（Physiocracy）

绝对优势理论（Absolute Advantage）

比较优势原理（Law of Comparative Advantage）

赫克歇尔—俄林模型（Heckscher-Ohlin Theory）

要素禀赋（Factor Endowments）

要素密集度（Factor Intensity）

要素价格均等化定理（Factor Price Equalization Theorem）

里昂惕夫之谜（The Mystery of Leontief）

偏好相似理论（Preference Similarity Theory）

产业内贸易理论（Intra-Industry Trade）

国家竞争优势理论（National Competitive Advantage Theory）

练习题

1. 重商主义贸易理论的理论观点和政策主张是什么？

2. 重农学派的主要观点有哪些？

3. 什么是绝对优势理论？绝对优势理论的主要观点是什么？

4. 简要分析比较优势理论产生的背景和理论内容。

5. 何谓一国的要素禀赋和产品的要素密集度？要素禀赋理论的主要内容是什么？

6. 简述生产要素价格均等化的过程。

7. 什么是里昂惕夫之谜？怎么解释里昂惕夫之谜？

8. 偏好相似理论的基本观点是什么？

9. 简述产业内贸易理论的主要内容。

10. 如何测量产业内贸易程度？

11. 中国进行对外贸易的比较优势是什么？如何看待我国的"比较优势陷阱"？联系中国的实际情况，怎样才能有效发挥中国的比较优势？

12. 联系实际，分析我国在大力发展对外贸易，提升国际竞争力的同时应如何更好地运用国家竞争优势理论？

第三章
对外贸易政策

学习目标

- **了解**

  对外贸易政策制定和执行

  对外贸易政策的演变过程
- **掌握**

  对外贸易政策的含义和内容

  对外贸易政策的分类

在当今世界，对外贸易政策在一国经济发展和经济增长中起着重要作用，它已成为国际贸易环境的重要组成部分。一国的对外贸易政策是一国在一定时期内对进口贸易和出口贸易所实行的政策，是一国总的经济政策的重要组成部分，是为该国对外政策和经济基础服务的。通过本章的学习，要了解对外贸易政策的制定、执行和演变过程，掌握对外贸易政策的含义和主要内容。

第一节　对外贸易政策的含义和类型

一、对外贸易政策的含义

对外贸易政策（Foreign Trade Policy）是指一国政府根据本国的政治经济利益和发展目标而制定的在一定时期内的进出口贸易活动的准则。它集中体现为一国在一定时期内对进出口贸易所实行的法律、规章、条例及措施等。它既是一国总经济政策的一个重要组成部分，又是一国对外政策的一个重要组成部分。

一项完整的贸易政策应包括：政策主体、政策客体、政策目标、政策内容和政策手段。从对外贸易政策的内部构成看应包括三个层次。

（一）对外贸易总政策

这是根据本国国民经济的总体情况，本国在世界舞台上所处的经济和政治地位，本国的经济发展战略和本国产品在世界市场上的竞争能力以及本国的资源、产业结构等情况，制定的在一个较长时期内实行的对外贸易基本政策。它是一国发展对外经济贸易关系的基本政策，是整个对外贸易政策的立足点。

（二）对外贸易国别（或地区）政策

这是根据对外贸易总政策及世界经济政治形势，本国与不同国别（或地区）的经济政治关系，分别制定的适应特定国家（或地区）的对外贸易政策。它在不违反基本国际规范的基础上，对不同国家采取不同的对外贸易政策和措施。对不同国家规定差别优惠待遇和差别关税率是各国国别政策的基本做法。

（三）对外贸易具体政策

又称进出口商品政策，这是在对外贸易总政策的基础上，根据不同产业的发展需要，不同商品在国内外的需求和供应情况以及在世界市场上的竞争能力，分别制定的适用于不同产业或不同类别商品的对外贸易政策。其基本原则是对不同的商品实行不同的待遇，主要体现在关税税率、计税价格和课税手续等方面的差异。例如，为了防止某些尖端技术或战略性物资流向敌对国家，对某些高科技产品实行出口限制；为了保护民族工业的发展，对某些外国进口商品实行进口限制等。

从一国对外贸易政策的具体内容来看，它主要包括一国的关税制度和政策、非关税制度和政策、鼓励出口的体制和手段、限制出口的政策和手段，以及一国参与国际经济一体化组织的政策和措施等。这些范围内的有关制度、体制和政策都反映着上述对外贸易政策的三个层次，因而也构成了对外贸易政策的基本内容。

二、对外贸易政策的类型

（一）以国家对外贸的干预与否为标准

从国际贸易的历史考察，以国家对外贸的干预与否为标准，可以把对外贸易政策归纳为三种基本类型：自由贸易政策、保护贸易政策和管理贸易政策。

1. 自由贸易政策

自由贸易政策（Free Trade Policy）是指国家对商品进出口不加干预，对进口商品不加限制，不设障碍；对出口商品也不给以特权和优惠，放任自由，使商品在国内外市场上自由竞争。自由贸易政策产生的历史背景是资本主义自由竞争时期（18世纪至19世纪），主要在英国、荷兰等首先进入资本主义、在经济上竞争上居优势的国家实行，其主要代表人物是英国的古典经济学家亚当·斯密和大卫·李嘉图。

2. 保护贸易政策

保护贸易政策（Protective Trade Policy）是指国家对商品进出口积极加以干预，利用各种措施限制商品进口，保护国内市场和国内生产，使之免受国外商品竞争；对本国出口商品给予优待和补贴，鼓励扩大出口。保护贸易政策，在不同的历史阶段，由于其所保护的对象、目的和手段不同，可以分为：重商主义，保护幼稚工业论，超保护贸易政策，新贸易保护主义。

3. 管理贸易政策

管理贸易政策（Managed Trade Policy），又称协调贸易政策，是指国家对内制定一系列的贸易政策、法规，加强对外贸易的管理，实现一国对外贸易的有秩序、健康发展；对外通过谈判签订双边、区域及多边贸易条约或协定，协调与其他贸易伙伴在经济贸易方面的权利与义务。管理贸易政策是 20 世纪 80 年代以来，在国际经济联系日益加强而新贸易保护主义重新抬头的双重背景下逐步形成的。在这种背景下，为了既保护本国市场，又不伤害国际贸易秩序，保证世界经济的正常发展，各国政府纷纷加强了对外贸易的管理和协调，从而逐步形成了管理贸易政策或称协调贸易政策。管理贸易是介于自由贸易和保护贸易之间的一种对外贸易政策，是一种协调和管理兼顾的国际贸易体制，是各国对外贸易政策发展的方向。

（二）对外销生产和内销生产的保护程度为标准

世界银行根据各国贸易政策对外销生产和内销生产的保护程度为标准，将对外贸易政策划分为外向型贸易政策和内向型贸易政策。

1. 外向型贸易政策

外向型贸易政策（Outward Oriented Trade Policy）是指不歧视内销的生产和供出口的生产，也不歧视购买本国商品和外国商品的贸易政策。它在进口政策上主张征收关税而不主张限制数量，且这种关税又被其他措施所抵消。典型的外向型贸易政策是一种中性贸易政策，贸易政策不偏不倚。

2. 内向型贸易政策

内向型贸易政策（Inward Trade Policy）是指重视内销生产，轻视出口生产，对贸易奖励制度有偏向的贸易政策。它一般对制造业实行高度保护，对进口和投资实行直接控制，对汇率实行高估等。在进口政策上，它一般主张数量限制而不主张征收关税。内向型贸易政策也被称为进口替代政策。

资料链接 3-1

出口导向政策与进口替代政策

出口导向政策又称出口替代战略或出口替代工业化政策，是外向型经济发展战略的产物。它是指一国采取各种措施扩大出口，发展出口工业，逐步用轻工业产品出口替代初级产品出口，用重工业产品出口替代轻工业产品出口，以带动经济发展，实现工业化的政策。出口替代战略其核心思想是使本国的工业生产面向世界市场，并以制成品的出口代替初级产品的出口。该战略是根据国际比较利益的原则，通过扩大其有比较利益的产品的出口，以改善本国资源的配置，从中获得贸易利益和推动本国经济的发展。这种以出口鼓励作为经济动力的发展模式，将本国产品置于国际竞争的环境中，其优点是比较显著的。以这种方式发展的国家，大都取得了实绩优良的高速经济增长，这一事实成功地推翻了传统的工业发展只能通过进口替代来实施的观点。

进口替代政策是指一国采取各种措施，限制某些外国工业品进口，促进国内有关工业品的生产，逐渐在国内市场上以本国产品替代进口品，为本国工业发展创造有利条件，实现工业化。又称进口替代工业化政策，是内向型经济发展战略的产物。

进口替代政策必然是以牺牲国内消费者为代价，而且由于其降低了该国与世界市场的联系程度，造成国内市场相对狭小，生产成本高，经济效益低，产品质量差，竞争能力不够。因此，实行进口替代政策的发展中国家，虽然在一定程度上促进了国内轻工业的发展，工业增长速度有所加快，但这只是短期现象，并不能长期保持。这就迫使它们不得不进行调整，甚至加以放弃，转而实行出口替代工业化政策。第二次世界大战后，原先推行这一政策的拉美发展中国家进一步积极推行，新独立的许多亚非发展中国家也先后把进口替代作为工业化的途径，一度出现进口替代的高潮。推行这一政策，首先要正确选定作为替代对象的工业品种类，即决定哪些工业作为进口替代工业。一般是选择那些国内市场虽有需求却经不起外国竞争的工业，然后通过保护措施使这些国内进口竞争工业变为进口替代工业，以加快工业进程。

第二节　对外贸易政策的制定和执行

一、对外贸易政策制定的目的

各国的对外贸易政策因各自的经济发展水平、社会制度和产品在国际市场上竞争力的不同而有所不同，并且会随着各自经济实力的变化而不断变化，但就其制定对外贸易政策的目的而言，通常可以概括为如下几个方面：①保护本国产品和市场；②促进本国产业结构的改善；③促进经济的稳定和发展；④获取良好的国际经济和政治环境；⑤为本国对外政策服务。

二、对外贸易政策制定时需要考虑的因素

对外贸易政策的制定既要与本国的经济发展水平相适应，又要考虑到统治阶级的利益和需求，以达到维护和促进经济发展的目的。不同的贸易政策在各国经济发展的历史过程中曾有不同的作用；同一国家在不同的历史阶段曾选择了不同的贸易政策。一个国家在一定时期采取何种贸易政策，主要取决于以下因素。

（一）经济发展水平及其在世界市场上的地位和力量对比

这一点包含两个方面的含义：一方面是指一个国家在经济发展的不同阶段，其国内的生产力水平和发展目标不同，制约着对外贸易政策。一般来说，处于工业经济发展初期阶段的国家，采取保护贸易政策；而处于工业经济发达阶段的国家，采取自由贸易政策。另一方面是指一个国家在世界市场上的地位和力量对比制约着对外贸易政策。一般来说，处于劣势地位，商品竞争力弱的国家，采取保护贸易政策；而处于优势地位，商品竞争力强的国家，采取自由贸易政策。上述两个方面互相联系，但不完全一致。第一方面仅从自身发展所处的阶段考察，第二方面强调的是国与国之间的实力对比。由于经济发展不平衡规律的作用，各国的对外贸易政策会随着各国的经济实力地位和力量对比的变化而调整变化。20世纪70年代，美国经济虽然处于发达阶段，且仍为世界头号经济强国，但由于面临日本和欧共体国家日益发展的强有力的竞争，转向采取保护贸易政策就是证明。

（二）国内经济状况和经济政策

从资本主义经济发展的规律来看，资本主义各国的经济发展总是呈周期性变化、波浪式前进的。资本主义经济发展的周期性变化，在不同阶段，因其国内经济状况不同，总经济政策不同，必然引起对外贸易政策的调整。一般来说，在资本主义经济发展的繁荣阶段，各国经济普遍高涨，如 19 世纪中叶和 20 世纪中叶，贸易自由化倾向就占上风；在资本主义经济发展的危机、萧条阶段，如 20 世纪 30 年代和 20 世纪 70 年代，保护贸易倾向就会蔓延和加强。

（三）统治集团内部的矛盾和斗争

一个国家的对外贸易政策是代表统治阶级中占上风的利益集团的利益的。因此，统治集团内部的矛盾和斗争、政权的更迭，也会带来对外贸易政策的变化。一般说来，商品市场主要在国外的一些资产阶级利益集团主张贸易自由化；相反，商品市场主要在国内并受到进口商品激烈竞争的资产阶级利益集团，则主张限制进口，实行保护贸易政策。

三、对外贸易政策的执行

对外贸易政策制定之后，需要国家指定的专门的机构予以执行。

（1）通过海关对进出口贸易进行管理。海关，是对出入国境的一切商品和物品进行监督、检查并照章征收关税的国家机关。海关的主要职能是：对进出口货物、旅客行李和邮递物品、进出境运输工具实施监督管理；征收关税和其他税费；稽查走私；编制统计和征税。一切进出境的货物、物品和运输工具，除国家法律另有规定之外，都要在进出境国境时向海关申报，接受海关的检查。

（2）国家广泛设立各种机构，负责促进出口和管理进口。

（3）国际政府出面参与各种国际经济贸易等国际机构与组织，进行国际经济贸易等方面的协调工作。

资料链接 3-2

我国对外贸易管理机构

对外贸易管理机构是进行对外贸易行政管理的国家经济管理机关。对外贸易行政管理是国家经济管理机关凭借行政组织权力，采取发布命令、制定指令性计划及实施措施、规定制度程序等形式，按照自上而下的组织系统对对外贸易经济活动进行直接调控的一种手段。在社会主义市场经济体制下，对外贸易的宏观管理采取以法律手段为依据，以经济调控手段（主要指关税、汇率和进出口信贷）为主，辅之以必要的行政手段的模式。我国主要有如下八大对外贸易管理机构。

1. 国家发展和改革委员会

国家改革和发展委员会是我国国民经济宏观管理机构，主要负责研究经济体制改革和对外开放的重大问题；研究提出利用外资和境外投资的战略、总量平衡和结构优化的目标和政策；研究分析国内外市场状况，负责重要商品的总量平衡和宏观调控；拟订和制定国民经济和社会发展以及经济体制改革、对外开放的有关行政法规和规章、行政法规的起草和实施。

2. 商务部

商务部是主管国内外贸易的职能部门，其主要负责拟订国内外贸易和国际经济合作的发展战略、方针、政策，起草国内外贸易、国际经济合作和外商投资的法律法规；研究制定进出口商品管理办法和进出口商品目录，组织实施进出口配额计划，确定配额、发放许可证；拟订并执行对外技术贸易、国家进出口管制以及鼓励技术和成套设备出口的政策；研究提出并执行多边、双边经贸合作政策；负责组织协调反倾销、反补贴、保障措施及其他与进出口公平贸易相关的工作；宏观指导全国外商投资工作；负责全国对外经济合作和对外援助工作；拟订并执行对香港、澳门特别行政区和台湾地区的经贸政策、贸易中长期规划。

3. 海关总署

海关总署是国务院主管海关工作的行政执法机构，主要负责研究拟定海关工作的方针、政策、法律、法规和发展规划并组织实施和监督检查，垂直管理全国海关；研究拟定关税征管条例及实施细则，组织实施进出口关税及其他税费的征收管理，依法执行反倾销、反补贴措施；组织实施海关稽查，统一负责打击走私工作。

4. 国家质量监督检验检疫总局

国家质量监督检验检疫总局是国务院主管全国质量、计量、出入境商品检验、出入境卫生检疫、出入境动植物检疫和认证认可、标准化等工作，并行使行政执法职能的直属机构。

5. 国家外汇管理局

国家外汇管理局是对外汇的汇兑和国际收支进行管理的职能部门，其主要负责制订经常项目汇兑管理办法，依法监督经常项目的汇兑行为；规范境内外外汇账户管理；依法监督管理资本项目下的交易和外汇的汇入、汇出及兑付；起草外汇行政管理规章，依法检查境内机构执行外汇管理法规的情况、处罚违法违规行为。

6. 国家税务总局

国家税务总局为国务院主管全国税收工作的直属机构，主要负责拟定税收法律法规草案，制定实施细则，提出国家税收政策建议并与财政部共同审议上报、制定贯彻落实的措施，研究税赋总水平，提出运用税收手段进行宏观调控的建议，制定并监督执行税收业务的规章制度。与对外贸易相关的职能主要是对进口征收国内税的管理和对出口退税的管理。

7. 国家工商行政管理总局

国家工商行政管理总局是国务院主管市场监督管理和行政执法工作的直属机构。与对外贸易相关的方面有：对外商投资企业的注册与管理、商标的注册和保护以及进口商品的国内流通等。

8. 国家知识产权局

国家知识产权局是国务院主管专利工作和统筹协调涉外知识产权事宜的直属机构，负责拟定知识产权法律法规并监督执行。

第三节 对外贸易政策的演变过程

对外贸易政策要服务于一国经济社会发展的现实目的，要服务于国家的整体利益。随着世界经济、政治的发展，一国在国际分工体系中的地位的变化，以及一国产品在世界市场上竞争力的变化，一国的对外贸易政策也会随之调整。因此，在同一时期的不同国家，往往会实行不同的贸易政策；同一国家在不同时期，也往往会实行不同的对外贸易政策。总体来看，对外贸易政策就其产生和发展的历程而言，大致经过如下几个发展阶段。

一、前资本主义时期的对外贸易政策

在资本主义制度产生之前，封建的自给自足的自然经济占统治地位，商品生产和商品交换并不发达，对外贸易活动并没有引起各国政府的注意。

15世纪初期到18世纪初期，进入资本原始积累时期，封建主义的经济基础逐步瓦解，资本主义经济因素迅速发展。为了促进资本的原始积累，西欧各国在重商主义的影响下，纷纷推出了强制性的贸易保护政策，通过限制金银货币外流和实现贸易顺差的方式扩大货币积累，缩短了由封建主义生产方式向资本主义生产方式的过渡过程，在当时社会背景下，对经济发展起到了"加速器"的作用。

二、资本主义自由竞争时的对外贸易政策

18世纪中叶到19世纪末，是资本主义自由竞争时期，资本主义生产方式占据了统治地位，世界经济进入了商品资本国际化的阶段。在这一时期，最早完成工业革命的英国和航海业发达的荷兰是全面实行自由贸易政策的国家。18世纪中叶，英国开始工业革命，到19世纪初已经确立了"世界工厂"的地位，而英国工业的发展迫切需要从海外获取廉价的原材料和粮食。在此种情况下，英国工业资产阶级迫切要求废除保护贸易政策，实行自由竞争和自由贸易政策。经过长达30年的斗争，工业资产阶级最后战胜了地主、贵族阶级，使自由贸易政策得以广泛推行，其主要表现在如下几方面。

（一）废除《谷物法》

英国于1815年制定了限制谷物进口的法令——《谷物法》，该法令规定当国内市场上小麦的价格低于每夸脱80先令时，禁止谷物进口，该法主要是维护土地贵族的利益。《谷物法》实施后，谷物价格骤升，工人要求提高工资水平，同时，也引起了其他粮食输出国对英国工业品的关税报复，从而损害了工业资产阶级的利益，也损害了农民的利益。1838年，英国棉纺织业资产阶级组成了"反谷物法同盟"，总部在曼彻斯特。经过不懈的努力，终于迫使国会于1846年通过了废除《谷物法》的议案，并于1849年生效。马克思称"英国谷物法的废止是19世纪自由贸易所取得的最伟大的胜利"[1]。

---

[1] 中共中央马克思恩格斯列宁斯大林著作编译局《马克思恩格斯全集》第4卷，第444页，北京，人民出版社，1958。

（二）简化税法，降低关税

19 世纪初，英国的关税法令有 1000 多个。1825 年，英国开始简化税法，进口纳税的商品数目从 1841 年的 1163 种减少到 1853 年的 466 种，1862 年和 1882 年又分别减少到 44 种和 20 种。在税率大幅度降低的同时，禁止出口的法令也被完全废除。

（三）废除航海法

从 14 世纪开始，英国陆续制定了一系列《航海法》，以使英国的本土商船垄断英国及其殖民地的贸易。尽管它们未曾获得预期的效果，但仍在英国法律史上留下了深刻的烙印。1651 年颁布的《航海法》旨在鼓励英国航海业和航运业的发展，成为英国正式进入重商主义的标志。该法案的首要目标就是打破荷兰对于海上贸易运输的垄断；其次是通过禁止不同国家之间互相担任承运人，规定只能运输本国产品，从而扩大英国本国船舶使用和海员雇佣的范围，因为当时欧洲一半以上的国家都没有足够的船舶来运输货物。这样一来，英国籍货轮被雇佣的概率大大增加。

随后，英国于 1660～1663 年颁布了新的《航海法》，这一时期的《航海法》已经从对荷兰一国的敌对过渡到对殖民地经济的严格控制。事实上，英国已经认识到殖民地对于其航海业和商业发展的重要性。因此，该时期《航海法》的主要目的是，使殖民地完全成为其原料来源地和产品销售市场而不致与其在国际市场上竞争。1663 年之后英国通过的大部分《航海法》，如 1673 年、1696 年、1764 年《航海法》，都进一步限制运输商品，扩大义务范围，主要是为了垄断英国对殖民地的贸易，维持英国殖民地对英国的依赖。

至此，英国航海业已经在世界上处于绝对领导地位，航海条例已经没有什么存在的必要。1815 年后，自由贸易学说在英国国内得到广泛传播。古典自由主义经济学强调市场的作用，排斥政府对经济的干预。因此，原有的《航海法》开始逐步废除，最终这部长达几百年的、在英国崛起中扮演过重要角色的《航海法》在 1854 年正式寿终正寝。英国开始确立"海运自由主义政策"原则，并踏上自由贸易的道路，外国的商船被准许从事英国沿海的贸易。

（四）取消特权公司

1831 年和 1834 年，英国先后取消了东印度公司对中国和印度的贸易垄断权，对中国和印度的贸易向所有的英国人开放。

（五）与外国签订体现自由贸易精神的条约

1860 年，英国与法国签订了第一部体现自由贸易精神的条约，即"科伯登—谢瓦利埃条约"，在该条约中规定了最惠国待遇的条款。19 世纪 60 年代，英国与其他国家缔结了 8 个类似的条约。

英国推行自由贸易政策长达 60 年，极大地促进了英国经济和对外贸易的发展。在英国的鼓动之下，19 世纪中叶，欧美等其他一些资本主义国家也相继推行了自由贸易政策。

三、垄断资本主义时的对外贸易政策

19 世纪 70 年代到第二次世界大战前，是垄断资本主义发展时期。19 世纪 70 年代后，美国和西欧的一些资本主义国家纷纷由自由贸易转向保护贸易，逐步实行一系列限制进口、鼓励出口的保护性措施。主要是因为这些国家工业发展水平落后于英国，产品竞争力与英国相比还有一定的差距，需要采取一系列贸易保护措施保护本国的幼稚工业，使之免受英国产品强有力的竞争。这种贸易保护程度不断升级，尤其是第一次世界大战后，美国取代英国成为世界上最大的工业国，英国的世界经济地位明显削弱，面对美国和欧洲国家，如德国、法国、比利时的竞争，英国开始转向贸易保护政策，再加上 1929～1933 年爆发的世界性的经济危机，西方各国的垄断资产阶级为了垄断国内市场和争夺世界市场纷纷推行超贸易保护政策。这时期的保护贸易政策有如下特征：保护的对象不仅限于幼稚工业，而且更多地保护国内高度发达或出现衰落的垄断工业；保护的目的不再是培养自由竞争的能力，而是巩固和加强对国内外市场的垄断；保护的方式从以前防御性的限制进口，转向要在垄断国内市场的基础上对国内外市场进行进攻性的扩张；保护的阶级利益从一般的工业资产阶级转向保护大垄断资产阶级；保护的手段从关税措施转向关税和非关税措施并重。

四、第二次世界大战到 20 世纪 70 年代的对外贸易政策

第二次世界大战后，随着生产国际化和资本国际化的不断扩大，出现了世界范围的贸易自由化。在这个时期，美国已经取代英国成为头号世界经济强国，强大的经济实力使得美国既有需要又有能力冲破当时发达国家所流行的高关税的政策。此外，1948 年 1 月 1 日关税与贸易总协定生效，以及世界上各种形式的区域经济一体化组织的出现，都推动了贸易自由化的进程。

这一时期贸易自由化主要表现在两个方面。一是大幅度降低关税。关税与贸易总协定在此期间先后完成了 4 个回合的谈判，使得在关税与贸易总协定内部缔约方之间的平均最惠国税率下降至 5％左右，加之区域经济一体化组织内部的减免税措施，也促进了贸易自由化进程。二是降低或撤销非关税壁垒。随着西欧和日本经济的恢复和发展，他们在不同程度上放宽了进口数量限制。到 20 世纪 60 年代初，西方主要国家间进口自由化率已达90％以上。

资料链接 3-3

关税与贸易总协定

关税及贸易总协定（简称"关贸总协定"，General Agreement on Tariffs and Trade——GATT）是关于关税和贸易准则的多边国际协定和组织。第二次世界大战之后，国际经济严重萧条，国际贸易秩序混乱，1944 年 7 月在美国的布雷顿森林召开的国际货币与金融会议（44 个国家参与）建议成立国际货币基金组织、国际复兴开发银行（即世界银行）和国际贸易组织，作为支撑全球经济的三大支柱来调节世界经贸关系，推动全球经济的复苏和发展。1946 年，联合国经社理事会决定召开一次国际贸易与就业会议，并成立了一个筹备委员会着手起草国际贸易组织章程。1947 年 4 月至 10 月，在日内瓦召开的第二次筹委会会议同意将正在起草中的国际贸易组织宪章草案中涉及关税与贸易的条款抽取出来，构成一个单独的协定，并把它命名为《关税及贸易总协定》，23 个国家和地区签署了这份"临时适用"议定书。它于 1948 年 1 月 1 日起正式生效，并根据该文件成立了相应

机构，其总部设在日内瓦，成员最后发展到 130 多个。其成员国分为三个层次，即缔约方国家、事实上适用关贸总协定国家和观察员国家。

关贸总协定从 1947 年至 1994 年共举行了 8 轮多边贸易谈判。据不完全统计，前 7 轮谈判中达成关税减让的商品就近 10 万种。1993 年 12 月 15 日，第 8 轮谈判（即乌拉圭回合）谈判取得更为重大的进展，代表批准了一份"最后文件"。文件规定将建立世界贸易组织，以取代关贸总协定的临时机构，同时对几千种产品的关税进行了削减，并把全球贸易规则扩大到农产品和服务业。1994 年 12 月 12 日，关贸总协定 128 个缔约方在日内瓦举行最后一次会议，宣告关贸总协定的历史使命完结。根据乌拉圭回合多边贸易谈判达成的协议，从 1995 年 1 月 1 日起，由世界贸易组织（World Trade Organization，WTO）取代关贸总协定。

五、20 世纪 70～90 年代的对外贸易政策

20 世纪 70 年代以后，西方国家陷入"滞涨"状态，特别是美国的经济发展水平相对落后，于是从 70 年代中期以后，再次出现了贸易保护主义浪潮。这个时期贸易保护主义主要有以下几个特点。

（一）被保护的商品范围不断扩大

保护对象从商品向投资、技术知识和环保等方面展开。从钢铁、纺织品、农产品等传统产品扩大到高级工业品（如数控机床、计算机、汽车和飞机等）、服务贸易和知识产权。

（二）各国"奖出限入"措施的重点从限制进口转向鼓励出口

由于限制进口会引起贸易伙伴的报复性措施，于是各国纷纷从法律、组织和经济等方面采取措施扩大出口。在法律方面，通过立法为扩大出口提供支持，迫使其他国家开放市场，如 1989 年美国动用"超级 301 条款"，要求日本在一年之内向美国开放林产品、计算机和卫星等市场；在组织方面，发达国家广泛设立和改组各种促进出口的行政组织，例如美国在 1979 年成立了总统贸易委员会，加强政府对外贸工作的领导，同时，各国还广泛成立综合协调机构，建立商业情报网络，以此来扩大出口；在经济方面，实行出口信贷、出口补贴、建立出口加工区等政策。

（三）保护措施多样化

除了对某些敏感产品仍维持较高的关税税率之外，非关税措施日益繁杂。据统计，到 20 世纪 90 年代初，发达国家实行的非关税壁垒已达到 3000 多项，如"自愿"出口限额制、进口限额制、进口许可证制、歧视性政府采购、有秩序的销售安排等，名目繁多，不胜枚举。而且，非关税壁垒影响的商品的范围也不断扩大，据统计，世界贸易中受关税壁垒限制的商品从 1974 年的 40％扩大到 1980 年的 48％，1980 年以后，限制的范围进一步扩大。

（四）从保护贸易制度转向管理贸易制度

管理贸易政策（Managed Trade Policy）又称"协调贸易政策"，是指国家对内制定一系列的贸易政策、法规，加强对外贸易的管理，实现一国对外贸易的有序、健康发展；对

外通过谈判签订双边、区域及多边贸易条约或协定，协调与其他贸易伙伴在经济贸易方面的权利与义务。其特点是通过立法使贸易保护合法化和常态化。例如，美国 1974 年贸易法案中的"301 条款"，授权美国总统向不给美国"公平待遇"的国家报复的权利；美国 1988 年通过的综合贸易及竞争力法案中的"超级 301 条款"，授权政府对在"自有公平贸易"方面做得不好的国家进行谈判和报复的权利；其"特别 301 条款"要求政府与对美国知识产权保护不力的国家进行谈判或报复。

（五）贸易保护从国家贸易壁垒转向区域贸易壁垒

随着区域经贸集团的发展，贸易保护也由一国的保护演变成区域的保护，对在区域范围内的国家间实行自由贸易，对区域外的国家实施单独或共同的保护措施。

六、20 世纪 90 年代以来的对外贸易政策

20 世纪 90 年代以来，迅猛发展的信息技术加快了全球一体化的进程，促进了世界贸易自由化的发展，同时，也加剧了世界各国经济发展的不平衡性，引起了新的贸易保护主义。新贸易保护主义的手段主要有以下几个方面。

（一）利用 WTO 规则，实行贸易保护

总体来看，在 WTO 规则的约束下，大多数国家都在向自由贸易的方向迈进，但由于现行多边贸易体制并非无懈可击，因而保护主义总是千方百计从中寻找"合法"的生存土壤。WTO 允许成员国利用其有关协议保护本国的利益，反击其所遭受的不公平待遇。这就为各国以"公平贸易"为口实实行贸易保护留下了空间。WTO 规则并不排斥各成员国的经济自主性，目前，保留本国经济自主性的要求不仅来自发达国家，而且还来自发展中国家。因此，采取与 WTO 不直接冲突的各种保护措施，已成为经济全球化过程中贸易保护主义的普遍形态。

（二）依据国内法履行国际条约

一般意义上讲，国际条约高于国内法。但现阶段由于各国对如何处理国际法与国内法的关系缺乏统一标准，因而，如何对待已承诺的国际条约及其在国内的适用程度，各国仍存在一定差异。一些国家只执行符合自己国家利益的国际条约，很多时候将国内法凌驾于国际条约之上。如根据美国贸易法案中的"301 条款"，美国可以对来自国外的"不公平"和"不合理"的贸易活动采取单边贸易制裁。近年来，为维护本国的贸易利益，美国多次启动或威胁启动该条款处理贸易纠纷，公开向 WTO 的有关规则挑战，严重损害了 WTO 的权威性，并为其他国家处理国内法与国际法的关系产生了负面影响。

（三）利用区域贸易组织保护成员国利益

区域一体化组织具有的排他性特征被视为对成员国的一种贸易保护。通过"内外有别"的政策和集体谈判的方式，区域一体化协定在为成员国创造更有利贸易条件的同时，却往往对非成员构成了歧视。区域一体化组织具有的这种排他性特征，实际上起到了对成员国进行贸易保护的作用。

（四）保护手段更趋多样化

首先，反倾销、反补贴、保障措施等传统保护手段仍被频繁应用。其次，技术壁垒、绿色壁垒、知识产权保护、劳工标准等贸易壁垒花样翻新，应用范围更加广泛。发达国家利用自身在环保和科技方面的优势，制定更高的环保、技术、商品和劳工标准，以削弱发展中国家凭借低廉的劳动力成本而获得的出口竞争力。由于这些新型贸易保护手段具有良好的定向性、隐蔽性和灵活性，其中一些技术和环保方面的要求以提升技术水平、维护消费者利益为出发点，甚至可以视为中性的贸易标准，加之 WTO 对这些贸易措施应用的限制并不统一，因而，其保护效果更为突出，进一步加剧了世界范围内的贸易摩擦。

（五）制定实施战略性贸易政策

克鲁格曼等学者提出的战略贸易理论认为，不论在促进本国具有竞争优势的企业开拓国际市场方面，还是在维护本国企业免受国外竞争对手的冲击方面，都需要国家的贸易政策发挥作用，从而为国家通过干预贸易，提高和维护本国产业的战略地位提供了强有力的理论支持，并由此形成了战略性贸易政策体系。这一政策体系强调了国际贸易中的国家利益，政府通过确立战略性产业（主要是高技术产业），并对这些产业实行适当的保护和促进，使其在较短时间内形成国际竞争力。随着国际竞争的加剧，特别是发达国家在高技术领域的较量不断升级，战略性贸易政策被越来越多的发达国家和新兴工业化国家的政府所接受，成为新贸易保护主义的核心政策。

第四节　中国对外贸易政策

一、中国对外贸易政策的演变

对外贸易政策有自由与保护之分，纵观各国对外贸易政策的历史，基本上都经历了由保护到自由再到保护的过程。中国外贸政策的发展演变过程也始自保护贸易政策。随着经济的发展和国际经济环境的不断变化，中国对外贸易政策在不同的经济发展阶段存在不同的特点，理论依据也在不断地更新，具体的贸易措施在不断改进和完善，对外贸易的国别和区域政策开始逐渐得到重视。中国对外贸易政策大致经历了如下四个发展阶段。

（一）1949～1978 年国家统制型的封闭式保护贸易政策

1949 年 9 月通过的政协会议共同纲领规定，中国对外贸易政策是"实行对外贸易的管制，并采用保护贸易政策"，明确指出中国对外贸易政策的保护倾向。同时，由于发达资本主义国家对中国的经济封锁和禁运政策，使得自力更生和自给自足成为中国发展经济的指导思想。在社会主义计划经济体制下，中国选择了在资金短缺的经济中优先发展重工业的工业化战略，使对外贸易成为调剂余缺的手段，对外贸易政策的目标就是换取进口必要机器设备所必需的外汇，基本上忽略了对外贸易的效率原则。

在这个阶段，中国执行的是国家统制型的封闭式保护贸易政策。具体而言，在对外贸易体制上建立了传统的"高度集中、独家经营、政企合一"的形式，完全由政府来取代市场进行资源配置；在政府的对外贸易管理手段上，基本以行政计划为主，主要靠计划和数量限制来直接干预进出口，不参与世界性的贸易组织，很少进行双边经济贸易合作（除了早期与苏东国家之间的经济来往）；同时对外贸易的目的主要是创汇，为满足必需的进口对外汇的需求，而采取人民币币值高估以及外汇管制的汇率政策（从中国对外贸易的数据来分析，人民币币值高估实际上鼓励了进口，抑制了出口，导致 1949 年后 20 年中出现进口赢利，出口亏损的局面）。

在对外贸易战略方面，中国此时基本上采取的是"进口替代"战略。在 1960 年之前选择的进口替代行业基本上是重工业，这与中国当时的工业化战略是相辅相成的，随后才开始有计划地引进部分基础工业。但是，与拉美国家的经历相同，完全的进口替代政策也导致国际收支状况日益恶化，外汇收不抵支；引进的技术和设备消化"吸收不良"；企业缺乏发展的动力，即使是引进的先进技术设备，一段时间后，又成为落后技术设备。

在此阶段，政府也采取进行进出口管制、征收关税、海关监管和商品检验等具体的贸易措施。制订关税政策的目的是"保护国家生产"和增加财政收入，保护国家生产就是用较高的关税税率加重进口商品的成本，以保护中国已有一定基础的手工业和轻工业产品以及其他新兴工业产品的正常生产和发展，不致遭受外来商品的竞争。

（二）1978～1992 年有计划商品经济体制下的国家统制型的开放式保护贸易政策

1978 年 12 月，党的十一届三中全会明确了对外贸易在中国经济发展中的战略地位和指导思想。由于经济体制从严格计划经济体制转向商品经济体制，使得中国对外贸易政策开始变化。这一阶段对外贸易政策的主要标志有两个：一是 1982 年 1 月党中央书记处会议，它为对外经济工作确定了理论基础和指导思想；二是 1986 年"七五"计划的公开发表，为对外贸易战略设计了明确的蓝图。此外，中国在 1986 年 7 月正式向关贸总协定（GATT）递交了《中华人民共和国对外贸易制度备忘录》，提请恢复中国在 GATT 的创始缔约国地位。

根据外贸体制改革的力度，可以把这一阶段区分为 1978～1987 年、1988～1992 年两个时期。前一时期是改革初期，对外贸易体制改革主要体现在下放对外贸易经营权，开始工贸结合的试点，简化对外贸易计划的内容，并实行出口承包经营责任制度。后一时期的对外贸易体制改革的重点则体现在外汇管制制度的放宽、出口退税政策的实行、进出口协调服务机制的建立、开始鼓励发展加工贸易。

对外贸易政策着重体现在奖出限入的政策上。①采取出口导向战略，鼓励和扶持出口型的产业，并进口相应的技术设备，实施物资分配、税收和利率等优惠，组建出口生产体系；实行外汇留成和复汇率制度；限制外资企业商品的内销；开始实行出口退税制度；建立进出口协调服务机制等一系列措施。②实施较严格的传统进口限制措施，通过关税、进口许可证、外汇管制、进口商品分类经营管理、国营贸易等措施实施进口限制。③鼓励吸收外国直接投资的政策，鼓励利用两种资源、两个市场和引进先进技术。

比较优势理论逐渐成为中国开展对外贸易的理论基础。中国对外贸易国别结构和进出口的商品结构明显地体现了这一点。中国出口的主要是劳动密集型产品，进口的主要是资本和技术密集型的产品。与改革开放前相比，这一阶段的对外贸易政策更注重奖出与限入的结合，实行的是有条件的、动态的贸易保护手段，因此称此阶段的对外贸易政策为国家统制下的开放型保护贸易政策。

（三）1992～2001年社会主义市场经济体制下的有贸易自由化倾向的保护贸易政策

1992年10月后中国进入社会主义市场经济阶段，对外贸易政策开始进行广泛的改革。

中国在进口限制方面的改革包括：①对关税政策进行调整，1992年1月1日采用了按照《国际商品名称和编码协调制度》调整的关税税则，并降低了225个税目的进口税率。其后进行多次关税下调，到1996年中国的关税总水平已经下降到23％。②减少、规范非关税措施，包括进口外汇体制的改革，实行单一的有管理的浮动汇率制度，大量取消配额许可证和进口控制措施，配额的分配也转向公开招标和规范化分配制度。③依据GATT/WTO的规则对中国的涉外法律体系进行完善，其中包括建立了大量的技术法规、反倾销条例等。

在出口促进方面的改革包括：①继续执行出口退税政策；②成立中国进出口银行，扶持企业的对外出口；③采取有管理的浮动汇率制度；④成立各类商会和协会，并积极组织和参与国际性贸易博览会和展览会等；⑤大力发展出口援助等。

在这个阶段，中国政府干预对外贸易的目的尽管与改革开放前不同，但是依然受到古典重商主义观念的影响，奉行"顺差就是成绩，顺差就是目的"的"顺差至上"的重商主义思想，不遗余力地从事赔本出口创汇。这种观点应该说没有脱离中国的传统经济思想——"未雨绸缪""防患于未然"等保守观念。但是，长期越来越大的贸易顺差虽然给中国带来了某种程度的"放心"，也为中国"创造"了越来越多的贸易摩擦。

这10年中，中国参与国际分工和国际贸易的基本指导理论实际上就是比较优势理论，而且从静态比较优势理论开始向动态比较优势理论转移。根据静态比较优势理论，或者说是外生比较优势，中国是劳动力丰裕的国家，有数字表明，中国劳动力的年均工资大约为1371美元，是美国劳动力年均工资的2.2％。所以中国大力发展劳动力密集型产业，并鼓励出口劳动力密集型产品。自1996年开始中国的机电产品出口取代了传统的纺织品成为最主要的出口产品，表面上看中国已经走出了劳动力密集型产品的出口这个圈子。但是，因为90年代全球经济增长，以及经济全球化和跨国公司的全球生产链的转移，使得中国成为全球生产中的一环，跨国公司进入中国主要进行的资源配置就是利用中国的廉价劳动力。这里所说的廉价劳动力不等同于简单劳动力，它包括跨国公司廉价地在中国雇佣高级技术人员和知识人员。这一点表现在两点上：一是中国的出口贸易方式主要是以加工贸易、代工贸易为主，二是三资企业出口比重逐年在上升。

（四）2001年以后中国对外贸易政策的走向

2001年12月中国正式成为世界贸易组织成员，为履行入世的承诺，以及适应新的国际经济环境，中国的对外贸易政策出现了大幅度的调整。对外贸易政策目标已经成为：促进对外贸易发展，构造有利于经济均衡发展的产业结构，实现产业的持续升级，推动中国经济在适度内外均衡基础之上高速发展。由中国对外贸易商品结构、国别结构以及所处的国内外政治经济关系，决定着对外贸易政策的取向。

自1996年开始，机电产品的出口就已经占据中国对外贸易商品结构的第一位，但主要的出口方式是加工贸易或代工贸易，而且三资企业在进出口总额中所占的比重在逐年上升，再加上出口产品的附加值仍然不高，所以对外贸易政策的选择应倾向于出口商品结构的优化，或者中国国内产业结构优化。

中国主要的贸易对象是美国、日本、欧盟、东盟和韩国，吸引的外商直接投资也主要来自这些国家或地区，因此，中国对外贸易政策必须根据这些国家或地区的政治经济情势的变动而有所变动。例如，在美国、日本以及欧盟对中国的汇率制度提出质疑和责难之时，为了保持国民经济的稳定健康发展，可能从其他的对外贸易措施上进行协调。

另外，针对国际社会中区域集团化的倾向，中国在近年也开始逐渐通过双边和多边磋商参与到区域经济一体化组织之中，为中国经济发展和对外贸易发展创造良好的周边环境和国家环境。例如中国与东盟国家签订自由贸易区意向协定，积极开展湄公河流域经济合作等等。

中国加入世界贸易组织，固然能够给中国经济发展和中国企业的成长带来相当大的好处，但是获得好处的同时必须付出一定的代价——也就是中国对世界贸易组织及其成员的承诺。从现有的资料和两年的发展来看，中国议定书中有三方面的内容将对中国产生相当大的影响：第一是特别产品保障措施条款，印度和美国已经对中国使用过此条款；第二，在进行反倾销调查等程序时，在中国入世 15 年内 WTO 成员依然可以将中国等同于非市场经济国家看待；第三，入世后 8 年内每年对中国的贸易政策进行审议。

这些都意味着中国对外贸易政策会出现大幅度调整。例如农产品贸易方面的政策，中国入世议定书中规定"中国应该执行中国货物减让和承诺表的规定，以及本'议定书'中具体谈到的农产品的那些规定。在这方面，中国不得保持或采取对农产品的任何出口补贴。中国应按'过渡期内审议机制'规定将农业部门的国有企业（不论是国家级还是地方级）与农业部门用作经办国家垄断贸易的其他企业之间，或者上述各企业相互之间的财务或其他转移，做出通知"。从这些条款可以看出，中国农产品的出口补贴政策已经无法使用，根据 WTO 农业协定，中国对农业的扶持政策只能从国内支持上出发，或者说只能采取"绿箱措施"和"黄箱措施"。对于农产品的进口，中国已经约定关税税率和关税配额，但是，根据 WTO 的若干例外条款——如国家安全例外、环境例外和国际收支例外等，可以采取一些临时性的限制措施，但前提是符合 WTO 的例外规定。

二、中国对外贸易政策实施中存在的问题

（一）重商主义"出口创汇"

重商主义认为对外贸易必须保持顺差，即出口必须超过进口，我国的贸易战略长期以来一直以重商主义作为指导原则，坚持"出口创汇"，在这一原则的指导之下，我国的对外贸易长期维持出口大于进口的"顺差"状态。在外贸规模不断壮大的情况下，我国传统的外贸出口增长出现了难以为继的局面。从 20 世纪 80 年代以来，我国一直将扩大出口作为我国对外开放的一项重要内容，政府采取了一系列优惠措施来鼓励出口，如为出口企业提供出口补贴、优惠贷款、贴息和退税等，这些鼓励出口措施的实施使得我国的外贸出口连续 20 多年保持比中国 GDP 增长高出一倍的增长速度。但是，这种带有浓重"重商主义"色彩的贸易增长方式在长期内是无法维持的。一是持续的外贸盈余会使一国的外汇储备居高不下，对本国汇率稳定和经济发展带来不利的影响；二是鼓励出口的优惠政策扭曲

了国内的资源配置，也加重了政府的负担，特别是出口退税已成为中国外贸发展的巨大成本和代价。

（二）外贸管理体制改革慢于中国经济体制改革

作为整个经济体制改革的一部分，中国对外贸易制度的改革是在 1984 年以后才真正开始的，外贸改革的方向与整个经济体制改革相一致，改革进程大体同步，但是在大部分时间中稍慢于国内经济体制的改革。并且，中国外贸政策的制定具有以下明显的特点：外贸政策的变革缺乏持续的内生动力，改革动力具有外部刺激性和外部调试性（这与国内经济体制主动的、渐进的市场取向改革稍有不同）；但也有其优点，与其他领域的改革"摸着石头过河"相比较，"学习型"的贸易体制与政策变革降低了学习成本和可控制性，所以外贸领域中大的经济失误较少。

但这同时带来另外一个问题，贸易政策的渐进性和各方面改革的迟滞和不合理积累到一定程度，贸易改革和经济改革之间的关系就发生了逆转。加入 WTO 后，履行加入承诺和 WTO 相关义务使得外部压力成为国内贸易政策体系全面改革的主要动力；在许多方面，贸易领域的政策改革已经超过其他领域的改革，制度摩擦的成本在增加。

（三）贸易体制改革缺乏长期的动态效率考虑

中国贸易改革的试验性较强，这虽然可以避免对经济发展造成较大的波动，但是许多贸易体制改革只是着眼于短期的眼前利益，而缺乏长远的战略规划。这造成了两方面的问题：一是政策措施缺乏前续性、后续性及连贯性，也使得对外经贸措施与国内经济体制改革和经济稳定、产业等目标和配套措施之间缺乏协调；二是直接导致了实践中体制和措施的反复，有时甚至是倒退。

（四）"指标型经济"特征明显

贸易、投资自主权的扩大对产业发展和地方经济的影响是深远的，从长期看也是有利的。然而，对外开放的同时，中国各地经济的"对内开放"程度却落后于对外开放的程度，这在某些地方和领域成为一个奇特的现象。中国市场与国际市场的联系在加深，但是统一的、开放的国内市场却远未形成，这包括商品市场，更包括要素市场和服务市场。由于出口和外资增长成为地方政绩的重要指标，因此地方利益和部门利益成为"指标型经济"产生的主要因素，同时贸易增长指标也成为中国偏向于出口量，而忽视整个贸易和外资平衡发展和提高其质量的重要原因。

（五）贸易结构失调

从贸易结构上来说，虽然近年来中国对外贸易总额大幅度增长，但是由于加工贸易在中国总贸易中占了很大的比重，使得贸易对国民财富增长的贡献率较低。根据国际经验，采取来料加工的加工贸易，国际从国际贸易中所获得的外汇收入平均约为贸易总额的20％，而国民从此种贸易方式中所获得利益更是微乎其微。

此外，中国的对外出口产品中，虽然工业制成品的比重逐年增加，但是高新技术产品所占的比重依然较低，而这些所谓的高新技术产品中还绝大部分使用了国外的核心零部件或者关键技术。

三、中国对外贸易政策的战略转型

各国制定对外贸易政策时主要考虑国内的政治经济状况，国际经济环境以及各主要贸易对象国的政治经济状况和本国参加的国际或区域性经济组织的要求。对于中国来说，国家安全、可持续发展应该是考虑对外贸易政策的重要因素。由于经济全球化的发展，中国已经成为"世界工厂"，纳入了全球生产链、资本链、产品链的环节，中国依靠传统的劳动力比较优势已经不能维持长久的优势，因为劳动力比较优势极容易为他国取代，或被机器替代。从美国、德国、日本、韩国的经验出发，中国对外贸易政策的指导理论应该从传统的外生比较优势理论转移到内生比较优势，从静态比较优势转移到动态比较优势。

简而言之就是，首先，认识到比较优势不是天生的，而是可以通过后天的培养形成的，所以政府可以采取各种措施来扶持比较优势产业的形成；其次，比较优势不是静止的，而是不断发生变化的，在整个生命周期中，产品和技术会从知识密集型转移到资本密集型再到劳动力密集型，所以一国在某种产品和技术的生产上是不可能永远具备比较优势的。这就意味着，每个国家都必须在产品和技术的创新与模仿上做文章，而且根据波特的国家竞争优势理论可以知道，要素越是高级、专业，其带来的竞争优势或比较优势就越持久，企业自身管理和竞争情况也可以带来强大的竞争优势。因此，中国的对外贸易政策的选择就应该围绕培养更持久的竞争优势或比较优势，换句话说，就是斟酌采取某些战略性贸易政策。

自 20 世纪 90 年代以来，美国、日本、欧盟等发达国家或地区开始从自由贸易或贸易自由化倾向逐渐转向"公平贸易"政策的实行。所谓"公平贸易"主要是指为企业创造公平竞争的环境，必要时采取反倾销、反补贴或保障措施等一系列的贸易救济措施以恢复市场的可竞争性。WTO 的规则在很大程度上是依照了美日欧的这些做法，因此，中国在入世之后的对外贸易政策必须加强这方面政策措施的改进与完善，防止本国产业和企业或产品在遭受类似的损害之时无法可依，在遭遇贸易对象国的指责时无以回应。

综合来说，中国对外贸易政策的趋向应该是依据 WTO 的基本原则以及例外条款，以国内经济发展要求为基础，在兼顾区域经济发展的利益上进行完善，倾向于采取开放型的公平与保护并存的贸易政策。

本章小结

本章主要介绍了对外贸易政策的相关内容，通过本章的学习要掌握对外贸易政策概念和分类，系统地了解对外贸易政策的发展历程以及中国对外贸易政策的演变，能够运用相关的理论对不同国家的对外贸易政策进行分析。

重要概念

对外贸易政策（Foreign Trade Policy）
自由贸易政策（Free Trade Policy）

保护贸易政策（Protective Trade Policy）

管理贸易政策（Managed Trade Policy）

外向型贸易政策（Outward Oriented Trade Policy）

内向型贸易政策（Inward Trade Policy）

练习题

1. 对外贸易政策的含义是什么？

2. 什么是对外贸易国别（或地区）政策？

3. 自由贸易政策的含义是什么？

4. 外向型贸易政策和内向型贸易政策有何区别？

5. 各国制定对外贸易政策的目的是什么？

6. 哪些因素会影响一国对外贸易政策的制定？

7. 简述资本主义自由竞争时的主要对外贸易政策。

8. 20世纪70～90年代，对外贸易政策的主要特点是什么？

9. 简要论述中国对外贸易政策的演变过程。

10. 根据当前世界经济的变化趋势，你认为对外贸易政策的变化趋势如何？

第四章
关税措施

学习目标

- **了解**
  海关税则的含义和分类
  海关的通关制度
  WTO 的关税制度
- **掌握**
  关税的含义和分类
  关税的经济效应
  最优关税率和有效保护率

第一节　海关税则与通关制度

一、海关税则

（一）含义

海关税则（Customs Tariff）也称关税税则。它是一国海关据以对进出口商品计征关税的规章和对进出口的应税与免税商品加以系统分类的一类表。海关税则一般包括两部分：一是海关征收关税的规章条例及说明；二是海关的关税税率表。关税税率表的主要内容有税则号列、商品名称和关税税率三部分。税则中的商品分类，有的按商品加工程度划分，有的按商品性质划分，也有的按两者结合划分。按商品性质分成大类，再按加工程度分成小类。

现在世界上多数国家采用欧洲关税同盟研究小组拟定的《布鲁塞尔税则目录》。这个税则目录就是以商品性质为主，结合加工程度进行分类，把全部商品分为 21 大类，99 章（小类），1097 项税目。各国可在税目下加列子目，税则中商品分类之所以如此繁细，反映了商品种类增多，同时也是为了便于实行关税差别和歧视政策，它是一国关税政策的具体体现。

（二）分类

海关税则分为单式税则和复式税则两种，大多数国家实行复式税则。

1. 单式税则

所谓单式税则，是指一个税目只有一个税率，即对来自任何国家的商品均以同一税率征税，没有差别待遇。在前垄断资本主义时期，各国都使用单式税则，进入垄断阶段以后，为了在国际竞争中取得优势，在关税上实行差别和歧视待遇，都改用复式税则，只有少数发展中国家如委内瑞拉、巴拿马、肯尼亚等还在使用单式税则。

2. 复式税则

复式税则是指一个税目下设有两个以上税率。在各项税率中，普通税率是最高税率，特惠税率是最低税率，其间还有最惠国税率、协定税率、普通优惠税率。对不同国家采用不同的税率。一般对与本国订有贸易协定的国家采用较低税率，对与本国没有贸易条约与协定的国家采用高税率。目前西方国家大多采用复式税则，有二栏、三栏、四栏不等，还有采用五栏税则的。资本主义国家使用复式税则是为了贸易竞争的需要，对不同国家实行差别或歧视待遇，或为获取关税上的互惠，以保证其商品的销售市场和原料来源。许多发展中国家为保护民族经济，发展在平等互利基础上的经济合作，也使用复式税则。我国进口税采用的是"最高最低的复式税则"，税率分为最低税率与普通税率两种。

二、通关制度

（一）海关通关的基本程序

通关即结关、清关，是指进出境货物的收发货人及其代理人、进出境物品的所有人以及进出境运输工具的负责人向海关办理进出口手续，海关对其呈报的有关进出境单证和申请进出境的货物、物品和运输工具依法进行审核、查验、征缴税费、批准进出口的全过程。海关通关的基本程序包括货物的申报、查验、征税、放行四个过程，现以一般进出口货物为例进行说明。

1. 申报

申报是指进出口货物的收发货人或其代理人在海关规定的期限内，按照海关规定的形式，向海关报告进出口货物的情况，提请海关按其申报的内容放行进出口货物的工作环节。

作为进出口货物的申报者，应如实向海关进行申报，并在规定的时间之内向海关提交相关的证明文件，现从三个方面对申报的相关内容进行介绍。

（1）申报资格。申报是指进出口货物的收发货人、受委托的报关企业，依照《海关法》以及有关法律、行政法规和规章的要求，在规定的期限、地点，采用电子数据报关单和纸质报关单形式，向海关报告实际进出口货物的情况，并接受海关审核的行为。申报人员应当是取得报关员资格并在海关注册的报关员。未取得报关员资格且未在海关注册的人员不得办理进出口货物的申报手续。同时，报关员要按照国家和海关的相关法律法规开展报关活动，除法律法规另有规定之外，报关员及其所属企业应对报关员的申报行为承担法律责任。

（2）申报时间。进口货物的收货人、受委托的报关企业应当自运输工具申报进境之日起十四日内向海关申报。最后一天为法定节假日或休息日的，顺延至节假日或休息日后的第一个工作日。

进口转关运输货物的收货人、受委托的报关企业应当自运输工具申报进境之日起十四日内，向进境地海关办理转关运输手续，有关货物应当自运抵指运地之日起十四日内向指运地海关申报。

出口货物发货人、受委托的报关企业应当在货物运抵海关监管区后、装货的二十四小时以前向海关申报。

超过规定时限未向海关申报的，海关按照《中华人民共和国海关征收进口货物滞报金办法》征收滞报金。

（3）申报单证。申报单证可以分为主要单证和随附单证两大类，其中随附单证包括基本单证、特殊单证和预备单证。

主要单证就是指报关单（证）。报关单（证）是由报关员按照海关规定格式填制的申报单。报关单是进出口收发货人或其代理人就进出口货物的真实情况向海关所做的报告，报关单一经海关接受，即产生法律上的确定力和约束力。

随附单证：①基本单证是指进出口货物的货运单据和商业单据，主要有进口提货单据、出口装货单据、商业发票、装箱单等。②特殊单证主要是指进出口许可证、加工贸易登记手册（包括电子的和纸质的）、特定减免税证明、作为有些货物进出境证明的原进出口货物报关单、外汇收付汇核销单证、原产地证明书、担保文件等。③预备单证主要是指贸易合同、进出口企业的有关证明文件等。这些单证海关在审单、征税时可能需要调阅或者收取备案。

准备申报单证的基本原则是：基本单证、特殊单证、预备单证必须齐全、有效、合法；报关单填制必须真实、准确、完整；报关单证与随附单证数据必须一致。

当然，不同的货物出口所要求的单据不同，不同的贸易方式所需要的单据也是不同的，并且各地的海关对同一种贸易方式的单据要求也是不同的，所以申报企业需要根据海关的要求提供规定的单证。

2. 查验

海关查验是指海关在接受报关单位的申报后，依法为确定进出境货物的性质、原产地、货物状况、数量和价值是否与货物申报单上已填报的详细内容相符，对货物进行实际检查的行政执法行为。查验是国家赋予海关的一种依法行政的权力，也是通关过程中必不可少的重要环节。

（1）查验方式。海关实施查验可以是彻底查验，也可以是抽查。查验操作可以分为人工查验和设备查验。海关可以根据货物情况以及实际执法需要，确定具体的查验方式。

人工查验包括外形查验、开箱查验。外形查验是指对外部特征直观、易于判断基本属性的货物的包装、运输标志和外观等状况进行验核；开箱查验是指将货物从集装箱、货柜车箱等箱体中取出并拆除外包装后对货物实际状况进行验核。设备查验是指利用技术检查设备为主对货物实际状况进行验核。

海关查验部门自查验受理起，到实施查验结束、反馈查验结果最多不得超过48小时，出口货物应于查验完毕后半个工作日内予以放行。查验过程中，发现有涉嫌走私违规等嫌疑的，不受此时限限制。

（2）查验地点。一般在海关监管区内的进出口口岸码头、车站、机场、邮局或海关的其他监管场所进行查验。对进出口大宗散货、危险品、鲜活商品、落驳运输的货物，经进出口收发货人的申请，海关也可在作业现场予以查验放行。在特殊情况下，经进出口收发货人或其代理人申请，海关审核同意，也可派员到规定的时间和场所以外的工厂、仓库或施工工地查验货物。

3. 征税

海关在审核单证，查验货物之后，要照章办理收缴税款等费用。海关收缴的税款是指在进出口环节中的关税、消费税、增值税、船舶吨税及相关费用。我国海关法规定关税缴纳期限为海关做出征收关税决定后的 7 天，即自海关填发关税缴款书的次日起（即第二天起计算，当天不计入）的 7 日内，纳税人必须向海关或指定银行缴纳关税。遇到第 7 天为法定节假日或星期日，期限顺延至其后的第一个工作日，逾期未纳，即构成关税滞纳。如果税款缴纳期限内含有星期六、星期天或法定假日，则不予扣除，即 7 天而不是 7 个工作日。

4. 放行

海关放行是指海关接受进出口货物的申报、审核电子数据报关单和纸质报关单及随附单证、查验货物、征收税费或接受担保以后，对进出口货物做出结束海关进出境现场监管决定，在有关报关单据如报关单、提货单（进口）或装运单上签盖"海关放行章"，进出口货物的收发货人凭此办理提取进口货物或装运出口货物的手续。

（二）无纸通关

1. 含义

无纸通关是利用中国电子口岸及现代海关业务信息化管理系统功能，改变海关验放凭进出口企业递交书面报关单及随附单证办理通关手续的做法，直接对企业联网申报的进出口货物报关电子数据进行无纸审核、验放处理的特定通关方式。

2. 适用范围

无纸通关尚属试行阶段，适用于资信良好的生产型企业和高新技术企业出口不涉证不涉税的一般贸易货物和出口加工贸易保税货物。试点企业经报关所在地直属海关审核同意，在与报关所在地直属海关、第三方认证机构（中国电子口岸数据中心）签订电子数据应用协议后，可在该海关范围内适用"通关作业无纸化"通关方式。

3. 业务流程

企业无纸申报——电子审单（电脑确定转入红色通道人工审单）——专业审单——无纸通关查验——无纸放行——无纸通关事后交单——结关后签发证明联。

4. 业务流程概述

（1）企业无纸申报。具有"无纸通关"资格的企业通过 EDI 系统，录入电子数据报关单，并选择无纸申报方式向海关申报。

（2）电子审单。海关计算机系统对企业申报的无纸通关电子数据报关单进行审核。对符合无纸通关条件的，自动转到现场海关"无纸放行岗"，并同时向企业和现场显示屏发送"无纸审结"信息；对不具备"无纸通关"资格的企业申报的数据，系统自动转按有纸通关方式进行处置；经电子审单确定需人工干预的，系统自动将其派至审单中心进行人工专业化审单。

（3）专业审单。对计算机作"无纸申报"提示的"无纸通关"报关单，审单人员依据有关规定进行审核，并根据审单情况做出如下处置：将电子数据报关单做审结处理，并转现场海关无纸放行岗，同时计算机通过网络向企业和现场显示屏发送"无纸审结"信息；将电子数据报关单做审结处理，并转现场接单审核岗，确定有纸通关方式，同时计算机通过网络向企业发送到现场交单等信息（转入有纸通关模式）。

（4）无纸通关查验。涉及查验的货物，海关计算机系统自动向企业发送查验信息，企业在获得查验信息后，凭《查验通知书》及有关单证到现场海关办理实物查验手续（转入有纸通关模式）。

（5）无纸放行。在出口货物进入海关监管场所后，如无须查验，企业凭海关放行通知信息自行打印放行通知书一式三份（一份仓库联、一份货主留存联、一份海关验放联），并加盖印章，到通关业务现场办理装货手续。

（6）"无纸通关"事后交单。出口企业应将"无纸通关"报关单证自海关放行之日起7天内递交现场海关通关部门无纸接单岗，报关单证包括报关单、《加工贸易进出口货物登记手册》、装箱单、发票等。无纸报关企业必须按规定期限办理事后交单手续，对于未按期及时办理交单手续的，海关将按有关规定予以处理。

（7）其他通关手续。卡口作业、结关操作、签发证明联等其他通关手续按照有关规定办理。

第二节　关税概述

关税是国际贸易政策中最古老的政策，长期以来一直是各国最主要的国际贸易政策之一。早在欧洲古希腊雅典时代就出现了关税，到资本主义社会，关税制度普遍建立，并一直延续到今天。

一、关税的含义和特点

（一）关税的含义

关税（Tariff）是一国通过海关对进出口商品所课征的一种税收。由于征收关税提高了进出口商品的成本和价格，客观上限制了进出口商品的数量，故又称关税壁垒。关税与其他税赋一样具有强制性、无偿性和预定性。

（二）关税的特点

1. 关税是一种间接税

按照纳税人的税负转嫁和归属为标准，通常可以将税收分为两大类，即直接税和间接税。直接税是指由纳税人依法纳税并直接承担，税负不会转嫁给他人；间接税是指纳税人依法纳税，但可以通过交易过程或是契约关系全部或部分转嫁给他人。关税属于间接税，因为关税主要是对进出口商品征收，其税负可以先由进出口商垫付，然后把它作为成本的一部分加在商品上。

2. 关税的税收主体和客体是进出口商人和进出口货物

税收主体也称课税主体，是指在法律上依据税法的规定，负责纳税的自然人或法人，也称纳税人。关税的税收主体是进出口商人。当商品进出国境或关境时，进出口商人根据海关法规定向当地海关缴纳关税，他们是税收主体，即关税的纳税人。税收客体又称课税客体或课税对象，如消费品等。关税的税收客体是进出口货物。根据海关税法及有关规定，对各种进出口商品制定不同的税目和税率，征收不同的税收。

3. 关税是对外贸易政策的重要手段

进出口商品不仅与国内的经济发展和生产密切相关，而且与世界其他国家的政治、经济、外交、生产和流通等方面都息息相关。一国的关税措施能够体现一国的对外贸易政策，关税税率的高低影响着一国经济发展和对外贸易。

4. 关税可起到调节进出口贸易的作用

许多国家通过制定和调整关税税率来调节进出口贸易。在出口方面，通过低税、免税和退税来鼓励商品出口；在进口方面，通过税率的高低、减免来调节商品的进口。

关税对进口商品的调节作用，主要表现在以下几个方面：①对于国内能大量生产或者暂时不能大量生产，但将来可能发展的产品，规定较高的进口关税，以削弱进口商品的竞争能力，保护国内同类产品的生产和发展；②对于非必需品或奢侈品的进口，规定更高的关税，以达到限制甚至禁止进口的目的；③对于本国不能生产或生产不足的原料、半成品、生活必需品或生产上急需的物资，规定较低税率或免税，以鼓励进口，满足国内的生产和生活需要；④通过关税调整贸易差额，当贸易逆差过大时，提高关税或征收进口附加税，以限制商品进口，缩小贸易逆差；当贸易顺差过大时，通过减免关税，缩小贸易顺差，以减缓与有关国家的贸易摩擦与矛盾。

二、关税的作用

（一）增加财政收入

从世界大多数国家尤其是发达国家的税制结构分析，关税收入在整个财政收入中的比重不大，并呈下降趋势。但是，一些发展中国家，主要是那些国内工业不发达、工商税源有限、国民经济主要依赖于某种或某几种初级资源产品出口，以及国内许多消费品主要依赖于进口的国家，征收进出口关税仍然是他们取得财政收入的重要渠道之一。我国关税收入是财政收入的重要组成部分，1949 年以来，关税为经济建设提供了可观的财政资金。目前，发挥关税在筹集建设资金方面的作用，仍然是我国关税政策的一项重要内容。

（二）关税的保护和调节作用

1. 保护本国的商品和市场

通过对进口商品征收关税，增加了进口商品的成本，可以削弱进口商品与本国同类商品的竞争力，以保护本国的商品和市场免受外国竞争者的侵害。进口商品的成本增加之后，在进口国的价格就会提高，从而降低竞争力，同时国内同类商品的价格也会有所提升，从而孤立了国内企业生产同类商品的积极性。对出口商品征收关税，可以抑制其出口，使国内市场得到充分的供给，防止国内紧缺物资外流，保护国内资源。在现代国际贸易中，发展中国家往往还通过关税来保护国内的幼稚工业，以促进民族工业的发展；而发达国家设置关税则更多是为了保护本国的成熟工业和衰退工业，以维护自得利益。

2. 调节国内生产、物价、市场供求和财政、外汇收支

国家可以利用关税的高低或减免，影响企业的利润，有意识地引导各类商品的生产，改善产业结构；利用税率的高低或减免，调节某些进出口商品的数量，调节国内物价，保证国内市场的供求平衡；通过提高关税税率和征收进口附加税，减少进口数量和外汇支出，保持国际收支平衡。

（三）维护对外贸易关系

由于关税的高低会影响到对方国家的对外贸易规律和生产发展，涉及对方国家的经济利益，因此，一方面，可以把关税作为对外经济斗争的有力武器；另一方面，可以把关税作为争取友好贸易往来，改善或亲密关系的手段。例如，在对外贸易谈判中，关税可以作为迫使对方做出某些让步的手段；在经济贸易集团中，互免关税是各成员国经济联盟的纽带之一。因此，关税一直与对外贸易关系紧密相连。

（四）消极作用

首先，对进出口商品征收关税，提高了商品价格，从而增加了消费者的支出和财务负担。其次，征收关税虽然保护了国内的商品和市场，但如果税率较高，保护过重，会使国内某些企业产生依赖性，不努力提高经营管理水平，不利于国际竞争力的提升。再次，征收关税减少了进出口商品的流量，不利于一国开展国际贸易。

三、关税的分类

（一）按征税商品流向分类

1. 进口税

进口税（Import Duties）是一国进口商品时，由海关对本国进口商所进口的商品征收的关税。进口税是在商品进入关境时征收，或在商品从海关保税仓库中提出，投入国内市场时征收。进口税是关税中最重要的一种，在一些废除了出口税和过境税的国家，进口税是唯一的关税。因此，进口关税是执行关税政策的主要手段。

正常进口税可以分为最惠国税和普通税两种。最惠国税适用于与本国签有贸易协定的国家和地区，普通税适用于未与本国签订贸易协定的国家与地区。参加了关贸总协定（现称"世界贸易组织"）的国家和地区之间都能享受最惠国待遇。最惠国税与普通税的差别很大，两者之间有时相差 1 倍以上。在国际贸易中进口税是随着商品的加工程度而提高的。如西欧共同市场对棉花是免税的，棉纱的进口税则为 8％，而棉织品却达到了 14％。而在美国对棉纺衬衣的普通税高达 45％，最惠国税也为 21％。

2. 出口税

出口税（Export Duties）是对本国商品出口时所征收的关税。因为征收出口税会导致本国商品出口后在国外的售价提高，从而降低了出口商品在国外市场的竞争能力，不利于扩大出口，所以目前发达国家大多不征收出口税。但有些国家，主要是一些发展中国家，现在仍对某些商品征收出口税，目的在于保证本国市场的供应，或是为了保证其财政收入。我国也对一小部分商品征收出口税。

3. 过境税

过境税（Transit Duties）是对经过本国国境或关境运往另一国的外国货物所征收的关税。由于过境货物对本国市场和生产没有影响，而且外国货物过境时，可以使铁路、港口、仓储等方面从中获得一些益处，因此目前世界上大多数国家不征收过境税，仅在外国货物通过本国国境或关境时，征收少量准许费、印花费、签证费、统计费等。我国海关不征收过境税。

（二）按关税的征收方法分类

1. 从量税

从量税（Specific Duties）是以货物的数量、重量、体积、容量等计量单位为计税标准，以每计量单位货物的应征税额为税率。从量税的特点是，每一种货物的单位应税额固定，不受该货物价格的影响。计税时以货物的计量单位乘以每单位应纳税金额即可得出该货物的关税税额。从量税的优点是计算简便，通关手续快捷，并能起到抑制低廉商品或故意低瞒价格货物进口的现象。但是，由于应税额固定，物价涨落时，税额不能相应变化，因此，在物价上涨时，关税的调控作用相对减弱。我国目前对原油、啤酒和胶卷等进口商品征收从量税。

2. 从价税

从价税（AD valorem duties）是一种最常用的关税计税标准。它是以货物的价格或者价值为征税标准，以应征税额占货物价格或者价值的百分比为税率，价格越高，税额越高。货物进口时，以此税率和海关审定的实际进口货物完税价格相乘计算应征税额。从价税的特点是，相对进口商品价格的高低，其税额也相应高低。优点是税负公平明确、易于实施；但是，从价税也存在着一些不足，如不同品种、规格、质量的同一货物价格有很大差异，海关估价有一定的难度，因此计征关税的手续也较繁杂。目前，我国海关计征关税标准主要是从价税。

3. 混合税

混合税（Mixed Duties）又称复合税（Compound Duties），即订立从价、从量两种税率，随着完税价格和进口数量而变化，征收时两种税率合并计征。它是对某种进口货物混合使用从价税和从量税的一种关税计征标准。混合使用从价税和从量税的方法有多种，如对某种货物同时征收一定数额的从价税和从量税；或对低于某一价格进口的货物只按从价税计征关税，高于这一价格，则混合使用从价税和从量税等等。复合税既可发挥从量税抑制低价进口货物的特点，又可发挥从价税税负合理、稳定的特点。我国目前仅对录像机、放像机、摄像机、数字照相机和摄录一体机等进口商品征收复合税。

4. 选择税

选择税（Alternative Duties）是指对某一进出口货物同时订有从价税和从量税两种税率，海关在征税时选择其税额较高的一种征税。有时，为了鼓励某种商品进口，也可选择其中税额低者征收。

（三）按差别待遇分类

1. 进口附加税

进口附加税（Import Surtaxes）是对进口商品除征收正常关税外再加征的额外的关税。这种税是一种特定的临时性措施，也称特别关税，其目的是为了解决国际收支逆差，防止外国商品倾销，或对某国实行歧视与报复等。如1971年美国出现了贸易逆差，尼克松总统为了应付国际收支危机，实行新经济政策，对进口商品征收10%的附加税，此举在实行半年以后因盟国的反对而被迫取消了。进口附加税主要有以下两种。

（1）反倾销税（Anti-dumping Duty），是指进口国海关对外国的倾销货物，在征收关税的同时附加征收的一种特别关税，其目的在于抵制倾销，保护国内产业。按照关贸总协定的有关规定，必须符合两个必要条件才能征收反倾销税，即进口产品的价格低于正常价格；倾销品对进口国造成了危害。对某一产品，只有在进行价格比较后才能确定其是否为倾销品。价格比较分为三种情况：该产品的进口价格与该产品在其出口国国内市场上的价格相比；如果该产品不是出口国的原产地产品，则可与该产品相似产品在出口国市场上的销售价格，或该产品在原产地国国内市场的销售价格相比；如果出口国无相似产品可比较，或没有这种产品的正常价格可比较，则可与该产品出口到第三国的价格相比较，或与该产品原产地国的生产成本加上合理的管理费、销售费、利润以及其他合理费用后的总费用相比较。经过比较，当该产品的进口价格低于被比较价格时，才能确定其为倾销产品。

另外，必须用事实来说明倾销对进口国造成了损害。这种损害是指对进口国的某项工业造成实质性损害或产生实质性损害威胁，或妨碍进口国某项新兴工业的建立。对倾销的确立和反倾销税的征收，有严格的立案、调查和处理程序。按照关贸总协定的有关规定，反倾销税的税额不应超过该产品的"倾销差额"。有些国家规定，在满足一定条件的情况下，在最终确定倾销之前，可以先征收与反倾销税作用相当的暂定关税。

（2）反补贴税（Anti-subsidy Duty），是指进口国为抵消出口国对某种商品在制造、生产或输出时，直接或间接给予的任何奖励或补贴而征收的一种特别关税。补贴和倾销对进口国产生的损害可以说是一样的，但对补贴的确定要比对倾销的确定难度要大得多、复杂得多。

2. 差价税

差价税（Variable Levy）又称差额税、滑动关税。当某种本国生产的产品国内价格高于同类的进口商品价格时，为了削弱进口商品的竞争能力，保护国内生产和国内市场，按国内价格与进口价格之间的差额征收关税，就叫差价税。

3. 最惠国待遇关税

最惠国待遇关税是适用于WTO成员间（"互不适用"者除外）及与该国签订有最惠国待遇条款的贸易协定的国家或地区所进口商品的关税。最惠国待遇是指缔约国双方相互之间给予的不低于现在和将来所给予任何第三国在贸易上的优惠、豁免和特权，体现在关税上，即为最惠国待遇关税。最惠国待遇既存在两个国家之间，也通过多边贸易协定在缔约方之间实施。最惠国税率比普通税率低，二者税率差幅往往很大。最惠国税率高于特惠关税税率。目前，150多个国家加入了世界贸易组织，其他国家也大部分签订了双边贸易条约，相互提供最惠国待遇，享受最惠国税率。因此最惠国税通常称为正常关税。

4. 普惠税

普惠税（Generalized System of Preference，GSP）是发达国家承诺对从发展中国家或地区输入的商品，特别是制成品和半制成品，给予普遍的、非歧视的和非互惠的关税优惠待遇。

5. 特惠税

特惠税（Preferential Duty）又称优惠税，是指对从某个国家或地区进口的全部商品或部分商品，给予特别优惠的低关税或免税待遇。使用特惠税的目的是为了增进与受惠国之间的友好贸易往来。特惠税有的是互惠的，有的是非互惠的。税率一般是低于最惠国税率。特惠关税一般是在签订有友好协定、贸易协定等国际协定或条约国家之间实施的，任何第三国不得根据最惠国待遇条款要求享受这一优惠待遇。

6. 普通关税

普通关税（General Tariff）又称一般关税，是指一国政府对与本国没有签署友好协定、经济互助协定的国家和地区按普遍税率征收的关税，普通关税一般都高于优惠关税。普通关税的税率一般由进口国自主制定，只要国内外的条件不发生变化，则长期使用，税率较高。普通税率是最高税率，一般比优惠税率高 1～5 倍，少数商品甚至更高。目前仅有个别国家对极少数（一般是非建交）国家的出口商品实行这种税率，大多数只是将其作为其他优惠税率减税的基础。因此，普通税率并不是被普遍实施的税率。

······························

资料链接 4-1

洛美协定国家之间的特惠税

1975 年 2 月 28 日，非洲、加勒比海和太平洋地区 46 个发展中国家（简称非加太地区国家）和欧洲经济共同体 9 国在多哥首都洛美开会，签订贸易和经济协定，全称为《欧洲经济共同体—非洲、加勒比和太平洋地区（国家）洛美协定》，简称"洛美协定"或"洛美公约"。

洛美协定国家之间的特惠税是欧盟向参加协定的非洲、加勒比和太平洋地区的发展中国家单方面提供的特惠税。洛美协定关于特惠税的规定主要有以下三方面。

（1）欧洲共同市场国家将在免税、不限量的条件下，接受这些发展中国家全部工业品和 96％农产品进入西欧共同市场，而不要求这些发展中国家给予"反向优惠"。那些没有享受免税待遇的农产品，是西欧共同市场农业政策所包括的畜产品以及一些西欧共同市场能够生产的温带园艺品。

（2）西欧共同市场对从这些国家进口的牛肉、甜酒和香蕉做了特殊安排。对这些商品，每年给予一定数量的免税进口配额，超过配额的进口要征收关税。

（3）在原产地规定中，确定了"充分累积"制度，即来源于这些发展中国家或西欧共同市场国家的某项产品在这些发展中国家中的任何国家内进一步制作或加工，将被视为原产国的产品。这项规定使这些国家以这种方式制作或加工的产品，仍享有特惠税的待遇。

······························

第三节　普遍优惠制

一、普惠制的含义和原则

普惠制（Generalized System of Preference，GSP）即普遍优惠制，是一种关税制度，是指工业发达国家对发展中国家或地区出口的制成品和半制成品给予普遍的、非歧视的、非互惠的关税制度。

普惠制是发展中国家经过长期斗争后获得的胜利成果。1968 年第二届联合国贸易与发展会议上通过了建立普惠制的决议。1971 年 7 月，欧洲共同市场首先制定了普惠制方案并开始实施，随之 28 个国家先后实行普惠制，其中市场经济国家 22 个，计划经济国家 6 个。享受普惠制待遇的有 170 多个发展中国家和地区。普惠制的目标是扩大发展中国家对工业发达国家制成品和半制成品的出口，增加发展中国家的外汇收入，促进发展中国家的工业化，加速发展中国家的经济增长。根据大多数给惠国的规定，享受普惠制必须持凭受惠国政府指定的机构签署的普惠制原产地证书（注：我国政府指定各地出口商品检验机构签发普惠制原产地证书）。

普惠制的主要原则是普遍的、非歧视的和非互惠的。所谓普遍的，是指所有发达国家对所有发展中国家出口的制成品和半制成品给予普遍的优惠待遇；所谓非歧视的，是指应使所有的发展中国家都无歧视的、无例外的享受普惠制待遇；所谓非互惠的，是指非对等的，即发达国家应单方面给予发展中国家做出特别的关税减让，而不要求发展中国家对发达国家给予同等待遇。

二、普惠制方案

普惠制方案（GSP Scheme），即普惠制给惠方案，是各给惠国政府或国家集团（例如欧盟）根据普惠制的原则、目标，结合本国的国情所制定的具体的普惠制实施方案，定期或不定期地以政府法令的形式公布。现在，世界上有 41 个给惠国实施了 16 个普惠制方案，其中欧盟 28 个成员国执行一个共同的普惠制方案，其他给惠国实施各自的普惠制方案。各给惠国的普惠制方案内容虽然不尽相同，但根据联合国贸发会的有关规定，一般均包含六个基本要素，即给惠产品范围、关税削减幅度、保护措施、原产地规则、受惠国家/地区名单和有效期。

（一）给惠产品的范围（Product Coverage）

各给惠方案中都列有给惠产品清单或排除产品清单。凡列入给惠产品清单（即"肯定清单"）的产品，只要符合方案中的有关规定都可以享受普惠制待遇；凡列入排除产品清单（即"否定清单"）的产品，均不能享受普惠制待遇。

一般来说，对 HS1-24（HS 是 Harmonized System 的首字母简称，意思为"协调制度"，即商品名称及编码协调制度，也可叫做海关商品编码，通常用一组 8 位或 10 位的阿拉伯数字来表示，用以划分进出商品的货物类型，不同类型货物又对应着不同的税率。）章的农产品，因各给惠国对本国农业生产采取比较严格的保护措施，给惠产品较少，往往列出给惠产品清单。对 HS25-97 章的工业产品，因排除产品占少数，往往列出排除产品清单，主要是敏感性产品以及那些直接影响给惠国本国就业的产品，如某些纺织品、鞋类、皮革制品、石油化工产品等被排除在外。手工艺品一般都被列入给惠产品范围。

（二）关税削减幅度（Tariff Cut Depth）

普惠制减免关税，是在最惠国税率的基础上再进行削减或豁免。普惠制关税削减幅度，又称普惠制优惠幅度，是普惠制税率与最惠国税率的差额。此优惠幅度是给惠国的进口商最关心的关键点，也是普惠制的核心点。例如，某给惠国进口商进口某项产品时，最惠国税率为 10％，普惠制税率为 5％，则关税削减幅度为 5％，即减半税；若普惠制税率为免税（即 "0"，又称零关税），则关税削减幅度为 10％。

一般来说，大多数给惠国对农产品实行减税，且优惠差幅较小；对工业品则免税较多，且优惠差幅较大。

（三）保护措施（Protective Measures）

各给惠国为了保护本国生产者的利益，避免普惠制优惠进口过多而对其经济发展带来不良影响，在各自的普惠制方案中都订有保护措施，且有的保护措施非常严格。保护措施有四大类：例外条款、预定限额、竞争需要标准和毕业条款。这些措施是实现普惠制的原则与目标的重大障碍。

（1）例外条款（或称免责条款）：当从受惠国优惠进口某项产品的数量增加到对给惠国相同产品或有直接竞争性产品的生产者造成或可能造成严重损害时，给惠国保留对该项产品完全取消或部分取消关税优惠待遇的权利。

（2）预定限额：是给惠国根据本国和受惠国的经济及贸易情况，预先统一或个别地根据一定比例规定一定时期（一般为 1 年）内某项产品的优惠进口限额，达到这个限额，将（或可能将）停止或取消给予的关税优惠待遇。预定限额包括：最高限额、关税配额、国家最大额度以及固定免税额度。

（3）竞争需要标准：又称竞争需要条款，美国采用这种保护措施。其规定是：如果在一个年度内，来自某一受惠国家（或地区）的某项产品优惠进口额，超过竞争需要限额或超过美国该项产品进口总额的 50％，则取消下一年度该受惠国（或地区）这项产品的优惠待遇。竞争需要限额每年核定，随美国国民生产总值的增长逐年略有提高。

（4）"毕业"条款：美国从 1981 年 4 月 1 日起率先采用的一种保护措施。即对一些受惠国家（或地区），或对他们的某些产品，当其在国际市场上显示出较强的竞争能力时，取消其享受优惠的资格，称其为 "毕业"（GRADUATION）。1988 年 1 月 29 日，美国政府宣布：从 1989 年 1 月 1 日起，取消新加坡、南朝鲜、台湾和香港出口至美国的产品享受普惠制待遇的资格，这是美国援用 "毕业" 条款的典型实例。

欧洲经济共同体有类似 "毕业" 条款的说法，称之谓 "区别对待"。

（四）原产地规则（Rules of Origin）

原产地规则又称原产地规定，是衡量受惠国出口产品是否取得原产地资格、能否享受优惠的标准。按照原产地规则的规定，产品必须全部产自受惠国，或者规定产品中所包含的进口原料或零部件经过深加工，发生了实质性的变化，才能享受关税优惠待遇。其目的是确保发展中国家或地区的产品利用普惠制扩大出口，防止非受惠国的产品利用普惠制扰乱普惠制下的贸易秩序。

（五）受惠国家和地区（Beneficiaries）

各给惠国的普惠制方案中都列有受惠国家和地区的名单，就普惠制的概念而言，统称为受惠国。各给惠国根据各自的政治、经济政策以及发展中国家的经济发展状况选择其受惠国，由于没有一个统一的、客观的政治、经济标准，一些发展中国家被某些给惠国或某个给惠国排除在受惠国（地区）名单之外，受到歧视。如美国公布的受惠国名单中，不包括某些发展中的社会主义国家和石油输出组织成员国等。

（六）有效期（Duration）

根据联合国贸易会议决议，普惠制的实施期限以十年为一个阶段。现在普惠制的给惠方案都已进入第四个十年实施阶段。为了适应形势的变化和贸易的发展，给惠国在其普惠制实施期限内每年或数年不定期地公布其修改的内容。各个给惠方案的有效期自方案生效之日起算。

三、给惠国的保护措施

各给惠国一般都会在其方案中规定保护措施，以保护国内某些产品的生产和销售，一把来说，其保护措施有如下几种。

（一）例外条款

例外条款又称免责条款，是指受惠国产品的进口量增加到对其本国同类产品或有直接竞争关系的产品的生产者造成或即将造成严重损害时，给惠国保留对该产品完全取消或部分取消关税优惠待遇的权利。

（二）竞争需要标准

竞争需要标准，亦称"竞争需要条款"或"竞争需要排除条款"，是美国等国用于控制进口的条件之一。美国规定，如果在一个日历年度内，来自某一受惠国家和地区某项产品的优惠进口额超过竞争需要限额或超过（或等于）美国进口该项产品总额的50％，则取消下一年度该受惠国（地区）这项产品的优惠待遇。如果因为竞争需要标准而被排除的产品，以后年进口额降至上述限额之内，下一个年度仍可恢复优惠待遇。

（三）预定限额

所谓预定限额，是指给惠国根据本国和受惠国的经济发展水平及贸易状况，预先规定一定时期内（通常为一年）某项产品的关税优惠进口限额，达到这个额度后，就停止或取消给予的关税优惠待遇，而按最惠国税率征税。给惠国通常引用预定限额对工业产品的进口进行控制。

（四）毕业条款

毕业条款美国从1981年4月1日起率先采用的一种保护措施，欧盟从1995年1月1日起也实施这项办法。即对一些受惠国家（或地区），或对他们的某些产品，当其在国际市场上显示出较强的竞争能力时，取消其享受优惠的资格，称之为"毕业"（Graduation)。

这项条款按照适用范围的不同，又可以分为"国家毕业"和"产品毕业"，前者是指取消从受惠国或地区进口的全部产品的关税优惠待遇，即取消其受惠国或地区的资格；后者是指取消从受惠国或地区进口的部分产品的关税优惠待遇。其中，国家毕业的条件是某受惠国或地区连续 3 年同时达到下列两个条件：①被世界银行列为高收入国家；②发展指数高于－1。产品毕业的条件是某受惠国或地区的某组产品连续 3 年达到下列条件中的任何一条：①从该受惠国或地区进口的该组全部受惠产品的总量超过从所有受惠国和地区进口的相同产品的总量的 25％；②该组产品的专业化指数超过了与该受惠国发展指数相对应的限度值。当然，对于已毕业的受惠国或地区或其他受惠国或地区的已毕业的产品，如果其连续 3 年未达到本条例规定的毕业条件，可撤销其毕业资格，重新给予其优惠安排。

毕业条款是一项最敏感、最严格的保护措施，其实施会对相关国家的出口贸易产生很大的影响。具体地说，"已毕业"的国家和产品因为不能再享受优惠待遇，一方面不得不在进口国市场上与发达国家同类产品竞争，另一方面，又面临其他发展中国家乘势取而代之打入进口国市场的严峻挑战。

第四节　关税的经济效应

一般来说，当一国的经济实力强大，在国际竞争中处于优势时，往往奉行自由贸易政策，关税体现的主要是税收的职能；相反，当一国经济发展落后，国际竞争力不强时，则往往奉行贸易保护主义政策，这时候关税的保护职能居于重要甚至主要地位。征收关税会引起进口商品的国际价格和国内价格的变动，从而影响到出口国和进口国在生产、贸易和消费等方面的调整，引起收入的再分配。关税对进出口国经济的多方面影响称为关税的经济效应。一般而言，征收关税会导致资源配置效率低下，降低贸易参加国的福利水平，并且小国和大国面对征收关税对本国产生的影响，会表现出不同的效果。本节将从局部均衡分析入手，以一国对某种进口产品征收关税为例，定量说明一国征收关税所产生的经济效应。

一、小国的关税效应

经济学意义上的"小国"指的是该国在世界生产和贸易中所占的份额甚小，以至于其产量和贸易量的任何变化都不足以影响国际市场上商品的价格，它只能是世界价格的接受者。这样该国征收关税以后，进口商品国内价格的上涨幅度就等于关税税率，关税完全由国内的消费者承担。

（一）小国关税的局部均衡分析

小国关税的局部均衡分析可以用图 4-1 来表示。

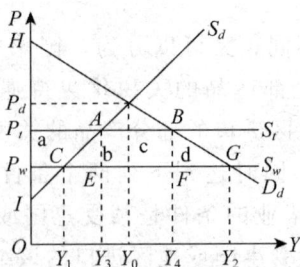

图 4-1　小国关税的局部均衡分析

假设 A 为小国，其对商品 X 的供给、需求和贸易情况如图 4-1 所示。图中，横轴表示对商品 X 的需求数量，纵轴表示商品 X 的价格，S_d 和 D_d 表示国内对商品 X 的供给和需求曲线，两线之交点（P_d，Y_0）为没有贸易情况下的孤立均衡点，其中，P_d 为商品 X 的国内均衡价格，Y_0 为商品 X 的国内均衡数量。在自由贸易情况下，假设没有运输成本，国内商品 X 的价格等于国际价格 P_w，在此价格水平下，国内对商品 X 的供给数量为 $P_w C$，需求数量为 $P_w G$，因此，需进口的数量为 CG。S_w 为 A 国进口所面临的出口供给曲线，平行于 X 轴，弹性无穷大。若 A 国对商品 X 的进口征收额度为 T 的关税，则其进口所面临的是包括关税在内的新的出口供给曲线 S_t。

（二）关税对小国的经济效应

征收关税之后将会对小国的国内经济产生以下影响。

1. 价格效应

价格效应是指征收关税后对进口国价格的影响。由于 A 国为小国，其进口量占世界市场的比例很小，因而对世界市场价格没有影响力，征税后，虽然 A 国消费者会因进口产品价格上升而减少对进口品的购买，但这一变动并不会对世界市场价格产生影响，商品 X 的国际价格仍为 P_w，但其国内价格却上升到 P_t，且 $P_t = P_w + T$，即小国征收关税使进口品及其进口替代品的国内价格提高了与所征税额相当的幅度。

2. 消费效应

消费效应即征收关税对国内进口商品消费的影响。征收进口关税使商品的价格上升，消费者的需求量减少，进而减少了消费者剩余，因此，对小国征收关税会损害消费者的利益。

如图 4-1 所示，在自由贸易条件下，对应的商品 X 的国际价格为 P_w，进口国国内需求为 OY_2。征收关税之后，国内的商品 X 的价格由 P_w 上升到 P_t，由于价格上升，消费者的需求量由 OY_2 减少到 OY_4，消费量减少了 Y_2Y_4，供求之间的差额为 Y_3Y_4，由进口来弥补。由此可见，进口关税的征收使消费者的消费数量减少。

3. 生产效应

生产效应即征收关税对进口国进口替代品生产的影响。如图 4-1 所示，A 国征收进口关税前，国内进口竞争品的生产者的产量为 OY_1，其余部分的产品市场均由外国进口商占领。在此情况下，为支持国内产业的发展，该国政府决定对 X 商品征收进口关税。征收关税后，国内市场的价格由 P_w 提高到了 P_t，产品价格的提高，刺激进口替代品的生产扩张，国内产量增加到 OY_3，增加了 Y_1Y_3 的产量，所增加的进口替代品的生产即为关税的生产效应，又称替代效应或保护效应。关税越高，保护程度就越高，当关税提高到 P_d 或更高的水平时，即为禁止性关税。

4. 贸易效应

贸易效应即征收关税所引起的进口量的变化。如图 4-1 所示，征收关税后，由于生产增加，消费减少，所以进口数量由 Y_1Y_2 减少为 Y_3Y_4。其中，减少的 Y_2Y_4 数量的进口乃消费减少所致；减少的 Y_1Y_3 数量的进口则由生产的增加所致。因此，关税的贸易效应为消费效应和生产效应之和。

5. 收入效应

收入效应即征收关税对国家财政收入所产生的影响。一般而言，征收关税就会增加政府的财政收入。当一国政府出于保护国内工业的目的对某种产品征收关税时，只要其关税税率低于禁止性关税水平，该国的财政收入就会增加。如图 4-1 所示，A 国征收额度为 T 的关税之后，政府取得了 c（即四边形 AEFB）部分的关税收入，使财政收入增加，此乃关税的收入效应。

（三）关税对小国福利的影响

1. 关税的消费者福利效应

如图 4-1 所示，在自由贸易条件下，该国的消费者剩余为 HGP_w。征收关税之后，消费者的剩余由征税前的 HGP_w 减少到 HBP_t，减少了 a＋b＋c＋d。其中，a 转移为生产者剩余的增加部分，c 为政府的财政收入，余下的 b 和 d 为征收关税所导致的福利净损失或无谓的损失，即关税的社会成本。b 为生产的净损失，由增加 Y_1Y_3 数量的进口替代品生产资源使用效率下降所致；d 为消费的净损失，是由于关税人为地提高了进口商品价格，进而扭曲消费所产生的消费效用的净损失。

2. 关税的生产者福利效应

如图 4-1 所示，在自由贸易条件下，该国的生产者剩余为 ICP_w。征收关税之后，生产者的剩余由征税前的 ICP_w 增加到 IAP_t，增加了 a。其中，a 为消费者剩余的转移部分。

3. 关税的净福利效应

就小国而言，关税的净福利效应＝生产者剩余增加－消费者剩余减少＋政府财政收入＝a－（a＋b＋c＋d）＋c＝－（b＋d）＜0，因此，征收关税会使小国福利净损失 b＋d，由此，进口关税是得不偿失的贸易政策，小国应优先选择自由贸易政策。

二、大国的关税效应

经济学意义上的"大国"指的是该国在世界生产和贸易中所占的份额甚大，以至于其产量和贸易量的任何变化都足以影响国际市场上商品的价格。

大国与小国征收关税的最主要的差异在于大国征收关税可以影响贸易条件。大国征收进口关税后，一方面它使得本国国内市场价格上升；另一方面，国内市场价格上升使得国内需求减少，进口需求减少，从而导致世界市场价格下降，进口产品以更低的价格进入该国市场。

（一）大国关税的局部均衡分析

大国关税的局部均衡分析可以用图4-2来表示。

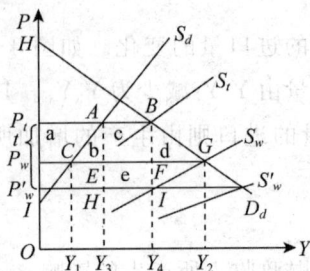

图4-2 大国关税的局部均衡分析

假设 B 为大国，其对商品 X 的供给、需求和贸易情况如图4-2所示。图中，横轴表示对商品 X 的需求数量，纵轴表示商品 X 的价格，S_d 和 D_d 表示国内对商品 X 的供给和需求曲线，S_w 表示商品 X 的总供给曲线（由国内供给曲线和国外供给曲线合计而得）。在自由贸易情况下，假设没有运输成本，该国国内需求曲线 D_d 与总供给曲线 S_w 相交于 G 点，此时国内价格等国际价格 P_w。该国对商品 X 的需求数量为 OY_2，其中 OY_1 数量由国内生产者供应，Y_1Y_2 数量由进口弥补。若 B 国对商品 X 的进口征收额度为 T 的关税，则其进口所面临的是包括关税在内的新的供给曲线 S_t。

（二）关税对大国的经济效应

征收关税之后将会对大国的国内经济产生以下影响。

1. 价格效应

由于征税国 B 国是大国，其进口量占世界市场的比重很大，征税后，一方面导致本国国内市场价格由 P_w 上升到 P_t；另一方面，由于国内市场价格上升，国内需求量下降，因而对进口品的需求也减少。因为该国为大国，所以其进口量的减少会导致国际市场价格的下跌，即由 P_w 下降至 P'_w。在这种情况下，关税是由国内的消费者和国外的出口商共同承担的。征收关税后，国内市场价格＝征收关税后的国际市场价格＋T，即 $P_t = P'_w + T$。与图4-1相比可以发现，对应于相同的关税 T，在大国情形下，征税后国内价格上涨的幅度要小于小国情形下的上涨幅度。世界市场价格的下降部分抵消了关税的影响，减弱了关税对国内生产和消费的影响效应。

2. 消费效应

如图4-2所示，在自由贸易条件下，对应的商品 X 的国际价格为 P_w，进口国国内需求为 OY_2。征收关税之后，国内的商品 X 的价格由 P_w 上升到 P_t，由于价格上升，消费者的需求量由 OY_2 减少到 OY_4，消费量减少了 Y_2Y_4，供求之间的差额为 Y_3Y_4，由进口来弥补。由此可见，进口关税的征收使消费者的消费数量减少。

3. 生产效应

如图4-2所示，B 国征收进口关税前，国内进口竞争品的生产者的产量为 OY_1，其余部分的产品市场均由外国进口商占领。在此情况下，为支持国内产业的发展，该国政府决

定对 X 商品征收进口关税。征收关税后，国内市场的价格由 P_w 提高到了 P_t，产品价格的提高，刺激进口替代品的生产扩张，国内产量增加到 OY_3，增加了 Y_1Y_3 的产量，所增加的进口替代品的生产即为关税的生产效应，又称替代效应或保护效应。关税越高，保护程度就越高。

4. 贸易效应

如图 4-2 所示，征收关税后，由于生产增加，消费减少，所以进口数量由 Y_1Y_2 减少为 Y_3Y_4。其中，减少的 Y_2Y_4 数量的进口由消费减少所致；减少的 Y_1Y_3 数量的进口则由生产的增加所致。因此，关税的贸易效应为消费效应和生产效应之和。

5. 收入效应

如图 4-2 所示，B 国征收额度为 T 的关税之后，政府取得了 c+e（即四边形 ABIH）部分的关税收入，使财政收入增加，这是关税的收入效应。

（三）关税对大国福利的影响

1. 关税的消费者福利效应

如图 4-2 所示，在自由贸易条件下，该国的消费者剩余为 HGP_w。征收关税之后，消费者的剩余由征税前的 HGP_w 减少到 HBP_t，减少了 a+b+c+d。其中，a 转移为生产者剩余的增加部分，c 为政府的财政收入，余下的 b 和 d 为征收关税所导致的福利净损失或无谓的损失，即关税的社会成本。b 为生产的净损失，由增加 Y_1Y_3 数量的进口替代品生产资源使用效率下降所致；d 为消费的净损失，是由于关税人为地提高了进口商品价格，进而扭曲消费所产生的消费效用的净损失。

2. 关税的生产者福利效应

如图 4-2 所示，在自由贸易条件下，该国的生产者剩余为 ICP_w。征收关税之后，生产者的剩余由征税前的 ICP_w 增加到 IAP_t，增加了 a。其中，a 为消费者剩余的转移部分。

3. 关税的净福利效应

就大国而言，关税的净福利效应=生产者剩余增加-消费者剩余减少+政府财政收入=a-（a+b+c+d）+（c+e）=e-（b+d）。当 e＞（b+d）时，进口国社会福利增加；当 e＜（b+d）时，进口国社会福利减少。所以，在大国情形下，关税的净福利效应是不确定的，它取决于贸易条件效应与生产扭曲和消费扭曲两种效应之和的对比。

通过以上对小国和大国征收关税的局部均衡分析可知，征收关税虽然会使本国供应商和政府受益，但却极大地损害了消费者的利益，最终使社会遭受无谓的损失。降低关税，则会增进国民福利，而仅对相关的部分生产者和财政收入不利。况且，关税收入也不应该成为政府财政收入的主要来源。在关税保护之下的生产是低效率的生产，会导致资源配置效率的低下，因而不应该对其进行长期保护。如果进口国能用关税影响进口商品的价格，进而从中得到的收益远远高于保护成本，或在本国经济存在着其他办法不能纠正的缺陷时，才可以考虑使用征收关税的方式，否则应尽可能实行自由贸易政策。

第五节　WTO 的关税制度

概括而言，WTO 的关税制度主要包括关税保护、关税减让和关税约束三个方面。首先，WTO 允许将关税作为保护国内工业唯一合法的手段，这就是关税保护原则；其次，WTO 要求各成员方实施互惠基础上的关税减让，逐步减少或者消除关税壁垒；再次，WTO 要求各成员方遵守关税减让表的约束，原则上不得单方面提高关税税率。

一、关税保护原则

世贸组织主张各成员方主要通过关税来保护国内产业和市场，也就是说，关税是唯一合法的保护手段，这是因为关税措施的保护程度显而易见，并且各成员方之间容易就关税措施的使用进行谈判。关税保护原则在肯定关税保护是合法手段，限制、取消或禁止使用各种非关税措施的同时，要求各成员方在互惠基础上通过多边谈判削减关税，各成员方政府不得征收高于它在关税减让表中所承诺的税率，因此关税保护的原则不是提倡用关税进行保护，而是只允许采用关税这种透明的保护措施而不是非关税壁垒，而且在原则上税率应当不断降低。

关税保护原则也有例外规定，例如发展中国家以促进经济发展或国际收支平衡需要等为由修改或撤销已做出的关税减让。

二、关税减让方式

关税的减让方式主要有如下三种。

（一）直线式关税减让

$$M = (1-b) N$$

其中，M 是减让后税率，N 是减让前税率，b 是谈判决定的减让率。

（二）协调式关税减让

例如分五次进行关税减让，N 为原税率。

第一次：$N_1 = (1-N) N$

第二次：$N_2 = (1-N_1) N_1$

第三次：$N_3 = (1-N_2) N_2$

第四次：$N_4 = (1-N_3) N_3$

第五次：$N_5 = (1-N_4) N_4$

（三）瑞士公式

$$M = \frac{N\mu}{N+\mu}$$

它是由一位瑞士经济学家提出的，其中，M 是减让后税率，N 是原税率，μ 是谈判决定的参数。

三、关税减让例外

关税减让例外主要有三个方面：一是发展中国家保护新生工业例外；二是保护措施例外；三是反倾销反补贴例外。

GATT1994 第 18 条规定了政府对于经济发展的援助，其中包括发展中国家为了保护本国的新生工业，可以暂时背离 WTO 的一般义务，采取高关税措施。

GATT1994 第 19 条规定了保护措施例外，如因意外情况的发展或是一成员方承担了 WTO 义务而产生的影响，使某一产品输入到该成员国领土的数量大大增加，对该国内相同产品或与它直接竞争产品的国内生产者造成严重损害或是产生严重损害的威胁时，该成员方在防止或纠正这种损害所必需的时间和程度内，可以对上述产品全部或部分地暂停实施其所承担的义务，或者修改或撤销减让。

此外，当受倾销产品或补贴产品对进口方同类产品造成严重损害或是严重损害威胁时，进口方可以考虑征收与倾销或补贴幅度相当的额外关税，即反倾销税和反补贴税，以维护公平贸易，此种情况下，也不受关税减让义务的约束。

四、关税约束义务

按照 WTO 的规定，各成员方应遵守关税减让表中的承诺，不得擅自单方面提高关税税率。

在美国诉欧盟、英国和爱尔兰计算机设备进口海关分类一案中，起因是因为欧盟在 1995 年通过了 11165/95 号法规，将局域网设备划归为电子通讯设备。美国认为这种分类方法变相地提高了局域网设备的关税税率，因为在欧盟的关税减让表中，电子通讯设备的关税税率高于 ADP 设备[①]，而在 11165/95 号法规通过之前，美国在欧盟的最大市场——英国和爱尔兰一直将局域网设备划归为 ADP 设备，所以美国认为可以合理预期英国、爱尔兰最终会将局域网设备划归为 ADP 设备大类中。WTO 最终判决美国败诉，主要是因为美国所谓的"合理预期"缺乏确凿的证据。该案的重要启示在于揭示了变相违法关税约束义务的可能性。

本章小结

本章以关税的征收主体——海关作为切入点，首先介绍了关税的征收依据，即海关税则。接下来系统介绍了关税的相关内容，包括关税的含义、特点、作用以及分类，在关税分类中，按照关税征收标准的不同又将关税分为三大类：按征税商品流向分类——进口税、出口税和过境税；按关税的征收方法分类——从量税、从价税、混合税和选择税；按差别待遇分类——进口附加税、差价税、最惠国待遇关税、普惠税、特惠税和普通关税。随后，分别以小国和大国作为主体，通过局部均衡的方式分析了关税的经济效应（价格效应、消费效应、生产效应、贸易效应和收入效应），即无论小国还是大国，征收关税虽然会使本国供应商和政府受益，但却极大地损害了消费者的利益，最终使社会遭受无谓的损失。最后涉及 WTO 关税制度的三大主要方面：关税保护、关税减让和关税约束。

---

① ADP 全称 Accelerated Data Path，称为"超路径"技术。ADP 设备是自动信息处理器及其组件、磁性或光学阅读器，即以编码方式将资料传输给传媒处理的设备。

重要概念

海关税则（Customs Tariff）

关税（Tariff）

进口税（Import Duties）

出口税（Export Duties）

过境税（Transit Duties）

从量税（Specific Duties）

从价税（AD valorem duties）

混合税（Mixed Duties）

选择税（Alternative Duties）

进口附加税（Import Surtaxes）

反倾销税（Anti-dumping Duty）

反补贴税（Anti-subsidy Duty）

差价税（Variable Levy）

普惠税（Generalized System of Preference，GSP）

特惠税（Preferential Duty）

普通关税（General Tariff）

普惠制方案（GSP Scheme）

练习题

1. 海关税则主要可以分为哪两大类？各自的含义是什么？

2. 简述海关通关的基本程序。

3. 什么是关税？关税的特点和作用各是什么？

4. 以征税商品流向为标准，关税可以分为哪几类？

5. 什么是进口附加税？征收进口附加税的目的是什么？

6. 反倾销税和反补贴税有何区别？

7. 什么是普遍优惠制？一般而言，普惠制方案有哪些规定？

8. 在实行普惠制方案时，为保护国内某些产品的生产和销售，各给惠国一般都会在其方案中规定哪些保护措施？

9. 什么是关税的经济效应？

10. 试用图形对小国关税进行局部均衡分析。

11. 关税的征收对小国和大国各会产生什么样的经济效应？

12. 在自由贸易条件下，美国自行车的价格为 200 美元，原料成本为 140 美元，增值 60 美元。

（1）如美国对进口自行车征收 10% 的关税，对进口原料征税 5%。那么，名义关税使国内自行车价格上升到 220 美元，5% 的原料进口税使成本上升到 147 美元。每辆自行车增值 73 美元，自行车名义关税是 10%，有效关税为多少？

（2）如美国对进口自行车征税 10% 的关税，对进口原料征税 10%。那么，名义关税使国内自行车价格上升到 220 美元，原料进口税使成本上升到 154 美元。每辆自行车增值为 66 美元，则自行车名义关税仍是 10%，有效关税为多少？

（3）如美国对进口自行车征税 10% 的关税，对进口原料征税 15%。那么，名义关税使国内自行车价格上升到 220 美元，15% 的原料进口税使成本上升到 161 美元。每辆自行车增值 59 美元，自行车名义关税是 10%，有效关税为多少？

13. WTO 的关税制度主要包括哪几个方面？

第五章
非关税措施

学习目标

- 了解

非关税壁垒的特点

非关税壁垒的发展

- 掌握

非关税壁垒的含义和分类

非关税壁垒的经济效应

第一节　非关税措施概述

一、非关税措施的含义

非关税措施（Non-Tariff Barriers，NTBs）是指一国政府采用的除关税以外的一切限制进口的措施总称。它是与关税措施相对而言的，随着多边贸易体制的推进，关税措施的作用下降，非关税措施对限制进口的作用不断加强。

二、非关税措施的发展

非关税措施的产生和发展受制于世界经济的发展周期。

（一）重商主义

早在重商主义时期，限制和禁止进口的非关税性措施就开始出现。

（二）1929～1933 年经济大危机

1929～1933 年经济大危机出现了超贸易保护主义，各国提高关税的同时，开始使用以限制数量形式的非关税壁垒。尽管如此，"非关税壁垒"这一术语是在关贸总协定（GATT）建立以后才逐步产生的，而真正将非关税措施作为保护贸易政策的手段开始于 20 世纪 70 年代。

（三）20 世纪 70 年代非关税措施迅速发展

20 世纪 70 年代，在经济危机形成了新贸易保护的压力之下，各国纷纷采用非关税壁垒措施，其原因主要有以下几个方面。

（1）各国经济发展的不平衡性，是非关税措施推行的根本原因。日欧的崛起，美国的相对衰落，特别是 20 世纪 70 年代中期爆发的经济危机，使得市场问题比以往更为严峻，以美国为首的西方发达国家掀起了一场以非关税措施为特征的新贸易保护浪潮。同时，广大发展中国家为了限制非必需品及与本国产品相竞争的外国产品的进口，保护本国民族经济的发展，也广泛采取各种非关税措施。从此，非关税措施成为各国实施贸易保护措施的主要手段。

（2）二战后，特别是 20 世纪 60 年代末以后，在关贸总协定主持的多边贸易谈判的推动下，发达国家普遍削减了关税。发达国家的平均关税水平从战后的 40％降至 20 世纪 70 年代的 7％，关税作为一种贸易保护手段的作用大大削弱，使用关税措施推行贸易保护主义已经没有很大的空间。

（3）非关税措施本身具有隐蔽性的特点，不易被发现，而且在实施过程中往往可以找到一系列理由证明它的合理性，从而使受害国据以进行报复。此外，各国在实行非关税措施时互相效仿，也使这些措施迅速扩大。

（四）20 世纪 90 年代以来非关税措施日益加强

经过多年的发展演化，20 世纪 90 年代以来，非关税措施呈现出形式更加隐蔽，技巧更加高超的特点，以至于难以区分其保护是否合理。具体来说，大致有以下几方面的变化。

（1）制度化的非关税措施不断升级。如反倾销的国际公共规则建立之后，在制度上削弱了其贸易壁垒的作用，但频繁使用反倾销手段又使其演化成新的贸易壁垒。

（2）技术标准上升为主要壁垒。由于各国技术标准难以统一，使用技术标准成为最复杂的贸易壁垒，并使人往往难以区分其合理性。

（3）绿色壁垒成为新的行之有效的贸易壁垒。一些国家往往是发达国家常常借环境保护之名，行贸易保护之实。

（4）政治色彩越来越浓。发达国家往往利用人权、劳工标准等形成带有政治色彩的非关税壁垒，大肆推销其国内人权标准，干涉别国内政。

三、非关税措施的特点

作为贸易壁垒，非关税措施除了具有关税措施的一些共同点之外，与关税措施相比还有如下特点。

（一）灵活性和针对性

非关税措施比关税具有更大的灵活性和针对性。关税的制定，往往要通过一定的立法程序，要调整或更改税率，也需要一定的法律程序和手续，因此关税具有一定的延续性。而非关税措施的制定与实施，则通常采用行政程序，制定起来比较迅速，程序也较简单，能随时针对某国和某种商品采取或更换相应的限制进口措施，从而较快地达到限制进口的目的。

资料链接 5-1

意大利的空心粉法

在意大利有一个"空心粉纯度法",要求空心粉的制作原料必须是硬质小麦,而这种硬质小麦主要产于意大利南部。欧洲其他国家的空心粉大多由混合种类的小麦制成,不符合"空心粉纯度法",很难进入意大利市场。

(二) 有效性和直接性

非关税措施的保护作用比关税的作用更为有效和直接。关税措施是通过征收关税来提高商品成本和价格,进而削弱其竞争能力的,因而其保护作用具有间接性。但若出口国采用出口补贴、商品倾销等方法降低出口商品的价格和成本,那么通过影响价格来限制进口的关税措施的保护作用就大大减弱,关税可能无法达到预期的效果。而一些非关税措施如进口配额,预先限定进口的数量和金额,超过限额就直接禁止进口,对进口的限制是绝对的,这样就能快速和直接地达到关税措施难以达到的目的。

资料链接 5-2

普瓦提埃 (Potiers) 海关效应

日本的录像机由于质量好,而且价格又比较便宜,因而大量流入法国,严重冲击了法国的国内市场。1981 年前 10 个月,进入法国的录像机每月清关 64000 台。为了阻拦日本录像机进口,1982 年 10 月,法国政府下令所有进口录像机必须经过普瓦提埃海关办理清关手续,并且所有的报关文件和录像机说明书都要用法文。普瓦提埃是法国北部港外的一个偏僻的内陆小镇,原来只有 4 个海关人员,后来增加到 8 人。日本录像机到达法国北部港口后,还要转用卡车运到普瓦提埃,并要办理繁杂的海关手续,所有的文件应为法文,使原来的说明书要临时请人翻译,而且每一个集装箱必须开箱检查,每台录像机的原产地和序号要经过校对。这一措施出台后,每月清关的进口录像机不足 1000 台。日本被迫实行对法国录像机出口的"自愿"出口限制

当日本录像机以每月清关 64000 台冲击法国市场时,法国政府并没有明确表态不准进口日本录像机,而是巧妙地改变清关的海关和清关手续。这就增加了日本录像机的运输成本,而且由于普瓦提埃海关人手很少,再加上要办理繁杂的海关手续,使每月通过清关的量只有 1000 台,这就延长了录像机的滞留时间和放慢了进入市场的速度,必然增加日本录像机的费用,使日本企业无利可图。日本从经济利益考虑,不得不"自动"进行出口限制了。

(三) 隐蔽性和歧视性

非关税措施比关税更具有隐蔽性和歧视性。关税措施,包括税率的确定和征收办法都是透明的,出口商可以比较容易地获得有关信息。另外,关税措施的歧视性也较低,它往往要受到双边关系和国际多边贸易协定的制约。但一些非关税措施则往往透明度差,隐蔽性强,而且有较强的针对性,容易对别的国家实施差别待遇。

第二节　非关税措施种类

非关税壁垒措施名目繁多，按照其发挥作用的途径不同，可以分为直接和间接两大类。直接非关税措施是指由海关直接对进口商品的数量、品种加以限制，对进口的限制作用很明显，也比较直截了当，其主要措施有进口配额、"自动"出口配额和许可证等；间接非关税措施是指一国对进口商品制定严格的海关手续或通过外汇管制，间接地限制商品的进口，其主要措施有实行外汇管制，对进口商品征收国内税，制定购买本国货和限制外国货的条例，严格的卫生安全质量标准及包装标准等。

一、直接的非关税措施种类

（一）进口配额

进口配额（Import Quota）又称进口限额。它是一国政府在一定时间内，对于某些商品一定时期内的进口数量或金额，事先加以规定的限额。在规定的数量和期限范围之内，商品可以进口，超过规定的最高限额就不能进口，或者征收较高的关税、附加税或罚款后才能进口。进口配额与关税相比，实行起来更加方便，限制作用更强，是非关税壁垒措施的一种主要形式。

根据其实施方式，进口配额主要有绝对配额和关税配额两种形式。

1. 绝对配额

绝对配额（Absolute Quota）是指在一定时期内，对某种商品的进口数量或金额规定一个最高数额，达到这个数额后，便不准进口。这种方式在实施中，有以下两种形式。

（1）全球配额（Global Quota），即属于世界范围的绝对配额，对来自任何国家或地区的商品一律适用，按进口商品的申请先后批给一定的额度，至总配额发放完为止，超过总配额就不准进口。全球配额并不限定进口的国别或地区，故配额公布后，进口商往往相互争夺配额。邻近的国家或地区依其优越地理因素，在竞争中居于有利地位。为了减少这种情况所带来的不足，一些国家采用了国别配额。

（2）国别配额（Country Quota），即在总配额内按国别和地区分配给固定的配额，超过规定的配额便不准进口。为了区分来自不同国家或地区的商品，在进口商品时进口商必须提交原产地证明书。实行国别配额可使进口国家根据它与有关国家或地区的政治经济关系分配给予不同的配额。例如，1987年底，我国与美国就纺织品贸易达成协定，使我国对美纺织品成衣出口年增长率，从1988年1月1日起4年内，由19％下降到3％。国别配额又可以分为自主配额和协议配额。

①自主配额（Autonomous Quotas），又称单方面配额，是由进口国家完全自主地、单方面强制规定在一定时期内从某个国家或地区进口某种商品的配额。这种配额不需征求输出国家的同意。往往由于分配额度差异容易引起某些出口国家或地区的不满或报复。因此，有些国家便采用协议配额，以缓和彼此之间的矛盾。

②协议配额（Agreement Quota），又称双边配额，是由进口国家和出口国家政府或民间团体之间协议确定的配额。如协议配额是通过双方政府的协议签定的，一般需在进口商

或出口商中进行分配；如果配额是双边的民间团体达成的，应事先获得政府许可，方可执行。协议配额是双方协调确定的，通常不会引起出口方的反感与报复，较易执行。

2. 关税配额

关税配额（Tarif Quota）是指对商品进口的绝对数额不加限制，而对在一定时期内，在规定的关税配额以内的进口商品，给予低税、减税或免税待遇，对超过配额的进口商品征收高关税、附加税或罚款。这种方式在实施中也有以下两种形式。

（1）优惠性关税配额（Preferential Tariff Quota），即对关税配额内进口的商品给予较大幅度的关税减让，甚至免税；超过配额的进口商品征收原来的最惠国税。欧盟在普惠制实施中所采用的关税配额就属此类。

（2）非优惠性关税配额（Non-Preferential Tariff Quota），即对关税配额内进口的商品征收原来正常的进口税，一般按最惠国税率征收；对超过关税配额的部分征收较高的进口附加税或罚款。例如，1974 年 12 月，澳大利亚曾规定对除男衬衫、睡衣以外的各种服装，凡是超过配额的部分加征 175％的进口附加税。

关税配额与绝对配额都是资本主义国家实行进口数量限制的手段。但绝对配额是在一定时期内，对某些商品的进口数量或金额规定一个最高额数，达到这个额数后，便不准进口。关税配额是对商品进口的绝对数额不加限制，而对在一定时期内，在规定配额以内的进口商品，给予低税、减税或免税待遇，对超过配额的进口商品则征收较高的关税，或征收附加税或罚款。

资料链接 5 - 3

我国实行进口配额制管理的商品

进口配额制涉及的商品有纺织品、服装、某些钢材、船舶、汽车、轻工电器制品、部分化工产品、食品以及工艺、土产品。尤以纺织品、服装最为突出。目前我国实行进口配额制管理的商品为 47 种。

（1）国家计委直接平衡的商品：原油、成品油、碳酸饮料成品及浓缩液、羊毛、涤纶、腈纶、聚酯切片、国家已经确定暂停进口的生产装配线。

（2）国家计委会同有关部门平衡的产品。

物资部：钢材、废船、木材、胶合板、橡胶（包括合成胶）、ABS 树脂、汽车轮胎（包括旧轮胎）、聚碳酸酯；物资部、冶金部：钢坯、废钢；物资部、化工部：氰化钠；化工部、商业部：农药；商业部：食糖、化肥；轻工部：木浆；烟草专卖局：烟草、香烟过滤嘴、二醋酸纤维丝束；国家中医药管理局：南药。

（3）国家计委协同国务院机电设备进口审查办公室汇总平衡，并报国务院批准进口的商品：国家限制进口机电产品。

边境贸易、易货贸易、对台贸易、进料加工、来料加工和外资企业、中外合资企业、中外合作企业进口的配额制商品，仍按现行管理渠道归口管理，并由主管部门制订具体管理办法。

（二）"自动"出口配额制

"自动"出口配额制（Voluntary Export Quota System），又称"自动"限制出口，也是一种限制进口的手段。"自动"出口配额制是出口国家或地区在进口国的要求或压力下，"自动"规定某一时期内（一般为 3～5 年）某些商品对该国的出口限制，在限定的配额内自行控制出口，超过配额即禁止出口。它是在二战后出现的非关税壁垒措施，出口限制实际上是进口配额制的变种，同样起到了限制商品进口的作用。它的重要特点就是带有明显的强制性。"自动"出口限制往往是出口国在面临进口国采取报复性贸易措施的威胁时被迫做出的一种选择。

"自动"出口配额制与进口配额虽然从本质上来说都是通过数量限制来限制商品的进口，但是两者仍有许多不同之处。第一，从配额的表现形式来看，"自动"出口配额制表面上好像是出口国自愿采取措施控制出口，而实际上往往是在进口国的强大压力之下才采取的措施，并非出于出口国的自愿。自动出口配额制带有明显的强制性。进口国家往往以商品大量进口使其有关工业部门受到严重损害，造成所谓"市场混乱"（Market Disruption）为理由，要求有关国家的出口实行"有秩序的增长"（Orderly Growth），自动限制商品出口，否则就单方面强制限制进口。第二，从配额的控制主体来看，"自动"出口配额制是由出口国直接控制，限制一些商品向指定国家的出口，是一种由出口国家实施的为保护进口国生产者而实行的贸易保护措施，而进口配额则是由进口国直接控制进口配额来限制商品进口。第三，从配额的影响范围来看，"自动"出口配额制仅应用于几个甚至一个特定出口者，具有明显的选择性，而进口配额则应用于一国大多数供给者的进口。第四，从配额的实施期限来看，"自动"出口配额制实施期限一般为 3～5 年，而进口配额的期限则较短，往往为 1 年。

实行"自动"出口配额制对出口国来说是损失最小的一种方式；对进口国来说可以保护国内产业，而且带来的麻烦和付出的代价也是最小的。

"自动"出口配额制一般有两种形式。

1. 非协定的"自动"出口配额（Non-Negotiated Voluntary Export Quota），即不受国际协定的约束，而是出口国迫于进口国的压力，自行单方面规定出口配额，限制商品出口。这种配额有的是由政府有关机构规定配额，并予以公布，出口商必须向有关机构申请配额，领取出口授权书或出口许可证才能出口；有的是由本国大的出口厂商或协会"自动"控制出口。

2. 协定的"自动"出口配额（Negotiated Voluntary Export Quota），即进出口双方通过谈判签订"自限协定"（Self-Restriction Agreement）或有秩序的销售协定（Orderly Marketing Agreement）。在协定中规定有效期内的某些商品的出口配额，出口国应根据此配额实行出口许可证或出口配额签证制，自行限制这些商品的出口。进口国则根据海关统计进行检查，"自动"出口配额大多数属于这一种。目前最大的"自动"出口配额制是《多种纤维协议》。

资料链接 5 - 4

《多种纤维协定》

《多种纤维协定》（Multifiber Agreement，MFA），又称《国际纺织品贸易协定》（Arrangement Regarding International Trade in Textiles）。1972年，在关贸总协定的主持之下，42个纺织品贸易国经过艰苦的谈判，达成了该协议，协定于1973年12月30日签订，1974年1月1日生效，有效期限为4年，适用范围包括棉、羊毛、人造纤维及其制品。该协定于1978年、1982年和1986年延长了3次，第4次多种纤维协定本应于1991年12月31日到期，但参加乌拉圭回合谈判的各方代表于1991年同意将现行协定延长至1992年底，待乌拉圭回合纺织品和服装协定生效后就终止。参加国有美国、日本、加拿大、韩国、巴西、印度等41个国家，中国作为纺织品出口大国，于1984年加入了国际纺织品贸易协定。

《多种纤维协定》的实施使纺织品和服装贸易长期游离于关贸总协定之外，其关税水平是整个工业品水平的2～3倍。该协定所建立和维持的进口配额制度严重违背关贸总协定取消数量限制的原则，带有强烈的保护主义色彩，为发达国家推行贸易保护主义政策提供了合法的依据。由于纺织品贸易的大力发展是工业现代化的一个必要阶段，因此，《多种纤维协定》制约了发展中国家通过纺织品出口实现经济起飞，它给发展中国家每年造成的损失超过10亿美元，直接影响到发展中国家国内经济的发展和就业增加。

自1995年起，WTO《纺织品与服装协议（ATC）》取代了《多种纤维协定》。到2005年1月1日，该领域将完全被纳入正常的GATT规则之中，特别是配额将最终被取消，进口国将再也不能对出口国实施歧视性待遇，《纺织品与服装协议》也将不复存在，它是WTO协议中唯一规定了自行废止内容的协议。

（三）进口许可证制

进口许可证制度（Import License System）是指一国为加强对外贸易管制，规定某些商品的进口需由进口商向进口国有关当局提出申请，经过审查批准获得许可证后方可进口的一种制度。通过对进口商品实行许可证管理，可以调节国家进口商品结构，稳定国内市场，但是，当进口许可程序透明度不强或签发过程产生不必要的延误时，它又成为贸易保护的工具。进口许可证制度是国际贸易中的数量限制措施，作为一种非关税措施，是各国管制贸易特别是进口贸易的常用做法。国家规定有数量限制的进口货物，实行配额管理和出口配额招标管理，其他限制进口货物，实行许可证管理。

1. 进口许可证按照其与进口配额的关系

进口许可证按照其与进口配额的关系，可以分为有定额的进口许可证和无定额的进口许可证。

（1）有定额的进口许可证。有定额的进口许可证是进口国预先规定有关商品的进口配额，然后在配额的限度内，根据进口商的申请对每笔进口货物发给一定数量或金额的进口许可证，配额用完即停止发放。可见，这是一种将进口配额和进口许可证相结合的管理进口的方法，通过进口许可证分配进口配额。若为"自动"出口限制，则由出口国颁发出口许可证来实施。例如，德国对纺织品的进口便是通过有定额的进口许可证进行管理的，德国有关当局每年分三期公布配额数量，然后据此配额数量发放许可证，直到进口配额用完为止。

（2）无定额的进口许可证。无定额的进口许可证不与进口配额相结合，即预先不公布进口配额，只是在个别考虑的基础上颁发有关商品的进口许可证。由于这种许可证的发放权完全由进口国主管部门掌握，没有公开的标准，因此更具有隐蔽性，给正常的国际贸易带来困难。

2. 进口许可证按照其与进口商品的许可程度

进口许可证按照其与进口商品的许可程度，可以分为公开一般许可证、特种商品进口许可证和公开个别许可证。

（1）公开一般许可证（Open General Licence）。公开一般许可证又称公开进口许可证、一般进口许可证或自动进口许可证。它对进口国别或地区没有限制，凡列明属于公开一般许可证的商品，进口商只要填写此证，即可获准进口。因此，这一类商品实际上是可"自由进口"的商品。填写许可证的目的不在于限制进口，而在于管理进口。

（2）特种进口许可证（Specific Licence）。特种进口许可证又称非自动进口许可证。对于特种许可证下的商品，如烟、酒、军火武器、麻醉品或某些禁止进口的商品，进口商必须向政府有关当局提出申请，经政府有关当局逐笔审查批准后才能进口。这种进口许可证对进口的管制最严，而且多数都有指定进口国家和地区。为了区别以上两种许可证所进口的商品，有些国家往往定期公布需要随时进行调整的商品项目。

（3）公开个别许可证（Open Individual Licence）。公开个别许可证是介于前两者之间的，由进口国有关机构颁发的许可证，其特点是政府可随时宣布其无效。

进口许可证的使用已经成为各国管理进口贸易的一种重要手段。它便于进口国政府直接控制进口，或者方便地实施贸易歧视，因而在国际贸易中越来越广泛地被用做非关税壁垒措施。有的国家为了进一步阻碍商品进口，故意制定烦琐复杂的申领程序和手续，使得进口许可证制度成为一种拖延或限制进口的措施。

资料链接 5－5

许可证与配额结合使用：关税下调而车价未降

2002年1月1日，中国政府将进口汽车的关税从2001年的80%降为43%，关税大幅下调后，许多等待买进口车的消费者期待进口车的价格大幅下调，半年时间过去了，进口车价格并未按预期大幅下调。此时，进口车市场上传来的不是价格下降的消息，而是充斥着汽车进口许可证价格大幅上涨的传言。

中国对进口汽车实行关税加配额双重管理。进口汽车不仅要交关税，还必须有进口许可证。这种双重贸易限制政策，目的在于限制汽车进口，保护国内汽车生产商。

2002年中国进口汽车及汽车零部件的配额总和为80亿美元，比2001年仅增加15%。为了保护国内汽车制造商，中国不可能大幅增加进口整车的配额。几乎每一辆国产车上都有进口的配件，大幅增加进口整车的配额，势必影响汽车零部件的进口配额，从而约束国内汽车制造商的发展。另一方面，国内消费者对进口车的强劲需求，很容易消化掉小幅增加的配额。1993进口约22万辆小轿车，当时进口车关税约为150％；2000年进口车关税约为100％，但在配额限制下，中国进口的整车，包括小轿车、卡车和巴士在内，仅3.7万，国内需求与配额间严重不平衡。

二、间接的非关税措施种类

（一）外汇管制

外汇管制（Foreign Exchange Control）是指一国政府为平衡国际收支和维持本国货币汇率，保障对外经济往来和本国经济发展，通过颁发法令，对外汇收入支出、兑换、存款、对外结算、资金输出入、外汇汇率等一切外汇业务实行的一种限制性政策措施。在中国又称外汇管理。负责外汇管理的机构一般都是政府授权的中央银行（如英国的英格兰银行），但也有些国家另设机构，如法国设立外汇管理局担负此任。

外汇管理与对外贸易密切相关，出口必然要收进外汇，进口必然要支付外汇，因此，有目的的对外汇进行管理，就可以直接或间接地限制进出口。在实行外汇管制的条件下，关闭外汇市场，本国货币不能自由兑换外币，一切外汇业务由政府授权的专门机构经营管理，任何机构和个人不得经营外汇买卖。实行外汇管制的国家，一般规定出口商必须将其出口所得外汇收入按照官方汇率（Official Exchange Rate）结售给外汇管理机构，进口商也必须通过外汇管理机构按照官方汇率申请购买外汇。这样，政府就可以通过官方汇率、集中外汇收入、控制外汇支出、实行外汇分配等办法来控制商品的数量、品种和国别。

外汇管制的方式主要分以下几种。

1. 数量性外汇管制

所谓数量性外汇管制，是指国家外汇管理机构对外汇买卖的数量直接进行限制分配，旨在集中外汇收入，控制外汇支出，实行外汇分配，以达到限制进口商品品种、数量和国别的目的。一些国家实行数量性外汇管制时，往往规定进口商必须获得进口许可证后，方可得到所需的外汇。

2. 成本性外汇管制

所谓成本性外汇管制，是指国家外汇管理机构通过制定复汇率制（System of Multiple Exchange），增加用汇成本和减少换汇成本，从而控制外汇支出，鼓励外汇收入。政府机构规定两种或两种以上汇率，分别适用于某种交易或某种商品，如对贸易收支、非贸易收支和资本流出、流入规定不同的汇率；对不同类别商品的进口和出口规定不同的汇率；对进口和出口规定不同的汇率；对不同贸易对象规定不同汇率。这些同时并存、区别对待的汇率，可以直接调节一国的国际收支。

各国实行复汇率制不尽相同，但主要原则大致相同。

（1）进口方面。①对于国内需要而又供应不足或不生产的重要原料、机器设备和生活必需品，适用较为优惠的汇率；②对于国内可大量供应和非重要的原料和机器设备适用一般的汇率；③对于奢侈品和非必需品只适用最不利的汇率。

（2）出口方面。①对于缺乏国际竞争力但又要扩大出口的某些出口商品，给予较为优惠的汇率；②对于其他一般商品出口适用一般汇率。

3. 混合性外汇管制

所谓混合性外汇管制是同时采用数量性和成本性外汇管制，对外汇实行更为严格的控制。

对西方国家来说，外汇管制是其推行对外经济政策的工具。对发展中国家来说，外汇管制则是阻止垄断资本入侵与维护本国经济利益的一种防御性的措施。发展中国家大都外汇资金不足，国际收支恶化、债务负担相对沉重，因而外汇管制又是其稳定本币，保证国民经济独立发展，谋求国际收支平衡，尽可能使有限的外汇资金不致任意外流的一种重要工具。

（二）进口押金制

进口押金制（Advanced Deposit），又称进口存款制、进口保证金，是指为防止投机、限制进口，维持国际收支平衡而采取的一种经济措施。是指一些国家规定进口商在进口时，必须预先按进口金额的一定比率和规定的时间，在指定的银行无息存放一笔现金的制度。这种制度无疑增加了进口商的资金负担，影响了资金的正常周转，同时，由于是无息存款，利息的损失等于征收了附加税。所以，进口押金制度能够起到限制进口的作用。有些国家还规定进口方必须获得出口方所提供的一定数量的出口信贷或提高开出信用证押金等方式限制进口。例如，意大利政府从1974年5月7日到1975年3月24日，曾对400多种进口商品实行进口押金制度。它规定，凡项下商品进口，无论来自哪一个国家，进口商必须先向中央银行交纳相当于进口货值半数的现款押金，无息冻结6个月。据估计，这项措施相当于征收5%以上的进口附加税。又如，巴西政府曾经规定，进口商必须先交纳与合同金额相等的为期360天的存款才能进口。

进口押金制对进口的限制有很大的局限性。如果进口商以押款收据作担保，在货币市场上获得优惠利率贷款，或者国外出口商为了保证销路愿意为进口商分担押金金额时，这种制度对进口的限制作用就微乎其微了。

（三）最低限价和禁止进口

最低限价（Minimum Price）又称"保护价"，是指一国政府对某种进口商品规定的最低价格界限，即当进口货物的价格低于规定的最低价格时，则对其征收进口附加税或禁止进口。规定最低限价是为了抵销进口商品与本国商品竞争的价格优势。最低限价的制定，有的是以进口国国内同类商品的最高市场价格为进口最低限价，如欧共体对农畜产品进口规定门槛价格，低于此价格即征收差价税；有的是由进口国主管部门按照商品生产国的生产成本，加运费和应有利润，按当时汇率计算出最低价，如在20世纪70年代，美国为抵制欧洲国家和日本等国的低价钢材和钢制品进口，在1979年对这些产品进口实行"启动价格制"，由美国按上述办法逐季计算并公布启动价格，作为最低限价，低于此价格即被认为是倾销而征收反倾销税。1985年智利对绸坯布的进口规定了每千克52美元的最低限价，低于这个价格，将征收进口附加税。欧共体也曾对谷物和奶制品实行过性质相似的门槛价格，高于门槛价格可以进口，低于门槛价格则禁止进口。采用这种政策，一国可以有效地抵制低价商品的进口或以此削弱进口商品的竞争力，保护本国产业。

禁止进口（Prohibitive Import）是指一国政府通过颁布法令，公布禁止进口商品的货物名单，禁止这些商品进入本国市场。当最低限价已不足以解决国内市场所受进口商品的冲击时，有的国家就直接颁布法令禁止该商品的进口。

资料链接 5-6

墨西哥诉美国金枪鱼/海豚贸易纠纷案

在国际环境与贸易纠纷中，墨西哥诉美国的金枪鱼/海豚纠纷案，几乎涉及环境与贸易争议中所有的关键问题，包括产品和生产方法问题、单边贸易主义与国际标准问题、国内环境法规的域外适用问题、环境标识问题以及 GATT（关税与贸易总协定）中的环境例外措施的适用等。该案起源于美国 1972 年《海洋哺乳动物保护法》的有关规定，如果某种商业性捕鱼技术对海洋哺乳动物造成意外死亡或者伤害，而且死伤率超过美国国内法律允许的死伤标准，对使用该捕鱼方法捕获的海鱼或者海鱼产品，将被禁止进口。海豚属于该法禁止捕捞和进口的海洋哺乳动物，而且在东太平洋热带海域，海豚通常与金枪鱼群相伴，并游动在金枪鱼群上方水体，在使用拖网捕捞金枪鱼的过程中，往往会危及海豚。墨西哥是美国最密切的贸易伙伴，但其活动在东太平洋海域的船队因使用拖网围捕方法导致金枪鱼出口受阻。1990 年，美国政府先后两次对墨西哥捕获的金枪鱼实施进口禁令。

（四）进出口的国家垄断

进出口的国家垄断（State Monopoly），也称国营贸易（State Trade），是指对外贸易中的某些商品的进出口由国家直接经营，或者把这些商品的经营权给予某些垄断组织。经营这些受国家专控或垄断的商品的企业，称为国营贸易企业。

各国国家垄断的进出口商品主要有四大类。

（1）烟酒。由于可以从烟酒进出口垄断中取得巨大的财政收入，各国一般都实行烟酒专卖。

（2）农产品。对农产品实行垄断经营，往往是一国农业政策的一部分，这在欧美国家最为突出。如美国农产品信贷公司，是世界上最大的农产品贸易垄断企业，对美国农产品国内市场价格能保持较高水平起了重要作用。当农产品价格低于支持价格时，该公司就按支持价格大量收购农产品，以维持价格水平，然后以低价向国内市场大量倾销，或者"援助"缺粮国家。

（3）石油。它是一国的经济命脉，因此，不仅出口国，而且主要的石油进口国都设立国营石油公司，对石油贸易进行垄断经营。

（4）武器。它关系到国家安全和世界和平，自然要受到国家专控。

（五）歧视性政府采购政策

歧视性政府采购政策（Discriminatory Government Procurement Policy），是指政府通过法令和政策明文规定政府机构在采购商品时必须优先购买本国产品。有的国家虽未明文规定，但优先采购本国产品已成惯例。这种政策实际上是歧视外国产品，起到限制进口的作用。

美国从 1933 年开始实行，并于 1954 年和 1962 年两次修改《购买美国货物法案》（Buy American Act）是最为典型的政府采购政策。该法案规定，凡是美国联邦政府所要采购的货物，应该是美国制造的，或是用美国原料制造的。只有在美国自己生产的数量不够，或者国内价格过高，或者不买外国货就会损害美国利益的情况下，才可以购买外国货。为了达到限制进口的目的，美国国防部和财政部甚至往往采购比进口货贵 50% 的美国货。由于发达国家政府采购的数量非常庞大，因此，这是一种相当有效的限制进口的非关税壁垒措施。《购买美国货物法案》直到关贸总协定的"东京回合"，美国政府签订了政府采购协议后才废除。

其他主要发达国家也都有相应的歧视性政府采购政策规定。英国限定通讯设备和电子计算机要向本国公司采购。日本也有几个省规定，政府机构需要的办公设备、汽车、计算机、电缆等不得采购外国产品。

（六）海关估价制

海关估价制度（Customs Valuation System）是指一国在实施从价征收关税时，由海关根据国家的规定，确定进口商品完税价格，并以海关估定的完税价格作为计征关税的基础的一种制度。但是，海关估价若被滥用，人为地高估进口商品的价格，无疑增加了进口商的税收负担，对商品进口形成了障碍。

海关估价制度的关键是估价准则。因为估价准则不同，估价方法就不同，价格制度也就不同。比如，以 CIF 为估价基础审定的完税价格就要大于以 FOB 为基础审定的完税价格，如果两者税率相同，前者应征的关税税额要大于后者，这样，前者的实际关税水平就要高于后者。另外，税率的变动比较敏感，而改变估价的方法却不易被发现，也很难证明其对关税影响的程度，所以海关估价对征收关税所产生的影响，比起单纯地降低或提高税率具有更大的隐蔽性。

有些国家根据某些特殊规定，提高某些进口货的海关估价，来增加进口货的关税负担，阻碍商品的进口，就成为专断的海关估价。用专断的海关估价来限制商品进口的国家，以美国最为突出。长期以来，美国海关是按照进口商品的外国价格（进口货在出口国国内销售市场的批发价）或出口价格（进口货在来源国市场供出口用的售价）两者之中较高的一种进行征税。这实际上提高了交纳关税的税额。为防止外国商品与美国同类产品竞争，美国海关当局对煤焦油产品、胶底鞋类、蛤肉罐头、毛手套等商品，依"美国售价制"（American Selling Price System）这种特殊估价标准进行征税。这四种商品都是国内售价很高的商品，按照这种标准征税，使这些商品的进口税率大幅度地提高。例如，某种煤焦油产品的进口税率为从价 20%，它的进口价格为每磅 0.50 美元，应缴进口税每磅 0.1 美元。而这种商品的"美国售价"每磅为 1 美元，按同样税率，每磅应缴进口税为 0.2 美元，其结果是实际的进口税率不是 20%，而是 40%，即增加了一倍。这就有效地限制了外国货的进口。

"美国售价制"引起了其他国家的强烈反对，直到"东京回合"签订了《海关估价守则》后，美国才不得不废除这种制度。为了消除各国海关估价制度的巨大差异，减少其作为非关税壁垒的消极影响，乌拉圭回合达成了《海关估价协议》，该协议修改了《海关估价守则》。《海关估价协议》正式名称为《关于实施关税与贸易总协定第七条的协议》（Agreement on Implementation of Article Ⅶ of the General Agreement on Tariffs and Trade）。此协议包括四个部分，共31条。其中有大量注释和一个议定书。它规定了主要以商品的成交价格为海关完税价格的新估价制度。其目的在于为签字国的海关提供一个公正、统一、中性的货物估价制度，不使海关估价成为国际贸易发展的障碍。

（七）国内税

国内税（Internal Tax）是指在一国的国境内，对生产、销售、使用或消费的商品所应支付的捐税，一些国家往往采取国内税制度直接或间接的限制某些商品进口。这是一种比关税更灵活、更易于伪装的贸易政策手段。国内税通常是不受贸易条件或多边协议限制的。国内税的制定和执行是属于本国政府机构的权限，有时甚至是地方政府机构的权限。

国内税的目的在于：增加进口商品的纳税负担，达到保护本国产品的竞争力，抵制进口商品的输入。例如，美国、日本和瑞士对进口酒精饮料的消费税都大于本国制品。

（八）技术性贸易壁垒

技术性贸易壁垒（Technical Barriers to Trade），又称技术性贸易措施、技术壁垒，是指进口国以维护国家安全、保障国民健康、维护动植物生命健康、保护环境、保证产品质量等为由而采取的一些强制性或非强制性技术性措施，增加进口难度，最终达到限制进口的目的。

技术性壁垒是非关税壁垒中一种间接限制进口的措施。进口国对进口商品规定技术、卫生和包装标准，以维护国内消费者安全和健康，这是理所当然的正当行为，并不一定是有意设置贸易障碍，但是，如标准多变、过严、检验程序过于烦琐，则起到贸易壁垒的作用。

1. 技术标准

技术标准是经公认机构批准的、规定非强制执行的、供通用或反复使用的产品或相关工艺和生产方法的规则、指南或特性的文件。发达国家制定的技术标准既有产品标准，也有试验检验方法和安全卫生标准，外国商品只有符合进口国规定的相关标准，才准许进口和销售。例如，瑞士的厨房各种用具的尺寸都比欧洲其他国家的小5厘米，出口国为了出口到瑞士，只能调整生产设备，这在无形中增加了自己的生产成本，也为瑞士的产品赢得了竞争的空间；法国禁止进口含有红霉素的糖果，从而有效地阻止了英国糖果的进口，因为英国的糖果制造普遍使用红霉素染料染色；德国禁止在国内使用车门从前往后开的汽车，而这种汽车恰好是意大利菲亚特500型汽车的样式，这样就有效地阻止了意大利汽车的进口。

2. 卫生检疫标准

卫生检疫标准主要适用于食品和药品。基于保护环境和生态资源，确保人类和动植物健康的目的，许多国家特别是发达国家，在卫生检疫方面都制定有严格的产品检验和检疫制度，包括对农药兽药残留量的固定、对加工过程中添加剂的规定、对生产加工过程中卫生和安全的规定、对污染物的规定等。例如，2005年底韩国指出，从来自中国生产的9种泡菜中查出了寄生虫卵，准备停止进口；中国也宣布，从来自韩国生产的10种泡菜中不仅查出了寄生虫卵，而且含铅量也超标，也准备停止进口。

3. 商品包装和标签规定

一些国家以立法形式规定禁止使用某些包装材料，如铅、铬、汞等成分的包装材料，未达到特定再循环比例的包装材料，不能再利用的容器等。例如，加拿大规定只有容器符合政府要求的罐头食品才能进口，美国则规定凡用稻草、棉花等材料作为包装衬垫物的商品不准进口。各国还通过对商品标签的规定来阻止进口商品。许多进口产品因为不符合规定不得不重新包装和改换商品标签，增加了成本，削弱了竞争力。美国是世界上食品标签法最为完备的国家，美国食品和药品管理局要求大部分的食品必须标明至少 14 种营养成分的含量，即使是在这一领域处领先地位的美国制造商每年也要多支出 10.5 亿美元，其他落后国家的出口商的成本压力更大，对没有条件进行食品成分分析的国家无疑就是禁止进口的措施。2016 年 12 月，美国农业部食品安全检验局发布了新的食品标签信息和指南，鼓励食品生产企业和零售商使用"最佳使用日期（Best if Used By）"的标签，以方便消费者甄别的同时，减少消费者对食品的浪费。此前，美国除了婴儿奶粉外，联邦法规不要求产品标注生产日期。对于有关产品质量的日期描述，由于生产企业使用不同方法，消费者容易混淆，导致消费者发现食品保质期超过包装上印刷的日期而不是在卫生、安全有问题的情况下，丢弃食品。美国海关对标签不符合要求的进口食品，无论其质量如何，均以违反食品标签法规为由自动扣留。

资料链接 5-7

TBT 的"典范"——美国 TBT 体系

美国是世界第一贸易强国，也是各种贸易壁垒最繁多、体系最复杂的国家，其基本情况如下。

（1）基于技术标准、法规的贸易技术壁垒。美国在要求进口商品满足 ISO9000 系列标准之外，附加了许多对进口商品制定的条例。从 1980 年开始，美国已制订了约 2300 个技术性法规和条例。这些复杂的法规和条例本身构成了对国际贸易的极大障碍。

（2）关于合格评定的技术壁垒状况。美国目前有 55 种认证体系，如产品安全认证体系 UL、军用 MI（1）、电磁兼容 FCC 等具有较大影响的认证体系。其中，美国为了对商品的安全性能进行认证，设立了代号为 UL 的"保险商实验室"，外国商品必须通过 UL 认证后才能顺利地进入美国市场，事实上很多发展中国家的商品很难达到 UL 标准水平。这种假借保护环境、人类动植物的卫生、安全健康之名，对商品中的有害物含量制定较高指标的做法，有效地限制了商品的进口。

（3）利用电子数据交换（EDI）设置技术壁垒。美国决定，从 1992 年起将全面采用电子数据交换方式办理海关业务，不采用电子数据交换方式的，海关手续将被推迟受理。

以上提到的是美国贸易技术壁垒的主要方面，当然还有一些其他原因而形成技术壁垒。正是这些贸易技术壁垒，导致外国产品尤其是发展中国家的产品进入美国的"入门费"看涨。

（九）绿色贸易壁垒

所谓绿色贸易壁垒（Green Trade Barriers），也称环境贸易壁垒（Environmental Trade Barriers），是进口国以保护自然资源、生态环境和人类健康为由而制定的一系列限制进口的保护措施、法规和标准等，是贸易壁垒的特殊形式。它是国际贸易中的一种以保护有限资源、环境和人类健康为名，通过蓄意制定一系列苛刻的、高于国际公认或绝大多数国家不能接受的环保标准，限制或禁止外国商品的进口，从而达到贸易保护目的而设置的贸易壁垒。

在新的一轮贸易保护主义运动里，发达国家利用自身技术优势，先后出台各种环保法规标准、绿色标志等创新制度安排，以期达到抑制负外部性的输入与保护国内经济的目的。

绿色贸易壁垒主要有以下几种形式。

1. 绿色环境标志

是由政府部门或公共、私人团体依据一定的环境标准颁发的图形标签，印制或粘贴在合格的商品及包装上，用以表明该产品不仅质量、功能符合要求，而且从生产到使用以及处理全过程都符合环境保护要求，对环境和人类健康无害或危害极少，有利于资源的再生产和利用。取得了环境标志意味着取得了进入实施环境标志制度国家市场的"通行证"。但由于认证程序复杂、手续烦琐、标准严格，增加了外国厂商的生产成本和交易成本，成为其他国家产品进入一国市场的环境壁垒。自德国于1978年第一个实施环境标志制度"蓝天使"计划以来，环境标志制度发展极为迅速，世界上已有50多个国家和地区实施这一制度，如加拿大的"环境选择方案"，日本的"生态标志"，欧盟的"欧洲环境标志"等。

2. 绿色包装

绿色包装指能节约能源、减少废弃物、用后易于回收再用或再生易于自然分解、不污染环境的包装。发达国家制定了各种法规，以规范包装材料市场。如德国于1992年公布《德国包装废弃物处理法令》，日本于1991年、1992年发布并强制推行《回收条例》《废弃物清除条例修正案》，美国也规定了废弃物处理的各项程序。这些"绿色包装"法规有利于环境保护，但同时大大增加了出口商的成本，也为这些国家制造"绿色壁垒"提供了借口。

3. 绿色卫生检验检疫制度

为保护国内消费者的利益，满足对此商品健康、安全等隐性需求，各国海关、商检机构都制定了不同的卫生检疫制度，对进口商品的品质进行检测和鉴定。发达国家往往把海关的卫生检疫制度作为控制从发展中国家进口的重要工具。他们对食品、药品的卫生指标十分敏感，如食品的安全卫生指标、农药残留、放射性残留、重金属含量、细菌含量等指标的要求极为苛刻。

4. 绿色补贴制度

为了保护环境和资源，各国政府采取干预政策，将环境和资源成本内在化。发达国家将严重污染的产业转移到发展中国家以降低环境成本，造成发展中国家环境成本上升。而发展中国家的企业大多无力承担环境治理的费用，政府有时不得不给予一定的环境补贴。按世贸组织修改后的国际补贴与反补贴规则，这类补贴属于不可申诉补贴范围，因而为越来越多的国家所采用。

5. 绿色关税

绿色关税是发达国家保护环境、限制进口最早采用的手段，即对一些污染环境、影响生态的进口产品征收进口附加税，或者限制、禁止进口，甚至实行贸易制裁。例如美国对原油和某些进口石油化工制品课征的进口附加税的税率比国内同类产品高出 3.5 美分/桶。在 1994 年美国环保署规定在美国九大城市出售的汽油里含有的硫、苯等有害物质一定低于一定水平，国内生产商可以逐步达到有关标准，而进口汽油必须于 1995 年 1 月 1 日生效起立即达到，否则禁止进口。

（十）知识产权壁垒

知识产权壁垒是在保护知识产权的名义下，对含有知识产权的商品，如专利产品、贴有合法商标的商品，以及享有著作权的书籍、唱片、计算机软件等，实行进口限制；或者凭借拥有知识产权优势，实行"不公平贸易"。

随着我国经济的崛起、对外贸易出口的增长，越来越多的国家对我国设置名目繁多的非关税壁垒，国外跨国公司也越来越把知识产权作为直接投资的替代品，来获取垄断高额利润，知识产权正日益成为中国企业发展的壁垒。

据商务部的一项调查显示，我国每年约有 70% 左右的外贸出口企业遭遇国外技术型贸易壁垒的限制，在这些技术壁垒中，大多与知识产权有关。国内知识产权学者蔡建敏认为，"知识产权已经与出口顺差、人民币币值等问题共同成为中美贸易的三大焦点，而知识产权更是其中的头号议题"。此外，近年来国外一些大型跨国公司也动辄就对中国企业发起知识产权诉讼。国际大型跨国公司针对中国企业发起的知识产权诉讼，主要针对以下三种企业：产品在国内外市场有一定份额的企业；本身缺乏核心技术和专利技术的企业；有进军国际市场大动作的企业。

资料链接 5-8

温州打火机事件

2002 年 5 月的"温州打火机事件"就是我国加入 WTO 后发生的第一起知识产权壁垒案件。当时，温州每年生产打火机 8.5 亿只，出口达 5 亿只，在欧洲市场占有率达到 80%，向欧盟国家出口额达到 3000 万美元，然而温州打火机出口价格多在 1 欧元左右，且绝大多数没有安装安全锁，根据 2002 年 5 月欧盟标准化委员会公布的关于打火机的安全标准（CR 标准），出厂价或海关价低于 2 欧元的打火机必须安装防止儿童开启的安全锁（CR 装置），并且须通过欧盟相关认证部门的实验，因此，温州打火机生产厂家 2004 年 6 月以后向欧盟出口 1 欧元以下打火机必须按照 CR 标准安装安全锁。然而需要采用的这些童锁专利基本多为欧洲和美国掌握，也就是说中国企业要想符合欧盟的童锁标准继续出口，一是向外国企业购买专利，支付巨额的专利费，但生产成本会大大提高，使温州打火机生产商失去价格优势，失去市场；二是温州企业自行研制，而研制需要很长的时间和巨大的开发费用，也可能失去欧盟市场。

（十一）蓝色贸易壁垒

蓝色贸易壁垒（Blue Trade barriers）是指以劳动者劳动环境和生存权利为借口采取的贸易保护措施。蓝色贸易壁垒由社会条款而来，是对国际公约中有关社会保障、劳动者待遇、劳工权利、劳动标准等方面规定的总称，它与公民权利和政治权利相辅相成。蓝色贸易壁垒的核心是 SA8000 标准，包括核心劳工标准（涉及童工、强迫性劳动、自由权、歧视、惩戒性措施等内容）、工时与工资、健康与安全、管理系统等方面。SA8000 标准强调企业在赚取利润的同时，要承担保护劳工人权的社会责任。

1997 年，美国的经济优先权委员会（2001 年更名为"社会责任国际"组织，即 SAI，Social Accountability International）联合欧美跨国公司和其他国际组织，根据《国际劳工组织公约》《联合国儿童福利公约》和《世界人权宣言》的要求制定了全球第一种可用于第三方认证的社会责任国际标准——SA8000，从当前国际贸易的实践来看，SA8000 已成为发达国家蓝色贸易壁垒的主要形式。

随着关税和一般非关税贸易壁垒的不断削弱，蓝色贸易壁垒越来越多地被贸易保护主义者所利用，成为限制发展中国家劳动力密集型产品出口的有力工具，其在运用中有以下特点。

1. 名义上的合法性

蓝色贸易壁垒及其核心表现——SA8000 社会责任国际标准，名义上都以改善工人工作条件和环境为目的，主要依据《国际劳工组织公约》《联合国儿童福利公约》和《世界人权宣言》的一些要求，具有合理的成分，发达国家的贸易保护主义者正是利用了这一特点，主张在国际投资与贸易协定中忽略各国在社会经济发展上的差异，制定统一的蓝色条款，从而为发达国家建立贸易壁垒创造了条件。

2. 形式上的隐蔽性

蓝色贸易壁垒在应用时，发达国家往往凭借一系列国际公约对进口商施加压力，对违背 SA8000 标准的企业及其产品采取征收附加税、限制或禁止进口等强制性贸易措施，在执行时，往往利用民间力量、公众舆论，以反"社会倾销"为借口强制推行，因此具有形式上的隐蔽性。

3. 实质上的歧视性

发达国家一直主张各国应该采用相同标准的"蓝色条款"，来保障各国工人的权利，实现国际贸易的公平竞争，表面上看起来一视同仁，但由于发达国家与发展中国家产业结构明显不同，两者的社会经济发展水平也相差悬殊，实际上受"蓝色条款"影响的主要集中在发展中国家的劳动密集型产业。

4. 波及范围的广泛性

蓝色贸易壁垒主要影响发展中国家的劳动密集型产业，这是发展中国家运用其劳动力成本的比较优势加入国际经济循环的主要领域，因此波及的范围比传统非关税壁垒更广泛，将对发展中国家的经济发展、就业、国际收支产生不利影响。

5. 影响的久远性

发达国家实施蓝色贸易壁垒，往往借口反"社会倾销"，因此受制裁的企业或国家不仅产品出口受影响，同时，还会被塑造成忽视劳工权益、缺乏社会责任的形象，其品牌形象和国际声望都会受到影响。

理论来说，SA8000等"蓝色条款"反映了人类社会对企业发展的社会期待，它超越了"企业以获取利润作为唯一目标"的传统观念，强调生产过程中对人的价值的关注，强调企业的社会责任与人文关怀，具有积极的意义。但是，从当前国际贸易的实践来看，发达国家极力推广"蓝色条款"通常是从其自身利益出发，达到贸易保护主义者限制发展中国家劳动密集型产业的出口以保护其国内市场的目的。

第三节　非关税措施的经济效应

非关税措施种类繁多，无法对其效应进行逐一分析。本节主要以进口配额、"自动"出口配额和技术性贸易壁垒为例，对其经济效应进行分析。

一、进口配额的经济效应

实行配额限制，固定了进口数量，超过绝对进口配额的商品不准进口，那么当国外这种商品的价格下降时，对进口国这种商品的进口数量的增长没有影响，长期下去，会使两国之间的价格差距越拉越大。这样，在进口配额等非关税措施保护之下，会导致这种进口商品的国内价格居高不下，消费者承受较大的负担，虽然政府和企业都可能获得相应收益，但他们的收益都来自国内消费者。

假设进口国为小国，其需求变化对国际市场价格不产生影响。如图5-1所示，横轴表示商品数量，纵轴表示商品价格，S、D分别为该商品的国内供给曲线和需求曲线。

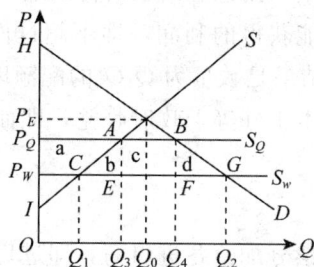

图5-1　进口配额的经济效应

在自由贸易的情况下，国内市场价格与国际市场价格相等，用PW来表示。此时，国内需求量OQ_2，国内供给量为OQ_1，需进口的商品数量为Q_1Q_2。

假设进口国对该商品实行进口配额制，规定最高进口限额为Q_3Q_4。由于受进口配额的影响，进口量减少导致该商品出现短缺，从而引发该商品国内价格从P_w上升至P_Q。由于价格上涨，进口国消费者损失了面积为（a＋b＋c＋d）的消费者剩余，但是生产者因此而获得了面积为a的生产者剩余，还有面积为c的配额收益由配额持有者获得。在价格从P_w上升至P_Q时，国内产量从OQ_1上升到OQ_3，总需求量从OQ_2减少至OQ_4，进口量即为配额数量Q_3Q_4。

由此可见，实行进口配额以后会产生如下几方面的经济效应。

（1）价格效应：价格从 P_W 上升至 P_Q，即国内市场价格上涨。

（2）消费效应：国内总需求量从 OQ_2 减少至 OQ_4，即价格上升使国内需求量减少。

（3）生产效应：国内产量从 OQ_1 上升到 OQ_3，即价格上升使国内供应量增加。

（4）贸易效应：商品进口数量从 Q_1Q_2 减少到 Q_3Q_4，即该商品的进口数量减少。

（5）贸易条件效应：由于小国需求量的增减不会引起国际市场价格的变化，因此，贸易条件没有发生变化。

（6）收入分配效应：即进口配额制增加了生产者剩余，让配额持有者获得了配额收益，却使消费者遭受损失，实现了收入的再分配。

（7）福利效应：该国实行进口配额之后的净福利为 a+c－（a+b+c+d）＝－（b+d），即进口配额制使总体国民福利遭受了净损失（b+d），b 为国内生产低效率地扩大生产而带来的国民损失，d 为价格提高导致消费量减少而带来的国民损失。

从以上的分析可以发现，进口配额具有与关税相似的价格效应、消费效应、生产效应、贸易效应和收入再分配效应，但唯一不同之处在于面积 c 这部分的权益归属。在征收关税的情况下，面积 c 所代表的收益归政府所有，产生财政收入效应。而在实行进口配额的情况下，面积 c 这部分的收益归属取决于进口国对配额的分配方式以及国际市场上该商品的出口商情况。

进口国对配额的分配方式一般有以下几种：公开拍卖、按固定参数分配和按一定程序申请配额。在不同的分配方式下，配额收益的归属是不同的。

1. 公开拍卖

如果进口国政府公开拍卖配额，则愿意出最高价的进口商就可以拿到配额；作为进口商，出的最高价不会超过进口所能获得的利润，即不超过面积 c。一般来说，拍卖中的竞争会把价格抬到最高 P_WP_Q，其结果是数量为 Q_3Q_4 的配额以价格 P_WP_Q 卖出。但不管进口商最终出什么价，他们所付的成本正好等于政府收益，即面积 c 的配额收益作为配额拍卖收入全部归政府所有。

2. 按固定参数分配

进口国按固定参数将配额无偿分配给各进口商，即进口国参照进口商近几年的实际进口额，按照固定的比例对配额进行分配。由于进口商免费得到配额，而拥有配额就意味着可以在国内市场加价销售并获得配额收益，所以这种分配方式实际上是把面积 c 所代表的收益全部给予进口商，政府并未增加任何财政收入。

3. 按一定程序申请配额

这种方式与前一种略有不同的是，谁都可以申请配额，政府在申请的基础上审批颁发，其过程比前者复杂。由于审批的透明度较差，审批权掌握在政府官员手中，进口商把大量的时间和精力花费在复杂的审批程序上，或者可能贿赂分配配额的官员。如果政府官员受贿，则进口商和政府官员将共同瓜分配额收益 c。如果政府官员不受贿，完全按照正常手续进行审批，则配额收益完全归申请到配额的进口商所有，但进口商为此而花费的时间和精力却没有创造任何社会效益，造成资源的浪费。

4. 配额分配权限交出口国

进口国在将配额分配权限交给出口国，由出口国自行分配的情况下，获得配额的出口商可以提高出口价格，从而分享到部分配额收益。但如果该商品的国际市场是垄断市场，即进口商只能从垄断出口商处获得该商品，则出口商可以凭借其垄断地位，把出口价格提高至 P_Q，此时，配额收益完全归出口商所有。

由此可见，以上四种分配方式中，公开拍卖是效率最高，也是最公正的方式，其财政后果和关税是完全相同的；而按一定程序申请配额的方式容易产生收受贿赂问题，导致政府官员腐败和资源浪费，容易引发社会问题。

进口配额导致进口国国内价格上涨，成为进口国同类产品生产者的保护伞，在一定条件下可以保护和促进本国有关产品的生产。作为一种行政干预手段，进口配额比关税对贸易的限制更为严重，保护效果也更好。但是从消费者权益、生产效率和社会效益等方面的影响来看，进口配额是一种劣于关税的贸易保护措施：进口数量限制往往只考虑保护国内生产者，而对消费者需要的考虑较少，使消费者遭受更大的福利损失；进口配额排除了市场机制的作用，使国际资源不能有效利用，生产效率低下；进口配额容易使垄断商获得垄断利益，如果配额发放不当，还会导致进口商之间的不公平竞争。

二、"自动"出口配额的经济效应

"自动"出口配额是指在进口方的要求或压力之下，出口方"自动"限制出口量或出口金额，这一措施原来是作为"灰色区域"用来规避多边贸易体制禁止使用进口配额的基本原则[①]。对于"自动"出口配额的经济效应，将主要从对进口国和出口国两方面的经济效应进行分析。

（一）对进口国的影响

"自动"出口配额的实行对进口国的相关产业构成了保护。与进口配额不同的是，"自动"出口配额的使用权掌握在出口商手中，所以出口成本价和进口国国内市场售价之间的差价是进口方的消费者支付给了出口方，也就是从进口方向出口方的一部分利益（租金）的转移。

假设受"自动"出口配额约束的商品的国际贸易只存在于某个进口国 A 和某个出口国 B 之间，而且两国都是大国，即"自动"出口配额会改变商品在两国之间的价格。由于"自动"出口配额影响了进出口的数量和价格，因此，也会对进出口国的福利产生一定的影响。

图 5-2 显示了进口国的市场均衡情况。横轴表示商品数量，纵轴表示商品价格，S_A 和 D_A 分别表示进口国某商品的供给曲线和需求曲线，ES_B 表示出口国的过剩供给曲线。在自由贸易的情况下，进口价格为 P_W，消费数量为 Q_2，其中，Q_1 为进口国国内生产的数量，Q_1Q_2 为进口量。现假设出口国 B 将出口量限制为 Q_3Q_4，该商品在进口国变得更加稀缺，因而价格上升至 P_Q。在出口国 B，由于出口量下降，剩余的生产力形成对生产的削

---

① 李权《国际贸易》，北京大学出版社 2014 年版，第 82 页。

减，保留下来的低成本生产者以较低的价格 P_B 提供该产品。

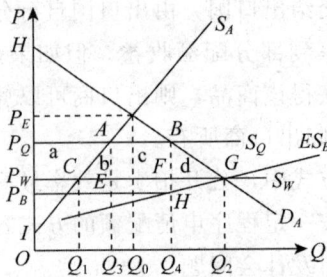

图 5-2 "自动"出口配额对进口国的经济效应

由图 5-2 可知，实行"自动"出口配额以后会对进口国产生如下几方面的经济效应。

（1）价格效应：价格从 P_W 上升至 P_Q，即国内市场价格上涨。

（2）消费效应：国内总需求量从 OQ_2 减少至 OQ_4，即价格上升使国内需求量减少。

（3）生产效应：国内产量从 OQ_1 上升到 OQ_3，即价格上升使国内供应量增加。

（4）贸易效应：商品进口数量从 Q_1Q_2 减少到 Q_3Q_4，即该商品的进口数量减少。

（5）收入分配效应：与进口配额或进口关税不同，"自动"出口配额的实行使图中 c 部分面积作为出口商垄断利润的一部分转移到了出口商手中，而非成为进口国财政收入或进口商的垄断利润。

（6）福利效应：A 国实行"自动"出口配额之后的净福利为 a+c－（a+b+c+d）＝－（b+d），即进口配额制使总体国民福利遭受了净损失（b+d），其中，b 为国内生产低效率地扩大生产而带来的国民损失，d 为价格提高导致消费量减少而带来的国民损失。

（二）对出口国的影响

图 5-3 显示了出口国的市场均衡情况。横轴表示商品数量，纵轴表示商品价格，ED_A 和 ES_B 分别进口国过剩的需求曲线和出口国过剩的供给曲线，两者共同决定自由贸易条件下的出口价格 P_W 和出口数量 Q_1。现将出口数量限制在 Q_2，则出口价格上涨到 P_Q，供给价格下降到 P_B，单位差价为（$P_Q－P_B$）。因此，生产者可以获得面积为 P_QP_BCB 的垄断利润或租金收入，可以看作出口市场稀缺的商品价值。但同时由于出口量的下降，导致生产者剩余减少了面积 P_WP_BCG。对于消费者而言，由于"自动"出口配额只改变出口商品的数量和价格，因此国内市场的销售价格和数量可视为不变，所以不会导致消费者剩余的变化。

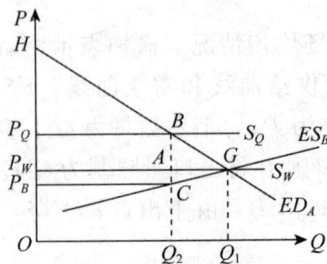

图 5-3 "自动"出口配额对出口国的经济效应

因此，"自动"出口配额对出口国福利的影响取决于租金规模（P_QP_BCB）和生产者剩余损失（P_WP_BCG）的比较。"自动"出口配额对出口国的影响与出口税非常相似，但不同之处在于，在征收出口税的情况下，P_QP_BCB 转变成了政府财政收入，而非成为租金归生产者所有。

三、技术性贸易壁垒的经济效应

从技术性贸易壁垒的作用机制来看，其主要有两方面的影响。一是技术性贸易壁垒具有抑制进口商品数量的作用，即只有符合某种技术标准的商品才允许进口，否则不准进口；二是技术性贸易壁垒具有抑制进口商品价格的作用，即通过增加商品成本的方式来提高进口商品的价格。本节主要从抑制进口商品价格方面来分析技术性贸易壁垒的经济效应。

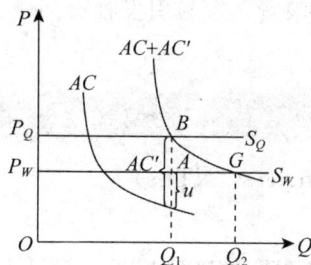

图 5-4　技术性贸易壁垒的经济效应

如图 5-4 所示，横轴表示某出口企业生产商品数量或提供的服务数量，纵轴表示商品或服务的价格或成本，AC 表示单位产品或服务的成本。假设产品生产或服务提供存在规模经济效应，AC 曲线凸向原点并严格递减，即产品或服务提供量越大，单位成本就越低。假设该产品或服务的世界市场价格为 P_W，在没有技术性贸易壁垒的情况下，该产品或服务的出口量为 Q_1，出口到国际市场的单位利润为 u。现在进口国为限制进口，提高国内市场相应产品或服务的技术标准，或是实行与进口产品或服务不兼容的技术标准和法规，出口企业为保住已有的市场，不得不改进技术，调整产品或服务的生产过程，以付出额外费用的方式达到进口国的要求，这一额外费用用 AC' 表示，AC' 的存在导致该产品或服务的单位成本曲线上移，即从 AC 上移到 $AC+AC'$。在此情况下，当出口国的产品或服务的提供量仍为 Q_1 时，按照原来的世界市场价格 P_W，出口企业将出现亏损（$AC'>u$），企业要想获得正常利润，只能将价格提高到 P_Q 的水平上，而出口价格水平的提高将削弱其在出口市场上该产品或服务的竞争力。这样，企业突破技术性贸易壁垒的一个有效方法就是借助于规模经济效益，将产量扩大到 Q_2 的水平上，才可能降低单位产品或服务的成本，维持原有的价格水平（P_W）和竞争优势。

本章小结

随着多边贸易体制的推进，关税措施的作用下降，非关税措施对限制进口的作用不断加强。与关税措施相比，非关税壁垒措施具有灵活性和针对性、有效性和直接性、隐蔽性和歧视性。

非关税壁垒措施名目繁多，按照其发挥作用的途径不同，可以分为直接和间接两大类。直接非关税措施是指由海关直接对进口商品的数量、品种加以限制，对进口的限制作用很明显，也比较直截了当，其主要措施有进口配额、"自动"出口配额和许可证等；间接非关税措施是指一国对进口商品制定严格的海关手续或通过外汇管制，间接地限制商品的进口，其主要措施有实行外汇管制，对进口商品征收国内税，制定购买本国货和限制外国货的条例，严格的卫生安全质量标准及包装标准等。

进口配额具有与关税相似的价格效应、消费效应、生产效应、贸易效应和收入再分配效应，但唯一不同之处在于政府能否获得收益。而收益归属取决于进口国对配额的分配方式以及国际市场上该商品的出口商情况。公开拍卖的配额分配是效率最高，也是最公正的方式，其财政后果和关税是完全相同的；而按一定程序申请配额的方式容易产生收受贿赂问题，导致政府官员腐败和资源浪费，容易引发社会问题。

重要概念

非关税措施（Non-Tariff Barriers，NTBs）

进口配额（Import Quota）

"自动"出口配额制（Voluntary Export Quota System）

进口许可证制度（Import License System）

外汇管制（Foreign Exchange Control）

进口押金制（Advanced Deposit）

最低限价（Minimum Price）

禁止进口（Prohibitive Import）

进出口的国家垄断（State Monopoly）

歧视性政府采购政策（Discriminatory Government Procurement Policy）

海关估价制度（Customs Valuation System）

国内税（Internal Tax）

技术性贸易壁垒（Technical Barriers to Trade）

绿色贸易壁垒（Green Trade Barriers）

蓝色贸易壁垒（Blue Trade barriers）

练习题

1. 什么是非关税措施？非关税措施的特点是什么？

2. 进口配额与"自动"出口配额的区别和联系是什么？

3. 什么是进口许可证制度？其主要有哪些分类？

4. 什么是外汇管制？外汇管制的方式主要有哪几种？

5. 进出口国家垄断的含义是什么？一国通常会对哪几大类商品的进出口实行国家

垄断?

6. 歧视性政府采购政策如何起到限制进口的作用?

7. 技术性贸易壁垒有哪些?

8. 什么是绿色贸易壁垒? 绿色贸易壁垒主要有几种形式?

9. 什么是蓝色贸易壁垒?

10. 试用图形简要分析进口配额的经济效应。

11. 分配配额中,哪一种形式较好? 理由是什么?

第六章
出口鼓励与出口管制

学习目标

- **了解**

  出口补贴的经济效应

  出口管制的程序

- **掌握**

  出口鼓励的含义和分类

  出口管制的对象

  出口管制的形式

由于出口对增加国民收入、促进产业发展、增加就业等具有重要作用，世界各国政府都倾向于制定鼓励出口的政策和措施。但是，出于政治、经济和军事等方面的考虑，各国政府也会对某些资源和产品的出口实行管制政策，限制甚至禁止相应产品的出口。本章重点介绍常见的出口鼓励和出口管制措施。

第一节　出口鼓励措施

出口鼓励措施是国家为了促进本国产品的出口，开拓和扩大世界市场而采取的各种政策和手段措施的统称。由于限制性的进口措施容易招致贸易伙伴的报复性措施，因此，越来越多的国家开始以积极地鼓励出口代替消极地限制进口。

各国政府常用的鼓励出口的措施包括财政措施、信贷措施、组织措施和设立特区等措施。对于出口企业而言，本国政府的出口鼓励措施为企业更好地占领国际市场提供了优良的环境，因此，作为出口企业要积极了解国家的各项鼓励出口的政策措施，以更好更快地提升国际竞争力。

一、出口信贷

出口信贷（Export Credit）是指一个国家的银行为了鼓励本国商品的出口，加强本国出口商品的竞争力，对本国的出口厂商、外国的进口厂商或进口方银行提供的贷款。出口信贷通常是在出口成套设备、船舶、飞机等商品时由出口方银行提供的，因这类商品价格昂贵，进口方难以马上支付，而若得不到货款，出口商又无法正常进行资金周转，这就需要有关银行对进口方或出口方提供资金融通，促成贸易，扩大本国商品出口。出口信贷名称的由来就是因为这种贷款由出口方提供。

（一）出口信贷的特点

1. 由专门机构进行管理

发达国家提供的对外贸易中长期信贷，一般直接由商业银行发放，若因为金额巨大，商业银行资金不足时，则由国家专设的出口信贷机构给予支持。不少国家还对一定类型的对外贸易发放中长期贷款，直接由出口信贷机构承担发放的责任。它的好处是利用国家资金支持对外贸易中长期信贷，可弥补私人商业银行资金的不足，改善该国的出口信贷条件，加强该国出口商夺取国外销售市场的力量。

2. 利率较低

对外贸易中长期信贷的利率一般低于相同条件资金贷款的市场利率，由国家补贴利差。大型机械设备制造业在西方国家的经济中占有重要地位，其产品价值和交易金额都十分巨大。为了加强该国设备的竞争力，削弱竞争对手，许多国家的银行纷纷以低于市场的利率对外国进口商或该国出口商提供中长期贷款即给予信贷支持，以扩大该国资本货物的国外销路，银行提供的低利率贷款与市场利率的差额由国家补贴。

3. 与信贷保险相结合

由于中长期对外贸易信贷偿还期限长、金额大，发放贷款的银行存在着较大的风险，为了减缓出口国家银行的后顾之忧，保证其贷款资金的安全发放，国家一般设有信贷保险机构，对银行发放的中长期贷款给予担保。

（二）出口信贷的分类

出口信贷按贷款对象的不同可以分为买方信贷和卖方信贷两种形式。

1. 买方信贷

买方信贷（Buyer's Credit）是出口国银行直接向外国的进口厂商或进口方银行提供的贷款。其附带条件就是贷款必须用于购买债权国的商品，因而起到了促进商品出口的作用，这就是所谓的约束性贷款（Tied-aid Loan）。买方信贷不仅使进口厂商可以较快得到贷款和减少风险，而且使进口厂商对货价以外的费用进行充公了解，便于其与出口厂商讨价还价。出口方银行直接向买方（进口商、进口国政府机构或银行）提供贷款，使国外进口商得以即期支付本国出口商货款。

2. 卖方信贷

卖方信贷（Seller's Credit）就是在大型机械装备或成套设备贸易中，为便于出口商以延期付款方式出卖设备，出口商所在地的银行对出口商提供的信贷。在采用卖方信贷的方式下，通常在签订买卖合同之后，进口商先支付货款金额的5％～15％作为履约保证金，在分批交货、验收和保证期满时，再分期支付10％～15％的货款，其余的货款在全部交货后若干年内分期摊还，并支付延期付款期间的利息。出口商将所得的款项与利息按贷款协议的规定偿还给本国的供款银行。所以，卖方信贷实际上是出口商从供款银行取得货款后，再向进口商提供延期付款的一种商业信用。

卖方信贷通常用于机器设备、船舶等出口。由于这些商品出口所需的资金较大、时间较长，进口厂商一般都要求采用延期付款的方式。出口厂商为了加速资金周转，往往需要取得银行的贷款。出口厂商付给银行的利息和费用有的包括在货价内，有的在货价外另加，给进口厂商转嫁负担。因此，卖方信贷是银行直接资助本国出口厂商向外国进口厂商提供延期付款，以促进商品出口的一种方式。

目前，买方信贷比卖方信贷更流行，这是因为尽管卖方信贷可以加速出口商的资金周转，减少资金占用时间，但是，如果进口商都要求采用延期付款的方式支付货款，这就意味着买方要在一段时间后才能付清货款，这对卖方来说收款时间长，风险较大。

在利用买方信贷时，应注意所享受的贷款利率。1976 年 7 月，在经济合作与发展组织的协调之下，达成了一项有关出口信贷利率的"君子协定"：可根据不同国家人均国民收入水平的差异，给予其不同的出口信贷利率。经合组织按人均国民生产总值将借款国家分为富裕国家、中等收入国家和贫穷国家三类，其具体的利率标准为：人均国民生产总值在 3000 美元以上的富裕国家，还款期 2～5 年的借款最低利率为 7.75％，5～8 年的为 8％；人均国民生产总值在 1000～3000 美元的中等收入国家，还款期 2～5 年的利率为 7.25％，5～8 年的为 7.75％；人均国民生产总值 1000 美元以下的贫穷国家，还款期 2～5 年的利率为 7.25％，5～8 年及 8～10 年的均为 7.5％。该利率标准后经几次修改，1982 年 11 月 16 日起重新予以调整，有效期至 1983 年 5 月 1 日。1983 年 10 月，"君子协定"再次进行了修订，以后每年 1 月和 7 月，根据美元、英镑和日元等货币的政府债券利率变化，自动进行调整。但此协定为"君子协定"，其本身并无法律约束力，执行中常常遭到违反和破坏。

资料链接 6 - 1

出口信贷飞机租赁项目融资案

案例简介

2015 年，在李克强总理访问巴西期间，渤海租赁与中国进出口银行、巴西国家经济社会发展银行以及巴西航空工业公司共同签署了融资框架协议。渤海租赁拟向巴西航空工业公司购买 40 架 E190 系列飞机（总价值达 21.4 亿美元），并将其租赁给天津航空使用，由中国进出口银行及巴西国家经济社会发展银行（BNDES）提供航空信贷融资支持。预计飞机交付于 2015 年开始，2020 年完成。

在中国进出口银行及巴航工业的支持下，渤海租赁与 BNDES 就项目的结构、担保增信措施、融资期限成本、提款条件、飞机交付条件、飞机国际利益登记等一系列内容，经过一年多的谈判终于达成共识，于 2016 年 8 月正式签订项目所涉及的各项协议。8 月 29 日，在各方的共同努力下，渤海租赁利用在东疆注册的 SPV 公司完成操作合作协议中第一架 E195 飞机（属于 E190 系列飞机）经营租赁项目。通过中国进出口银行成功获得 BNDES 提供的金额为 2626 万美元的出口信贷支持资金及渤海租赁自有资金，从巴西航空工业公司购买一架 E195 飞机，以经营租赁方式交付天津航空使用，租赁期限 12 年。

与以往在国内银行操作同样型号飞机的融资相比，此次 E195 出口信贷的融资模式虽然在结构上更加复杂，项目融资的时效性要求更高，涉及的环节及谈判的不确定因素更多，但是有效降低了融资成本，保障了飞机的按时交付，拓展了融资渠道，加强了境内外金融机构和企业的合作。此项目是中巴两国官方出口信贷在航空领域达成的首次合作，为后续双边出口和共同开拓第三方市场起到了良好的示范作用。该项融资创新受到了业内的高度肯定，9月22日，项目荣获在天津召开的第五届中国航空金融发展（东疆）国际论坛颁发的中国航空金融万户奖"创新奖"。

创新点

该融资项目落地促成了李克强总理访问巴西期间签署的融资框架协议实现的首个项目合作，也是金砖国家在航空器出口信贷领域的首次成功合作，标志着渤海租赁成功完成利用境外出口支持信贷资金引进飞机的重大融资模式创新，进一步拓宽了国际融资渠道。同时，该项目的落地也加强了海航集团，渤海租赁与进出口银行、巴西方面的合作，是渤海租赁落实"银租协同"发展战略的重要成果。

应用价值

一是解决了购买飞机所需资金，而且解决了 E195 系列飞机在国内较波音、空客飞机融资困难的问题。资金成本低于在国内银行融资的成本，节省了租赁公司的资金。

二是打通了出口信贷的融资渠道，为后续从巴航工业引进飞机的融资提供了业务操作范例。后续公司将与合作银行加强交流，进一步简化工作步骤，用好用活该项出口信贷，为公司的飞机融资提供更广阔和更低成本的资金来源。

二、出口补贴

出口补贴（Export Subsidies）又称出口津贴，是一国政府为了降低出口商品的价格，增加其在国际市场的竞争力，在出口某商品时给予出口商的现金补贴或财政上的优惠待遇。

（一）出口补贴的分类

出口补贴通常有两种形式，即直接补贴和间接补贴。

1. 直接补贴

直接补贴（Direct Subsidies）是指政府在商品出口时，直接付给出口商的现金补贴。其目的是为了弥补出口商品的国际市场价格低于国内市场价格所带来的损失。有时候，补贴金额还可能大大超过实际的差价，这已包含出口奖励的意味。这种补贴方式以欧盟对农产品的出口补贴最为典型。欧盟国家的农产品由于生产成本较高，其国内价格一般高于国际市场价格，若按国际价格出口过剩的农产品，就会出现亏损。因此，政府对这种亏损进行了补贴。据统计，1994 年，欧盟对农民的补贴总计高达 800 亿美元，严重扭曲了国际农产品的市场价格。

2. 间接补贴

间接补贴（Indirect Subsidies）是指政府对某些商品的出口给予财政上的优惠。如退还或减免出口商品所缴纳的销售税、消费税、增值税、所得税等国内税，对进口原料或半制成品加工再出口给予暂时免税或退还已缴纳的进口税，免征出口税，对出口商品实行延期付税、减低运费、提供低息贷款、实行优惠汇率以及对企业开拓出口市场提供补贴等。其目的仍然在于降低商品成本，提高国际竞争力。由于各国政府都实行"限入奖出"的政策，采取各种形式的补贴措施以促进本国产品的出口，而进口国政府往往采用反补贴税的方式来抵制或消除这种补贴行为对本国相关产业所造成的不利影响，因此，补贴和反补贴已成为国际贸易中的一个突出问题。

（二）出口补贴的经济效应

就一国实行出口补贴对其国内经济的影响而言，出口补贴会使国内产品价格上升。其原因在于出口比国内销售更加有利可图，除非国内销售能获得同样多的收入，否则企业就会尽量选择进行产品的出口。

如图 6-1 所示，横轴表示产品的销量或产量，纵轴表示产品的销售价格，实行补贴之后，产品价格由 P_1 上涨到 P_2，同时，本国的产品生产从 Q_{S1} 增加到 Q_{S2}，国内消费量由 Q_{D1} 减少为 Q_{D2}。也就是说出口补贴具有推动产品价格上涨、增加国内生产、减少国内销售和增加出口的作用。

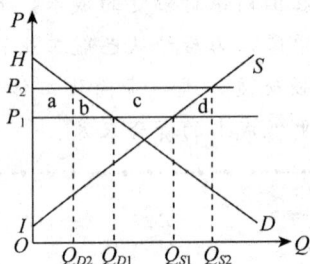

图 6-1　出口补贴的经济效应

在新的价格水平 P_2 下，消费者剩余较少，其减少量为（a+b）；生产者剩余增加，其增加量为（a+b+c）；政府因为出口产品进行补贴导致财政支出增加，其增加量为（b+c+d）；整个社会的净福利为（a+b+c）-（a+b）-（b+c+d）=-（b+d），因此，整个社会福利出现净损失。

以上对出口补贴经济效应的分析是以小国作为分析主体的，但是，如果该国为大国，其产品出口的增加将会导致国际市场价格下跌，不仅其生产和出口的增加会小于小国，而且国内价格上涨和消费量下降的幅度也会低于小国，整个社会的净损失也会比小国大。因此，对于在国际市场上占有较大份额的出口国来说，仍然使用出口补贴来刺激产品出口并不是明智之举。

由于出口补贴行为会扭曲产品在世界市场上的销售价格，对进口国同类产品造成损害，因此，世贸组织反对各国给予出口产品补贴并支持其成员国以反补贴的方式对补贴产品进行制裁。但是，对于经济发展水平较低的发展中国家和地区，对某些产品进行出口补贴可以扩大其出口，提高产品在世界市场的竞争力，因此，世贸组织也允许发展中国家在特殊情况下适当运用出口补贴措施。

资料链接 6 - 2

商务部：欧盟光伏补贴措施违规，严重影响中国出口

2012 年 11 月 5 日，中国就欧盟部分成员国的光伏补贴措施，提出与欧盟及其相关成员国在世贸组织争端解决机制下进行磋商，正式启动世贸争端解决程序。

欧盟部分成员国的法律规定，如果光伏发电项目的主要零部件原产于欧盟国家或欧洲经济区国家，该项目生产的电力即可获得一定金额或比例的上网电价补贴。中方认为，上述补贴措施违反了世贸组织协定关于国民待遇和最惠国待遇的规定，构成了世贸组织协定禁止的进口替代补贴，并严重影响中国光伏产品出口，损害了中国作为世贸组织成员的正当权益。中国政府有权利也有责任为本国光伏企业争取公平的国际贸易环境。太阳能光伏作为可再生能源，有利于解决全人类面临的能源安全和气候变化等严峻挑战，符合各国共同利益。各国应当着眼长远，加强产业合作，开放国际贸易，而不应出于短期利益需要采取贸易保护主义措施。

三、出口信贷国家担保制

出口信贷国家担保制（Export Credit Guarantee System）是一国政府设立专门机构，对本国出口商和商业银行向国外进口商或银行提供的延期付款商业信用或银行信贷进行担保，当国外债务人不能按期付款时，由这个专门机构按承保金额给予补偿。这是国家用承担出口风险的方法，鼓励扩大商品出口和争夺海外市场的一种措施。

已有 100 多年发展历史的出口信贷国家担保制，以一种国际通行的贸易促销手段，被进出口商公认为是实现出口收汇的重要保障。12%～15%的全球贸易额是在出口信贷国家担保制的支持下实现的。

（一）担保对象

1. 对出口商的担保

出口厂商输出商品时提供的短期信贷或中、长期信贷可向国家担保机构申请担保。有些国家担保机构本身并不向出口厂商提供出口信贷，但它可以为出口厂商取得出口信贷提供有利条件。例如，有些国家采取保险金额的抵押方式，允许出口商所获得的承保权利，以"授权书"方式转移给供款银行已取得出口信贷，对出口商提供担保可以使银行提供的贷款得到安全保障，一旦债务人不能按期偿款本金和利息，银行可以从担保机构得到补偿。

2. 对银行的直接担保

一般说来，只要出口国银行提供了出口信贷，都可以向国家担保机构申请担保。这种担保是担保机构直接对供款银行承担的一种责任。有些国家为了鼓励出口信贷业务的开展和提供贷款安全保障，往往给银行更加优惠的待遇。例如，英国出口信贷担保署（The Export Credit Guarantee Department）不是一个贷款机构，而是英政府的一个保险和担保部门。其主要职能有：对英国出口商销售货物承保正常自然灾害以外的风险，或在英国境

外所发生的商业风险以外的风险，如政治风险、买方无力偿还风险、由于政府更迭或外汇管制变化所带来的损失和风险等；对英国银行提供无条件偿还全部贷款的担保，使银行解除信贷风险，能够向出口商或国外进口商（或银行）提供固定优惠利率的出口信贷。可见，对银行的直接担保能使银行减少或避免因贷款不能回收而蒙受的损失，有利于银行扩大出口信贷业务，从而促进商品出口，这是一种提高商品非价格竞争的重要手段。

（二）担保的项目和金额

出口信贷国家担保的业务项目，一般都是商业保险公司所不承保的出口风险。其主要有以下两种方式。

（1）政治风险。是由于进口国发生政变、战争以及因特殊原因政府采取禁运、冻结资金、限制对外支付等手段造成的损失。这种风险的承保金额一般为合同金额的85％～95％。

（2）经济风险。是进口商或借款银行破产无力偿还、货币贬值或通货膨胀等原因所造成的损失。这种风险的承保金额一般为合同金额的70％～90％。

（三）担保的种类

根据担保期限的不同，国家信贷担保可以分为短期和中长期信贷担保。

（1）短期信贷担保。短期信贷担保适用于产品全部或部分在本国制造的机电产品和消费品，信用期限在180天以内。为了简化手续，有些国家对短期信贷采取综合担保（Comprehensive Guarantee）的方式，出口商只要一年办理一次投保，就可以承保在这期间对海外的一切短期信贷交易，一旦外国债务人拒绝付款，即可以得到补偿。

（2）中长期信贷担保。中长期信贷担保适用于资本品物资，如成套设备、飞机、船舶等的出口以及工程承包、技术服务项目的合同等信用期限由180天到2年、5年、8年不等。中长期信贷担保由于金额大、时间长，因而采用逐笔审批的特殊担保（Specific Guarantee）方式，承包期限可以从合同成立日起到最后一笔款项付清为止，也可以从货物装运出口直到最后一次付款为止。

担保机构的主要目的在于担保出口厂商与供款银行在海外的风险，以扩大商品出口，因此，所收取的费用一般不高，以减轻出口商和银行的风险。保险费率根据出口担保的项目、金额、期限和输出国家或地区而有所不同。

四、商品倾销

商品倾销（Dumping）是指一国（或地区）的生产商或出口商以低于其国内市场价格甚至低于商品生产成本的价格，在国外市场抛售本国商品，以达到扩大出口，击败竞争对手，最后占领市场的目的。商品倾销通常是由私人垄断企业进行的，但是，随着国际竞争和贸易战的加剧，一些国家也开始设立专门的机构直接对外倾销商品。

（一）商品倾销的目的

商品倾销的目的在不同的情况下有所不同。大致来说，其主要有以下五方面的目的：为打击或摧毁竞争对手，扩大或垄断某种产品的销路；为了在国外建立新的销售市场；为了阻碍出口国同种产品或类似产品的发展，以维持垄断地位；为了推销"过剩"产品，转嫁经济危机；对发达国家来说，商品倾销是为了打击发展中国家的民族经济，以达到在经济上、政治上控制发展中国家的目的。

（二）商品倾销的分类

按照倾销的目的，商品倾销可以分为下面三种方式。

1. 偶然性倾销

偶然性倾销（Sporadic Dumping）是指某一商品的生产商为避免存货的过量积压，于短期内向海外市场大量低价销售该商品。这种倾销方式是偶然发生的，一般无占领国外市场、排挤竞争者之目的，而且因为持续的时间较短，不至于打乱进口国的市场秩序，损害其工业。因此，国际社会对这种偶发性倾销通常不采取反倾销措施。

2. 间歇性倾销

间歇性倾销（Intermittent Dumping）又称掠夺性倾销（Predatory Dumping），是指某一商品的生产商为了在某一外国市场上取得垄断地位，而以低于国内销售价格或低于成本的价格向该国市场抛售商品，以期挤垮竞争对手后再实行垄断高价，获取高额利润。这种倾销行为违背公平竞争的原则。

3. 持续性倾销

持续性倾销（Persistent Dumping）又称长期性倾销（Long-run Dumping），是指出口商在一个相当长的时期内持续地以低于正常价格的出口价格在国外市场上销钩商品。这种倾销的目的一般是为国内的过剩商品或过剩生产力寻找出路、转嫁经济危机，以保护国内产业和生产者的利益；同时，持续性倾销也被利用来达到从经济上控制进口国家的目的。

商品倾销会使出口商暂时损失部分利润，因此出口国政府和出口商一般会采取下列补偿办法：使用关税壁垒和非关税壁垒限制进口以维持国内市场的高价；政府对出口商提供出口补贴；出口商在占据国外市场后大幅提高商品价格以获得高额利润，弥补先前的损失。

资料链接 6-3

中美水产第一案

2004年2月17日（美国当地时间），美国国际贸易委员会建议对原产于中国等6个国家的冷冻和罐装暖水虾征收高额反倾销税。消息传出，在我国水产业，特别是虾产业中引起了强烈震动，使我虾产品出口严重受阻。2004年4月，我国渔业大省——浙江的虾产品对美出口全面停止。2004年3~6月，我国虾产品主产区——广东的虾产品对美国出口仅为1010吨，降幅达85.9%。此4个月出口量比前2个月下降37.6%。2004年，我国向美出口海产虾6.61万吨，同比下降18.84%；金额3.386亿美元，同比下降23.78%。而2004年美国虾产品进口量在50万吨左右，我国虾产品占有率为13.2%。自2004年下半年开始，我国几乎失去了美国虾产品市场。这是我国进入世贸组织后，在国际贸易中遭受的第一起有关水产品的反倾销调查。当尘埃落定之后，我们有必要重新审视此案，为今后的水产品国际贸易提供借鉴。

五、外汇倾销

外汇倾销（Exchange Dumping）是指一国政府利用本国货币对外贬值的手段来达到提高出口商品的价格竞争能力和扩大出口的目的。这是向外倾销商品和争夺国外市场的一种特殊手段。

一些国家之所以搞外汇倾销，这是因为本国货币贬值后，本国货币兑换外国货币比率降低，在价格不变的情况下，出口商品用外国货币表示的价格降低，故提高了出口商品的竞争能力。例如，1987 年 6 月至 1994 年 6 月美元与日元的比价由 1 美元＝150 日元下跌到 1 美元＝100 日元，美元贬值了 33.3％。假定一件在美国售价为 100 美元的商品出口到日本，按过去的汇率折算，该件商品在日本市场售价为 15000 日元，而美元贬值后售价为 10000 日元。这时候出口商有三种均对自身有利的选择：①把价格降至 10000 日元，增强出口商品价格上的优势，在保持收益不变的情况下大大增加了出口额；②继续按 15000 日元的价格在日本市场出售该商品，按新汇率计算，每件商品可多收入 5000 日元（合 50 美元）的外汇倾销利润，出口额不变；③在 10000～15000 日元间酌量减价，既有一定的倾销利润，又会扩大出口额。反之，本国货币贬值后，进口商品用本国货币表示的价格则提高，故降低了进口商品的竞争能力。仍以上述例子为证：如按过去 1 美元＝150 日元的比价，一件在日本售价为 15000 日元的商品出口到美国售价 100 美元，而美元贬值后同一商品在美国的售价就为 150 美元，这必然给日本厂商带来不利。因此，外汇倾销可以起到扩大出口和限制进口的作用。

值得注意的是，外汇倾销不能无限制和无条件地进行，只有在具备以下条件时，外汇倾销才可起到扩大出口的作用。

（1）货币贬值的程度要大于国内物价上涨的程度。本国货币对外贬值，必然引起进口原料和进口商品价格的上涨，由此带动国内物价普遍上涨，使得出口商品的国内生产价格上涨。当出口商品价格上涨幅度与货币贬值幅度相抵时，因本国货币贬值而降低的出口商品的外汇标价，会被因生产成本增加而引起的该商品的国内价格上涨所抵消。由于货币对外贬值可以使出口商品的外汇标价马上降下来，而国内物价上涨却存在一定的时滞性，因此，外汇倾销必须在国内价格尚未上涨或上涨幅度小于货币贬值幅度的情况下进行。由此可见，外汇倾销所起的作用是有时间限制的，或者说外汇倾销所起的作用具有暂时性。

（2）其他国家不同时实行同等程度的货币贬值，当一国货币对外实行贬值时，如果其他国家也实行同等程度的货币贬值，这就会使两国货币之间的汇率保持不变，从而使出口商品的外销价格也保持不变，以致外汇倾销不能实现。

（3）其他国家不同时采取另外的报复性措施。如果外国采取提高关税等报复性措施，那也会提高出口商品在国外市场的价格，从而抵销外汇倾销的作用。

最后，必须注意实行外汇倾销的代价十分昂贵。由于外汇倾销的实质是降低出口商品的外汇标价以换取出口数量的增加，从而达到增加外汇收入的目的。因此，外汇倾销实际上使同量出口商品所能换回的进口商品数量减少，贸易条件趋于恶化。这就是说，外汇倾销可以推动商品出口大量增加，并不等于出口额必然随之增加。另外外汇倾销有时甚至会引起国内经济的混乱，引起通货膨胀，社会不安定和经济不稳定，使投资环境恶化，势必会给投资者带来消极的心理影响，不利于更多地吸引外资，出现得不偿失的结果。

六、经济特区

所谓经济特区（Special Economic Zone），指的是一个国家或地区在其关境以外划出一定的区域，在这区域内实行各种特殊的优惠政策，发展出口加工贸易、转口贸易，推动该地区和邻近地区经济贸易的发展。建立经济特区是一国实行对外开放政策和鼓励扩大出口的一项重要措施。

建立经济特区作为促进贸易发展的政策措施由来已久，在当代国际贸易中，占据相当重要的地位。经济特区与资本主义国家对外贸易的发展密切相关，早在 16 世纪，欧洲就已出现了自由港，当时一些欧洲国家为了活跃对外贸易，增加外汇收入，先后把一些沿海港口开辟为自由港作为经济特区。几百年来，随着各国对外贸易的发展，经济特区的形式也得到了不断地发展和完善。经济特区有很多类型，目前世界范围内主要有以下几种类型。

（一）自由港和自由贸易区

1. 自由港和自由贸易区的含义

自由港（Free Port）又称之为自由口岸，指全部或绝大多数外国商品可以豁免关税，自由进出口的港口。自由港一般具有优越的地理位置和港口条件，可以很好地发挥商品集散中心的作用。外国商品进出港口时除免交关税外，还可在港内自由改装、加工、长期储存或销售，但须遵守所在国的有关政策和法令。目前如德国的汉堡、不莱梅；意大利的热那亚；法国的敦刻尔克；丹麦的哥本哈根，新加坡及中国香港均是世界著名的自由港。

∙∙∙

资料链接 6 - 4

国际自由港——香港

香港是开放度很大的自由港城，除实行自由贸易以外，还实行自由开办企业、自由兑换外汇、自由进口黄金、资金等辅助性的措施。为了维持自由港政策不变，政府历来实施少干预的自由经济政策。香港所实行的一系列政策，是香港特殊环境所决定的。香港地域狭小，食品及日用品大部分依赖进口；香港制造业是典型的出口加工业，能源和其他工业原料大多仰赖进口，而制成品却有 90% 提供出口；转口贸易一直是香港经济发展的重要支柱，香港已演进成为亚太地区国际航运的中枢之一；外贸是香港经济发展的重要因素。

香港自由港的特点表现为：最自由、最开放。香港自由港的范围包括整个香港地区，可以称为自由港城，一般货物不仅可以免税自由进出，而且可以加工、制造；一般人员不仅可以自由进出，而且可以定居、投资、结社；一般资本不仅可以自由进出，而且可以自由在港流动，或投资金融、商业，或转变为房地产资本，或投资制造业的任何领域。功能多，能量大。

香港已不止在航运上成为国际中心，而且是金融、贸易、工业、旅游、信息、仲裁等多个领域国际中心，而城市内的商业、房地产业、建筑业和饮食服务等行业也都很发达。自由的政策使多国多方都获得利益，英国在港获得最佳利益的事实，是不言而喻的，英国在港的商业机构和投资十分广泛，超过400家英国公司以全资附属公司或联合企业方式存在。中国自实行改革开放以来，内地资本在港投资显著增加，香港成为内地与国际市场、与世界各地华埠进行经贸往来的中介。来自欧美、日本、澳大利亚和东南亚国家的投资也不断扩大，且从香港取得重要利益。

自由贸易区（Free Trade Zone）是由自由港拓展而来，有的称对外贸易区、自由区、自由关税区，它以自由港为依托，将范围扩大到自由港的邻近地区。它除了具有自由港的大部分特点外，还可以吸引外资设厂，发展出口加工企业，允许和鼓励外资设立大的商业企业、金融机构等促进区内经济综合、全面发展。自由贸易区的局限在于：它会导致商品流向的扭曲和避税。如果没有其他措施作为补充，第三国很可能将货物先运进一体化组织中实行较低关税或贸易壁垒的成员国，然后再将货物转运到实行高贸易壁垒的成员国。为了避免出现这种商品流向的扭曲，自由贸易区组织均制订"原产地原则"，规定只有自由贸易区成员国的"原产地产品"才享受成员国之间给予的自由贸易待遇。

2. 自由港和自由贸易区的特点

自由港和自由贸易区都会设在关境之外的区域，它们有如下共同的特点。

（1）货物进出自由。不存在关税壁垒和非关税壁垒，凡合乎国际惯例的货物进出均畅通无阻，没有任何国界限制。

（2）投资自由。投资没有因国别差异带来的行业限制与经营方式限制，包括投资自由、雇工自由、经营自由、经营人员出入境自由等。

（3）金融自由。外汇自由兑换，资金出入与转移自由，资金经营自由，没有国民待遇与非国民待遇之分。

（4）业务活动自由。即对于允许进入自由港和自由贸易区的外国商品，可以根据具体需要进行储存、展览、分类、分级、修理、拆散、改装、重新包装、重新贴标签、整理、清洗、加工、制造、销毁、与外国原材料或所在国的原材料混合、再出口或向所在国国内市场销售。

3. 自由港和自由贸易区的分类

一般来说，自由港按其划分标准的不同可以分为两大类。①按其限制程度，分为完全自由港和有限自由港。前者对外国商品一律免征关税，现世界上已为数不多；后者仅对少数指定出口商品征收关税或实施不同程度的贸易限制，其他商品可享受免税待遇，世界绝大部分自由港均属此类，如直布罗陀、汉堡、香港、新加坡、槟榔屿、吉布提等。②按其范围大小，分为自由港市和自由港区。前者包括港口及所在城市全部地区，外商可自由居留及从事有关业务，所有居民和旅客均享受关税优惠，如新加坡和香港；后者仅包括港口或其所在城市的一部分，不允许外商自由居留，如汉堡、哥本哈根等。

自由贸易区由于是由自由港拓展而来，并以自由港为依托，将范围扩大到自由港的邻近地区。在自由贸易区的分类中，仍以范围大小作为分类标准，分为两种类型。①把港口或设区连带城市都划为自由贸易区。例如，在香港除了极个别的商品外，绝大多数商品可以自由进出口，免征关税；②是把港区或设区的一部分划为自由贸易区。例如，德国汉堡自由贸易区是由汉堡市的两部分组成的，只有划在勃兰特航道以东的自由港和划在卡尔勃兰特航道以西的几个码头和邻近地区才是汉堡自由贸易区。这个自由贸易区位于港区的中心，占地5.6平方英里，因此，外国商品只有运到这个区内才能享受免税待遇，不受海关监督。

资料链接 6-5

FTZ 与 FTA 的区别与联系

自由贸易试验区（Free Trade Zone，FTZ）是根据本国（地区）法律法规在本国（地区）境内设立的区域性经济特区。这种贸易方式属一国（或地区）境内关外的贸易行为，即某一国（或地区）在其辖区内划出一块地盘作为市场对外做买卖（贸易），对该市场的买卖不过多插手干预，且不收或优惠过路费（关税）。与国际上传统自由贸易区（FTA）不同的是，传统自由贸易区是多国"一起玩"，游戏规则共同制定；而这种方式是"自己玩"，游戏规则自己制定，不用经多方协议。

传统的自由贸易区（Free Trade Area，FTA）是根据多个国家之间协议设立的包括协议国（地区）在内的区域经济贸易集团。指多个国家或地区（经济体）之间做生意（贸易），为改善买卖市场，彼此给予各种优惠政策；至于怎样做，不是某一国说了算，而是在国际协议的基础上，多国一起商议制定规则，按多国共同制定的规则进行。

FTZ 与 FTA 两者的相同之处在于，都是为降低贸易成本促进商务发展而设立。为避免两者混淆，商务部等部门于 2008 年专门提出将 FTZ 和 FTA 分别译为"自由贸易园区"和"自由贸易区"，以示区分。

（二）保税区

保税区（Bonded Area）也称保税仓库（Bonded Warehouse），它是由国家海关所设置的或经海关批准设置的特定地区或仓库。它的功能基本类似于自由贸易区。进入保税区的外国商品可以暂不缴纳进口税，如再出口也不必缴纳出口税。进入区内的商品也可以进行储存、改装、分类、混合、展览、加工与制造等。保税区（仓库）的设立，有利于货主选择有利的时机交易，有利于贸易业务的顺利开展和促进转口贸易。

因国家和货物的不同，在保税区内的规定也不同。一些国家设置在保税区的仓库，有的是公营的，有的是私营的；在保税区内的商品，有的允许加工和制造，有的则不允许加工和制造；在保税区内存储货物的期限，有的为一个月到半年，有的则可长达三年。

现以日本的保税区为例进行说明。按照保税区功能的不同，可以将保税区分为以下几种。

1. 指定保税区

指定保税区（Designated Bonded Area），是为了在港口或国际机场简便、迅速地办理报关手续，为外国货物提供装卸、搬运或暂时储存的场所。指定保税区的目的在于使进口货物简便和迅速地办理报关手续。因此，在该区储存的商品的期限较短、限制较严，运入的货物停留时间不得超过1个月。

2. 保税货棚

保税货棚（Bonded Shed），是指经海关批准，由私营企业设置的用于装卸、搬运或暂时储存进口货物的场所。保税货棚与指定保税区的功能基本相同，它是用来补充制定保税区的不足，为外国货物提供报关的场所。保税货棚和指定保税区的区别在于：指定保税区是公营的，而保税货棚是私营的。由于保税货棚是经海关批准的，因此必须缴纳规定的批准手续费，储存的进口货物如有丢失须缴纳关税。

3. 保税仓库

保税仓库（Bonded Warehouse），是指经海关批准设立的专门存放保税货物及其他未办结海关手续货物的仓库。

指定保税区和保税货棚设立的目的是为了货物短期储存和报关的需要，而保税仓库设立的目的却是为了使货物能较长时间地储存，暂时不需要缴纳关税，为进口商提供了诸多便利。例如，在保税仓库的进口货物再出口则不必缴纳关税，有利于货主把握交易时机出售货物，从而促使业务的顺利进行和转口贸易的发展。

保税仓库的特点是不进行组装、加工和生产业务，在保税仓库内储存货物的期限是2年，如有特殊需要可以延长。

4. 保税工厂

保税工厂（Bonded Factory）是经海关批准的，并在海关监管之下，用免税进口的原材料、零配件进行加工、制造外销商品，可以对外国货物进行加工、制造、分类以及检修等保税业务活动的场所。凡经国家批准有进口经营权的生产企业（包括外商投资企业），均可向企业所在地主管海关申请建立保税工厂。

保税工厂和保税仓库都可储存货物，但储存在保税工厂的货物可作为原材料进行加工和制造。因此，许多厂商广泛利用保税工厂，对外国材料进行加工和制造，以适应市场的需要，符合进出口的规章和减少关税的负担。外国货物储存在保税工厂的期限为2年，如有特殊需要可以延长。如有一部分外国货物需要在保税工厂以外进行加工制造，事先取得海关的批准和在不妨碍海关监督的情况下进行，在保税工厂以外进行加工和制造的货物，由保税工厂负责。

海关对保税工厂的进口原材料、零配件及出口成品，均按规定在进出境口岸验收或派员到工厂办理验收手续，并免征进口各税。原材料和零配件必须在规定期限内加工成成品复运出口，如有特殊情况，工厂经营管理人员可向海关申请延长加工的期限。产品如拟转作内销或因故不能出口时，应及时向海关按进口内销货物照章补办纳税及其他海关手续。当保税工厂脱离海关的监管或有违反海关规定的行为时，海关可随时撤销其保税工厂的资格，并按海关法规的有关规定处理。

5. 保税陈列场

保税陈列场（Bonded Exhibition）是经海关批准在一定期限内，用于陈列、展览外国货物的保税场所。这种保税场所通常设在本国政府或外国政府、本国企业组织或外国企业组织等直接举办或资助举办的博览会、展览会和样品陈列所中。保税陈列场除了具有保税货棚的功能之外，还可以展览商品，进行广告宣传，促进交易的开展。

（三）出口加工区

出口加工区（Export Processing Zone）是指一个国家或地区在其港口、机场附近交通便利的地方，划出一定区域范围，新建或扩建车站、道路、码头、仓库和厂房等基础设施，并提供减免关税或国内税等优惠待遇，鼓励外商在区域内投资设厂，生产以出口为主的制成品。

世界上第一个出口加工区是 1956 年建于爱尔兰的香农国际机场，中国台湾高雄在 20 世纪 60 年代建立出口加工区。以后，一些国家也效仿设置。中国在 20 世纪 80 年代实行改革开放政策后，沿海一些城市开始兴建出口加工区。

出口加工区的目的在于吸引外国投资，引进先进技术和设备，促进本地区的生产技术和经济的发展，扩大加工工业和加工出口的发展，增加外汇收入。出口加工区脱胎于自由港或自由贸易区采用了自由港或自由贸易区的一些做法，但它与自由港或自由贸易区有所不同。一般来说，自由港或自由贸易区以发展转口贸易，取得商业方面的收益为主，是面向商业的；而出口加工区，则以发展出口加工业，取得工业方面的收益为主。因此，无论是在经营业务范围方面，还是在产品加工深度方面，出口加工区都要远远超过自由港和自由贸易区。出口加工区既提供了自由贸易区的某些优惠待遇，又提供了发展工业生产所必需的基础设施，是自由贸易区和工业区的一种结合体。

1. 出口加工区的分类

一般来说，出口加工区分为两种类型。

（1）综合性出口加工区，即在区内可以经营多种出口加工业，如菲律宾的巴丹出口加工区所经营的项目包括服装、电子、塑料产品等。

（2）专业性出口加工区，即在区内只准许经营某种特定的出口加工产品。目前，各国在出口加工区的关税普遍规定是，凡在出口加工区投资建厂的企业从国外进口和生产设备、原料、燃料、零件、元件及半成品的，一律免征进口税，生产的产品出口时一律免征出口关税。

2. 出口加工区的特点

（1）在吸引外资方面，加工区既提供了自由贸易区的某些优惠条件以发展贸易和转口贸易，又提供了发展工业生产所必需的基本设施。因此，加工区兼具贸易与工业生产两种功能，在这两种功能中，一般是以发展出口加工业为主，兼营进出口贸易。

（2）在地域分布方面，与自由港、自由贸易区可分布在不同类型的国家不同，出口加工区主要设在发展中国家中，除个别国家外，目前发达资本主义国家尚未设置出口工业区。这既是由于历史、政治及经济方面的原因造成的，也是由出口加工区的功能所决定的。一般来说，设置出口加工区的主要目的是为了吸引外资、引进技术、调整产业结构、推动经济发展、缓解失业压力并扩大出口，赚取外汇。

（3）在基础设施方面，就交通而言，出口加工区对交通运输的要求是铁路、公路、水运、空运应四通八达，线路通过能力和吞吐量要大，交通运输工具的运载能力要大，装卸、仓储设施要现代化，而且要求各种交通路线应有良好衔接；就通讯而言，为掌握与指挥生产、运输、物资供应、销售等有关各方面的情况，区内应有齐全、先进、迅速、有效的通讯设施；就电力供应而言，应保证有充足的电力供应，同时，应有充足的符合要求的水源。另外，生活用水、用电、商店、饭店、住宅、医疗卫生、文化娱乐、体育旅游等生活设施应舒适、完善和现代化。

（4）在投资环境方面：①要有税收方面的优惠措施，这主要包括原料、零部件进口免税，所得税等税收的减免，加速折旧的规定；利润自由汇出和本金汇出，利润再投资方面的优惠等。②要有内容广泛的法规，这主要包括投资条例、外汇管理条例、税收规定、出入境规定、涉外经济合同法及劳资纠纷等方面的法规等。③要有一个多元化的高效率的管理机构。加工区的管理机构是设区国政府的代表，该机构应是一个拥有决策权且办事有效率的机构。许多出口加工区都采取为外商在区内投资设厂提供方便的一揽子服务。④加工区应能提供质高价廉的劳动力。为保证区内企业的正常生产，设区国应为外商投资企业提供数量充足、素质较高、价格相宜的劳动力。⑤应有对兴办企业的明确规定。各设区国按照其经济基础、所需重点发展行业的不同，应对区内举办的企业及土地使用费、厂房租用年限、租金的计算等做出明确的鼓励规定。

3. 出口加工区对外资企业的规定

由于出口加工区内合资企业、独资企业所生产的产品要全部或大部分用于出口，加工区又是免税区，企业的目的在于尽可能地降低成本以增加出口能力，所以企业类型以劳动密集型为主，允许外资100%控股，并全面提供各种优惠待遇。但与此同时，许多国家或地区也对加工区内的外资企业进行了一系列的限制和引导，其主要包括以下几个方面。

（1）对投资审批的规定。为了保证投资和出口加工的经济效益，要求外国投资者必须具备一定的条件。例如，菲律宾在审批投资设厂的出口企业时主要遵循以下两项标准：在经营管理、出口营销和技术、财务管理方面具备一定的基础和经验；出口商品具有吸引劳动力、赚取外汇的能力，并能采用国内的原料。

（2）对投资项目的规定。诸多国家和地区往往对出口加工区内的投资项目加以限制。如菲律宾对巴丹出口加工区可设立哪些工业，都做出了明确的规定。

（3）对招工和工资的规定。有些国家或地区对此做出了统一的规定，以解决就业、工资和劳资纠纷等方面的问题。如菲律宾规定，出口加工区内工人的最低年龄为14岁，对于工资标准则按不同工种的劳动熟练程度确定，并随着生活和生产指数的变化而进行不断调整。

（4）对产品销售市场的规定。许多国家或地区规定出口加工区内的产品必须全部或大部分出口，甚至次品或废品也禁止在当地市场进行销售，即使允许在本国市场上进行销售，但是其数量也不得超过总量的10%。为了防止加工区内的产品与区外本国同类产品相竞争，往往采取禁止或限制该产品在区外进行投资或对产品出口市场进行限制的方式。如斯里兰卡规定，不准许出口加工区内生产的产品向西欧共同市场出售，以排除该产品在西欧共同市场上与本国产品的竞争。

资料链接 6-6

出口加工区与保税区的区别

保税区是指经国家批准并对在其内的特定企业的仓储、加工、转口贸易等活动实行海关保税制度的特定地区。外国商品存入或输入保税区内，可以暂时不缴纳进口税，若再出口，也不必缴纳出口税。运入区内的外国商品可以进行储存、改装、分类、加工、制造等，因此，在某种意义上，保税区有类似自由港或自由贸易区的作用。保税区在许多国家有公营、私营之分。保税期限有一个月到三年不等。保税区依其职能的不同特征有以下几类：特定保税区、保税棚、保税仓库、保税工厂和保税陈列场。

出口加工区是指一个国家或地区在其港口或邻近港口、机场、车站等地方，划出一定的范围，提供减免关税等优惠待遇，鼓励外国企业在区内进行投资建厂，生产以出口为主的制成品的加工区域。一般分为两种类型：第一种是综合性出口加工区，即在区内可以经营多种出口加工业，如菲律宾的巴丹出口加工区所经营的项目包括服装、电子、塑料产品等。第二类是专业出口加工区。即在区内只准许经营某种特定的出口加工产品。目前，各国在出口加工区的关税普遍规定是，凡在出口加工区投资建厂的企业从国外进口和生产设备、原料、燃料、零件、元件及半成品的，一律免征进口税，生产的产品出口时一律免征出口关税。

1. 目的不同

出口加工区的目的在于吸引外国投资，引进先进技术和设备，促进本地区的生产技术和经济的发展，扩大加工工业和加工出口的发展，增加外汇收入。我国保税区设立的目的是为了借鉴国外自由贸易区的先进经验，在境内划定特定区域，作为改革开放的"试验区"。出口加工业是基础，没有基础是发展不起来的，或者说是不稳固的。当加工业发展到一定阶段以后，就会向更高层次飞跃，保税区已经开始向区域性的物流分拨中心和自由贸易区转变。随着我国加入世贸组织，放开进出口经营权后，保税区将会有更大的发展。

2. 功能不同

加工区的功能单一，仅限于产品外销的加工业务，但区内可设立少量为加工企业生产提供服务的仓储企业以及经海关核准专门从事区内货物进、出的运输企业；保税区的功能为加工、贸易、仓储及展览。

3. 政策不同

（1）国内原料、物料等进入加工区视同出口，海关按照对出口货物的有关规定办理报关手续，并在货物办理入区报关环节签发出口退税报关单，区外企业凭报关单出口退税联及有关凭证向税务部门办理出口退（免）税手续。进入保税区的国内货物，必须等货物实际离境后，才能办理出口退税手续

（2）出口加工区区内加工企业，不得将未经实质性加工的进口原材料、零部件销往境外或区外。区内从事仓储服务的企业，不得将仓储的原材料、零部件提供给区外企业。保税区则无此限定，而且这正是保税区最能发挥功能优势的独特之处。

（3）销往境内加工区外的货物，海关按照对进口货物的有关规定办理报关手续，并按制成品征税。保税区内销的货物，海关根据货物的实际情况，作分别处理。只有当内销成品完全由进口料件组成时，才按成品征税。

（4）原则上出口加工区企业不得委托区外企业进行产品加工，而保税区则可以委托区外企业进行加工。

（5）加工区不得经营商业零售、一般贸易、转口贸易及其他与加工区无关的业务，出口加工区功能、目标单一，难以发挥出口贸易的关联效应；而保税区具有三个基本功能，三个功能互相促进，协调发展。

（6）国内税收政策上，国家对区内加工出口的产品和应税劳务免征增值税、消费税。保税区内国家对应税劳务没有免税优惠。

保税区是经国务院批准设立的、海关实施特殊监管的经济区域。其功能定位为"保税仓储、出口加工、转口贸易"三大功能。根据有关现行政策，海关对保税区实行封闭管理，境外货物进入保税区，实行保税管理；境内其他地区货物进入保税区，视同出境；同时，外经贸、外汇管理等部门对保税区也实行较区外相对优惠的政策。

保税物流园区实行保税区及出口加工区叠加政策，即国内货物进入园区视同出口，办理报关手续，实行退税；园区货物内销按货物进口的有关规定办理报关手续，货物统一按照实际状态征税；区内货物自由流通，免征增值税和消费税。保税港，具有国际中转、采购、配送和转口贸易、商品展示、出口加工等功能，实施保税区政策和出口加工区政策，进口货物入港保税，出口货物入港退税。

4. 通关模式

出口加工区对货物进出口采取"一次申报，一次审单，一次查验"的新通关模式；保税区则对货物进出口采取异地报关或转关运输的方式，手续繁杂。

5. 功能方面

出口加工区的功能是单一的，主要从事加工生产；保税区的功能相对丰富，主要包括四个：加工、贸易、仓储和展示。

6. 成品内销政策

加工区内企业销往境内区外的货物，按制成品征税。保税区内企业销往境内区外的货物，只有当内销成品完全由进口料件组成时，才按成品征税。

7. 管理方式

出口加工区采取全封闭、卡口式管理，海关在围网及卡口设置闭路电视监控系统，并实行 24 小时工作制度；保税区由海关实行围网管理，并实行 8 小时工作制度。

8. 审批手续

出口加工区不实行银行保证金台账制度，合同备案只需管委会审批，审手续简化为一个环节、一道手续；保税区不实行银行保证金台账制度，合同备案只需管委会审批。

9. 监管模式

出口加工区取消手册，实行电子底账管理，企业通过 EDI 申报电子数据，经海关审核后，自动存入电子底账；保税区实行《登记手册》管理，涉及合同打印、加贴防伪标签、核发《登记手册》等多道环节。

10. 监管手段

出口加工区充分利用现代高科技技术，企业—主管海关—口岸海关实行计算机联网管理；保税区则基本以人工监管为主，计算机在管理中的应用程度较低，海关均需进行中期下厂核查，部分保税区海关实行与企业联网。

11. 深加工结转

出口加工区之间、出口加工区与保税区之间、区内企业与区外企业之间可以开展深加工结转；保税区企业与区外加工贸易企业之间可开展深加工结转。

12. 合同变更

出口加工区合同变更手续较简化，直接可以办理；保税区合同变更手续较烦琐，须按合同备案程序到各部门办理相应的手续。

13. 核销管理

出口加工区实行计算机滚动核销，每半年核销一次；保税区则逐合同手工核销，手续烦琐、效率低，每份合同核销须 60 天。

（四）自由边境区与过境区

自由边境区（Free Perimeters），过去也称自由贸易区，这种设置仅见于拉丁美洲少数国家，一般设在本国的一个省或几个省的边境地区。对于在区内使用的生产设备、原材料和消费品可以免税或减税进口，如从区内转运到本国其他地区出售，则须照章纳税。外国货物可在区内从事储存、展览、混合、包装、加工和制造等业务，其目的在于利用外国投资开发边境地区的经济。与出口加工区不同，外国商品在自由边境区内加工制造后主要用于区内使用，仅少数用于出口。因此，设立自由边境区的目的在于吸引投资开发边境地区的经济。有些国家因而对其优惠待遇规定了期限，或在边境地区经济发展起来之后，就逐步取消某些优惠待遇，甚至废除自由边境。

过境区（Transit Zone）又称中转贸易区，是沿海国家为了便利邻国的进出口货运，开辟某些海港、河港或边境城市作为货物过境区，过境区对过境货物简化通关手续，免征关税或只征小额的过境费用。与自由港的明显区别在于，过境货物一般可在过境区内作短期储存、重新包装，但不得加工。过境区一般都提供保税仓库设施，如泰国的曼谷、阿根廷的布宜诺斯艾利斯等，都是这种以中转贸易为主的过境区。

（五）科学工业园区

科学工业园（Science-based Industrial Park）又称工业科学园、科研工业区、新产业开发区、高技术园区、科学公园和科学城，是一种科技型经济特区，以加速高新技术研制及其成果推广应用，服务于本国或本地区工业现代化以及开拓国际市场的需要而设置的新兴产业开发基地。科学工业园是以开发高新技术、开拓新产业为目标，促进科研、教育和生产相结合的综合性基地，大都设在大学和研究所周围，其实质就是知识密集区和技术密集区。园内企业主要从事科研成果的商品化和产业化，政府在税收、金融等方面往往给予优惠待遇。中国的高新技术产业开发区也属科学工业园的性质。

科学工业园区最早形成于 20 世纪 50 年代末、60 年代初的美国，世界上第一个科学工业园区是 1951 年正式创立的美国加利福尼亚州的"斯坦福科研工业区"，后来发展成举世闻名的"硅谷"。

世界各国的工业园按其职能划分大致可以分为三类。

（1）以开发高技术产品为主，同时又有科研和教育的综合基地。如美国的"硅谷"，日本九州的"硅岛"，法国尼斯的索菲亚·安蒂波利斯科学城，中国台湾省的新竹和广东省的深圳科学工业园。

（2）以科研为主，兼进行新产品试制和人才培养。如苏联新西伯利亚的科学城，日本筑波"研究学园都市"，法国巴黎南部的法兰西岛科学城和中国北京的中关村等。

（3）以教育和科研为主，兼进行新产品试制。如英国剑桥及爱丁堡的科学公园，联邦德国的柏林工业大学等。在经济发达的美、日、苏等国，基本上靠本国力量进行各种高技术开发及其成果的商品化。多数发展中国家的科学工业园，沿用自由港区的一些开发和管理手段，如划定特殊的保税区，区内进口货物可免税等，通过多种优惠措施吸引外资、新技术和高级人才，进行产业开发。

七、鼓励出口的组织措施

二战后，西方国家为了促进出口贸易的发展，在制定一系列鼓励出口政策的同时，还不断加强旨在促进出口的组织措施，这些组织措施主要包括以下五方面。

（一）设立专门的促进出口的组织机构

一些国家和地区为促进出口，成立了专门的组织机构，研究与制定出口战略。如美国在1960年成立了"扩大出口全国委员会"，向美国总统和商务部长提供有关改进鼓励出口的各项措施的建议和资料；1979年5月美国又成立了直接由总统领导的出口委员会。日本政府于1954年专门设立了高级的综合协调机构——"最高出口会议"，负责制定出口政策，以及为实现出口目标而在各省之间进行综合协调。韩国从1965年起建立了"出口扩大振兴会议"制度，该会议每月召开一次，专门研究扩大出口的问题。

（二）设立专门的市场调研机构，建立商业情报网

发展出口贸易，国际市场动向的信息尤为重要。为此，许多国家都设立了官方或官方与民间混合的商业情报机构，在海外设立商业情报网，专门负责向国内出口企业提供国际市场的商务信息。这类活动一般由国家出资进行，收费很少甚至免费，而且信息较准确，传递速度较快。如英国设立的出口情报服务处，其情报由英国220个驻外商务机构提供，然后由计算机分析处理，分成500种商品和200个地区或国别的市场情报资料，供国内出口企业参考。再如日本的贸易振兴会（其前身是1951年设立的"海外市场调查会"）即为日本政府出资设立的一个从事海外市场调查，并向企业提供信息服务的机构。瑞士和香港也规定，从关税收入中提取相当于出口额5%的资金用于调研市场和获取商业情报。

（三）设立贸易中心、组织贸易展览会和贸易代表团

设立贸易中心、组织贸易展览会是对外宣传本国产品、扩大出口的一个重要途径。贸易中心是永久性设施，可以提供陈列展览场所、办公地点和咨询服务等。贸易展览会是流动性展出，有的是集中在国内展出，吸引外商参加，有的则派代表团到国外宣传展览本国产品，有的西方国家一年能组织20多次国外展出。政府通常对这类展出提供多方面援助，如德国企业出国展览，政府一般负担起展品运费、场地费和水电费等。我国近些年来也比较重视这方面的促销措施，国内以"广交会"为龙头的各类交易展览洽谈会为促进我国出

口贸易做出了巨大的贡献。有些国家为了发展外贸或平衡外贸，常由政府出面组织贸易代表团出访。这类代表团在国外既采购商品也推销商品。

资料链接 6 - 7

中国进出口商品交易会

中国进出口商品交易会即广州交易会，简称广交会（Canton fair）。广交会创办于1957 年春季，每年春秋两季在广州举办，是中国目前历史最长、层次最高、规模最大、商品种类最全、到会客商最多、成交效果最好的综合性国际贸易盛会。自 2007 年 4 月 15日第 101 届起，广交会由中国出口商品交易会更名为中国进出口商品交易会，由单一出口平台变为进出口双向交易平台。2012 年 10 月 15 日，第 112 届广交会开幕，尽管受全球市场仍处于持续降温状态影响，但中国外贸发展的传统优势并未被根本削弱。

中国进出口商品交易会由 48 个交易团组成，有数千家资信良好、实力雄厚的外贸公司、生产企业、科研院所、外商投资/独资企业、私营企业参展。

中国进出口商品交易会贸易方式灵活多样，除传统的看样成交外，还举办网上交易会（VirtualExpo，Online Exhibition）。广交会以出口贸易为主，也做进口生意，还可以开展多种形式的经济技术合作与交流，以及商检、保险、运输、广告、咨询等业务活动。来自世界各地的客商云集广州，互通商情，增进友谊。

（四）对出口厂商施以精神鼓励

第二次世界大战结束后，各国对出口商给予精神奖励的做法日益盛行，经常组织出口商的评奖活动，对出口成绩显著的出口商，由国家授予奖章和奖状，并通过授奖活动宣传他们扩大出口的经验。如日本政府把每年的 6 月 28 日定为贸易纪念日，每年的这一天，由通产大臣向出口成绩卓著的厂商颁发奖状，另外还采取了由首相亲自写感谢信的办法表彰出口成绩卓越的厂商。

第二节 出口管制措施

出口管制（Export Control）是指国家通过法令和行政措施对本国出口贸易所实行的管理与控制。许多国家，特别是发达国家，为了达到一定的政治、军事和经济的目的，往往对某些商品，尤其是战略物资与技术产品实行管制、限制或禁止出口。

一、出口管制的对象

实行出口管制措施的商品一般是如下几种。

（一）战略物资和先进技术资料

各国尤其是发达国家对战略物资，如军事设备、武器、军舰、飞机等的出口管制措施十分严格。如需出口，必须经过一系列审查、限制和控制措施，通过直接或间接的方式防止本国限定物资以各种途径流通或扩散至目标国家，从而实现本国安全、外交和经济等方面的利益。发达国家对先进的电子计算机和通讯设备、先进的机器设备及其技术资料等也会实行严格的出口管制，主要是从"国家安全"和"军事防务"的需要出发，以及从保持科技领先地位和经济优势的需要考虑。

（二）国内生产和生活紧缺的物资

管制此类物品的目的是保证国内生产和生活需要，抑制国内该商品价格上涨，稳定国内市场。如西方各国往往对石油、煤炭等能源商品实行出口管制，美国对某些药品、化工产品、活牲畜、可可等也实行过出口管制。

（三）需要"自动"限制出口的商品

这是为了缓和与进口国的贸易摩擦，在进口国的要求下或迫于对方的压力，不得不对某些具有很强国际竞争力的商品实行出口管制。

（四）历史文物和艺术珍品

这是出于保护本国文化艺术遗产和弘扬民族精神的需要，国家一般都会禁止古玩、名画、珍贵艺术品等文化遗产的出口，即使允许出口，也会实行非常严厉的管制措施。

（五）本国在国际市场上占主导地位的重要商品和出口额大的商品

对于一些出口商品单一、出口市场集中，且该商品的市场价格容易出现波动的发展中国家来讲，对这类商品的出口管制，目的是为了稳定国际市场价格，保证正常的经济收入。比如，欧佩克（OPEC）对成员国的石油产量和出口量进行控制，以稳定石油价格。

（六）跨国公司的产品

跨国公司在发展中国家的投资虽然会促进国家经济的发展，但是也有可能利用国际贸易活动来损害东道国的国家利益。例如，跨国公司实行的"转移定价"策略，就是一个非常典型的例子。因此，发展中国家有必要采取出口管制的方式来约束跨国公司的这种行为，维护自身利益。

（七）为维持生态平衡而需要保护的动植物

如虎骨、犀牛角和象牙等珍稀动植物本身和珍稀动植物药材及其制品，均在禁止出口的商品范围之内，需要进行出口管制。

二、出口管制的方式

出口管制主要分两种形式，即单边出口管制和多边出口管制。

（一）单边出口管制

单边出口管制是指一个国家根据本国的出口管制法案，设立专门的执行机构，独立地对本国某些商品的出口进行审批和颁发出口许可证，实行出口管制。

为有效地制定和实施出口管制政策，许多国家都设有专门的机构，颁布专门的法律。如美国，其出口管制法案是根据国内形势及其对外政策的变化而制定和修改的。早在1917年美国国会就通过了《1917年与敌对国家贸易法案》。二战后，为加强对社会主义国家的出口管制，美国国会又于1949年通过了《出口管制法》，该法经多次修改，至1969年12月被《1969年出口管理法》所取代，后者一定程度上放宽了对某些社会主义国家输出战略物资的出口管制，简化了出口许可证颁发手续。1977 年和 1985 年，美国国会又先后修订了《出口管制法》，逐渐放松了对某些国家和某些产品的出口管制。2009 年，奥巴马入主白宫后，又立即启动了美国的出口管制制度改革，奥巴马政府进行的"出口管制改革"项目，目的是改进美国武器及军民两用装备和技术出口的管制制度与程序。该项目强调将国际竞争力作为国家安全的核心要素，并致力于增加出口和就业机会，促进美国国家安全，保护美国军事技术。

（二）多边出口管制

多边出口管制是指几个国家的政府为了共同的政治与经济目的，通过一定方式建立国际性的多边出口管制机构，商讨和编制多边出口管制货单和出口管制国别，规定出口管制办法等，以协调彼此的出口管制政策和措施。

1949 年 11 月，在美国一手操纵下成立的输出管制统筹委员会（Coordinating Committee for Export Control，COCOM）即巴黎统筹委员会，就是一个多边出口管制机构，其目的是建立对社会主义国家实行出口管制的国际网络，共同防止战略物资和先进技术输往社会主义国家，遏制社会主义的发展。巴黎统筹委员会成立之初，参加国有美国、英国、法国、意大利、加拿大、比利时、卢森堡、荷兰、丹麦、葡萄牙、挪威和联邦德国共 12 个国家。日本于 1952 年参加，希腊和土耳其于 1953 年参加，澳大利亚于 1989 年参加。巴黎统筹委员会的主要工作是编制和增减多边"禁运"货单，规定受禁运的国别或地区，确定"禁运"审批程序，加强出口管制，讨论例外程序，交换情报等。20 世纪 90 年代初期，"冷战"的结束使巴黎统筹委员会在一段时期内处于休眠状态。各成员国都认为巴黎统筹委员会的历史使命已经完成，没有继续存在下去的必要了，经商定，于 1994 年 3 月 31 日宣布巴黎统筹委员会解散。

1996 年 7 月 12 日，原巴黎统筹委员会的成员国重新在维也纳召开大会，宣布成立一个新的管制出口的组织，总部设在维也纳。该组织定名为"瓦瑟纳尔协定"，这个名称来自于荷兰海牙市一个区的名字，1995 年 12 月曾在此地签署过一项成立新组织的框架协议。新组织包括 33 个成员国和地区，其中俄罗斯、波兰、韩国等作为新的成员国加入。新组织的工作重点是打击国际恐怖主义，维护世界和平。近期的工作任务是包括限制常规武器在内，对约 110 种产品出口进行管制，从而防止向有可能威胁到和平的国家提供武器。与前巴黎统筹委员会相比，瓦瑟纳尔协定属于一个松散性国际组织，对出口的管制相对较松，而且没有法律约束力，即使哪个成员国违反了规则也没有惩罚措施。瓦瑟纳尔协定特别重视的限制对象是朝鲜、伊朗、伊拉克和利比亚 4 国。该组织从 1996 年 11 月 1 日开始正式实施出口管制。2004 年之后，随着形势的变化，该组织取消了对伊拉克和利比亚的出口管制。

三、出口管制的手段

一国控制出口的方式有很多种，例如可以采用出口商品的国家专营、征收高额的出口关税、实行出口配额等，但是出口管制最常见和最有效的手段是运用出口许可证制度，出口许可证分为一般许可证和特殊许可证。

（一）一般许可证

一般许可证（General License）又称普通许可证，这种许可证相对较易取得，出口商无须向有关机构专门申请，只要在出口报关单上填写这类商品的普通许可证编号，在经过海关核实后就办妥了出口许可证手续。

（二）特殊许可证

出口属于特种许可范围的商品，必须向有关机构申请特殊许可证（Validated License）。出口商要在许可证上填写清楚商品的名称、数量、管制编号以及输出用途，再附上有关交易的证明书和说明书报批，获得批准后方能出口，如不予批准就禁止出口。

四、出口管制的程序

一般而言，西方国家实行出口管制的程序是：根据出口管制的有关法案，制定出口管制货单（Commodity Control List）和输往国别分组管理表（Export Control Country Group）；对于列入出口管制的商品，必须办理出口申报手续，获取出口许可证后方可出口。

以美国为例，美国商务部贸易管理局是办理出口管制工作的具体机构，它负责制定出口管制货单和输往国别分组管制表。在输往国别分组管制表中，将商品输往国家或地区分成Z、S、Y、P、W、Q、T、V八个组，实行从严到宽不同程度的管制。

一般而言，一国实施贸易政策的目的是扩大出口和减少进口，但是一些国家出于政治和经济的考虑而实施出口管制政策。出口管制是一国对外实行通商和贸易的歧视性手段之一，实施出口管制，对被管制国家和实施该政策的国家经济造成负面影响。

总之，出口管制不仅是国家管理对外贸易的一种经济手段，也是对外实行差别待遇和歧视政策的政治工具。20世纪70年代以来，各国的出口管制有所放松，特别是出口管制政治倾向有所减弱，但它仍作为一种重要的经济手段和政治工具而存在。

本章小结

出口鼓励措施是国家为了促进本国产品的出口，开拓和扩大世界市场而采取的各种政策和手段措施的统称。由于限制性的进口措施容易招致贸易伙伴的报复性措施，因此，越来越多的国家开始以积极的鼓励出口措施代替消极的限制进口措施。各国政府常用的鼓励出口的措施包括财政措施、信贷措施、组织措施和设立特区等措施，具体来说，包括出口信贷、出口补贴、出口信贷国家担保制、商品倾销、外汇倾销、经济特区和鼓励出口的组织措施。

出口管制是指国家通过法令和行政措施对本国出口贸易所实行的管理与控制。许多国家，特别是发达国家，为了达到一定的政治、军事和经济的目的，往往对某些商品，尤其是战略物资与技术产品实行管制、限制或禁止出口。国家在实行出口管制时，一般对下列商品实行管制：战略物资和先进技术资料、国内生产和生活紧缺的物资、需要"自动"限制出口的商品、历史文物和艺术珍品、本国在国际市场上占主导地位的重要商品和出口额大的商品、跨国公司的产品和为维持生态平衡而需要保护的动植物。出口管制不仅是国家管理对外贸易的一种经济手段，也是对外实行差别待遇和歧视政策的政治工具。

重要概念

出口信贷（Export Credit）

买方信贷（Buyer's Credit）

卖方信贷（Seller's Credit）

出口补贴（Export Subsidies）

直接补贴（Direct Subsidies）

间接补贴（Indirect Subsidies）

出口信贷国家担保制（Export Credit Guarantee System）

商品倾销（Dumping）

偶然性倾销（Sporadic Dumping）

间歇性倾销（Intermittent Dumping）

持续性倾销（Persistent Dumping）

外汇倾销（Exchange Dumping）

经济特区（Special Economic Zone）

自由港（Free Port）

自由贸易区（Free Trade Zone）

保税区（Bonded Area）

出口加工区（Export Processing Zone）

自由边境区（Free Perimeters）

过境区（Transit Zone）

科学工业园（Science-based Industrial Park）

出口管制（Export Control）

练习题

1. 什么是出口信贷？买方信贷和卖方信贷的区别是什么？

2. 既然出口补贴会导致社会净福利的损失，那为什么还要进行出口补贴？

3. 有些国家对本国产品进行出口补贴，甚至要求企业以低于成本的价格出口，试分析进行超额补贴的原因和目的。

4. 什么是商品倾销？不同类型商品倾销的目的是什么？

5. 商品倾销能使进口国消费者买到更便宜的商品，那为什么还要对倾销商品实行反倾销措施？

6. 如何利用外汇倾销进行鼓励出口？其实施条件是什么？

7. 外汇倾销能起到"奖出限入"的作用，但为什么没有被各国普遍采用？

8. 什么是保税区？按照保税区功能的不同，可以分为哪几种形式？

9. 简述鼓励出口的组织措施。

10. 什么是出口管制？出口管制的主要商品是什么？

11. 什么是多边出口管制？

12. 一般许可证的含义是什么？其与特殊许可证有何不同？

13. "奖出限入"是各国普遍采用的贸易政策，但有些国家还会对商品进行出口管制，试联系所学知识分析其管制的目的。

第七章

"不公平"贸易及其救济措施

学习目标

• **了解**

反倾销调查程序及措施

反倾销的反规避措施

反补贴调查程序及措施

反补贴的反规避措施

• **掌握**

倾销的含义

倾销的构成要素

补贴的含义

保障措施的含义及实施条件

第一节　倾销与反倾销

一、倾销的含义和特点

（一）倾销的含义

倾销（Dumping），是指一个国家或地区的出口经营者以低于国内市场正常或平均价格甚至低于成本价格向另一国市场销售其产品的行为，目的在于击败竞争对手，夺取市场，并因此给进口国相同或类似产品的生产商及产业带来损害。

（二）倾销的特点

（1）倾销是一种人为的低价销售措施。它是由出口商根据不同的市场，以低于有关商品在出口国的市场价格对同一商品进行差价销售。

（2）倾销的动机和目的是多种多样的，有的是为了销售过剩产品，有的是为了争夺国外市场，扩大出口，但只要对进口国某一工业的建立和发展造成实质性损害或实质性威胁或实质性阻碍，就会招致反倾销措施的惩罚。

（3）倾销是一种不公平竞争行为。在政府奖励出口的政策下，生产者为获得政府出口补贴，往往以低廉价格销售产品；同时，生产者将产品以倾销的价格在国外市场销售，从而获得在另一国市场的竞争优势并进而消灭竞争对手，再提高价格以获取垄断高额利润。

（4）倾销的结果往往给进口方的经济或生产者的利益造成损害，特别是掠夺性倾销扰乱了进口方的市场经济秩序，给进口方经济带来毁灭性打击。

二、倾销的例外

倾销在使得出口商占领国外市场和获得垄断利润的同时，也会对进口国的相关厂商的产业造成损害，形成不公平竞争行为，但是，并不是所有的低价倾销都会构成不公平竞争。根据中国《反不正当竞争法》第 11 条第 2 款的规定，有下列情形之一的，不属于不正当竞争行为，即低价倾销之例外。

（一）销售鲜活商品

这类商品主要是指农副产品，如蔬菜、瓜果、水产品、畜肉品等。因为这类产品具有保险期短、易变质、易腐烂、销售时间性强等特点，所以，以低于成本的价格销售，并不构成不正当竞争。但是需要注意的是，如果经营者以排挤竞争对手为目的，故意低于成本价销售鲜活商品，同样构成低价倾销。

（二）处理有效期限即将届满的商品或者其他积压的商品

具有有效期限的商品主要包括食品、饮料、营养品、药品、化妆品等。按照中国《产品质量法》《药品管理法》等法律法规的规定，这类商品超过有效期限后是严禁销售的。积压的商品一般是指因供过于求、被新产品所替代等原因而长期滞销的产品。处理有效期限即将届满或者积压的商品，往往是经营者不得已而为的降价行为，它不具有排挤竞争对手的目的，所以不属于不正当竞争行为。

（三）季节性降价

季节性商品是指那些市场需求随着季节变化而呈明显变动的商品，如服装、冷饮、电取暖炉等。一旦过了销售季节，其市场需求极少，还按原价销售，就难以售出，这既不利于企业资金的流动，也不利于资源的利用。如果采用降价销售，甚至以低于成本的价格甩卖，过季商品就能很快脱手，可以避免生产经营上的困难和社会资源的浪费。

（四）因清偿债务、转产、歇业降价销售商品

有的企业因经营管理不善等原因而负债累累，为了偿还债务而将商品以低于成本的价格销售，这是一种不得已的处置措施。此外，企业基于客观原因而转产、歇业时，也需要尽快处理原有的设备、材料、商品等，在处理过程中以低于成本的价格销售商品，不是不正当竞争行为。但是如果假借适用例外的规定，而行低于成本价销售之实，目的是排挤竞争对手，则应当认定为低价倾销。如谎称转产、搬迁、还债等，以低于成本价销售商品来排挤竞争对手，就属于不正当竞争行为。

三、倾销的构成要素

关贸总协定第 6 条规定："用倾销的手段将一国商品按低于正常价值的价格销售到另一市场内，如因此对某一缔约国领土内已经建立的某项工业造成实质性损害或产生实质性

威胁，或者对一国工业的新建产生实质性阻碍，这种倾销应受到谴责。"世界贸易组织反倾销协议（Anti-dumping Agreement），即《关于执行 1994 年关贸总协定第六条的协议》（Agreement on Implementation of Article VI of GATT 1994）第 2 条第 1 款规定："如一产品自一国出口至另一国的出口价格低于在正常贸易过程中出口国供消费的同类产品的可比价格，即以低于正常价值的价格进入另一国的商业，则该产品被视为倾销。"从以上对倾销的定义中可以发现，并不是所有的低价销售都会构成倾销，倾销的构成必须满足三个条件：产品以低于正常价格或公平价值的价格销售；这种低价销售的行为给进口国产业造成损害，包括实质性损害、实质性威胁和实质性阻碍；损害是由低价销售造成的，二者之间存在因果关系。

（一）倾销的确定

倾销的确定是反倾销措施的必备要件之一。根据《反倾销协议》第 2 条第 1 款的规定，如果一项产品从一国出口到另一国，其出口价格低于在该出口国正常贸易中用于消费的相同产品的可比价格（Comparable Price），该出口产品即被视为倾销产品。这里所指的可比价格就是有关产品在出口国销售的正常价格（Normal Price）。出口价格低于正常价格的差额即为倾销幅度。因此，确定是否存在倾销，必须首先明确正常价格的确定标准。

1. 正常价格

正常价格一般是指相同产品在出口国正常贸易中用于消费时的国内销售价格。使用出口国国内市场价格作为正常价格，必须符合以下几项条件。

（1）国内销售价格须具有代表性，即有关产品在国内市场中的销售占该产品出口的 5％以上。其目的是为了防止出口商通过较小的国内销售量人为地抬高正常价格，降低倾销幅度或使倾销不存在。

（2）所采用的国内销售价格应是在正常交易过程中形成的价格（即在独立交易商之间达成的价格）。

（3）不得将低于成本价销售的价格视作正常价格。如果出口商在国内市场上的销售价低于单位生产成本加上合理的管理费和一般销售费用，这一销售不被视为正常贸易做法中的销售。

如果不存在国内销售价格或不能使用国内销售价格确定正常价格，《反倾销协议》规定可用第三国出口价格或结构价格作为正常价格。

所谓第三国出口价格（Export Price for Third Party）是指该类产品在出口国国内无销售或者虽有销售，但销量极小，不能以国内销售价格计算，则采用相同或相似产品出口到一个合适的第三国，且其出口产品的价格以具有代表性的可比价格作为正常价值计算。适用向第三国出口价格必须符合四个条件：①向该第三国出口的产品必须与该产品相同或最相似；②该第三国必须是该同类产品的最大进口国；③该第三国国内市场产品价格具有可比性；④在该第三国市场的销售价格必须达到能够收回生产成本的要求。但是，如何把握"合适"和"具有代表性"并无固定统一的标准，完全取决于反倾销主管机构的自由裁量，因而向第三国出口价格经常成为对付非市场经济国家产品的重要手段。

所谓结构价格又称构成价或推定价，也是确定正常价值的一种方法。特别是自美国《1974 年贸易法》将低于成本的销售纳入倾销范畴之后，这种方法在反倾销实践中的运用日趋频繁。对于结构价格的构成，《反倾销协议》是"用原产地的生产成本加上合理的销售费用，一般费用和管理费用以及合理的利润"进行计算。上述正常价格的确定方法仅适用于对市场经济国家产品的正常价格或公平价值的确认。

对非市场经济国家出口产品的正常价格如何确认，《反倾销协议》没有明文规定。但在实践中，基本上有如下几种方法：①替代国价格。进口方不使用非市场经济国家的国内市场的销售价格作为正常价格，而是选择一个经济发展水平与该国相类似的属于市场经济体制的第三国生产的相似产品的成本或出售价格作为基础，以此计算正常价格。②结构价格。即用出口国生产产品的各项投入的数量，如原材料、劳动力等，按一个市场经济国家的价格计算出该产品的成本，然后再加上企业管理费和利润。③相似产品在进口方的销售价格。在无法使用前两种方法时，便采用相似产品在进口方的销售价格来确定非市场经济国家产品的正常价值。

2. 出口价格

出口价格相对正常价格，其确定方法相对较容易一些。一般情况下，以交易中的商业发票所表示的金额为准。如无出口价格（如易货贸易）或出口价格不可靠（如出口商与进口商存在伙伴关系），则应使用被控倾销产品首次向独立商人转售的价格作为出口价格。

乌拉圭回合后，在《反倾销协议》第2条第3款中，对出口价格的确定方法做了以下规定。

（1）出售给进口商的实际价格。

（2）以进口商首次转售给独立买者时的价格为基础构成，这是在不存在出口价格，或者由于出口商和进口商或第三者之间有合伙或补偿安排，使得当局认为出口价格不可信时所采取的方法。

（3）当局可在合理的基础上自行确定的价格，这是在前两种情况都不存在，或者不是以进口的条件转售的情况下所采用的方法，这里规定的标准比较模糊。

在以上三种方法中，优先采用第一种方法，第二和第三种方法次之。

3. 出口价格与正常价格的比较规则

《反倾销协议》进一步规定应对出口价格和正常价格进行公平的比较，即这两个价格应在同一时间基础上，按同一贸易水平，以出厂价格为基准进行比较，并且还应根据每一案例的具体情况对影响价格的各种不同因素做出适当的补偿或调整。为此，《关于执行关税与贸易总协定第6条的协议》做出如下要求。

（1）比较应在同一贸易环节（通常为出厂价）和尽可能是相同时间或相近时间条件下进行。此外，还需考虑其他影响比较的因素，如价格术语、税收、品质、物质特性等。

（2）若此种比较需要换算货币，则应使用销售日的汇率。通常情况下，销售日被认为是合同成立日期、购货订单日期、订单确认书日期或发票开出之日。如果期货市场上的外汇交易直接与有关的出口交易相联系，则使用远期汇率。

（3）在保证公正比较的前提下，调查阶段，倾销差额的存在一般应以正常价格的加权平均数与所有可比较的出口价格的加权平均数的比较为基础，或以逐笔交易的正常价格和出口价格的比较为基础。如果出口价格因不同进口商、不同地区或不同时间而差距较大，进口方可以用其计算得出的加权平均正常价值与每笔出口交易的价格进行比较。

（4）产品若是由原产国流转到一个中介国，再由该中介国出口到进口国时，产品的出口价格应与在该中介国的可比价格进行比较。若该产品只是在中介国转运，或该产品在中介国并不生产，或中介国无可比价格的存在，则产品的出口价格可以与原产国的价格进行比较。

综上所述，倾销的确定有三项基本内容，即正常价格的确定、出口价格的确定及正常价格与出口价格的比较。这三项中的任何一项都对倾销的最终认定有着决定性影响。

（二）损害的确定

由于倾销的存在造成损害的事实，是进口方主管当局可以采取反倾销措施的第二个必要条件。《反倾销协议》第3条、第4条对之有专门规定。

1. 国内产业的定义

《反倾销协议》第4条规定，国内产业是指生产与倾销产品相同产品的国内生产者的总称或其相同产品的总量构成此类产品在国内总产量中的主要部分。此外，在关税同盟中，整个一体化领域的工业被视为国内产业，如欧盟。

2. 确定产业损害存在的标准

损害，是指对进口国国内相关产业造成实质损害、实质损害之威胁或实质性阻碍相关产业的建立。确定产业损害存在的标准包括以下几方面。

（1）倾销的进口产品数量及其对价格影响的判断。关于倾销的进口产品的数量问题，应考虑倾销的进口商品是否已经大量进入了进口方境内市场，并且呈突发性的增长趋势。在倾销的进口商品对价格的影响方面，应审核是否已经存在所倾销的进口商品导致大幅度降低销售的情况，或此类进口商品是否在很大程度上会导致阻碍相同产品价格提高的后果。

（2）累积损害的断定。当来自一个以上国家的进口产品同时受到反倾销调查时，调查当局可以累计估计此类进口产品的影响。这种累计评估须符合以下两个条件：第一，来自每个国家进口产品的倾销幅度超过了2％的最低标准，且来自每个国家的进口数量是不可忽视的，即来自一国进口产品的数量不低于该进口方对该倾销产品进口总量的3％。第二，依照进口产品之间的竞争情况和进口产品与相同国内产品之间的竞争情况，对进口影响的累积评估是适当的。累积评估的规定，对产品初始进入市场的出口方及产品出口量不大的出口方，尤其是对发展中国家来说，具有不利的影响。这样一来，这些出口方就有可能被卷入反倾销诉讼的纠葛之中。

（3）倾销进口商品对国内产业冲击的判定。这一问题应审核影响产业状况所有的相关经济因素，包括销售量、利润、产量、市场份额、劳动生产率、投资收益率、生产设备利用率、价格条件、现金流动、库存、就业、工资、产业增长、资金筹措、投资能力等各个方面的实际或潜在副作用。如果对上述各因素进行综合调查后得出肯定性结论，则可断定国内相关产业出现了重大损害。

（4）实质损害之威胁的判断。此判断应基于各种事实，如倾销产品是否正以极大的增长比例进入进口方市场，并有持续增长的趋势；进口方境内相同产品的市场价格是否有被压价的明显迹象；受调查产品的库存情况等。

（5）实质性阻碍国内产业建立的断定。倾销虽未造成实质损害或实质损害的威胁，但若严重阻碍了进口方生产同类产品的新工业的建立，进口方也可采取反倾销措施。此种断定必须有充分确凿的证据，证明进口方的新工业在实际建立过程中确实受到严重阻碍。

（三）倾销与产业损害存在因果关系

关贸总协定第 6 条规定："用倾销的手段将一国商品按低于正常价值的价格销售到另一市场内，如因此对某一缔约国领土内已经建立的某项工业造成实质性损害或产生实质性威胁，或者对一国工业的新建产生实质性阻碍，这种倾销应受到谴责。"可见，任何缔约方要对某种进口商品征收反倾销税，必须要证明倾销的进口商品与国内相关产业的损害确实存在因果关系。也就是说，进口方当局不仅要检查有关进口商品的各种因素，还要综合考虑其他因素，如产业的生产率变化、劳资纠纷、经济周期等，以确定这些因素是否同时正在造成进口国国内产业的损害。

《反倾销协定》第 3 条第 5 款规定，倾销进口产品引起的本协定所指的损害必须得到事实证明。可能同时会有损害进口国产业的其他因素，由于其他因素引起的损害不能归咎于倾销进口产品。该协议所规定的可以排除因果关系存在的因素主要有以下几种。

（1）未以倾销价格出口的进口产品的数量和价格。在被控倾销产品存在多国出口商的情况下，有时很难根据每个出口商的具体情况来确定正常价值，此时只有在某出口商或进口商能提供证据，证明在其销售中有相当数量的产品不存在低价倾销的情况下，才可以排除其因果关系的存在。一般而言，能够被证明的产品的销售数量应该达到该出口商全部出口量的 50％ 以上。

（2）国内需求的减少或者消费模式的变化。在进口国国内市场需求减弱或进口国消费结构发生变化时，会引起市场供求关系的显著变化，导致商品价格下降或生产减量。而只要价格或产量下降，进口国国内产业的经济状况指数都会相应发生变化。不能把这种变化的原因全归于对出口国商品的进口。

（3）外国与国内生产商之间的竞争以及限制性贸易行为。进口国产业面临的竞争是多方面的，这种竞争不仅来自被控倾销的产品，而且来自其他非倾销产品，包括进口国国内生产同类产品的厂商间的竞争。当倾销产品的进口数量没有明显增长时，进口国国内产业的损害就可能是其他进口产品竞争的结果，也可能是由于存在限制贸易行为竞争的结果。尤其在进口国市场出现竞争秩序混乱、发生价格大战的情况下，就应该排除被控倾销产品的因果关系。

（4）技术的发展以及国内产业的出口实绩和生产率。一国的企业技术水平、出口能力和生产效率是衡量该国某产业发展水平的最重要因素。如果进口国国内生产技术落后、产品出口能力弱、劳动生产率低下，则必然直接导致其产品竞争力下降、价格降低、产量减少等经济指标恶化。在这种情况下，显然就可以排除被控倾销产品的因果关系。

《反倾销协定》在罗列了以上几个排除因果关系的因素的同时，还强调上述所列并未包括全部应排除的可能。根据各国反倾销法律的实践，其他可能因素还有：进口国经济危机、企业经营管理素质差、产品质量差、营销渠道阻塞、替代产品的出现以及出口国与进口国之间存在配额安排等。

四、反倾销调查程序及措施

如果一国遭受来自他国产品的倾销，一般都会对倾销商品征收反倾销税。但在征收反倾销税之前，必须对倾销行为进行调查。作为 WTO 一揽子文件之一的《关于执行 1994 年关贸总协定第六条的协议》对反倾销调查程序做出了详细的规定。根据 WTO 的有关原则，凡成员方制定反倾销法律或者采取反倾销调查行动，都必须与该文件保持一致。

反倾销调查程序主要分为五个阶段，即申诉、立案、调查、裁决、复审。

（一）申诉

反倾销调查的启动一般应由进口方受到损害的行业或其代表向有关当局提交书面申请，这是反倾销调查的必要条件。一般情况下，进口方当局不会主动发起反倾销调查。进口方受到损害的行业或其代表向有关当局提交的申诉书应包括以下内容：申请人的身份、产品产量与价值、被指控产品所属国家及相关企业名称、被指控方产品在其国内的价格等。

（二）立案

进口方当局在确认申诉材料真实可靠，决定立案后，就要通知其产品遭到调查的成员方和调查当局所知道的有利害关系的各方，并予以公告。向被调查方发出的通知应当列明应诉材料的送达地点及时限等。

（三）调查

当局在一定的期限内，对被告方的产品倾销幅度、对国内行业的损害以及两者之间的因果关系进行调查核实。一般情况下，反倾销调查应在 1 年内结束，无论何种情况不得超过从调查开始之后的 18 个月。在调查中，当事各方必须以书面形式提供证据，即使是听证会的口头辩论，事后也必须提交书面材料。给被诉方发出的调查表，要至少给予 30 天的期限回答问题（以发出之日起的 7 天为送达）。在调查期间，各利害关系方有权举行听证会为其利益辩护。为证实所提供信息的准确性，进口方当局可以在其他成员方境内进行现场调查。如果有关利害方不提供资料或者阻碍调查的进行，进口方当局可依据提起反倾销调查申诉的一方提供的资料做出裁决。调查当局有义务听取被诉倾销产品的用户及消费者发表评论。

（四）初裁与终裁

初裁是指在完全结束调查之前，调查当局如果初步肯定或否定有关倾销或损害的事实，可以对相关产品采取临时措施（临时措施只能在反倾销调查开始之日起 60 天后才能采取，实施期限一般不超过 4 个月，最长不超过 9 个月）。终裁是指调查当局最终确认进口产品倾销并造成损害，从而对其征收反倾销税。如果征收反倾销税，数额不得超过倾销幅度，可以征收反倾销税直至抵销倾销损害，但最长不超过 5 年。反倾销税一般不能追诉征收。但是，为了防止出口方在调查期间抢在进口方采取措施前大量出口倾销产品，反倾销守则也规定了在确实发生上述情况时，进口方当局可以对那些临时措施生效前 90 天内进入消费领域的产品追诉征收最终反倾销税。

（五）行政复审

反倾销税实行一段合理时间后，对于是否继续征税，进口方当局可以主动或应当事人的要求进行行政复审，以确定是否继续或中止征收反倾销税或价格承诺。在进口方当局初步确认存在倾销、损害及其因果关系后，如果出口商主动承诺提高有关商品的出口价格或者停止以倾销价格出口，并且得到进口方当局的同意，那么反倾销调查程序可以暂时中止或终止。

我国于 2001 年 12 月 1 日起开始实施《出口产品反倾销应诉规定》，当时的对外贸易经济合作部委托各进出口商会和外商投资企业协会具体负责企业反倾销应诉的组织协调工作，明确了"谁应诉，谁受益"的原则。

资料链接 7 - 1

欧盟反倾销立法，"市场扭曲"更换"替代国"

2017 年 5 月 3 日，欧盟成员国就修改反倾销立法达成一致立场，同意在未来反倾销调查中对世界贸易组织成员不再使用"替代国"做法，而采用"市场扭曲"的新概念和标准。此举被认为违反世贸组织规则，是保护主义做法。

根据当天达成的协议，在反倾销案例中，欧盟将会判断被调查国或者被调查行业是否存在"市场扭曲"，在确认"扭曲事实"的基础上，参考"国际市场价格"或者具有同等经济发展水平的第三国产品价格和成本作为标准来计算倾销幅度。而确定某个国家或某个行业存在扭曲的参考标准包括：政府政策与影响力、国有企业比例、本土公司是否获得优惠补贴、金融机构独立性、是否充分执行破产法、公司法和财产法等。

该协议是在欧盟委员会 2016 年 11 月提出的方案基础上达成的。根据欧盟规定，协议还需要欧洲议会批准通过。欧盟成员国通过的反倾销新标准中不以出口国价格而是以"国际价格"来计算出口产品成本是变相使用"替代国"，换汤不换药的做法，违反了世贸组织规则。世贸组织规则里并不存在"市场扭曲"的概念和定义，它是由欧盟单方面提出的，与世贸组织规则不符。在世界经济复苏仍有很大不确定性的当下，欧盟若执着于升级贸易防护体系，有损欧盟法治精神和国际信誉，有损全球对多边贸易规则和体系的信心，将给国际经济秩序带来巨大破坏。

五、反倾销的反规避措施

随着国际贸易量的不断增加，各国间的贸易摩擦进一步升级，因此，欧美等主要资本主义国家纷纷强化非关税壁垒措施，特别是反倾销措施。但随着反倾销措施的不断强化，被采取反倾销措施的出口商开始采取诸如进口国组装、第三国组装等手段来规避进口国的反倾销措施，这就是规避，也就是反倾销规避。所谓"规避"（Circumvention）是指一国产品在被另一国征收反倾销税的情况下，出口商通过各种形式、手段来减少或避免被征收反倾销税的方法或行为。这种规避行为不但有悖于 GATT 的基本原则，也对公平的国际贸易秩序造成严重破坏，所以，有必要对这种规避行为进行限制和制裁，反规避措施作为反倾销措施的延伸和补充，正是在这种背景下应运而生的。所谓"反规避"（Anti－Circum-vention）是指进口国为限制国外出口倾销商采用各种方法规避进口国反倾销税的行为而采取的各种措施。在反倾销实践中，出口商规避反倾销税的方法主要有以下四种。

（1）进口国境内组装（Importing Country Assembly），即出口商将已被征税产品的零组件出口到进口国，并在进口国组装后进行销售的行为。这种规避主要是利用零部件与制成品在各国海关税则分类上不属于同一税则之内，从而规避反倾销税的征收。

（2）第三国境内组装（Third Country Assembly），即出口商将已被征税产品的制成阶段转移到第三国进行，然后将制成品以第三国产品的身份出口到进口国。这种规避方法的出现主要是因为，在正常情况下，进口国当局通常只对来自特定出口国的特定或不特定出口商的产品征收反倾销税。

（3）产品轻度改变（Minor Alteration），即出口商对已被征税产品进行非功能性改造，如外形等，以使产品有别于那些根据进口国当局反倾销税令的描述而确定的征税对象，进而规避反倾销税的征收。

（4）产品后期开发（Later-Development），即出口商使用新的技术对已被征税产品进行功能性改造，使其成为一种在原反倾销调查期间并不存在的新产品。这种规避方法的原理与产品轻度改变相同。

反规避措施要解决的核心问题是如何恰当地确定一项反倾销税的征税对象，使之既包括已明确的倾销产品，又能够涵盖出口商变相倾销的产品。

目前，从全球反规避立法的整体框架来看，主要分为三大体系，即《邓克尔草案》、欧盟反规避法体系、美国反规避法体系，这三个体系有各自的特点，其中，欧盟和美国的立法体制更加完备和严谨，具有更强的适用性。

（一）《邓克尔草案》

《邓克尔草案》是1991年12月"乌拉圭回合"谈判关于《反倾销协议》修订的第一个草案。但由于《邓克尔草案》中的反规避条款与美国在乌拉圭回合谈判期间所提交的反规避议案有明显的差别，远不能满足美国旨在通过加强反规避措施保证原反倾销令对国内工业保护效力的要求，因此，反规避条款被排除在最终达成的《关于实施〈关税与贸易总协定1994〉第六条的协议》的内容范围之外。

《邓克尔草案》与美国在乌拉圭回合谈判期间依据其国内立法所提出的反规避议案及其修正案的反规避条款的差别，主要表现在以下三个方面：①《邓克尔草案》中没有针对轻微改变的或后期发展的产品采取反规避措施的条款；②《邓克尔草案》也没像美国在其提交的议案中所规定的那样，对于通过第三国规避可以不经过倾销和损害调查就将第三国的产品包括在原反倾销令约束范围之内；③同美国的议案相比，《邓克尔草案》将受原反倾销令约束的零部件限定在较小的来源范围之内。《邓克尔草案》中只提及了两种形式的规避，即对进口国的规避和对第三国的规避。美国当局在提交授予规避修正案之前曾阐明，如果美国的议案没有被接受的话，美国将建议删除《邓克尔草案》中的所有反规避条款，以保护各签字国依据现行《反倾销守则》所确定的行动范围；美国当局认为，反规避条款若在贸易保护方面软弱无力，那么还不如没有这样的条款，软弱无力的反规避条款要比没有这样的条款对美国的限制性大。由于美国与其他成员国（如日本、新加坡等）在反规避重要条款上的分歧不可调和，最终导致反规避条款从《邓克尔草案》中删除了。虽然《邓克尔草案》未成为 WTO 规则的反规避措施，但是其对各国反规避立法和国际反规避规则的制定都具有指导性意义。

（二）欧盟反规避法体系

欧共体最早在反倾销法中规定了反规避条款，是反规避措施立法和实践的先行者。1987 年 6 月 22 日，欧共体理事会通过第 1671/87 号条例，成为世界上第一个规制反倾销规避行为的法律条款，即所谓的"改锥条款"。现行的《欧共体反倾销规则》对"改锥条款"做了较大的修改，在适用范围、实质要件和程序方面做了更加明确的规定，成为欧盟反规避立法的核心。

《欧共体反倾销规则》第 384/96 号条例对反规避的实质要件做了相应规定，在欧共体或第三国进行的某种装配经营符合以下条件时，可对其实施反规避措施。

（1）该经营是在发起反倾销调查之后或是即将开始之前开始的或迅速扩大的，并且有关零件来自该受到反倾销调查的国家。

（2）这些零部件占装配产品的零部件总值的 60% 以上，但是，如果这些零部件在装配或完成过程中的增值超过生产成本的 25%，就不应视为发生了规避。

（3）反倾销的补救效果正在因组装的相似产品的价格/数量受到损害，且有证据证明就以前为同类产品或类似产品确定的正常价值而言存在倾销。

本条例关于反规避实质要件的规定和以前的有关规定有明显改进。首先，增加了"25% 规则"，这是一项限制性规定，这一方面是迫于世贸组织成员国以韩国、日本为代表的缔约方的压力，另一方面也是为了繁荣欧共体经济，鼓励外来投资，增加就业机会。其次，采用了"损害"与"倾销"标准，这是对滥用反规避措施的一大限制，是反规避立法的重大突破。

（三）美国反规避法体系

美国是采用反规避措施最为普遍、运作最为频繁的国家之一，为了有效地制约规避反倾销措施的行为，美国国会在《1988 年综合贸易与竞争法》中，对于反规避措施进行了一系列复杂、细致、缜密的立法，把此前管理当局在反规避实践中的一些成功经验予以法律化。这些规定集中体现在《美国法典》第 19 编第 1677j 节《防止有关反倾销和反补贴税令的规避行为》中。按照此规定，美国反规避制度主要规制的对象分为四类。

1. 在美国完成或者装配的商品

在一项反倾销税令的有效期限之内，如果某项在美国销售的商品，与已经受到该税令约束的其他进口商品属于同类商品，且该商品是由受到该税令约束的外国所生产的零部件进口到美国，经过装配或者完成工序而制成。此外，如果管理当局发现，在美国所实施的装配或者所完成的工序，在性质上属于细微或无关紧要，而且进口零部件的价值在该商品的全部价值中占据了重大的部分，那么，管理当局在考虑了国际贸易委员会的意见之后，可以把上述的进口零部件纳入到原先的反倾销税令所涵盖的范围之内，一体征税。

2. 在第三国完成或者装配的商品

在一项反倾销税令的有效期限之内，如果某项进口到美国的商品，与已经受到该税令约束的其他进口商品属于同类商品，该商品是由受到该税令约束的外国所生产的零部件进口到第三国，经过装配或者完成工序而制成，而且在该第三国所实施的装配或者完成工序，在性质上，属于细微或无关紧要，而受反倾销令约束的外国所产商品的价值在第三国出口到美国该商品的全部价值中，占据大部分。此外，管理当局如果认定采取行动阻止规避反倾销税令的行为是恰当的，那么，在考虑了国际贸易委员会的意见之后，可以把上述的由第三国进口的商品纳入到原先的反倾销税令涵盖的范围之内，一体征税。

3. 商品的细微改变

根据第 1677j 节（c）的规定，管理当局无论是进行反倾销调查还是发布反倾销税令，所划定的同类商品的范围，都应该包括在形态和外观的细微方面发生改变的商品，包括那些只是经过简单加工的天然农产品，而不需要考虑这些商品在美国海关的税目分类表上是否属于同一类别。这里特别需要强调的是，发生了细微改变的商品，理应包括在反倾销调查或反倾销税令所划定的商品范围之内，唯一例外是，除非管理当局认为在反倾销调查或税令的商品范围内没有必要考虑该商品，则有权把它排除在外。换句话说，究竟是否把有关的商品纳入到反倾销调查或反倾销税令所划定的商品范围之内，对于细微改变的商品来说，是个天然纳入、除非反向排除的问题，而对于第 1677j 节中其他三种情况（即在美国完成或者装配的商品、在第三国完成或者装配的商品，以及下文将要述及的所谓"后期开发的商品"）而言，则是必须要经过管理当局考虑一系列相关因素之后，才能决定是否纳入的问题。此外，与第 1677j 节中其他三种情况不同之处还在于，无论管理当局是否决定把有关细微改变的商品纳入反倾销调查或者反倾销税令的范围当中去，都无须考虑国际贸易委员会的建议。

4. 后期开发的商品

当管理当局发起有关反倾销调查之后，如果外国厂商在原有商品的基础上，开发出新的商品，即所谓的"后期开发商品"，向美国出口，对于此种情形，第 1677j 节（d）做出了明确的规定，管理当局在确定"后期开发商品"是否属于规避行为的时候，必须认真考虑如下因素：①与管理当局先前发布的反倾销税令所针对的商品（以下简称早期商品）相比，"后期开发商品"是否具有相同的一般物理特征；②与早期商品相比，最终消费者对于"后期开发商品"是否具有相同的期待；③早期商品相比，"后期开发商品"是否具有相同的最终用途；④与早期商品相比，"后期开发商品"是否通过相同的贸易渠道进行销售；⑤与早期商品相比，"后期开发商品"是否通过类似的方式进行广告宣传和商品展示。

此外，美国反倾销法中还涉及"下游产品"的概念。下游产品（Down Stream Product）是指在一般产品生产的程序中需要进行后期加工而成的产品，该产品如果符合规避的条件，即属于实施反规避措施所应适用的范围。在此"下游产品"指的是由零部件组装而成的进口到美国的任何产品。众所周知，产品的生产制造一般都会经历不同的加工和组装阶段。不论是完成品还是半成品（零部件）都有可能在市场上进行流通。从经济学角度可以很容易看出，如果对半成品或完成品征收反倾销税，则很可能会导致商品的相互转换，从而规避反倾销税令，削弱反倾销税令的救济效果。美国反倾销法中对下游产品的监督的有关规定就是为了解决这方面问题。与上述防止规避税令的情况不同，在下游产品的监督的情况下，征税命令的对象是零部件；在防止规避税令的情况下，征税命令的对象是完成品。

资料链接 7 - 2

美国反规避措施立法的发展历程

20 世纪七八十年代，美国开始对出口商规避反倾销税的行为加以关注，在积极开展立法研究的同时，大力加强实践性应用，从而逐渐建立起一套较为复杂而全面的反规避措施。1980 年日本向美国出口的电动手提打字机被征收反倾销税，为此日本将原出口产品改进为电子手提加记忆打字机，从而继续向美国出口。1987 年，美国商务部对此做出裁定，认为电子手提加记忆打字机未包括在原申诉书所列的税则号之内，在美国海关税则分类中属于其他税则号，因此不在征税范围之内。1988 年，美国国际贸易委员会推翻了商务部的裁决，认为电子手提加记忆打字机应包括在原征税命令的范围之内，同样予以征税；1984 年，美国对来自韩国的彩电进行反倾销调查后决定征收反倾销税。1985 年，韩国将直接向美国出口彩电产品改为出口彩电的零部件（显像管和印刷线路板），再由在美国的子公司组装成彩电后在美国销售。为此，美国商务部认为，显像管和印刷线路板的价值虽然小于整台彩电的价值，但仍与彩电属于同一范围，因此决定将对彩电征收反倾销税的命令扩展适用于彩电的零部件上，即对零部件征收反倾销税。

1988 年《贸易与竞争混合法》（简称 1988 年贸易法）1321 节增加规定了第 781 节"规避反倾销和反补贴税命令的行为的防止"，对 1930 年关税法的第七部分做了进一步的修改。1994 年的乌拉圭回合议案进一步强化了这些反规避措施。为了杜绝外国竞争者通过改变贸易方式或生产方式来规避业已发布的反倾销或反补贴命令的行为，第 781 节包括了旨在防止规避反倾销和反补贴税命令的四个条款，授权商务部对其发布的反倾销反补贴命令的范围加以界定。

第二节　补贴与反补贴

一、补贴的含义和特点

（一）补贴的含义

补贴（Subsidy），是指一成员方政府或任何公共机构向某些企业提供的财政捐助以及对价格或收入的支持，以直接或间接增加从其领土输出某种产品或减少向其领土内输入某种产品，或者对其他成员方利益形成损害的政府性措施，包括对实际服务设施的补偿及纯津贴。

《补贴与反补贴措施协定》（以下简称《协定》）第 1 条规定："就本协定而言，如出现下列情况应视为存在补贴：在一成员（本协定中称"政府"）领土内，存在由政府或任何公共机构提供的财政资助，即如果：①涉及资金的直接转移（如赠款、贷款和投股）、潜在的资金或债务的直接转移（如贷款担保）的政府做法；②放弃或未征收在其他情况下应征收的政府税收（如税收抵免之类的财政鼓励）；③政府提供除一般基础设施外的货物或服务，或购买货物；④政府向一筹资机构付款，或委托或指示一私营机构履行以上①～③所列举的一种或多种通常应属于政府的职能，且此种做法与政府通常采用的做法并无实质差别。"从这一规定可以看出，构成补贴有两个条件：一是由政府或任何公共机构提供的财政资助；二是这种资助给予接受者利益。

（二）补贴的特点

补贴作为一种政府性措施，其具有如下特征。

（1）补贴是一种政府行为，此处的政府行为是广义概念，不仅包括中央和地方政府的补贴行为，而且还包括政府干预的私人机构的补贴行为。

（2）补贴是一种财政行为，即政府公共账户存在开支。

（3）补贴必须授予被补贴方某种利益，一般认为这种利益是受补贴方从某项政府补贴计划中取得了某些它在市场中不能取得的价值。

（4）补贴应具有专向性，专向性补贴是指政府有选择或有差别地向某些企业提供的补贴。

资料链接 7-3

补贴的专向性

具有下列情形之一的补贴，具有专向性。

（1）由出口国（或地区）政府明确确定的某些企业、产业获得的补贴。

（2）由出口国（或地区）法律、法规明确规定的某些企业、产业获得的补贴。

（3）指定特定区域内的企业、产业获得的补贴。

（4）以出口实绩为条件获得的补贴，包括反补贴条例所附出口补贴清单列举的各项补贴。

（5）以使用本国（或地区）产品替代进口产品为条件获得的补贴。

在确定补贴专向性时，还应当考虑受补贴企业的数量和企业受补贴的数额、比例、时间以及给予补贴的方式等因素。

二、补贴的分类

长期以来，各国政府为促进国内经济发展或促进出口，或其他的政策目的，在不同时期对不同的产品或产业实行一定的补贴，这已成为一种普遍现象。具体来说，各国政府所提供的补贴主要分为两类，即出口补贴和生产补贴。

所谓的出口补贴，又称出口津贴，是一国政府为了降低出口商品的价格，增加其在国际市场的竞争力，在出口某商品时给予出口商的现金补贴或财政上的优惠待遇。出口补贴的目的就是促使该国的补贴商品扩大出口量。所谓的生产补贴（Production Subsidy），又称国内补贴（Domestic Subsidy），是政府为控制价格和扶持生产而对生产部门提供的补助，包括价格补贴和亏损补贴，补贴视为负的生产税。生产补贴是指政府对过分依赖进口的产品和政府扶持生产的产业部门提供的补贴，目的是使之扩大生产规模或提高产品质量，以促进其发展，控制产品的进口。

出口补贴和生产补贴作为政府补贴的两种形式，主要区别在于出口补贴主要是针对一国产品出口而言的，生产商在获得国家补贴后，可以以较低价格出口到进口国，以占领该国市场；而生产补贴是一国在产品生产时对于生产商进口原材料或耗材而言的，生产补贴其实相对而言比较隐性，但是在国际贸易中，反补贴也包括生产补贴。

三、反补贴调查程序及措施

为了规范反补贴措施，从 GATT 第 16 条到东京回合的《反补贴守则》，GATT 逐步形成了关于补贴和反补贴的一系列规定，同时也通过专家组在处理补贴和反补贴纠纷问题时，积累了一定的实践经验。《协定》作为乌拉圭回合的谈判成果之一，对补贴和反补贴问题有了更加明确的规定：对补贴进行了分类，对反补贴调查的程序和措施也有了更详细的规定，成立专门机构处理补贴和反补贴措施的问题，并规定了各成员国在协定中需要履行的义务。

《协定》第 10 条规定："各成员应采取所有必要步骤以保证对任何成员领土的任何产品进口至另一成员领土征收反补贴税符合 GATT1994 第 6 条的规定和本协定的规定。反补贴税仅可根据依照本协定和《农业协定》的规定发起和进行的调查征收。"

（一）发起和随后进行调查

《协定》第 11 条规定，确定任何被指控的补贴的存在、程度和影响的调查应在收到国内产业或代表国内产业提出的书面申请后发起。但是，申请中必须载明如下内容：一是申请应包括充足证据以及证明补贴的存在，并说明原因及其金额；二是属由本协定所解释的 GATT1994 第 6 条范围内的损害；三是补贴进口产品与被指控损害之间的一种因果关系。缺乏有关证据的简单断言不能视为足以满足本款的要求。

（二）证据

根据《协定》中的规定，应将主管机关要求的信息通知反补贴税调查中的利害关系成员和所有利害关系方，并给予它们充分的机会以书面形式提出其认为与所涉调查有关的所有证据。应给予收到反补贴税调查中所使用问卷的出口商、外国生产者或利害关系成员至少 30 天时间作出答复。对于延长该 30 天期限的任何请求应给予适当考虑，且根据所陈述的原因，只要可行即应予以延长。同时，在遵守保护机密信息要求的前提下，一利害关系成员或几个利害关系方提出的书面证据应迅速使参与调查的其他利害关系成员和利害关系方可获得。

（三）磋商

申请一经接受，且无论如何在发起任何调查之前，应邀请产品可能接受调查的成员进行磋商，以期澄清有关申请所指事项的有关情况，并达成双方同意的解决办法。此外，在整个调查期间，应给予产品被调查的成员继续进行磋商的合理机会，以期澄清实际情况，并达成双方同意的解决办法。

在不损害提供合理机会进行磋商义务的情况下，这些关于磋商的规定无意阻止一成员主管机关依照本协定的规定迅速发起调查，做出无论是肯定的还是否定的初步或最终裁定，也无意阻止实施临时或最终措施。

（四）以接受者所获利益计算补贴的金额

调查主管机关计算授予接受者的利益所使用的任何方法应在有关成员国内立法或实施细则中作出规定，这些规定对每一具体案件的适用应透明并附充分说明。此外，任何此类方法应与下列准则相一致。

（1）政府提供股本不得视为授予利益，除非投资决定可被视为与该成员领土内私营投资者的通常投资做法（包括提供风险资金）不一致。

（2）政府提供贷款不得视为授予利益，除非接受贷款的公司支付政府贷款的金额不同于公司支付可实际从市场上获得的可比商业贷款的金额。在这种情况下，利益为两金额之差。

（3）政府提供贷款担保不得视为授予利益，除非获得担保的公司支付政府担保贷款的金额不同于公司支付无政府担保的可比商业贷款的金额。在这种情况下，利益为在调整任何费用差别后的两金额之差。

（4）政府提供货物或服务或购买货物不得视为授予利益，除非提供所得低于适当的报酬，或购买所付高于适当的报酬。报酬是否适当应与所涉货物或服务在提供国或购买国现行市场情况相比较后确定（包括价格、质量、可获性、适销性、运输和其他购销条件）。

（五）损害的确定

就 GATT1994 第 6 条而言，对损害的确定应根据肯定性证据，并应包括对以下内容的客观审查。

（1）补贴进口产品的数量和补贴进口产品对国内市场同类产品价格的影响。

（2）这些进口产品随之对此类产品国内生产者产生的影响。

此外，必须证明通过补贴的影响，补贴进口产品正在造成属本协定范围内的损害。证明补贴进口产品与对国内产业损害之间存在因果关系应以审查主管机关得到的所有有关证据为依据。主管机关还应审查除补贴进口产品外的、同时正在损害国内产业的任何已知因素，且这些其他因素造成的损害不得归因于补贴进口产品。在这方面可能有关的因素特别包括未接受补贴的所涉及的产品的进口数量和价格、需求的减少或消费模式的变化、外国和国内生产者的限制贸易做法及它们之间的竞争、技术发展以及国内产业的出口实绩和生产率。

（六）采取反补贴措施

调查当局的调查结果显示存在补贴及损害事实，并且补贴与损害事实之间存在因果关系，此时调查当局可以对补贴进口产品采取反补贴措施。各成员应采取一切必要的措施，以保证对来自任何另一方领土的任何产品反补贴税的征收，都符合 1994 年关贸总协定第 6 条及本协议的规定，反补贴措施只有根据本协议以及农产品协议的有关规定才可以发起，调查、执行对反补贴税的征收。

《协定》规定的反补贴措施有以下几种。

1. 临时措施

《协定》第 17 条规定，调查当局只能在以下情况下使用临时措施：①已正式立案并已公告，且所有利害关系方已得到充分提供信息和发表意见的机会；②经初步审查已肯定存在补贴并因此补贴造成对国内产业的损害；③调查当局断定采取临时措施对于防止调查期间损害的扩大是必要的。

临时措施的形式是征收临时反补贴税，具体形式包括交付现金或存款保证书，其数额应与临时估计的补贴数额相等。临时措施的实施应限制在尽可能短的时间内，实施期限不得超过 4 个月。

2. 承诺

根据《协定》第 18 条规定，在调查当局做出肯定性的初步裁决之后，出口成员方政府或企业为了避免征收反补贴税可以自愿承诺取消或限制补贴，或提高价格以消除损害影响。对于这种自愿承诺，调查当局可自主决定是否接受。如果当局认为不能接受承诺，应向出口商提出其认为的理由，并为出口商提供修改承诺内容的机会。如果是调查当局主动提出要求出口商做出此类承诺，应获得其所属出口成员方的同意。

调查当局与出口成员方或出口商之间一旦达成有关承诺的协议，调查应当终止。调查当局可以要求出口成员方或出口商提供履行承诺的情况，如果一旦发现其违反承诺，调查当局可以立即适用临时措施，并且其适用可追溯至采取临时措施之前 90 天的有关产品进口。

3. 反补贴税

《协定》第 19 条规定，如为完成磋商而做出合理努力后，一成员就补贴的存在和金额做出最终裁定，并裁定通过补贴的影响，补贴进口产品正在造成损害，则该成员可依照本条的规定征收反补贴税，除非此项或此类补贴被撤销。在所有征收反补贴税的要求均已获满足的情况下是否征税的决定，及征收反补贴税金额是否应等于或小于补贴的全部金额的决定，均由进口成员的主管机关做出。宜允许在所有成员领土内征税，如反补贴税小于补贴的全部金额即足以消除对国内产业的损害，则该反补贴税是可取得，并宜建立程序以允许有关主管机关，适当考虑其利益可能会因征收反补贴税而受到不利影响的国内利害关系方提出的交涉。对任何进口产品征收的反补贴税不得超过认定存在的补贴的金额，该金额以补贴出口产品的单位补贴计算。

《协定》第 20 条规定，如最终反补贴税高于现金保证金或保函担保的金额，则差额部分不得收取；如最终税低于现金保证金或保函担保的金额，则超出的金额应迅速予以退还，或保函应迅速予以解除；如做出损害威胁或实质阻碍的裁定（但未发生损害），则最终反补贴税只能自做出损害威胁或实质阻碍的裁定之日起征收，在实施临时措施期间所交纳的任何现金应迅速予以退还，任何保函应迅速予以解除；如最终裁定是否定的，则在实施临时性措施期间所交纳的任何现金应迅速予以退还，任何保函应迅速予以解除。

在紧急情况下，对于所涉补贴产品，如主管机关认为难以补救的损害是由于得益于以与 GATT1994 和本协定的规定不一致的方式支付或给予的补贴产品在较短时间内大量进口造成的，则在其认为为防止此种损害再次发生而有必要对这些进口产品追溯课征反补贴税的情况下，可对实施临时措施前 90 天内进口供消费的进口产品课征最终反补贴税。

（七）反补贴税和承诺的期限和复审

《协定》指出，反补贴税应仅在抵消造成损害的补贴所必需的时间和限度内实施。

主管机关在有正当理由的情况下，自行复审或在最终反补贴税的征收已过一段合理时间后，应提交证实复审必要性的肯定信息的任何利害关系方请求，复审继续征税的必要性。利害关系方有权请求主管机关复审是否需要继续征收反补贴税以抵消补贴，如取消或改变反补贴税，则损害是否有可能继续或再度发生，或同时复审两者。如作为根据本款复审的结果，主管机关确定反补贴税已无正当理由，则反补贴税应立即终止。

但是任何最终反补贴税应在征收之日起 5 年内终止，除非主管机关在该日期之前自行进行的复审或应在该日期之前一段合理时间内由国内产业或代表国内产业提出的有充分证据的请求下进行的复审确定，反补贴税的终止有可能导致补贴和损害的继续或再度发生。在此种复审的结果产生之前，可继续征税。关于证据和程序的规定应适用于根据本条进行的任何复审。任何此类复审应迅速进行，且通常应在自复审开始之日起 12 个月内结束。

（八）公告和裁定的说明

如主管机关确信有充分证据证明按照《协定》第 11 条发起的调查是正当的，则应通知其产品将接受该调查的一个或多个成员和调查主管机关已知与该调查有利害关系的其他利害关系方，并应发布公告。

关于发起调查的公告应包括或通过"单独报告"提供有关下列内容的充足信息：①一个或多个出口国的名称和所涉及的产品名称；②发起调查的日期；③关于拟接受调查的补贴做法的说明；④关于损害的指控所依据因素的摘要；⑤利害关系成员和利害关系方送交交涉的地址；⑥允许利害关系成员和利害关系方公布其意见的时限。

对于任何初步或最终裁定，无论是肯定的还是否定的，按照第 18 条接受承诺的决定、此种承诺的终止以及最终反补贴税的终止均应做出公告，并且每一公告均应详细列出或通过单独报告详细提供调查主管机关就其认为重要的所有事实问题和法律问题所得出的调查结果和结论。

四、反补贴的反规避措施

反规避措施是指为了防止被实施反补贴措施的产品出口商利用海关税则的规定将其产品拆解或改头换面或采取其他措施继续向出口国出口，以图逃避反补贴制裁，而将正在生效阶段的反补贴救济措施扩大适用于补贴产品的零部件或经改装后的产品。

进口商对于出口商逃避反补贴措施的应对方法，就是进一步完善反补贴的反规避措施并予以立法，尤其是对如何恰当地描述应缴纳反补贴税的产品，使之既包括已明确的补贴产品，又能够涵盖出口商变相补贴的产品。

目前，除 WTO 的《协定》之外，国际上反规避立法内容较为完备且影响较大的主要有欧盟和美国的反规避法体系。

（一）欧盟反规避法体系

早在 1987 年，欧盟在反倾销条例中就出现了反规避条款，即"改锥条款"，1997 年在借鉴并吸收"改锥条款"的基础上，颁布了反补贴法令，在适用范围、实质要件和程序方面加以完善。概括起来，欧盟的反规避立法主要有以下的内容和特点。

（1）对"进口国组装规避"的征税对象变化。美国的反规避措施是对原出口国的被征收反补贴税的零部件或原材料征收反补贴税，而欧盟征税的对象是在欧盟用原出口国的零部件或原材料组装的制成品。

（2）增加了"第三国组装规避"的反规避措施。1997年，欧盟在借鉴美国做法的基础上，在反补贴法令中首次将反规避措施扩展到第三国组装规避。

（3）扩大了规避行为主体。即使和被征收反补贴税的出口商没有任何联系的企业，只要符合欧盟判断规避行为的条件，也可能成为反规避的适用对象。

（4）进一步明确了判断规避行为的标准。①时间方面，在对出口商的制成品发起反补贴调查之后或是即将开始之前，才开始的或迅速扩大在欧盟或第三国的组装经营，并且有关零件来自该受到反补贴调查的国家；②零部件价值方面，来自被征收反补贴税的制成品国家的零部件或原材料必须超过装配产品的零部件总值的60%以上，但是，如果这些零部件在装配或完成过程中的增值超过生产成本的25%，就不应视为发生了规避；③实际效果方面，反补贴的补救效果正在因组装的相似产品的价格/数量受到损害，且有证据证明就以前为同类产品或类似产品确定的正常价值而言存在补贴。

（二）美国反规避法体系

美国早在1998年《综合贸易与竞争法》中就增加了反规避措施，对反规避进行立法。美国的反规避法体系中主要对以下五种反规避情况进行立法。

1. 在美国制造或组装的产品

如果一项出口产品在美国被征收反补贴税，出口商将生产该产品的零部件出口到美国，进行生产或组装成产品后在美国销售，商务部可以把这种在美国制造或组装的产品纳入原命令的范围。至于可否直接向零部件征收反补贴税，第781节（a）则将"认定进口用于制造或组装命令所指商品的零部件是否应包括在命令的范围以内"这一自由裁量权授予商务部。如果商务部要认定上述零部件包括在命令的范围之内，必须符合两个条件：①该零部件必须是从命令所针对的国家进口的；②在美国出售的成品的价格和进口的零部件的价格之间的差额较小。至于差额小到什么程度法律没有明确，完全由商务部掌握（在已有的案件中，商务部根据具体情况的不同，对差额较小的认定从10%到20%、25%不等）。在决定是否将零部件纳入命令的范围之中时，商务部还必须考虑下列三个因素：一是贸易方式；二是位于命令所针对的外国境内的零部件生产商或出口商与为在美国销售而在美国制造或组装的企业是否存在股份、资金或其他补偿关系；三是在发布反补贴命令后，从命令所针对的国家进口的零部件是否有所增加。

商务部在最终做出是否将某项产品纳入到命令的范围之内的裁定以前，必须将裁定方案通知国际贸易委员会，并必须考虑其提出的任何建议。

2. 在第三国制造或组装的产品

如果美国商务部能够认定产品进入美国之前：①是由在反补贴令所针对的国家生产或组装的产品；②是由在反补贴令所针对的国家生产的，在其他第三国进一步加工制成或装配的相同或类似的产品；③该进口产品的价值与上述产品的价值之间的差额很小。主管当局确定为规避，发出反补贴命令或决定采取行动是恰当的，则商务部有权将上述产品纳入反补贴令之中。换句话说，如果美国商务部发现在美国被征收反补贴税的进口产品与第三国出口到美国的产品是同类或同种产品，并且该第三国的产品是由来自被征收反补贴税国家的零部件组装或制成，产品也未达到起码的增值要求或较高阶段的产品，即在第三国组装成产品的价值与来自原出口国家零部件或材料的价值之间的差额小，则反规避措施可以扩展适用于这些来自第三国的制成品。

同时，商务部还必须考虑前述三个因素。在商务部最终做出是否将某项产品纳入到命令的范围之内的裁定以前，必须通知国际贸易委员会，并必须考虑其提出的任何建议。

3. 微小改变的产品

与要求商务部决定是否将某种产品包括在命令的范围中的其他条款相比，该条款将形状和外表经过微小改变的产品推定为包括在调查或命令的范围之中。该条款还特别将经过粗加工的农业产品包括在内。商务部有权决定将经过微小改变的产品排除在外，但是，原来属于命令所涉对象的产品经微小改变后即使属于不同的海关分类，也不能成为将其排除在命令之外的原因。

与其他条款相比，该条款与众不同之处更在于商务部在做此项裁定时，无须与国际贸易委员会磋商。

4. 后期开发的产品

《综合贸易与竞争法》第781节（d）规定，在调查开始后改进的产品如果在：①物理特性；②最终购买者的期待；③最终用途；④贸易渠道；⑤广告和陈列方面与反补贴命令中所涉及的产品在本质上相同，则商务部可以将其纳入到反补贴命令之中，但必须考虑国际贸易委员会就此所做的任何建议。该条款特别禁止商务部仅仅由于后来改进的产品的海关分类与调查中认定的海关分类不同，或者由于其具有了新的功能而将该产品排除在外，除非这些新的功能构成了该产品的主要用途并且该功能的成本在该产品的生产总成本中占重大比例。

5. "相当于销售的租赁"行为

为逃避反补贴税，一些涉及大额资本的产品如机器工具、电力设备及建筑等的出口商，通过优惠的租赁条件向进口国租赁该产品，从而达到实质向进口国出口产品的目的。这种行为实质上是一种变相的规避，对此商务部也对这类行为进行反规避调查，一旦确认其规避性质，就将对其采取反规避措施进行制裁。美国商务部在调查这类规避行为时，通常会考虑以下因素：租赁期限；交易情况；在工业内的商业做法等。

（三）我国反规避法体系

与欧美等发达国家相比，我国的反规避立法尚处于起步阶段。1997年3月25日，中华人民共和国国务院发布《中华人民共和国反倾销和反补贴条例》，该条例第35条规定："对外贸易经济合作部、国家经济贸易委员会和国务院有关部门可以采取适当措施，防止规避反倾销措施的行为。"2004年6月1日，修订并实施的《中华人民共和国反补贴条例》第54条也规定："商务部可以采取适当措施，防止规避反补贴措施的行为。"

我国规定，规避反补贴措施的行为主要有以下几方面：①向中国出口被征收反补贴税产品的零部件，并在中国组装；②被征收反补贴税的产品在第三国（或地区）组装或加工，并向中国出口；③对被征收反补贴税的产品进行外形的改变或加工，使之不征收反补贴税的关税税目，并向中国出口；④对被征收反补贴税的产品进行后期发展，并向中国出口。实施规避反补贴措施的行为，对国内产业造成损害的，商务部可以采取适当措施，防止规避反补贴措施的行为。

以上规定虽然具有一定的可操作性，但在反规避条例内容的完备程度方面仍与欧美等国家存在很大的差距，需要我国不断完善反补贴条例中的反规避措施，进一步对规避行为范围、规避标准量化和避免乱用反规避措施等方面进行改进和完善，以适应当前国际经济的发展变化。

第三节　保障措施

一、保障措施的含义

保障措施（Safeguard Measures）是指不当可预见的发展导致一产品的进口数量增加，以致对生产同类或直接竞争产品的国内产业造成严重损害或严重损害威胁时，进口成员方可以在非歧视原则的基础上对该产品的进口实施限制。该措施是成员政府在正常贸易条件下维护本国国内产业利益的一种重要手段，它与针对不公平贸易的措施不同。设置该措施的目的在于使成员所承担的国际义务具有一定灵活性，以便其在特殊情况出现时免除其在有关 WTO 协定中应当承担的义务，从而对已造成的严重损害进行补救或避免严重损害之威胁可能产生的后果。

保障措施是国际法上"情势变更原则"（Principle of Change of Circumstances）在国际贸易关系中的具体运用。该原则是 16、17 世纪由私法学者提出的，其原意是契约本身隐含有在签约时的情势不变期间契约持续有效的条款，即情势不变条款。保障措施首次纳入国际条约源于 1942 年美国与墨西哥签订的《互惠贸易协定》（Reciprocal Trade Agreement）。该协定第 11 条规定："如果意外情况的发展和本协定所附减让表中列举的任何货物之减让的结果，使这种货物进口的数量大为增加，并在此等情况下对国内相同或类似产品的生产者造成严重损害或严重损害之威胁，任何一方政府在防止此等损害所必需的程度和时间内，应自由地全部或部分地撤回减让，或修改减让。"

二、保障措施的实施条件

1994 年 GATT 第 19 条第 1 款规定："如因意外情况的发生或因一成员承担本协定义务（包括关税减让在内）而产生的影响，使某一产品输入到该成员领土的数量大为增加，对这一领土内的同类产品或与其直接竞争产品的国内生产者造成严重损害或产生严重损害威胁时，该成员在防止或纠正这种损害所必需的限度和时间内，可以对上述产品的全部或部分暂停实施其所承担的义务，或者撤销或修改减让。"《保障措施协议》（以下简称协议）第 2 条第 1 款进一步明确指出："一成员只有根据下列规定才能对一项产品采取保障措施，即该成员已确定该产品正以急剧增加的数量（较之国内生产的绝对增加或相对增加）输入其领土，并在此情况下对生产同类或直接竞争产品的国内产业造成严重损害或严重损害威胁。"据此，某一成员国在实施保障措施时，应当具备以下条件。

（一）进口急增

协议规定的进口急增，是指进口产品的数量急增，包括"相对增加"和"绝对增加"。绝对增加是进口产品的数量的实际增长。如某产品的进口量从1500吨增加为2500吨。而相对增加是相对于进口国国内生产总量而言的进口产品的市场份额的增加，并且实际进口量不一定发生改变。如某一进口国每年进口彩电1000台，其国内彩电生产量从4000台/年降到2000台/年；在进口量不变的情况下，进口产品的市场份额从20％上升为33.3％。

（二）进口急增原因

进口急增的原因为1994年GATT所规定的"意外情形"和"进口成员承担WTO义务结果"。

所谓"意外情形"，有时也被称为"不可预见情况"或"意外情况"，1994年GATT与协议对此未做出明确解释。在1950年捷克斯洛伐克诉美国"皮帽案"中，关税与贸易总协定工作组曾将"不可预见情况"解释为，关税减让时不能合理预见的情况。同时，中国专家也指出，一般认为，"意外情况"是指有关缔约国在承担总协定有关义务之后所发生的且是不曾预见的情况，即承担义务之后的情势与承担义务之时的情势相比发生了意料之外的变化。由此可见，意外情形就是一成员在承担WTO协定义务过程中所发生的、订立这些协定时所不能合理预见到的情形，它是情势变更原则的具体表现。所谓"进口成员承担WTO义务结果"，是指成员履行WTO义务时，其中最主要是有关关税减让和削减非关税壁垒义务，提高了进口产品的竞争力，从而导致进口产品数量急剧增加的结果。

（三）进口急增后果

进口急增的后果是导致进口国国内产业造成严重损害或严重损害威胁。1994年GATT第19条对严重损害和严重损害威胁未予以界定，但协议对此却做出了明确规定。协议第4条第1款规定，严重损害应理解为对某一成员国内产业造成的"重大的全面损害"（Significant Overall Impairment）；严重损害威胁是"明显迫近的"（Clearly Imminent）。确定严重损害威胁的存在应基于事实，不能仅以想象、推测或远期的可能性作为依据。因此，所谓严重损害是指对一成员某一国内产业总体状态上所造成的重大损害。严重损害威胁是指显而易见的、迫近的损害威胁的存在的事实，该威胁不是可想象、推测或远期的可能发生的事实。

在确定或判定是否对进口国国内产业造成严重损害或严重损害威胁时，主管机构应当评估或衡量影响该国内产业状况的、客观和可量化的所有相关因素。这些相关因素主要包括：①有关进口产品绝对增加或相对增加的比例和数量；②进口产品在国内市场上所占的市场份额；③国内产业的销售水平、总产量、生产率、设备利用率、盈亏以及就业变化等。

三、保障措施的实施程序

为了保证实施过程中的公正性和透明性，协议对保障措施的实施规定了较为详细的程序，其主要包括调查、通知与磋商、保障措施实施。

（一）调查

调查申请由全部产量或其产量占国内同类产品生产总量主要比重的国内产业提出，或由成员方政府提起，该申请以书面形式提出。申请书的内容应主要说明进口产品急剧增加所造成的国内的严重损害或严重损害威胁。有关当局受理该申请、审查并决定立案后，展开调查。

调查的主要内容包括审查证据，评估所有相关因素，并确认进口急剧增加与损害之间的因果关系。

调查的具体规则要求是向所有利害关系方做出适当的公告，举行公开听证会，给予进口商、出口商及其他利害关系方提供适当机会以陈述证据和看法，并对其他利害关系方陈述做出答复。调查结束后，有关当局应公布调查报告，列明对一切相关事实和法律问题的调查结果，以及做出的合理结论。

（二）通知与磋商

1994 年 GATT 第 19 条第 2 款规定，实施保障措施的成员应"尽可能提前以书面形式通知成员全体，以便成员全体及与该项产品的出口由重大利害关系的成员，有机会与其就拟采取的行动进行协商"。协议第 12 条做出了详细、系统的规定，这些规定体现了 WTO 的透明度原则。

1. 通知

实施保障措施成员应将有关严重损害或严重损害威胁的调查过程、调查结论和实施或延长实施保障措施的决定，立即通知保障措施委员会（Committee on Safeguard）。通知的内容应尽可能详细和具体，包括相关证据，涉及的产品，拟采取措施及其时间和逐步放宽表等。货物贸易理事会或保障措施委员会在必要时可以要求请求实施保障措施的成员提供补充材料。

2. 磋商

有关成员应将保障措施内容与方法或临时保障措施进行磋商，交换意见，并达成谅解。磋商结果应及时经保障措施委员会通知货物贸易理事会。

此外，协议要求，成员应将涉及保障措施的法律、规章和行政程序及时通知保障措施委员会，而且任何成员若认为某一成员未如此作为，可将有关情况通知该委员会。当然，协议也同时要求，关于该通知的规定，并非要求任何成员公开有损其法律实施或违背其公共利益或危害其特定企业合法商业利益的秘密资料。

（三）保障措施实施

进口当局在调查、确认了进口急剧增加的原因及后果，并履行通知与磋商义务后，进口成员政府即可采取保障措施。

1. 保障措施实施方式

保障措施实施方式主要有提高关税，实行关税配额以及数量限制等。但保障措施应在防止或救济严重损害或严重损害威胁的必要限度内。

鉴于非关税措施对国际贸易的扭曲作用较大，协议第 5 条对实施数量限制和配额措施做了限制规定,即实施数量限制,不得使进口数量低于过去三个有代表性年份的平均进口水平,除非进口方有正当理由表明有必要采用与此不同的进口水平。在实施配额限制时,进口方应与有利害关系的出口方就配额分配进行磋商。若磋商未果,则进口方应基于出口方前一有代表年份的进口份额进行分配,除非能够在保障措施委员会主持磋商中证明,不按该方法进行分配时有正当理由的。

2. 保障措施实施期限

协议要求,保障措施实施期限一般不应超过4年。如果需要以保障措施防止损害或救济受损害产业,或有证据证明该产业正在进行调整,则可延长实施期限。但保障措施实施的全部期限(包括临时保障措施)不得超过10年。

3. 临时保障措施

协议规定,在紧急状况下,如果迟延采取措施会造成难以弥补的损害,进口方可不经磋商而采取临时保障措施。该临时保障措施的实施的条件是:①进口当局只能初步裁定进口急剧增加已经或正在造成严重损害或严重损害威胁时,方可采取临时保障措施;②临时保障措施的实施期限不得超过200天,且该期限计入保障措施总期限内;③临时保障措施应以关税形式为主,如果随后的调查不能证实进口急剧增加对国内产业已造成的严重损害或严重损害威胁,则征收的关税应迅速退还;④成员在实施临时保障措施前应通知保障措施委员会,在采取该措施后应尽可能与各利害关系方进行磋商。

资料链接 7-4

美国钢铁 201 保障措施案

2002年3月5日,美国宣布对10种进口钢材采取保障措施,在为期3年的时间里,加征最高30%的关税。此举引起了很多国家的反对,并且产生了一系列的连锁反应。其中,中国等8个WTO成员将此案诉诸WTO。这是中国在WTO中的第一个案件。

美国对外宣称,美国钢铁行业在美国经济中起着重要的作用。但其他钢铁生产国一直对钢铁市场进行干预,对钢铁业直接提供财政支持,造成全球钢铁产量严重过剩,世界市场供大于求。因此,美国产业受到了严重的影响。现在,美国钢铁行业财务困难,利润大幅下降,投资和市场份额收缩,许多企业已经寻求破产保护。美国对钢铁进口实施暂时的保障措施,是为了给美国钢铁产业提供一个机会,使之调整适应外国钢铁的大量进口。

但当时人们普遍认为,这是为了在2002年11月举行的国会中期选举中,总统为共和党争取钢铁工人选票,以及在经合组织(OECD)中给久拖不决的钢铁全球限产谈判施加压力,并且利用保障措施给钢铁业提供产业调整的机会等,是美国采取保障措施的真正原因。

事实上,美国钢铁产业的现状,很大程度上归咎于美国国内产品竞争和产业结构的问题。2000年,美国钢铁产量1.12亿吨,是世界第三大钢铁生产国。美国有13家综合钢铁厂,65家小钢厂。小钢厂技术先进,生产成本低,员工压力小,其生产的产品对综合钢厂形成了有力的竞争,压低了产品的价格。而综合钢厂由于需要承担的退休员工社会保障成本过高等原因,技术更新和产业调整缓慢等原因,形成了产量过大,产品整体竞争力不强的状况。

相比之下，20 世纪 90 年代，欧盟对其钢铁行业的结构进行了大刀阔斧的调整，主要是通过实施较为严格的政府资助管理规则和竞争规则，对钢铁结构进行市场化调整。钢铁行业兼并收购之风盛行，欧盟多数钢铁产品由少数几家在全球钢铁行业最具效率的钢铁公司生产，在全球十大钢铁企业中，欧盟就占了 5 家。其结果是欧盟钢铁行业在国际钢铁市场上的竞争力得以提高。

美国将钢铁行业的困难归咎于进口增加，并且对进口采取限制措施，在世界上引起了强烈反响。钢铁生产国纷纷指责美国的贸易保护主义做法，认为这将对刚刚开始的 WTO 多边谈判造成不利的影响。欧盟、日本、韩国等地区或国家与美国举行了《保障措施协议》项下的磋商。

美国限制钢铁进口的措施，使得原来向美国出口的钢铁流向其他国家，一些国家对这种"贸易转移"可能产生的对本国钢铁行业的影响进行调查，其中，欧盟于 2002 年 3 月对进口钢铁产品采取临时保障措施。此外，欧盟、日本等还向 WTO 通报了准备对美国产品实施贸易报复的清单。同时，欧盟、日本、韩国、中国、瑞士、挪威、新西兰和巴西等地区或国家将美国保障措施提交 WTO，要求裁决其违反 WTO 的有关规定。这在 WTO 争端解决的案件中，无论从涉及国家的数量还是从对贸易的影响来看，都是首屈一指的。

本章小结

倾销是指一个国家或地区的出口经营者以低于国内市场正常或平均价格甚至低于成本价格向另一国市场销售其产品的行为，目的在于击败竞争对手，夺取市场，并因此给进口国相同或类似产品的生产商及产业带来损害。并不是所有的低价销售都会构成倾销，倾销的构成必须满足三个条件：产品以低于正常价格或公平价值的价格销售；这种低价销售的行为给进口国产业造成损害，包括实质性损害、实质性威胁和实质性阻碍；损害是由低价销售造成的，二者之间存在因果关系。反规避措施要解决的核心问题是如何恰当地确定一项反倾销税的征税对象，使之既包括已明确的倾销产品，又能够涵盖出口商变相倾销的产品。目前，从全球反规避立法的整体框架来看，主要分为三大体系，即《邓克尔草案》、欧盟反规避法体系、美国反规避法体系。

补贴是指一成员方政府或任何公共机构向某些企业提供的财政捐助以及对价格或收入的支持，以直接或间接增加从其领土输出某种产品或减少向其领土内输入某种产品，或者对其他成员方利益形成损害的政府性措施，包括对实际服务设施的补偿及纯津贴。

保障措施是指不当可预见的发展导致一产品的进口数量增加，以致对生产同类或直接竞争产品的国内产业造成严重损害或严重损害威胁时，进口成员方可以在非歧视原则的基础上对该产品的进口实施限制。一成员在实施保障措施时，应当具备以下条件：进口急增、进口急增原因和进口急增后果。

重要概念

倾销（Dumping）

可比价格（Comparable Price）

第三国出口价格（Export Price for Third Party）

进口国境内组装（Importing Country Assembly）

第三国境内组装（Third Country Assembly）

产品轻度改变（Minor Alteration）

产品后期开发（Later-Development）

补贴（Subsidy）

生产补贴（Production Subsidy）

保障措施（Safeguard Measures）

练习题

1. 什么是倾销？倾销的特点是什么？

2. 不是所有的低价倾销都会构成不公平竞争，低价倾销有哪些例外？

3. 如何认定倾销？

4. 简述反倾销调查的主要程序。

5. 什么是规避和反规避？

6. 在反倾销实践中，出口商进行反倾销规避通常会采取哪些措施？

7. 什么是补贴？补贴有何特点？

8. 补贴的形式有哪些？

9. 我国在应对国外反补贴措施时，有成功也有失败，试说明我国在应对国外反补贴措施时，需注意什么问题？

10. 什么是贸易保障措施？一国拟实施保障措施需要具备哪些条件？

11. 国外贸易保障措施是如何制定和执行的？

12. 我国哪些产业需要运用贸易保障措施应对国外产品冲击？理由是什么？

区域经济一体化与国际贸易

学习目标

- 了解

三个主要的区域经济一体化组织

中国参与区域经济一体化的现状

区域经济一体化对国际贸易的影响

- 掌握

区域经济一体化的含义

区域经济一体化的动因和形式

区域经济一体化的经济效应

区域经济一体化理论

第一节 区域经济一体化的形成

区域经济一体化又称贸易集团化、区域经济集团化，是第二次世界大战后世界经济出现的一种新现象。一方面，二次世界大战后，在科技革命的推动之下生产力迅速发展，导致各国分工与依赖日益加深，同时对世界市场的争夺更加激烈。另一方面，由于世界经济发展不平衡，一些发达国家为了确保本国的优势地位，发展中国家为了谋求共同发展，纷纷采取区域经济合作的方式。

一、区域经济一体化的含义

区域经济一体化（Regional Economic Integration）是指两个或两个以上的国家和地区之间所实行的某种形式的经济联合或组成的区域性经济组织，在组织内部的国家之间降低或取消关税及其他非关税壁垒，实行自由贸易，并为此协调成员国间的经济社会政策，或建立超国家的决策和管理机构，来推行共同的行为准则。区域经济一体化已成为国际经济关系中最引人注目的趋势之一，区域经济一体化是伙伴国家之间市场一体化的过程，从产品市场生产要素市场向经济政策的统一逐步深化。

区域经济一体化和经济全球化是两个既相互区别、有紧密联系的概念。经济全球化和区域经济一体化两者处于不同的发展层次，其归宿点不同。经济全球化主要是指生产要素以空前的速度和规模在全球范围内流动，它是经济一体化的高级阶段；区域经济一体化，是指生产要素在超国界的一定区域内实现合理流动，各种资源在更大的空间和生产领域的有效配置，实现优势互补，相互促进的过程，区域经济一体化成为经济全球化体系的物质基础和必然的发展阶段。经济全球化是区域经济一体化发展的动力，但经济全球化并不能够取代区域一体化。区域经济一体化和经济全球化是一个问题的两个方面，它反映出两者之间相互依存、相互联系、相互促进的基本形态。区经济一体化是经济全球化的初级阶段。区域经济一体化和经济全球化，都是实现生产要素资源跨国家自由流动，解决资源跨国家配置的问题，其最终目的在于实现世界经济一体化。世界各国面临的各种问题，克服各种经济发展过程中所面临的各种问题，克服各种经济发展的制约因素，成为区域经济一体化得以建立的客观基础。

二、区域经济一体化的成因

促进区域经济一体化迅速发展的原因，随时间、国家和地域的不同而不同，但归结起来主要有经济和政治两方面的原因。

（一）经济原因

（1）当前全球范围内日益加深的市场化趋向改革，为区域经济一体化的发展奠定了体制基础。在战后新技术条件下，各国各地区之间的分工与依赖日益加深，生产社会化、国际化程度不断提高，使各国的生产和流通及其经济活动进一步越出国界。这就必然要求消除阻碍经济国际化发展的市场和体制障碍。当今世界，越来越多的国家通过实践认识到，只有选择市场经济体制，才能加快本国经济发展的速度、提高经济的运转效率和国际竞争力。通过改革，各国消除了商品、生产要素、资本以及技术在国家之间进行流动的经济体制上的障碍，促成了区域经济一体化的发展。

（2）世贸组织多边贸易体制本身的局限性以及近年来多边贸易谈判所遭遇的挫折和困难，刺激了区域经济一体化的发展。虽然世贸组织是推动贸易自由化和经济全球化的主要力量，但由于自身庞大，运作程序复杂，根据世贸组织"一揽子接受"方式，其成员对各项议题的谈判只有在一致同意的基础上才能进行，从而注定了短时间内所有成员达成共识和消除矛盾并非易事。比如，2001 年 11 月在多哈发起的首轮多边回合谈判一直举步维艰。多边贸易谈判前景的不可预测性，为双边和区域性贸易协议提供了发展空间与机遇，也为参与全球竞争多了一种选择。而且，区域经济一体化组织因其成员常常是地理位置相邻、社会政治制度相似、生产力发展水平相近、有类似的文化历史背景的国家，因而具有开展经济合作的诸多优势。

（二）政治原因

（1）谋求政治修好，缓解矛盾冲突，稳定地区局势。世界银行研究表明，区域贸易协议除了促进贸易流动，也对消除政治冲突起着显著的作用。欧洲合作的初始动机和最终目标就是政治。经过两次世界大战的磨难，欧洲人意识到不能再发生战争，必须通过合作、一体化与联合，才能实现欧洲的长久稳定、安全和发展。时至今日，欧洲各国终于通过经济合作，为实现地区的和平与发展、实现大欧洲联合的梦想，奠定了坚实的基础。在亚洲，1999 年东亚领导人关于东亚合作的联合声明，明确提出了开展政治、安全对话与合作的议题。此外，印度和巴基斯坦之间政治紧张局势的缓解，与正在进行中的南亚自由贸易区协议谈判密不可分。非洲一些国家政局长期不稳，大多数国家经济又不发达，这些因素促使非洲联盟于 2002 年问世，其目的是试图以政治和经济合作来推动地区稳定与经济发展。

（2）推动国内的体制改革。一些发展中国家和转轨国家把区域贸易协议作为锁定贸易自由化或国内体制改革进程的机制，即通过外部的条约责任和有形具体的承诺来促进国内的体制改革。20 世纪 90 年代，东欧转型国家与欧盟签署区域贸易协议的目的之一，就在于以此推动向市场经济的转化过程。

（3）寻求区域层面的政治保护以抗衡其他区域集团。这是世界大国加紧组织和巩固区域经济集团的一个重要动因。美国参与跨地区的亚太经合组织，意在抗衡不断扩大的欧盟。而欧盟希望作为一个更强大的整体，用一个强音在国际上更有力地与美、日等大国抗争，不仅在自家门口加紧对外经济扩展，在拉美和亚洲等地积极开展经济合作，而且致力于"大欧洲自由贸易区"的构想。日本极力在亚太地区推行"雁阵模式"，巩固和扩大"大东亚经济圈"，同时采取各种措施打入欧美腹地，并期望借此获取安理会常任理事国地位。俄罗斯以独联体为依托，已经建立或正在构建一些区域经济集团，如独联体国家经济联盟、欧亚经济共同体等，以巩固和加强俄的大国地位。东盟通过加强内部协调与合作，在世贸组织、联合国贸发会议等多边经济组织中用一个声音说话，来维护日益增强的自身利益。

（4）传播主体政治价值理念。"9·11"之后，美国把反恐作为其国际战略的一项核心内容。2003 年 5 月伊拉克战争结束后，美国主动提出与中东地区国家在 2013 年之前建立自由贸易区的倡议。舆论普遍认为，美国此举的真正目的是要通过自由贸易区方式在该地区推行美国式民主制度。

三、区域经济一体化的形式

（一）按自由化程度划分

美国著名经济学家巴拉萨把经济一体化的进程分为四个阶段：①贸易一体化，即取消对商品流动的限制；②要素一体化，即实行生产要素的自由流动；③政策一体化，即在集团内达到国家经济政策的协调一致；④完全一体化，即所有政策的全面统一。与这四个阶段相对应，经济一体化组织可以根据市场融合的程度，即自由化程度，分为以下六类。

1. 优惠贸易安排

优惠贸易安排（Preferential Trade Arrangement）即在成员国间，通过协定或其他形式，对全部商品或一部分商品给予特别的关税优惠，这是经济一体化中最低级和最松散的一种形式，典型的有 1932 年英国与之前的殖民地国家之间实行的英联邦特惠制。

2. 自由贸易区

自由贸易区（Free Trade Area）即由签订有自由贸易协定的国家组成一个贸易区，在区内各成员国之间废除关税和其他贸易壁垒，实现区内商品的完全自由流动，但每个成员国仍保留对非成员国的原有壁垒。其基本特征是用关税措施突出了成员国与非成员国之间的差别待遇。如 1960 年成立的欧洲自由贸易联盟，1994 年 1 月 1 日成立的北美自由贸易区。

3. 关税同盟

关税同盟（Customs Union）即成员国之间完全取消关税或其他贸易壁垒，同时协调其相互之间的贸易政策，并对非同盟国家实行统一的关税率。这在自由贸易区的基础上又更进了一步，使参加国的商品在统一关税的市场上处于有利竞争地位，排除非同盟国商品的竞争，开始带有超国家的性质，典型的有欧洲经济共同体。

4. 共同市场

共同市场（Common Market）即成员国在关税同盟的基础上进一步消除对生产要素流动的限制，使成员国之间不仅实现贸易自由化，而且实现技术、资本、劳动力等生产要素的自由流动。典型的如欧洲统一市场。

5. 经济同盟

经济同盟（Economic Union）是指成员国之间不但实现商品和生产要素的自由流动，建立起对外的共同关税，而且制定和执行某些共同经济政策和社会政策，逐步废除政策方面的差异，形成一个庞大的经济实体，典型的如目前的欧洲联盟。

6. 完全经济一体化

完全经济一体化（Complete Economic Integration），这是经济一体化的最高阶段。成员国在经济、金融、财政等政策上完全统一，在国家经济决策中采取同一立场，区域内商品、资本、人员等完全自由流动，使用共同货币。它具备了经济国家的地位。

以上区域经济一体化的 6 种形式，也可以看作是一体化发展的 6 个阶段，但各阶段之间不一定具有必然发展过程。例如，欧洲经济共同体是从关税同盟开始的，并未经过优惠贸易安排和自由贸易区阶段；而欧洲自由贸易联盟也未必要向关税同盟发展。区域经济一体化 6 种形式之间自由化程度的差异，可以通过表 8-1 进行更好的说明。

表 8-1　区域经济一体化 6 种形式的差异

合作特征	优惠贸易安排	自由贸易区	关税同盟	共同市场	经济同盟	完全经济一体化
内部关税优惠	是	是	是	是	是	是
内部关税完全取消	否	是	是	是	是	是
设立共同壁垒	否	否	是	是	是	是
对生产要素的流动	否	否	否	是	是	是
统一国家经济政策	否	否	否	否	是	是
统一国家各种政策	否	否	否	否	否	是

（二）按参加国经济发展水平划分

按参加国经济发展水平划分，区域经济一体化可以分为以下两种形式。

1. 水平一体化

水平一体化（Horizontal Integration）又称横向一体化，是由经济发展水平相同或相近的国家组成的。从区域经济一体化的发展实践来看，目前世界上大多数区域经济一体化组织属于这种形式，如欧洲联盟、东盟自由贸易区、中美洲共同市场。

2. 垂直一体化

垂直一体化（Vertical Integration）又称纵向一体化，是由经济发展水平不同的国家组成的。目前运作比较成功的垂直一体化组织是 1994 年成立的北美自由贸易区，它是由经济发展水平不同的发达国家（美国、加拿大）和发展中国家（墨西哥）联系在一起，使建立自由贸易区的国家之间在经济发展水平上具有更大的互补性。

（三）按一体化范围划分

按一体化的范围划分，区域经济一体化可以分为以下两种形式。

1. 全盘一体化

全盘一体化（Overall Integration）是指将区域内各成员国的所有经济部门加以一体化，目前区域经济一体化组织多属此类。如欧洲联盟和 1991 年解散的经济互助委员会。

2. 部门一体化

部门一体化（Sectional Integration）是指区域内各成员国的一种或几种产业（或商品）的一体化，如 1952 年 7 月 25 日建立的欧洲煤钢共同体（European Coal and Steel Community），1958 年 1 月 1 日建立的欧洲原子能共同体（European Atomic Energy Community）。

第二节 区域经济一体化的发展

一、区域经济一体化的发展阶段

第二次世界大战结束后，在科技革命的推动之下，生产力迅速发展，经济全球化成为不可遏制的趋势，其表现之一就是区域经济一体化的形成和不断深化。区域经济一体化通过区域性的合作，形成区域内更加开放的市场，实现共建、共享、共有的多赢效应，区域经济一体化浪潮不仅反映了经济全球化的新特点，也反映了世界经济格局多极化背景下，区域经济一体化在主要经济体博弈中出现跨洲组合、互相渗透、曲折发展的新趋势。为了更好地了解区域经济一体化的发展，现就区域经济一体化的发展阶段进行简单介绍。

（一）迅速发展时期（二战后～20 世纪 70 年代初）

20 世纪 50～60 年代，随着世界经济和政治发展的不平衡，社会主义国家的出现，区域经济一体化组织开始出现。1949 年 1 月，苏联、保加利亚、匈牙利、波兰等社会主义国家为打破冷战初期资本主义国际的经济封锁和巴统的禁运，在莫斯科成立了"经济互助委员会"。为防止战火刚刚熄灭的欧洲成员国利用煤钢等战略资源重整军备，从而安定人心，实现区域共同繁荣，1951 年 4 月，法、德、意、比、卢、荷在巴黎签署《煤钢联营条约》，1952 年 5 月 9 日，欧洲煤钢共同市场正式成立。1957 年 3 月，六国外长云集罗马，签署了《欧洲经济共同体条约》和《欧洲原子能条约》——统称为《罗马条约》，标志着人类历史上一体化程度最高、规模最大、最成功的区域经济集团正式登上历史舞台。1958年1月1日，欧洲经济共同体和欧洲原子能共同体宣告成立。1960年5月3日，欧洲自由贸易联盟正式成立。1965年4月8日，六国在比利时首都布鲁塞尔又签署了《布鲁塞尔条约》，决定将欧洲煤钢共同体、欧洲经济共同体和欧洲原子能共同体合并，统称"欧洲共同体"。1967年7月1日，《布鲁塞尔条约》生效，欧共体正式诞生。自20世纪60年代以后，发展中国家也相继建立了20多个区域经济一体化组织，如东南亚国家联盟、拉丁美洲一体化协会、中美洲共同市场等。

（二）停滞时期（20世纪70年代中期～80年代中期）

20世纪70年代中期～80年代中期，由于世界资本主义处于经济危机、能源危机和货币制度危机，生产增长停滞并伴随着高失业、高通货膨胀率的发生，市场萎缩，贸易保护主义抬头，很多经济一体化组织几乎停滞发展，有的甚至中断活动或解体。

（三）高涨时期（20世纪80年代中期至今）

20世纪80年代中期开始，区域经济一体化重新高涨，这一时期，参与经济一体化的国家越来越多，经济一体化的层次也越来越高。经济一体化逐渐走向开放，并突破某一区域界限，实现跨区域、跨地区的区域经贸合作。当前区域经济一体化呈现出以下发展特点。

（1）区域经济一体化覆盖大部分国家和地区。据世界银行统计，目前全球只有12个岛国和公国没有参加任何区域贸易协议（RTA），174个国家和地区至少参加了一个区域贸易协议，平均每个国家或地区参加了5个。全世界近150个国家和地区拥有多边贸易体制和区域经济一体化的"双重成员资格"。

（2）区域经济一体化内容更加广泛。新一轮区域协议涵盖的范围不仅包括货物贸易自由化，而且包括服务贸易自由化、农产品贸易自由化、投资自由化、贸易争端解决机制、统一的竞争政策、知识产权保护标准、共同的环境标准、劳工标准，甚至提出要具备共同的民主理念等。

（3）区域经济一体化形式和机制更加灵活和多样化。一方面，大多数区域经济集团对成员资格采取开放的态度，以加速发展。除一些明确由双方构成的区域经济外，如美加自由贸易协议、澳新紧密经济合作关系协议等，一般区域经济大多经历了成员由少到多的过程。比如，欧盟历经7次大规模扩大后，现已达到27个成员国（英国脱欧）；亚太经合组织自成立以来也经历了4次扩张，达到21个成员国。另一方面，合作形式和层次向高级发展。比如，1995年1月，南锥体四国（阿根廷、巴西、乌拉圭、巴拉圭）根据1994年签署的"黑金城议定书"的规定，将自由贸易区提升为关税同盟，并正式开始运作。

（4）跨洲、跨区域经济合作不断兴起。20世纪90年代以来，区域经济合作的构成基础发生了较大变化，打破了狭义的地域相邻的概念，出现了跨洲、跨区域的区域经济一体化组织。比如，日本相继与墨西哥、新加坡签署了自由贸易协议；中国相继与新西兰、澳大利亚签署了自由贸易协定。

（四）战后区域经济一体化发展的原因

二战后，区域经济一体化的发展并不是偶然现象，其发展有一定的客观基础。

（1）一些大国为了在世界市场上抢占更多的份额，需要以各自建立的一体化组织为依托，极力扩大势力范围，实现竞争优势。

（2）发展中国家为了抗衡发达国家的控制和干预，需要加强相互间的政治协调和合作，推动区域一体化进程，以集团形式迎接经济全球化的挑战。

（3）在相对独立的经济区域内，各国由于交往便利，经济合作密切，易于找到利益的共同点，从而达到某种协议，建立某种一体化组织。

二、区域经济一体化组织

二战后，特别是 20 世纪 80 年代中期以来，区域经济一体化组织不断发展，这种区域性组织不仅有区域经济发展水平相近的国家的合作，而且还有经济发展水平差别很大的发达国家和发展中国家之间的合作。下面介绍世界上主要的区域经济一体化组织的发展情况。

（一）欧洲联盟

1. 欧盟的建立和发展

欧洲联盟（European Union），简称欧盟（EU），总部设在比利时首都布鲁塞尔（Brussel），是由欧洲共同体发展而来的，创始成员国有 6 个，分别为法国、德国、意大利、荷兰、比利时和卢森堡。该联盟现拥有 27 个会员国（英国脱欧），正式官方语言有 24 种。欧盟的宗旨是"通过建立无内部边界的空间，加强经济、社会的协调发展和建立最终实行统一货币的经济货币联盟，促进成员国经济和社会的均衡发展"，"通过实行共同外交和安全政策，在国际舞台上弘扬联盟的个性"。

1951 年 4 月 18 日，法国、联邦德国、意大利、荷兰、比利时和卢森堡 6 国在法国首都巴黎签署关于建立欧洲煤钢共同体条约（又称《巴黎条约》），1952 年 7 月 25 日，欧洲煤钢共同体正式成立。1957 年 3 月 25 日，6 国在意大利首都罗马签署旨在建立欧洲经济共同体和欧洲原子能共同体的条约（又称《罗马条约》）。1958 年 1 月 1 日，欧洲经济共同体和欧洲原子能共同体正式组建。1965 年 4 月 8 日，6 国在比利时首都布鲁塞尔又签署了《布鲁塞尔条约》，决定将欧洲煤钢共同体、欧洲经济共同体和欧洲原子能共同体合并，统称"欧洲共同体"。1967 年 7 月 1 日，《布鲁塞尔条约》生效，欧共体正式诞生。1973 年英国、丹麦和爱尔兰加入欧共体。1979 年，第一次直接的、民主的选举，在欧洲议会举行。1981 年希腊加入欧共体，成为欧共体第十个成员国。1986 年葡萄牙和西班牙加入欧共体，使欧共体成员国增至 12 个。在此期间，欧共体 12 国建立起了关税同盟，统一对外贸易政策和农业政策，创立了欧洲货币体系，并建立了统一预算和政治合作制度，逐步开始代表欧洲国家的经济、政治利益。

1991 年 12 月 11 日，在马斯特里赫特会议上，欧共体首脑们签署了《欧洲联盟条约》，又称《马斯特里赫特条约》（简称"马约"），该条约于 1993 年 11 月 1 日生效。该条约是对《罗马条约》的修订，它为欧共体建立政治联盟和经济与货币联盟确立了目标与步骤，最迟于 1999 年 1 月 18 在欧共体内发行统一货币，实行共同的对外与防务政策，扩大欧洲议会的权力。该条约的签署标志着欧共体一体化建设进入了一个新的阶段。

1993 年 11 月 1 日，根据内外发展的需要，欧共体正式易名为欧洲联盟。1995 年奥地利、瑞典和芬兰加入欧盟。2002 年，欧元的纸币以及硬币取代了各国成员 12 个国家的货币，自此，欧元区已经增至 17 个国家。2002 年 11 月 18 日，欧盟 15 国外长在布鲁塞尔举行会议，决定邀请马耳他、塞浦路斯、波兰、匈牙利、捷克、斯洛伐克、斯洛文尼亚、爱沙尼亚、拉脱维亚、立陶宛 10 国加入欧盟。2003 年 4 月 16 日，在希腊首都雅典举行的欧盟首脑会议上，上述 10 国正式签署加入欧盟协议。2004 年 5 月 1 日，10 个新成员国正式加入欧盟。这次东扩后，欧盟开始与俄罗斯、白俄罗斯、乌克兰等独联体国家接壤。

2004 年 10 月，欧盟 25 国首脑在意大利首都罗马签署了《欧盟宪法条约》。这是欧盟的首部宪法条约，旨在保证欧盟的有效运作以及欧洲一体化进程的顺利发展。

2007 年 1 月 1 日，罗马尼亚，保加利亚加入欧盟。2013 年 7 月 1 日，克罗地亚正式加入欧洲联盟，成为第 28 个成员国。2016 年 6 月 23 日，英国举行全民公投，就英国应该继续留在欧盟还是脱离欧盟进行抉择，脱欧派胜出，英国将成为首个脱离欧盟的国家。

2. 欧盟的一体化措施

（1）实现关税同盟和共同外贸政策。1967 年起欧共体对外实行统一的关税率，1968 年 7 月 1 日起成员国之间取消商品的关税和限额，建立关税同盟（西班牙、葡萄牙 1986 年加入后，与其他成员国间的关税需经过 10 年的过渡期后才能完全取消）。1973 年，欧共体实现了统一的外贸政策。"马约"生效后，为进一步确立欧洲联盟单一市场的共同贸易制度，欧共体各国外长于 1994 年 2 月 8 日一致同意取消此前由各国实行的 6400 多种进口配额，而以一些旨在保护低科技产业的措施代替。

（2）实施共同农业政策。首先，实行统一的农产品价格管理制度，农产品价格通过收购或投放的方法，保证其在"目标价格"和"干预价格"之间波动；其次，对部分农产品进口征收差价税，实行农产品出口补贴制度；最后，设立农业指导和保证基金，促进农业的机械化和现代化。

（3）建立统一的内部大市场。内部市场的设想源于 1957 年的《罗马条约》。当时，欧洲领导人明确提出要消除"商品、人员、服务和资本"的自由流动障碍。但由于种种原因，内部市场建设直到 1993 年 1 月 1 日才正式启动。内部市场是欧盟最伟大的成就之一，为人员、商品、服务和资本的自由流动扫清障碍，给整个欧洲大陆上的人们带来了伟大的繁荣，增加了欧盟在国际上的分量。经过一番苦心经营，欧盟内部市场正在逐步走向成熟和完善，并显现其效果。

（4）实行统一的货币政策。欧盟实行统一的货币政策主要表现在以下两方面：一是建立欧洲货币体系。欧洲货币体系（European Monetary System，EMS）是 1979 年 3 月，在德国总理和法国总统的倡议下，由欧共体的 8 个成员国（法国、德国、意大利、比利时、丹麦、爱尔兰、卢森堡和荷兰）共同建立的货币体系。该货币体系将各国货币的汇率与对方固定，共同对美元浮动。其主要内容有：建立欧洲货币单位；建立稳定的汇率机制，成员之间实行固定汇率制，对外实行联合浮动制；建立欧洲货币基金，向成员国提供中短期贷款，借以干预市场，稳定汇率，调节国际收支。二是推行欧元。按照《马斯特里赫特条约》的规定，欧元于 1999 年 1 月 1 日正式发行，2002 年 1 月 1 日正式流通。2007 年 7 月 1 日，欧元取代了货币联盟成员国的原货币，形成了使用单一货币的欧元区。2012

年 2 月下旬，法国正式宣布停止流通原有本土货币法郎，在全法国境内统一流通欧元，但是德国等国仍允许原有本土货币保持流通。目前，欧元区共有 19 个成员国，包括奥地利、比利时、芬兰、法国、德国、爱尔兰、意大利、卢森堡、荷兰、葡萄牙、西班牙、希腊、斯洛文尼亚、塞浦路斯、马耳他、斯洛伐克、爱沙尼亚、拉脱维亚、立陶宛。

（5）建立政治合作制度和政治联盟。1970 年 10 月建立的《欧洲单一文件》于 1986 年签署，1987 年生效，该文件把在外交领域进行政治合作正式列入欧共体条约。为此，部长理事会设立了政治合作秘书处，定期召开成员国外交部部长参加的政治合作会议，讨论并决定欧共体对各种国际事务的立场。1993 年 11 月 1 日"马约"生效后，政治合作制度被纳入欧洲政治联盟活动范围。

1990 年 4 月，法国总统密特朗和联邦德国总理科尔联合倡议于当年底召开关于政治联盟问题的政府间会议。同年 10 月，欧共体罗马特别首脑会议进一步明确了政治联盟的基本方向，同年 12 月，欧共体有关建立政治联盟问题的政府间会议开始举行。经过 1 年的谈判，12 国在 1991 年 12 月召开的马斯特里赫特首脑会议上通过了政治联盟条约。其主要内容是 12 国将实行共同的外交和安全政策，并将最终实行共同的防务政策。

（二）北美自由贸易区

1. 北美自由贸易区的建立和发展

北美自由贸易区（North American Free Trade Area，NAFTA）由美国、加拿大和墨西哥 3 国组成，于 1992 年 8 月 12 日就《北美自由贸易协定》达成一致意见，并于同年 12 月 17 日由三国领导人分别在各自国家正式签署。1994 年 1 月 1 日，协定正式生效，北美自由贸易区宣布成立。

关于建立北美自由贸易区的设想，最早出现在 1979 年美国国会关于贸易协定北美自由贸易区的法案提议中，1980 年美国前总统里根在其总统竞选的有关纲领中再次提出。但由于种种原因，该设想一直未受到很大重视，直到 1985 年才开始起步。

1985 年 3 月，加拿大总理马尔罗尼在与美国总统里根会晤时，首次正式提出美、加两国加强经济合作、实行自由贸易的主张。由于两国经济发展水平及文化、生活习俗相近，交通运输便利，经济上的互相依赖程度很高，所以自 1986 年 5 月开始，经过一年多的协商与谈判于 1987 年 10 月达成了协议，次年 1 月 2 日，双方正式签署了《美加自由贸易协定》。经美国国会和加拿大联邦议会批准，该协定于 1989 年 1 月生效。

《美加自由贸易协定》规定在 10 年内逐步取消商品进口（包括农产品）的关税和非关税壁垒，取消对服务业的关税限制和汽车进出口的管制，开展公平、自由的能源贸易。在投资方面两国将提供国民待遇，并建立一套共同监督的有效程序和解决相互间贸易纠纷的机制。另外，为防止转口逃税，还确定了原产地原则。美、加自由贸易区是一种类似于共同市场的区域经济一体化组织，标志着北美自由贸易区的萌芽。

由于区域经济一体化的蓬勃发展和《美加自由贸易协定》的签署，墨西哥开始把与美国开展自由贸易区的问题列上了议事日程。1986 年 8 月，两国领导人提出双边的框架协定计划，并于 1987 年 11 月签订了一项有关磋商两国间贸易和投资的框架原则和程序的协议。在此基础上，两国进行多次谈判，于 1990 年 7 月正式达成了美墨贸易与投资协定（也称"谅解"协议）。同年 9 月，加拿大宣布将参与谈判，三国于 1991 年 6 月

12 日在加拿大的多伦多举行首轮谈判，经过 14 个月的磋商，终于于 1992 年 8 月 12 日达成了《北美自由贸易协定》。该协定于 1994 年 1 月 1 日正式生效，北美自由贸易区宣告成立。

成立之初，北美自由贸易区就拥有 3.6 亿消费者，其国民生产总值总计超过 6 万亿美元。可以说，北美自由贸易区是一个雄心勃勃的计划，它力图以自由贸易为理论基础，以自由贸易区的形式来实现贸易、投资等方面的全面自由化，进而带动整个北美地区的经济贸易发展。当时，许多国际经贸界人士视之为有史以来规模最大、措施最大胆的自由贸易区。尤其是对于墨西哥这样的发展中国家来说，加入这一协定包含了各方面的机遇和风险，对其国内政治、经济、社会等方面的影响非常深远。

2. 北美自由贸易区的一体化措施

针对三个成员国不同的经济发展情况，《北美自由贸易协定》在以下几个方面作了安排。

（1）纺织品方面。在墨西哥占有劳动力优势的纺织品和成衣领域，除了取消一部分产品的关税外，对于墨西哥生产的符合原产地规则的纺织品和成衣，美、加取消其配额限制，并将关税水平从 45％降到 20％。

（2）汽车产品方面。对于汽车产品，美、加逐步取消了对墨西哥制汽车征收的关税，其中轻型卡车的关税从 25％减到 10％，并在 5 年内全部取消；对于重型卡车、公共汽车、拖拉机的关税则在 10 年内取消。墨则将在 10 年内取消美、加汽车产品的关税及非关税壁垒，其中对轻型卡车在 5 年内取消关税。

（3）农产品方面。美、加分别取消其对墨农产品征收的 61％和 85％的关税；墨则取消对美、加农产品征收的 36％和 4％的关税。另外，墨拥有 10～15 年的时间来逐步降低剩余农产品的关税，并有权通过基础设施建设、技术援助以及科研来支持本国农业发展。

（4）运输业方面。在运输业方面，三国间国际货物运输的开放有一个 10 年的转换期。3 年后，墨的卡车允许进入美边境各州，7 年后所有三国的国境对过境陆上运输完全开放。

（5）通信业方面。在通讯业方面，三国的通讯企业可以不受任何歧视地进入通讯网络和公共服务业，开展增值服务也无任何限制。

（6）金融保险业方面。在金融保险业方面，在协定实施的最初 6 年中，美、加银行只能参与墨银行 8％～15％的业务份额；在第 7～15 年间，如墨银行市场中外国占有率超过 25％，墨则有权实行一些保护性措施；墨在美、加银行市场中一开始就可以享受较为自由的待遇。协定还允许美、加的保险公司与墨的保险公司组成合资企业，其中外国企业的控股权可逐年增加，到 2000 年在墨的保险企业中外国企业的股份可达到 100％。

（7）能源工业方面。在能源工业方面，墨保留其在石油和天然气资源的开采、提炼及基础石油化工业方面的垄断权，但非石油化工业将向外国投资者开放。另外，协定同时规定对投资者给予国民待遇，对投资者不得规定诸如一定的出口比例、原产品限制、贸易收支、技术转让等限制条件。作为补充，美、加、墨在 1998 年又就取消 500 种关税达成协议。该协议从 1998 年 8 月 1 日生效，并规定美国免税进口墨西哥产的纺织品、成衣、钟表、帽子等，墨西哥则向美国的化工产品、钢铁制品、玩具等商品开放其市场。此协议实施后，使大约 93％的墨西哥商品能享受到美国的免税优惠，使大约 60％的美国商品直接免税进入墨西哥市场。这就形成了自由贸易区内比较自由的商品流通大格局。

从历史经验上看，在差距如此之大的国家之间组成自由贸易区还尚无先例。因此，北美自由贸易区是发达国家和发展中国家在区域内组成自由贸易区的第一次尝试，其成败对于世界范围内的区域经济合作都有很大的意义。在这种情况下，北美自由贸易区运行的基本模式是美国和加拿大利用其发达的技术和知识密集型产业，通过商品和资本的流动来进一步加强他们在墨西哥的优势地位，扩大墨西哥的市场；而墨西哥则可利用本国廉价的劳动力来降低成本，大力发展劳动密集型产品，并将商品出口到美国，同时还可以从美国获得巨额投资和技术转让以促进本国产业结构的调整，加快本国产品的更新换代，在垂直分工中获取较多的经济利益，三国之间密不可分的经济关系成为他们合作的纽带。因此，北美自由贸易区是南北经济合作的典型代表之一。

（三）亚太经合组织

1. 亚太经合组织的建立与发展

亚洲太平洋经济合作组织（Asia-Pacific Economic Cooperation，APEC），简称亚太经合组织，成立于 1989 年，是亚洲—太平洋地区级别最高、影响最大的区域性经济组织。该组织为推动区域贸易投资自由化，加强成员间经济技术合作等方面发挥了不可替代的作用，是亚太区内各地区之间促进经济成长、合作、贸易、投资的论坛。

自 1989 年成立以来，APEC 经历了三个不同的发展阶段。

（1）初期阶段（1989～1992 年）。这一阶段 APEC 建立了它作为一个区域性经济组织的基本构架。第一、二届双部长会议上，各方就致力于地区自由贸易与投资和技术合作达成了某些共识，确定设立 10 个专题工作组开展具体合作。1991 年召开的汉城会议通过了《汉城宣言》，它作为 APEC 的基本章程，首次对该论坛的宗旨、原则、活动范围、加入标准等做了规定。1992 年的曼谷会议决定在新加坡设立 APEC 秘书处，由各成员认缴会费，使 APEC 在组织结构上进一步完善。

（2）快速阶段（1993～1997 年）。自 1993 年，APEC 从部长级会议升格到经济体领导人非正式会议，发展进程加快。1993～1997 年这 5 年里，每年都有新的进展，解决了区域合作所面临不同问题，是 APEC 进程的"五部曲"。例如 1993 年解决了"APEC 不应该做什么"的问题；1994 年解决了"APEC 应该做什么"的问题；1995 年解决了"APEC 应该怎么做"的问题；1996 年制定了具体的合作蓝图。

（3）调整阶段（1998 至今）。1997～1998 年，亚洲金融危机直接影响到 APEC 进程，危机的受害者开始对贸易投资自由化采取慎重态度，在 APEC 内部，始于 1997 年的部门提前自由化在一定程度上超越了亚太地区的现实情况。1998 年和 1999 年，APEC 进入一个巩固、徘徊和再摸索的调整阶段，2000 年非正式领导人会议重申了应该坚持《茂物宣言》确定的目标，并加强人力、基础设施、市场等方面的建设。

亚太经济合作组织的宗旨是保持经济的增长和发展，促进成员间经济的相互依存，加强开放的多边贸易体制，减少区域贸易和投资壁垒，维护本地区人民的共同利益。

APEC 的大家庭精神是在 1993 年西雅图领导人非正式会议宣言中提出的。为该地区人民创造稳定和繁荣的未来，建立亚太经济的大家庭。在这个大家庭中，要深化开放和伙伴精神，为世界经济做出贡献，并支持开放的国际贸易体制。在围绕亚太经济合作的基本方针所展开的讨论中，以下7个词出现的频率很高，它们是开放、渐进、自愿、协商、发展、互利与共同利益，被称为反映APEC精神的7个关键词。

目前，亚太经合组织共有21个成员，分别为澳大利亚、文莱、加拿大、智利、中国、中国香港、印度尼西亚、日本、韩国、墨西哥、马来西亚、新西兰、巴布亚新几内亚、秘鲁、菲律宾、俄罗斯、新加坡、中国台北、泰国、美国和越南。此外，东盟秘书处、太平洋经济合作理事会、太平洋岛国论坛为亚太经合组织的3个观察员。

2. 亚太经合组织的一体化措施

（1）贸易投资自由化和便利化。贸易投资自由化和便利化是APEC的长远目标，但由于APEC成员经济发展水平存在较大差异，在实现自由化目标的具体步骤上，APEC采取了区别对待的方式，制定了两个时间表，即1994年在印尼通过的《茂物宣言》中所确定的APEC发达成员和发展中成员分别于2010年和2020年实现贸易投资自由化。此后，APEC先后在1995年和1996年通过了实施《茂物宣言》的《大阪行动议程》和《马尼拉行动计划》，开始通过单边行动计划和集体行动计划两种途径，落实各成员对贸易投资自由化的承诺。

1998年开始的部门自愿提前自由化磋商是APEC推动贸易投资自由化的又一项重要活动，但因成员立场分歧过大，最后未取得实质成果。受金融危机影响，1999年APEC推动贸易投资自由化的步伐有所放慢，但成员总体上仍然认同自由化的目标。在单边行动计划中，各成员的改进措施与实现《茂物宣言》目标的联系更加紧密。2000年APEC各成员决定采用电子版单边行动计划（F—IAP），通过网络提交和宣传各成员就贸易投资自由化和便利化采取的措施。

贸易投资自由化和便利化工作的具体内容包括：①关税；②非关税措施；③服务；④投资；⑤标准与合格评定；⑥海关程序；⑦知识产权；⑧竞争政策；⑨政府采购；⑩放宽管制；⑪原产地规则；⑫争端调解；⑬商务人员的流动；⑭乌拉圭回合结果的执行；⑮信息收集与分析。

（2）经济技术合作。由于APEC经济技术合作有其必然性，各成员尤其是发展中成员在这一领域积极进取、不断开拓，推动着经济技术合作的不断发展和逐步完善。APEC经济技术合作大致可以分为三个阶段。

第一个阶段称为起步阶段（1989~1994年）。这一阶段包含了APEC六次部长会议和两次领导人非正式会议。其中经济合作发展方面主要体现在1993年，APEC"名人小组"提出了"技术合作"问题，1994年的《茂物宣言》提出了"发展合作"问题，但是发达成员则将"发展合作"理解为发展中成员要求发达成员提供"援助"，因此，双方未能达成共识。

第二阶段是经济技术合作的框架建设阶段（1995~1996年）。这一阶段是APEC经济技术合作发展的重要阶段。1995年日本作为大阪会议的东道国，为避免发达成员误解，将"发展合作"更名为"经济技术合作"，并提出建立"前进中伙伴关系计划"（PEP）。在发展中成员的广泛支持下，会议通过的《经济领导人行动宣言》和《执行茂物宣言的大阪行动议程》首次将"经济技术合作"单独作为第二部分，并就政策共识、共同活动以及各具体领域的经济技术合作提出了具体设想，将 APEC 经济技术合作入一个新的发展阶段。但是，一些发达成员实际上对这个议题仍然不感兴趣，他们主要关心的是推动贸易投资自由化的实现，以开拓市场。因此，《大阪行动议程》尽管列出了经济技术合作的具体领域，但并没有涉及如何实施的关键问题。而 1996 年的《马尼拉宣言》则系统地阐明了 APEC 经济技术合作的目标、指导原则和 APEC 经济技术合作的特点以及 APEC 经济技术合作的主题，并且确立了六大优先领域，为完善 APEC 经济技术合作的框架作了巨大的贡献。但是由于各成员之间的分歧，在具体实施上与目标相去甚远。

第三阶段则是经济技术合作机制建设与具体实施阶段（1997 年至今）。这一阶段主要表现为 APEC 发展中成员和发达成员逐渐在经济技术合作的重要性问题上达成共识，使 APEC 经济技术合作逐渐向务实方向发展。经过 15 年的发展，APEC 经济技术合作取得了较大的进展，但是与贸易投资自由化相比较，经济技术合作仍处于落后被动的局面，要改变这一局面，真正实现 APEC 两个轮子均衡运转，还有一段漫长的路要走。

近年来 APEC 发展速度很快，而且比较顺利，尽管如此，一些问题也逐渐暴露。首先，在削减关税问题上内部矛盾越来越明显。亚太经合组织成员中既有发达国家，也有发展中国家。其次，接收新成员的问题。亚太经合组织已有 21 个正式成员，还有多个国家和地区要求加入亚太经合组织。从客观上分析，成员越多，越难形成集体行动计划，越难达成共识，将使自由化过程放慢。在接收新成员问题上，关税低的成员与关税高的成员持不同意见。最后，工作重点问题。发展中国家渴望将经济技术合作作为亚太经合组织活动的一个中心，菲律宾会议虽然通过了《亚太经合组织加强经济合作和发展框架宣言》，但发达国家却依然把力量集中在贸易投资自由化方面。在这一点上发达国家和发展中国家矛盾明显。

三、中国参与的区域经济一体化组织

自 20 世纪 90 年代以来，中国就积极参与到区域经济一体化的进程之中。到目前为止，我国已经从三个层次上推进了区域经济合作的进程：一是具有一定制度性安排的区域经济合作，如中国—东盟自由贸易区、《曼谷协定》；二是具有论坛性质的区域经济合作，如亚太经合组织，亚欧会议；三是具有战略性和松散性相结合的区域经济合作组织，如上海合作组织等。

（一）中国—东盟自由贸易区

中国—东盟自由贸易区（China—ASEAN Free Trade Area，CAFTA），是中国与东盟十国组建的自由贸易区。2002 年 11 月，中国与东盟签署《中国—东盟全面经济合作框架协议》，决定在 2010 年建成中国—东盟自贸区，并正式启动自贸区建设进程。2010 年 1 月，中国—东盟自贸区如期全面建成。自贸区建立后，双方对超过 90% 的产品实行零关税。中国对东盟平均关税从 9.8% 降到 0.1%，东盟六个老成员国对中国的平均关税从 12.8% 降到 0.6%。关税水平大幅降低有力推动了双边贸易快速增长。中国—东盟自贸区建成后，中国与东盟各国贸易投资增长、经济融合加深，企业和人民都广泛受益，实现了互利共赢、共同发展的目标。目前，中国已成为东盟第一大贸易伙伴，东盟成为中国第三大贸易伙伴。

（二）《曼谷协定》

1975 年 7 月 31 日，孟加拉、印度、老挝、韩国、斯里兰卡、菲律宾和泰国在曼谷通过了相互减让关税的产品清单，并签署了《联合国亚洲及太平洋经济和社会委员会发展中成员国关于贸易谈判的第一协定》，简称《曼谷协定》。目前《曼谷协定》正式成员包括孟加拉国、中国、印度、韩国、老挝和斯里兰卡 6 个国家。《曼谷协定》是亚太区域中唯一由发展中国家组成的关税互惠组织，其宗旨是通过该协定成员国对进口商品相互给予关税和非关税优惠，不断扩大成员国之间的经济贸易作与共同发展。

2001 年 5 月 23 日，中国正式成为《曼谷协定》成员。作为中国参加的第一个区域性多边贸易组织，《曼谷协定》在中国关税史上具有重要地位。一方面，在《曼谷协定》框架下，我国第一次根据协定给予其他国家低于"优惠税率"（从 2002 年 1 月 1 日起改称为"最惠国税率"）的关税优惠税率；另一方面，我国也是第一次通过关税谈判从其他国家获得特别关税优惠。积极参加《曼谷协定》这一区域性的经济合作组织，不仅可以加强地区与国家间的经济合作和贸易发展，而且还有利于我国巩固和发展与这些国家在政治和其他方面的关系，完全符合我们的国家利益。

（三）亚太经合组织

亚太经合组织成立于 1989 年。1991 年 11 月，中国以主权国家身份、中国台北和香港（1997 年 7 月 1 日起改为"中国香港"）以地区经济体名义，正式加入亚太经合组织。2001年 10 月，亚太经合组织第九次领导人非正式会议在中国上海成功举行。会议通过了《亚太经合组织经济领导人宣言》《上海共识》等重要文件，有力推动了亚太经合组织的合作进程。2014 年 11 月，中国再度成功举办亚太经合组织第 22 次领导人非正式会议。会议通过的北京纲领，绘制了面向未来的亚太一体化发展蓝图，开创了互联互通的发展路径，为携手推进亚太命运共同体建设迈出历史性的关键一步。

中国加入亚太经合组织以来，始终本着积极参与、求同存异、推动合作的精神，全面参与该组织各项活动。与此同时，亚太经合组织成为中国与亚太地区其他经济体开展互利合作、开展多边外交、展示中国国家形象的重要舞台。亚太地区是中国对外经济贸易的重要依托。中国对外贸易总额和吸引的外资大部分来自亚太经合组织成员，中国的发展很大程度上受益于区域经济，是区域合作的受益者。与此同时，中国的发展也为亚太经合组织注入了独有的活力和动力。长期以来，中国在亚太经合组织内发挥着极具建设性的作用。中国通过参加亚太经合组织的一系列活动，推动国际秩序朝着更加公正合理的方向发展。

（四）亚欧会议

亚欧会议是亚洲与欧洲之间的政府间论坛。1996 年 3 月 1 日至 2 日，首届亚欧首脑会议在泰国曼谷举行，标志亚欧会议正式成立。目前，亚欧会议成员数目已由开始创立时的26 个①增加至 53 个。亚欧会议的目标是在亚欧两大洲之间建立旨在促进增长的新型、全面的伙伴关系，加强相互间的对话、了解与合作，为经济和社会发展创造有利的条件，维

---

① 亚欧会议成立时成员包括东盟 7 个成员国，中国、日本、韩国等 15 个成员国及欧盟委员会。

护世界和平与稳定。同时，亚欧会议规定各成员国之间对话的基础应是相互尊重、平等、促进基本权利、遵守国际法规定的义务、不干涉他国的内部事务；进程应是开放和循序渐进的，后续行动应在协商一致的基础上进行；接纳新成员应由国家元首和政府首脑协商一致决定；通过对话增进相互了解和理解以确定优先领域并共同合作。

历届亚欧首脑会议都共同强调，亚欧会议进行对话和合作的领域主要包括三大支柱：政治对话、经贸合作、社会文化及其他领域的交流与合作。政治对话主要涉及亚欧政治与安全形势，以及联合国作用和改革等重要国际问题；经贸合作涉及亚欧贸易、投资、金融等领域的合作；社会文化及其他领域的合作包括文化交流、人力资源开发、环保、农业、能源、交通等。

中国一贯在亚欧会议内部发挥具有非常建设性的积极作用。中国政府也很重视亚欧会议在连接亚欧大洲，促进地区间合作的重要作用。中国方面能够给亚欧会议提供最大的帮助是通过向"一带一路"与亚投行等平台，为亚欧会议提供一些更加具体可见的合作项目及成果。通过这些合作项目和成果，亚欧会议才会真正地往务实的方向转变和改革。另外，中国的"一带一路"已经明确地把亚欧会议作为一个可以共建的平台。接下来，在中国的务实和合作下，亚欧首脑会议在连接亚欧两大洲的功能和使命上将会发挥更大的作用。

（五）上海合作组织

上海合作组织（The Shanghai Cooperation Organization，SCO）简称上合组织，前身是"上海五国"会晤机制，是中国、俄罗斯、哈萨克斯坦、吉尔吉斯斯坦、塔吉克斯坦关于加强边境地区信任和裁军的谈判进程的组织。2001 年 6 月，中国、俄罗斯、哈萨克斯坦、吉尔吉斯斯坦、塔吉克斯坦和乌兹别克斯坦六国元首举行首次会议，并签署了《上海合作组织成立宣言》，上海合作组织正式成立。上海合作组织是中国历史上第一个以中国城市命名并在中国境内成立的政府间国际组织。

目前，上合组织的成员国有中国、俄罗斯、哈萨克斯坦、吉尔吉斯斯坦、塔吉克斯坦、乌兹别克斯坦、巴基斯坦和印度；观察员国有伊朗、阿富汗、蒙古；对话伙伴有斯里兰卡、白俄罗斯和土耳其；参会客人有土库曼斯坦、独联体和东盟，工作语言为汉语和俄语。成员国总面积为 3018.9 万平方千米，即欧亚大陆总面积的五分之三，人口约 16 亿，为世界总人口的四分之一。

上海合作组织成员国的合作内容涉及政治、安全、经济、教育、国际司法和其他领域的合作。其中，安全合作是上海合作组织的重点合作领域，核心是打击恐怖主义、分裂主义和极端主义"三股势力"。2001 年 6 月 15 日，上海合作组织成立当天，成员国即签署《打击恐怖主义、分裂主义和极端主义上海公约》，在国际上首次对恐怖主义、分裂主义和极端主义"三股势力"作了明确定义，并提出成员国合作打击的具体方向、方式及原则。这发生在 9·11 事件之前，体现了成员国打击恐怖主义的远见卓识。上海合作组织由此成为最早打出反恐旗帜的国际组织之一。

第三节　区域经济一体化理论

对经济一体化理论最早进行系统研究的是美国经济学家雅各布·维纳（Jacob Viner）。他提出了关于国际贸易的次优理论，即关税同盟理论。关税同盟理论一般被认为是区域经济一体化理论的奠基石。在国际经济一体化的相关理论中，只有关税同盟理论得到较严密、系统地阐述和发展，被认为是最成熟的区域经济一体化理论。关税同盟理论认为，关税同盟的建立既产生静态经济效应，也产生动态经济效应。

一、关税同盟理论

关税同盟是美国经济学家维纳在其 1950 年出版的《关税同盟问题》一书中提出的，是指两个或两个以上国家缔结协定，建立统一的关境，在统一关境内缔约国相互间减让或取消关税，对从关境以外的国家或地区的商品进口则实行共同的关税税率和外贸政策。

关税同盟是经济一体化组织的基本形式，也是国际一体化进程的核心内容，主要研究对内取消关税和对外统一关税所引起的贸易变化，该理论一直在国际区域经济一体化理论中居于主导地位，也是最为完善的部分。关税同盟可以给参与国带来经济利益的观点在二战之前就早已存在，这些早期的关税同盟理论认为，以比较利益为基础的自由贸易可扩大各国的经济利益，带来生产和消费的有益变化。关税同盟在区域内实行关税减免，从而趋向于自由贸易，这必然导致成员国的福利增加，而对于整个世界来讲，福利也是增加的。

真正系统地对关税同盟进行研究是在 20 世纪 50~60 年代，这一时期正是国际区域一体化的第一次高潮时期，当时许多国家汲取战前贸易壁垒导致世界经济大危机的教训，纷纷建立区域性贸易集团，实现区域内的贸易自由化。1950 年，美国经济学家维纳在其代表性著作《关税同盟理论》中系统地提出了关税同盟理论。传统理论认为，关税同盟一定可以增加成员国的福利。维纳认为，任何形式的区域经济一体化对于成员国和集团外国家都将产生一定的影响，这便是区域经济一体化的效应。于是维纳指出了这些早期关税同盟理论的不确定性，区分了"贸易创造"（Trade Creation）和"贸易转移"（Trade Diversion），认为关税同盟收益与否取决于二者的最终结果，从而将定量分析应用于关税同盟的经济效应研究，奠定了关税同盟理论的坚实基础。在研究贸易创造和贸易转移效应方面，维纳主要侧重于生产效应，而忽略了消费效应。继维纳之后，米德（Meade）、维纳克（Vanek）、科登（Corden）、瑞泽曼等人在此基础上提出了三国三商品（3×3）模型，麦克米兰（Mcmillan）、麦克兰（Mclann）和劳埃德（Lloyd）进行了总结和归纳。如麦克米兰和麦克兰认为必须考虑商品之间的替代性和互补性，而在两种商品的模式中无法进行分析，且三种商品分析法对于关税同盟问题的探讨具有极大的优势，所以必须建立三国三商品（3×3）模型。利普赛（Lipsey）针对商品的替代性运用模型进行了理论分析，认为维纳的贸易转移不一定减少福利。关税同盟理论经过许多经济学的补充，日益成为一种较为成熟的经济理论。

除了贸易创造和贸易转移两个主要的效应外，经济一体化的静态效应还包括其他几个方面。如贸易扩大效应，贸易扩大效应是从需求方面形成的概念，而贸易创造效应和贸易转移效应则是从生产方面形成的概念。此外，关税同盟建立后，可以减少行政支出，减少走私，加强集体谈判力量。关税同盟理论的核心在于揭示关税同盟对成员国和非成员国所带来的不同的经济效应，但是关于经济一体化的效应问题，目前还没有完善的分析方法，理论界一般把经济一体化的效应区分为静态效应和动态效应。

（一）静态效应

1. 贸易创造效应

贸易创造效应（Trade Creation Effect）是指关税同盟内部取消关税，实行自由贸易后，关税同盟内某成员国国内成本高的产品被同盟内其他成员国成本低的产品所替代，从成员国进口产品，创造了过去不发生的那部分新的贸易。如图 8-1 所示，设 A、B、C 分别代表三个国家。纵轴 P 表示价格；横轴 Q 表示数量；S_A 和 D_A 分别表示 A 国国内的供应曲线和需求曲线。P_T 表示关税同盟建立之前 A 国的价格；P_C 表示 A 国进口 C 国产品的价格；P_B 表示 A 国进口 B 国产品的价格。A 国与 B 国组成关税同盟前，由于 C 国产品的价格低于 B 国，因此，A 国从 C 国进口商品，进口价格是 P_C，加上一定数额的关税（$P_T - P_C$），因而 A 国的国内价格是 P_T。A 国在 P_T 价格条件下，国内生产供应量 Q_{S1}，国内需求量 Q_{D1}，供需缺口为 $Q_{S1}Q_{D1}$。A 国通过向 C 国进口 $Q_{S1}Q_{D1}$ 数量的商品来达到国内的供求平衡。现在，假设 A 国与 B 国组成关税同盟，组成关税同盟意味着两国间取消关税，实行自由贸易，并实施共同的对外关税。虽然 C 国的成本和价格比 B 国低，但是，如果共同对外关税能达到这样一种效果，即从 C 国进口的加上共同对外关税后的实际价格比从 B 国进口的价格高，显然，A 国的贸易商就会从 B 国进口商品，而不会从 C 国进口。A、B 两国组成关税同盟后，由于 A 国从 B 国进口的价格 P_B 比同盟前的进口价格 P_T 要低，导致国内价格下降至 P_B 水平。在 P_B 价格水平上，A 国国内生产供应量缩减至 Q_{S2}，国内需求增加至 Q_{D2}，A 国进口 $Q_{S2}Q_{D2}$ 量的商品来满足国内需求。把 A 国参加关税同盟前的进口量与参加同盟后的进口量相比，我们可以看到 A 国增加进口量 $Q_{S1}Q_{S2}$ 和 $Q_{D1}Q_{D2}$。这部分增加的进口量就是贸易创造效应。

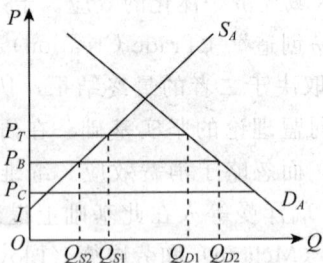

图 8-1　关税同盟的贸易创造和贸易转移效应

2. 贸易转移效应

贸易转移效应（Trade Diversion Effect）是指由于关税同盟对内取消关税，对外实行统一的保护关税，成员国把原来从同盟外非成员国低成本生产的产品进口转为从同盟内成员国高成本生产的产品进口，从而使贸易方向发生了转变。我们仍以图 8-1 来加以说明。

A 国与 B 国组成关税同盟后，由于 P_B 低于 P_C 与共同对外关税之和，A 国就不再从 C

国进口，而转向从 B 国进口。$Q_{S1}Q_{D1}$ 的商品数量原由 A 国从 C 国进口，关税同盟后改为 A 国从 B 国进口。这就是贸易转移效应。

贸易转移效通常被视为一种负效应。因为，A 国从 C 国进口的商品生产成本低于 A 国从 B 国进口的商品生产成本，贸易转移导致低成本的商品生产不得不放弃，而高成本的商品生产得以扩大。从世界范围来看，这种生产转换降低了资源配置效率。

3. 社会福利效应

社会福利效应（Social Welfare Effect）是指关税同盟的建立对成员国的社会福利将带来怎样的影响。如图 8-2 所示，实行关税同盟后，A 国的价格从 P_T 下降至 P_B，消费需求增加了 $Q_{D1}Q_{D2}$，获得消费者剩余 P_TGKP_B。但 A 国的价格下降导致国内生产供应缩减 $Q_{S1}Q_{S2}$，生产者剩余减少 P_TFHP_B。建立同盟后，A 国不能对 B 国的进口商品征收关税，因而关税收入减少 $FGNM$。A 国社会福利净增加或净减少并不确定。因为福利所得的消费者剩余 P_TGKP_B 与福利所失的生产者剩余 P_TFHP_B 及关税收入中的一部分 $FGJI$ 相抵后还剩下消费者剩余 FHI 和 GKJ 两个三角。然后，我们把这两个三角之和的福利所得与关税收入中 $IMNJ$ 福利所失的大小进行比较。如果 $FHI+GKJ$ 大于 $IMNJ$，A 国的福利得到净增加；反之，则 A 国的福利净减少。

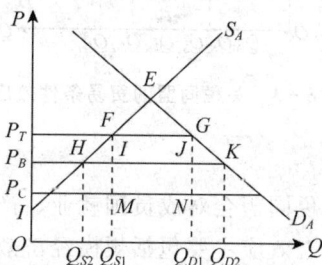

图 8-2　关税同盟的社会福利效应

那么，一国加入关税同盟后的福利在什么情况下是净增加，在什么情况下是净减少呢？一国福利变化主要受这样几种因素的影响：①加入同盟后国内价格下降的幅度。如果价格下降幅度足够大，加入同盟后就能获得净增加。②国内价格供给和需求弹性。一国国内价格供给和需求弹性越大，该国加入关税同盟后获得的消费者剩余就越多，失去的生产者剩余就越少，从而就越有可能获得社会福利的净增加。③加入关税同盟前的关税水平。一国加入关税同盟前的关税水平越高，加入关税同盟后国内价格下降的幅度就越大，因而就越有可能获得福利的净增加。

4. 贸易条件效应

贸易条件效应（Trade Term Effect），是指建立关税同盟后，同盟内国家向同盟外国家进出口商品的贸易条件所发生的变化。小国对进口商品征收关税使该商品的国内价格上升，从而使其国内生产扩张，消费减少，进口缩减。但小国进口量的减少并不会对国际市场的供求关系产生显著影响，因而不能影响该商品的国际价格，故小国的关税贸易条件效应并不存在。一般来说，关税同盟的贸易转移会具有大国效应，即同盟内国家减少从同盟外国家的进口导致外部世界市场的供应价格下降。这样，同盟成员国的贸易条件就可能会得到改善。由于贸易条件改善，同盟成员国的社会福利也得以增加。如图 8-3 所示，D_{CU} 是关税同盟内部的需求曲线，S_{CU} 是关税同盟内部的供给曲线。外部世界市场供应价格为 P_W。如果共同对外关税为零，P_W 决定了同盟内供应为 Q_{S0}，需求为 Q_{D0}。该关税同盟从外部世界市场进口 $Q_{S0}Q_{D0}$。如果关税同盟的共同对外关税为 T，则同盟内的价格为 P_{W+T}，同盟内的供应为 Q_{S1}，需求为 Q_{D1}。同盟的进口为 $Q_{S1}Q_{D1}$。同盟外部供应者为了阻止出口量的下降，会把出口价格降低至 P'_W，而同盟内的价格为 P'_{W+T}。这意味着同盟外部供应者的出口量可维持在 $Q_{S2}Q_{D2}$ 水平。这样，关税同盟进口的价格比以前便宜了。假定关税同盟的出口商品价格不变，那么，关税同盟的贸易条件得到了改善。由于贸易条件的变化，关税同盟的社会福利也相应地发生变化。关税同盟的得益部分为 $ABEC$，福利损失部分为 $FHI+GJK$，如果 $ABEC$ 大于 $FHI+GJK$，意味着有净得益；反之，则有净损失。

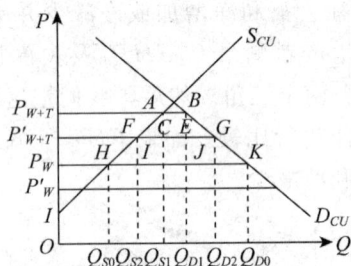

图 8-3　关税同盟的贸易条件效应

（二）动态效应

关税同盟的动态效应是指关税同盟会对成员国就业、产出、国民收入、国际收支和物价水平会造成什么样的影响，动态效应主要包括规模经济效应、竞争效应、投资效应和资源优化配置效应。

1. 规模经济效应

关税同盟建立以后，突破了单个国内市场的限制，原来分散的国内小市场结成了统一的大市场，使得市场容量迅速扩大。各成员国的生产者可以通过提高专业化分工程度，组织大规模生产，降低生产成本，使企业获得规模经济递增效益。尽管向世界其他国家出口也可以达到规模经济的要求，但是世界市场存在激烈竞争和许多不确定性，而区域性经济集团的建立则可以使企业获得据已实现规模经济的稳定市场。但有学者认为，如果成员国的企业规模已经达到最优，则建立区域性经济集团后再扩大规模反而会使平均成本上升。

2. 竞争效应

关税同盟的建立促进了成员国之间的相互了解，但也使成员国之间的竞争更加激化。参加关税同盟后，由于各国的市场相互开放，各国企业面临着来自其他成员国同类企业的竞争，在这种竞争中，必然有一些企业被淘汰，从而形成在关税同盟内部的垄断企业，这有助于抵御外部企业的竞争，甚至有助于关税同盟的企业在第三国市场上与别国企业竞争。

3. 投资效应

关税同盟的建立会促使投资的增加。一方面，市场容量的扩大将促使同盟内企业为了生存和发展而不断的增加投资；另一方面，同盟外的企业为了绕开关税同盟贸易壁垒的限制，纷纷到同盟内进行投资，在同盟内部设立"关税工厂"（Tariff Factory），这样，客观上就增加了来自关税同盟以外的投资。

4. 资源优化配置效应

就一个关税同盟内部来说，关税和非关税壁垒的消除，使市场趋于统一，在其范围内的劳动力和资本的自由流动，可以使其经济资源的利用率提高。

关税同盟的建立也可能产生一些负面影响。关税同盟的建立可能促成新垄断的形成，这种垄断又会成为技术进步的障碍，除非不断吸纳新成员；资本向环境较好的地区流动，还可能导致区域经济发展不平衡，这就需要成员国政府及一体化组织运用相关政策加以引导。

关税同盟理论是国际区域经济一体化理论中较为完善的一部分，且在欧盟等发达国家的国际区域经济一体化组织中得到了应用，但是关税同盟理论是以发达国家为基础建立起来的，所以不太适用于发展中国家。因此，发展中国家要想实现经济一体化，必须探寻适合发展中国家的一体化理论。

二、自由贸易区理论

自由贸易区是经济一体化最基本的形式，它通过消除区内贸易壁垒来实现成员国之间的贸易自由化，在一定程度上是比关税同盟应用更为广泛的一体化形式。按照国际经济学的解释，自由贸易区是指两个或者两个以上的国家或行政上独立的经济体之间达成协议，通过相互取消关税和与关税具有同等效力的其他措施而形成的国际区域经济一体化组织。世界贸易组织对自由贸易区解释为：由两个或两个以上的关税领土所组成的一个对这些组成领土产品的贸易，实质上已取消关税和贸易限制的集团（关贸总协定其他条款规定者除外）。与关税同盟等其他国际区域经济一体化形式相比，自由贸易区有以下两个显著特征：①自由贸易区成员国在实行内部自由贸易的同时，对外不实行统一的关税和贸易政策；②实行严格的原产地规则，只有原产于区域内或主要在区域内生产的产品才能进行自由贸易。

比较全面的研究自由贸易区理论的是英国学者罗布森（Robson），他将关税同盟理论应用于自由贸易区，提出了专门的自由贸易区理论。与关税同盟的情况一样，自由贸易区也可以有贸易创造效应和贸易转移效应，但与关税同盟的这两种效应在实际运作中存在着差异。

国际货币基金组织专家也认为："自由贸易区可以使进口国避免因单边降低壁垒而蒙受不必要的贸易转移损失。这样就可以获得区域外低成本供应来源。同时，已经实行比较自由的贸易体制或愿意放开贸易政策的成员国将不再受自由贸易区的限制。"

为促进发展中国家的国际区域经济一体化，罗布森等人从发展中国家的实际情况出发，通过扩展传统国际区域经济一体化理论，提出了专门适用于南南型国际区域经济一体化的模型。南南型国际区域经济一体化模型与传统的国际区域经济一体化模型相比有其自身的特点：①传统的国际区域经济一体化模型是一种完全的自由贸易模型，而南南型国际区域经济一体化模型认为发展中国家的贸易保护是合理的；②传统的国际区域经济一体化模型不存在规模经济，而南南型国际区域经济一体化模型则强调一体化带来的规模经济效应；③传统的国际经济一体化模型是以完全竞争为前提，不存在市场扭曲，而南南型区域经济一体化模型是以不完全竞争为分析前提，存在市场扭曲。罗布森在规模经济和市场扭曲的经济条件下对国际区域经济一体化进行了效应分析，结论是南南型国际区域经济一体化可以给发展中国家带来益处，也就是说，可以使发展中国家分享规模经济和其他各种动态效应，有利于发展中国家实现工业化和经济发展目标。

虽然发展中国家一直在积极推进南南型国际区域经济一体化进程，但参与国并没有获得罗布森所预期的收益，普遍认为南南型国际区域经济一体化是不成功的。刘力等（2002）通过分析亚洲、非洲和拉丁美洲等地区南南型国际区域经济一体化的实施情况，认为南南型国际区域经济一体化的绩效是"糟糕的纪录"。对南南型国际区域经济一体化不成功的原因分析，较为普遍的观点是认为一体化组织各成员国对统一制订的措施执行不力。而刘力等人则认为："南南型国际区域经济一体化不成功的原因不在于成员国对国际一体化措施的执行不力，而是南南型国际一体化自身存在无法弥补的缺陷，它基本上不具备成功的条件。"他提出必须"南转北"，认为"南北型国际区域经济一体化是发展中国家的必然选择"。

三、共同市场理论

关税同盟理论和自由贸易区理论是国际区域经济一体化的基本理论，它的一个主要假设是成员国之间的生产要素是不流动的。共同市场是比关税同盟高一个层次的国际区域经济一体化形式，它不仅通过关税同盟而形成的贸易自由化实现了产品市场的一体化，而且通过消除区域内要素自由流动的障碍，实现了要素市场的一体化。共同市场的概念早期出现在 1956 年斯巴克的报告中，但总的来讲，二战后，"共同市场"一词已被广泛使用。

在共同市场中，由于阻碍生产要素流动的壁垒已被消除，使得生产要素在逐利动机驱使下，尽可能向获得最大收益的地区流动，但由于社会、政治和人类的生活习性等原因，又使得劳动这种生产要素并不一定会因共同市场的建立而出现大规模的流动。而资本则不然，只要资本存在收益的不相等，即资本的边际生产率在不同地区存在一定的差异，那么它就会不停地流动，直到各地的边际生产率相等为止。

共同市场理论主要是探讨在关税同盟的基础上消除生产要素自由流动的障碍以后成员国所获得的经济效应。当经济一体化演进到共同市场之后，区内不仅实现了贸易自由化，其要素还可以在区内自由流动，从而形成一种超越国界的大市场。一方面使生产在共同市场的范围内沿着生产可能线重新组合，从而提高了资源的配置效应；另一方面，区内生产量和贸易量的扩大使生产可能线向外扩张，促进了区内生产的增长和发展。

共同市场的目的就是消除贸易保护主义，把被保护主义分割的国内市场统一成为一个大市场，通过大市场内的激烈竞争，实现专业化、大批量生产等方面的利益。通过对共同市场理论的分析发展出了大市场理论，大市场理论是从动态角度来分析国际区域经济一体化所取得的经济效应，其代表人物是经济学家西托夫斯基（Scitovsky）和德纽（Deniau）。这一理论以共同市场为分析基础，主要论述了国际区域经济一体化的竞争效应。大市场理论的核心思想是扩大市场是获取规模经济的前提条件；市场扩大带来的竞争加剧将促成规模经济利益的实现。西托夫斯基和德纽分别从"小市场"和"大市场"的角度分析了大市场理论的经济效应：西托夫斯基认为"小市场"的经济会出现"恶性循环"，因此建立共同市场之后，大市场的经济会出现"良性循环"；德纽认为大市场建立后，"经济就会开始滚雪球式的扩张"。

至目前为止，共同市场理论已在欧盟付诸实施，而且取得了成功，但是在南南型和南北型国际区域经济一体化中还没有得到应用，主要是因为共同市场理论的实施必须建立在关税同盟或自由贸易区的基础上，且各成员国的经济发展水平和经济发展阶段必须大致相等。

四、协议性国际分工理论

协议性分工理论是由日本学者小岛清在其著作《对外贸易论》中提出的。他认为，经济一体化组织内部如果仅仅依靠比较优势原理进行分工，不可能完全获得规模经济的好处，反而可能会导致各国企业的集中和垄断，影响经济一体化组织内部分工的发展和贸易的稳定。因此，必须实行协议性国际分工，使竞争性贸易的不稳定性尽可能保持稳定，并促进这种稳定。

协议性分工理论的内容是，在实行分工之前两国都分别生产两种产品，但由于市场狭小，导致产量很小，成本很高，两国经过协议性分工以后，都各自生产一种不同的产品，导致市场规模扩大，产量增加，成本下降。协议各国都享受到了规模经济的好处。

尽管协议各国都享受到了规模经济的好处，但是要使协议性分工取得成功，必须满足三个条件。

（1）两个（或多数）国家必须在资本、劳动禀赋比率没有多大差别，工业化水平和经济发展阶段大致相等，协议性分工的对象商品在哪个国家都能进行生产。在这种状态之下，在互相竞争的各国之间扩大分工和贸易，既是关税同盟理论所说的贸易创造效果的目标，也是协议性国际分工理论目标。而在要素禀赋比率和发展阶段差距较大的国家之间，由于某个国家只能陷入单方面的完全专业化或比较成本差距很大，所以还是听任价格竞争原理（比较优势原理）为宜，并不需要建立协议性的国际分工。

（2）作为协议分工对象的商品，必须是能够获得规模经济的商品。因此规模经济的获得在重化工业中最大，在轻工业中较小，而在第一产业几乎难以得利。

（3）不论对哪个国家，生产协议性分工商品的利益都应该没有很大差别。也就是说，自己实行专业化的产业和让给对方的产业之间没有优劣之分（即协议性分工是同一范畴商品内更细的分工），否则就不容易达成协议。这种利益或产业优劣主要决定于规模扩大后的成本降低率，随着分工而增加的需求量及其增长率。

五、综合发展战略理论

虽然上述理论对发展中国家经济一体化产生了重要的影响，但是普遍认为对发展中国家经济一体化最有影响力的是鲍里斯·塞泽尔基在《南南合作的挑战》一书中所提出的"综合发展战略理论"。综合发展战略理论认为，经济一体化是发展中国家的一种发展战略，要求有强有力的共同机构和政治意志来保护较不发达国家的优势。该理论的思想包括以下要点：①把发展中国家的国际区域经济一体化视为一种发展战略；②它不限于市场的统一；③认为生产和基础设施是其经济一体化的基本领域；④通过区域工业化来加强相互依存性；⑤强调有效的政府干预；⑥把经济一体化看作是集体自力更生的手段和按照新秩序逐渐变革世界经济的要素。

国际区域经济一体化已成为必然趋势，各国经济相互依存，相互渗透。目前，我国正在积极地融入世界经济全球化进程，国际区域经济一体化理论为我国参与国际区域经济一体化的理论发展与实践具有重要的借鉴意义。中国作为一个发展中大国，参与的一体化组织既有南南型又有南北型，合作的组织分别处于不同的发展阶段，如 APEC 组织就是南北型、合作比较松散，目前主要局限在贸易方面，在经济技术等其他方面的合作还很有限，因此，协议性国际分工理论具有较强的借鉴价值；中国—东盟自由贸易区是南南型一体化组织形式，目前合作进展较为顺利，但由于成员国之间经济发展阶段不同，发展差距很大，因此，在借鉴传统的自由贸易区理论的基础上，可运用综合发展战略的思想推进自由贸易区建设进程；而我国正在积极推进的上海合作组织、东北亚次区域经济合作，以及我国正在积极倡导的中国—南亚经济合作，都需要在上述一体化理论的基础上，探索建立符合我国与周边国家经济特点的一体化理论，指导我国的对外开放与国内经济的协调统一发展。

第四节　区域经济一体化对国际贸易的影响

一、区域经济一体化对成员方贸易的影响

区域经济一体化对成员方贸易带来的影响具有两面性，从积极性影响来看，主要有以下几方面。

（一）促进了经济贸易集团内部的贸易自由化和贸易增长

在不同层次的众多经济一体化集团中，通过削减关税或免除关税，取消贸易的数量限制，削减非关税壁垒，取消或放松外汇管制，形成区域性的统一市场，从而在不同程度上扩大了内部的贸易自由化。加上集团内国际分工向纵深发展，使经济相互依赖加深，致使成员国间制成品的贸易环境比第三国市场好得多，从而使域内成员国间的贸易迅速增长，集团内部贸易在成员国对外贸易总额中所占比重也明显提高。20 世纪 50 年代至 70 年代，共同体内部贸易额占成员国贸易总额的比重从 30％提高至 50％。20 世纪 80 年代，欧共体工业生产增长了 20％，区内贸易额从 1982 年的 55％上升到 1988 年的 62％。1992 年欧洲统一大市场建成后，欧共体内部贸易的增长更快。其他的贸易集团的情况也大致相同。

（二）促进了集团内部国际分工和技术合作，加速了产业结构的优化组合

经济一体化的建立有助于成员国之间科技的协调和合作。如在欧共体共同机构的推动和组织下，成员国在许多单纯依靠本国力量难以胜任的重大科研项目中，如原子能利用，航空、航天技术，大型电子计算机等高精尖技术领域进行合作。

经济一体化给域内企业提供了重新组织和提高竞争能力的机会和客观条件。通过兼并或企业间的合作，促进了企业效率的提高，同时加速了产业结构调整，实现了产业结构的

高级化和优化。

（三）增强和提高了经济贸易集团在世界贸易中的地位和谈判力量

以欧洲共同体为例，1958年6个成员的国工业生产总值不及美国的一半，出口贸易与美国相近。但到1979年时，欧洲共同体9国国内生产总值已达23800亿美元，超过了美国的23480亿美元，出口贸易额是美国的2倍以上。同时，在关贸总协定多边贸易谈判中，欧共体以统一的声音同其他缔约方谈判，不仅大大增强了自己的谈判实力，同时也敢于同任何一个大国或贸易集团抗衡，达到维护自己贸易利益的目的。

同时，区域经济一体化对成员国也带来一定的消极影响，主要体现在以下几点。

1. 造成了经济集团内部资本的集中和垄断

由于贸易自由化和统一市场的形成，加剧了成员国间市场的竞争，优胜劣汰，一些中小企业遭淘汰或被兼并。同时，大企业在市场扩大和竞争的压力下，力求扩大生产规模，增强资本实力，趋向于结成或扩大一国的或跨国的垄断组织。

2. 造成区域内部矛盾的重叠

统一市场的目的是自由贸易，但自由贸易的弱点由此暴露出来。例如，在亚太经合组织内部，发展中国家与发达国家在经济政治制度、发展水平和意识形态等方面存在很大的差距，其内部又有多个次区域和小区域组织，构成了区域内错综复杂的关系网，合作主体间利益的多样化以及利益主体的复杂化，给开展区域经济合作带来一定的困难和矛盾。

3. 对国家主权造成挑战

成员国在享受区域内贸易和投资自由化优惠的同时，又必须承担相应的义务，如在减免关税和非关税壁垒时，应严格执行国民待遇原则，这样一来，国家的决策就不得不受区域内成员和外部世界的影响。同时，区域经济一体化的发展会加剧全球经济发展的不平衡性，在一定程度上会加剧集团间的冲突和竞争，减少自由贸易带来的福利。

二、区域经济一体化对多边贸易体制的影响

世界贸易组织（WTO）是协调各国间经贸关系的多边贸易体制，其主要目标是通过建立一个开放、公正、完整的多边贸易体制，促进世界货物和服务贸易的发展，更加有效合理地配置资源，提高所有成员国的经济发展水平，实现可持续发展。

区域经济一体化组织和多边贸易体制是一个矛盾综合体，二者既相互促进，又相互制约，从而不断向前发展。

（一）区域经济一体化对多边贸易体制的积极影响

1. 促进了多边贸易体制目标的实现

区域经济一体化组织一方面取消了内部的关税和贸易限制，促进了成员国之间贸易的发展，增加了成员国的贸易总量；另一方面，经济组织内部取消了关税和贸易限制，生产要素得到不同程度的自由流动，成员国的规模经济效应得到进一步提升，资源得到更合理的配置，大大促进了集团的外部贸易。这种"溢出效应"势必会给世界范围内的经济和贸易带来积极的影响。总之，无论组织内贸易总量的增加，还是"溢出效应"对多边贸易体制的积极影响，都将有助于实现世界贸易组织所要达到的"促进世界货物和服务贸易的发

展"的目标。

2. 可以成为多边贸易体制的一个发展阶段

与 WTO 相比,区域贸易协定所涉及的国家数目少得多,这些国家彼此相邻或在经济上的互补性较强,或者有共同的政治与安全利益,容易达成共识和协议。对于一些在多边贸易谈判中难以达成一致的议题如投资自由化、竞争政策、劳工标准等可能通过区域贸易合作而达成一致。参加区域一体化的国家要大大少于参加 WTO 的多边贸易谈判的国家,有的区域贸易协定甚至只有两个国家参加,这使他们之间的谈判比较容易达成协议。有的区域一体化安排有着超越国家的执法机构,如欧盟就是这样,这有助于减少在实施和执行区域贸易协定和政策方面的不确定性。

3. 改变了多边贸易体制的成员结构

在很长一段时间内,多边贸易体制内的个别成员凭借自身的优势地位,左右多边贸易谈判,控制多边贸易体制的运行,许多国家或地区尤其是发展中国家的利益,无法得到很好的反映。区域经济一体化组织加入 WTO,使 WTO 内的多边体制又增加了新的"一边",改变了 WTO 的成员结构,各方力量对比发生了变化,一国独大的局面得到了改善,这种情况在多边贸易谈判中表现得尤为明显。在谈判过程中,一体化组织成员往往采取共同立场,用相同的声音说话,取得了与超级大国抗衡的资格,遏制了个别国家控制多边贸易体制的局面。例如,1964 年 5 月到 1967 年 7 月,欧洲自由贸易联盟总协定的缔约方奥地利、冰岛、挪威、芬兰、瑞典和瑞士在许多问题上持同一立场,有时由一个代言人代表其立场和态度。

(二)区域经济一体化对多边贸易体制的消极影响

1. 区域经济一体化具有消极的贸易转移效果

一般来说,区域一体化安排有利于区域内的成员提高福利,但对区域外国家可能造成歧视。从本质上讲,区域一体化会损害区域外国家的利益,因为它会导致贸易转移。例如,由于区域内关税被取消,与区域外成本较低的供应商的贸易会转向区域内部成本较高的供应商。区域一体化使区域内贸易增加了,但是区域成员之间进口的产品成本可能高于从区域外国家进口的产品成本。在很多情况下,区域外国家并未享受到区域自由化所来的利益,相反,面临的是损失。

2. 优势地位的利用造成多边贸易体制新的不平衡

区域性经济一体化协议数量剧增的原因,除提高地区经济效益与加强合作以外,更重要的原因在于能够在竞争日益剧烈的国际市场上发挥地区优势保证地区利益。经过多边贸易体制下多个回合的谈判,全球关税税率已大为降低,然而,各区域间各不相同的规则、标准及原产地规则构成了新的区域间壁垒。更令人担忧的是,美国及欧盟作为世界上两大主要的经济力量,正是这种争夺世界市场竞争的始作俑者,二者均以区域经济一体化作为其加强对世界市场争夺的重要工具,相互较劲区域经济一体化进程的广度和深度。现今的世界经济一体化形势呈现出以美欧为轴心不断向外辐射扩展的区域经济一体化格局,美欧处于这一格局的中心,操纵着游戏规则,而发展中国家处于外围,最不发达国家往往被排除在区域经济一体化之外。这样,区域经济组织在多边贸易体制中就形成一种优势地位,尤其是发达国家的一体化组织，其在多边贸易体制中的优势地位特别明显，这种优势地位的形成，使得多边贸易体制呈现出新的不平衡。

3. 影响多边贸易体制的有效实施

在实践中，区域性经济组织为维护自身利益，其组织内部所制定的原则和规则往往与WTO的原则和规则不一致，这就使得多边贸易体制下法律制度的实施受到一定影响。同时，区域性经济组织大多着眼于眼前利益，就可能使得各国专注于区域性安排，而置自由贸易化进程于不顾，而从经济发展的均衡角度来看，只有建立在非歧视基础上的多边贸易体制才能有效约束区域保护主义的泛滥。

就目前发展趋势来看，在较长的时间内，世界经济都将在区域经济一体和多边贸易体制的双轨制下运行。因此，如何趋利避害，是各国需要共同研究和解决的问题。

资料链接 8-1

南南型区域经济一体化组织的代表——"南方共同市场"

南方共同市场简称南共市，是南美地区最大的经济一体化组织，也是世界上第一个完全由发展中国家组成的共同市场。1991年3月26日，阿根廷、巴西、乌拉圭和巴拉圭4国总统在巴拉圭首都亚松森签署《亚松森条约》（条约于同年11月29日生效），宣布建立南方共同市场。该组织宗旨是通过有效利用资源、保护环境、协调宏观经济政策、加强经济互补，促进成员国科技进步，最终实现经济政治一体化。南共市的建立大大促进了地区一体化进程，其主要成就如下。

1. 促进区内贸易增长

在1991年签订《亚松森条约》之前，巴西、阿根廷、乌拉圭和巴拉圭4国间的贸易总额仅为51亿美元；1995年，区内贸易额达150多亿美元；1996年增至174亿美元；1997年达211亿美元。内部贸易占4国出口总量的比重从1991年的11.1%增至1997年的24.7%；1998年区内贸易略有减少，但与1997年基本持平；1999年区内贸易额较1998年减少了50亿美元。随后，在阿根廷经济危机、乌拉圭经济危机和巴西金融动荡的影响下，南共市区内贸易额一度跌落到2002年的105亿美元。2003年，随着拉美经济的整体复苏，南共市区内贸易有所回升。

2. 南共市规模不断扩大，地区一体化进展显著

在成员国的共同努力下，南共市规模不断扩大。目前，南共市的正式成员国为阿根廷、巴西、巴拉圭、乌拉圭、委内瑞拉和玻利维亚；联系国为智利、秘鲁、哥伦比亚、厄瓜多尔、苏里南、圭亚那。

3. 推动经济政治一体化进程

迄今为止，南共市召开了40多届成员国首脑会议，签署了100多项协议。通过这些协议，南共市在自由贸易、经济政策协调、对外共同关税方面取得了一定进展。1998年，南共市就相互开放电信、交通、金融、能源等领域的服务贸易达成一致。1999年，确定通过协调成员国的宏观经济政策，建立本地区货币联盟的战略目标。2000年，决定制定统一宏观经济政策，并提议建立欧盟式的货币同盟和解决贸易争端机制。2001年，签署

了汽车贸易协定。2003 年，成员国同意推动成立南共市争端仲裁法庭和南共市议会，支持巴西提出的 2006 年实现"关税同盟"的倡议。2005 年 5 月，南共市落实了地区一体化基金的数额和运作方式。该基金的筹资计划是，2006 年、2007 年和 2008 年分别筹资 5000万美元、7500 万美元和 1 亿美元，以后每年的筹资额为 1 亿美元。资金分担份额分别为巴西占 70%，阿根廷占 27%，乌拉圭占 2%，巴拉圭占 1%。4 国在基金中的受益比重是巴拉圭占 36%、乌拉圭占 24%、巴西和阿根廷合占 40%。2005 年 12 月 9 日，南共市第 29届首脑会议通过了建立南共市议会和南共市结构转换基金规定等协议。同时，在南美能源合作、投资、南共市内部结构改革等一系列问题达成了广泛协议。2008 年 7 月，第 35 届南共市国家首脑会议在阿根廷北方城市图库曼举行。会议通过的声明强调将继续推动地区一体化进程，并强烈谴责欧盟的新移民法案。南共市成员国贸易将弃用美元，并力争年内消除双重关税。2015 年 12 月，南共市第 49 届首脑会议在巴拉圭首都亚松森举行。会议发表联合公报和对外关系、人权、难民及马岛问题等 4 份特别声明，决定继续深化南共市一体化，成立边境一体化工作组；促进共同发展，保障社会民生；加强民主体制，维护人权；协调网络信息安全政策；推动与欧盟互换减免关税商品清单，尽早与太平洋联盟举行高级别会议。会后乌拉圭接任轮值主席国。

本章小结

　　区域经济一体化是指两个或两个以上的国家和地区之间所实行的某种形式的经济联合或组成的区域性经济组织，在组织内部的国家之间降低或取消关税及其他非关税壁垒，实行自由贸易，并为此协调成员国间的经济社会政策，或建立超国家的决策和管理机构，来推行共同的行为准则。

　　促进区域经济一体化迅速发展的原因，随时间、国家和地域的不同而不同，但归结起来主要有经济和政治两方面的原因。区域经济一体化在其发展过程中，按其自由化程度可以分为六种形式，即优惠贸易安排、自由贸易区、关税同盟、共同市场、经济同盟、完全经济一体化，这六种形式按贸易自由化程度由低到高依次排序。

　　关税同盟理论一般被认为是区域经济一体化理论的奠基石。在国际经济一体化的相关理论中，只有关税同盟理论得到较严密、系统的阐述和发展，被认为是最成熟的区域经济一体化理论。关税同盟理论认为，关税同盟的建立既产生静态经济效应，也产生动态经济效应。

　　其中，静态效应包括贸易创造效应、贸易转移效应、社会福利效应和贸易条件效应；动态效应包括规模经济效应、竞争效应、投资效应和资源优化配置效应。同时，关税同盟的建立也可能产生一些负面影响：关税同盟的建立可能促成新垄断的形成，这种垄断又会成为技术进步的障碍，除非不断吸纳新成员；资本向环境较好的地区流动，还可能导致区域经济发展不平衡，这就需要成员国政府及一体化组织运用相关政策加以引导。

重要概念

区域经济一体化（Regional Economic Integration）

优惠贸易安排（Preferential Trade Arrangement）

自由贸易区（Free Trade Area）

关税同盟（Customs Union）

共同市场（Common Market）

经济同盟（Economic Union）

完全经济一体化（Complete Economic Integration）

水平一体化（Horizontal Integration）

垂直一体化（Vertical Integration）

全盘一体化（Overall Integration）

部门一体化（Sectional Integration）

欧洲联盟（European Union）

北美自由贸易区（North American Free Trade Area，NAFTA）

亚洲太平洋经济合作组织（Asia-Pacific Economic Cooperation，APEC）

中国—东盟自由贸易区（China-ASEAN Free Trade Area，CAFTA）

上合组织（The Shanghai Cooperation Organization，SCO）

贸易创造效应（Trade Creation Effect）

贸易转移效应（Trade Diversion Effect）

社会福利效应（Social Welfare Effect）

贸易条件效应（Trade Term Effect）

练习题

1. 区域经济一体化的含义是什么？

2. 区域经济一体化发展的动因是什么？

3. 以自由化程度为标准，区域经济一体化可以分为哪几种形式？每种形式之间有何区别？

4. 什么是全盘一体化？全盘一体化和部门一体化有何区别？

5. 简述欧盟、北美自由贸易区和亚太经合组织这三个重要的区域一体化组织。

6. 在世界经济一体化的过程中，区域性经济组织的规模和数量不断扩大，但东亚地区的一体化发展进程却十分缓慢，联系所学理论知识分析其原因。

7. 什么是关税同盟理论？其经济效应如何？

8. 试用图形简要分析关税同盟的贸易创造效应。

9. 主要的区域经济一体化理论有哪些？各自的主要内容是什么？

10. 简述区域经济一体化对国际贸易的影响。

● **学习目标**

• **了解**

跨国公司的形成与发展

跨国公司主要理论

跨国公司对国际贸易的影响

• **掌握**

跨国公司的含义和特点

跨国公司内部贸易

跨国公司转移价格

第一节　跨国公司概述

一、跨国公司的含义

跨国公司（Transnational Corporation），又称多国公司（Multi-national Enterprise）、国际公司（International Firm）、超国家公司（Supernational Enterprise）和宇宙公司（Cosmo-corporation）等。20世纪70年代初，联合国经济及社会理事会组成了由知名人士参加的小组，较为全面地考察了跨国公司的各种准则和定义后，于1974年作出决议，决定联合国统一采用"跨国公司"这一名称。跨国公司主要是指以母国为基地，通过对外直接投资，在两个或更多的国家设立子公司或分支机构，从事国际化生产和经营活动的垄断企业。

联合国跨国公司委员会认为，跨国公司必须包含三个基本要素：①跨国公司是指在两个或两个以上的国家从事经营活动的经济组织；②这个组织应有一个中央决策系统，组织内部各单位的活动都是为全球战略目标服务的；③组织内部各单位共享资源和信息，共担责任和风险。

二、跨国公司的特点

（一）实行全球战略和高度集中统一管理

跨国公司作为在国内外拥有较多分支机构、从事全球性生产经营活动的公司，其战略目标是以国际市场为导向的，目的是实现全球利润最大化，并通过控股的方式对国外的企业实行控制。同时，跨国公司也在世界范围内的各个领域，全面进行资本、商品、人才、技术、管理和信息等交易活动，并且这种"一揽子"活动必须符合公司总体战略目标，其子公司也像外国企业一样参加当地的再生产过程。所以，跨国公司对其分支机构必然实行高度集中的统一管理。

（二）从事综合型多种经营

综合型多种经营是指跨国公司内部、母公司与子公司各自生产不同种类的产品，甚至是毫不相干的不同行业。20世纪70年代以来，该类型的跨国公司迅速发展，其业务经营范围几乎无所不包。综合型多种经营的特点是，根据生产、销售过程的内在需要，将有关联的生产联系起来，进而向其他行业渗透，形成生产多种产品的综合体。综合型多种经营主要有以下三种形式。

1. 水平型多种经营

此类公司主要从事单一产品的生产经营，母公司和子公司很少有专业化分工，但公司内部转移生产技术、销售技能和商标专利等无形资产的数额较大。

2. 垂直型多种经营

此类公司按其经营内容又可分为两种。一种是母公司和子公司生产和经营不同行业的但却相互有关的产品。它们是跨行业的公司，主要涉及原材料、初级产品的生产和加工行业，如开采种植→提炼→加工制造→销售等行业。另一种是母公司和子公司生产和经营同一行业不同加工程度或工艺阶段的产品，主要涉及汽车、电子等专业化分工水平较高的行业。如美国的美孚石油公司就是前一种垂直型的跨国公司，它在全球范围内从事石油和天然气的勘探、开采，以管道、油槽和车船运输石油和天然气，经营大型炼油厂，从原油中精炼出最终产品，批发和零售几百种石油衍生产品。而法国的珀若一雪铁龙汽车公司则是后一种垂直型的跨国公司，公司内部实行专业化分工，它在国外的84个子公司和销售机构，分别从事铸模、铸造、发动机、齿轮、减速器、机械加工、组装和销售等各工序的业务，实现了垂直型的生产经营一体化。

3. 混合型多种经营

此类公司经营多种产品，母公司和子公司生产不同的产品，经营不同的业务，而且它们之间互不衔接，没有必然联系，如日本的三菱重工业公司即是如此。它原是一家造船公司，后改为混合多种经营，经营范围包括汽车、建筑机械、发电系统产品、造船和钢构件、化学工业、一般机械、飞机制造业等。

（三）以开发新技术推动跨国公司的发展

二战以来，全世界的新技术、新生产工艺、新产品，基本上都掌握在跨国公司手中，这是跨国公司能够几十年不衰反而不断发展壮大的根本原因之一。通常跨国公司都会投入大量人力物力开发新技术、新产品。例如，20世纪80年代中后期，美国电话电报公司研究与开发中心平均每年的研究经费高达19亿美元，并聘用了1.5万名科研人员，其中2100人获博士学位，4人曾先后获得4项诺贝尔物理奖。又如著名的3M公司，1994年夏季就新上市近400种半组合式五金类用品，其新产品层出不穷，其原因用3M加拿大分公司 DIY 产品部门行销经理的话解释为，该公司每年营业额的 7% 用在研制新产品上，业务宗旨是每年必须有 30% 的销售收入来自 4 年前尚未上市的新产品。由此可见其研究的超前。跨国公司不仅注重开发新技术，而且非常善于通过对外转让技术获得高额利润及实行对分、子机构的控制。

（四）竞争是跨国公司争夺和垄断国外市场的主要手段

在国际贸易中，传统的竞争手段是价格竞争。即指企业通过降低生产成本，以低于国际市场或其他企业同类商品的价格，在国外市场上打击和排挤竞争对于，扩大商品销路。而今，由于世界范围内尤其是发达国家生活水平的提高、耐用消费品支出占总支出比重的增大，以及世界范围内的持续通货膨胀造成物价持续上涨，产品生命周期普遍缩短等因素影响，价格竞争已很难为跨国公司争取到最多的顾客，取而代之的是非价格竞争。事实证明，非价格竞争是当代跨国公司垄断和争夺市场的主要手段。非价格竞争是指通过提高产品质量和性能，增加花色品种，改进商品包装装潢及规格，改善售前售后服务，提供优惠的支付条件，更新商标牌号，加强广告宣传和保证及时交货等手段，来提高产品的素质、信誉和知名度，以增强商品的竞争能力，扩大商品的销路。目前，跨国公司主要从以下几方面提高商品非价格竞争能力：①提高产品质量，逾越贸易技术壁垒；②加强技术服务，提高商品性能，延长使用期限；③提供信贷；④加速产品升级换代，不断推出新产品，更新花色品种；⑤不断设计新颖和多样的包装装潢，注意包装装潢的"个性化"；⑥加强广告宣传，大力研究改进广告销售术。

（五）建立跨国公司联盟

近年来，跨国公司的发展出现了跨国公司联盟的趋势，实行国内公司集团化、国际市场竞争联合化。国际市场竞争联合化可以节约研发费用，分散投资风险，共同开拓市场。目前，跨国公司联盟形式主要有两种。

1. 大跨国公司相互联盟

许多大型跨国公司通过发挥各自优势形成优势互补，共同研发新技术、新产品，从单项合作发展到航天、航空、汽车、电子等部门，从生产到销售的多环节合作。这种类型的战略联盟多出现在重大的新技术、新产品、新市场和新资源的研制与开发、应用和开拓等方面。

2. 发展跨国公司群

跨国公司群是由一家大型跨国公司和一批中小型跨国公司组成的跨国集团，通过销售协议、分包合同、合资企业、生产协作等多种方式联合在一起，发挥各自最具有优势的方面，提升整体竞争力。

资料链接 9-1

家电企业的战略联盟——海尔与三洋的战略同盟

2002 年 1 月 8 日，海尔与三洋在大阪宣布：两个企业成为 21 世纪战略伙伴关系，其合作内容主要包括 4 点：第一，三洋充分利用海尔的销售网络，在中国销售三洋品牌产品；第二，在日本大阪，海尔与三洋合资成立"三洋海尔股份有限公司"，帮助海尔冰箱和洗衣机等家电产品进入日本市场；第三，推进双方在生产基地方面的相互合作；第四，扩大三洋零部件向海尔的供应及技术协作。海尔与三洋的合作并没有被限制在某个领域，而是把各自作为自己的战略伙伴，围绕着怎样为消费者提供满意产品而展开竞争与合作。消息宣布后，在日本各界引起强烈反响。日本最大的电视台 NHK 当晚播发了这个消息，并评价道："海尔与三洋合作必将对日本其他家电厂家今后的战略决策带来重大影响"。日本《朝日新闻》在 2002 年 1 月 9 日的头版头条报道了海尔三洋合作的消息，并指出"这种对等合作在日本来说是第一次！"。

三、跨国公司的形成与发展

跨国公司最早出现于 19 世纪 60 年代，二战后得到迅速发展，是对外直接投资的主要载体。

（一）跨国公司的形成

跨国公司是垄断资本主义发展的产物，跨国公司的出现与资本输出密切相关，可以说，资本输出是跨国公司形成的物质基础。

19 世纪 60 年代，资本主义从自由竞争逐渐向垄断阶段过渡，"过剩资本"的大量形成直接成为资本国际流动的动力和源泉。当时，发达资本主义国家的某些大型企业开始向海外投资，进行跨国经营。垄断组织通过资本输出把资本主义生产方式扩大到殖民地与半殖民地国家，进一步深化传统的垂直分工体系。与此同时，资本输出实现了世界范围的生产国际化和社会化，加强了世界各国的相互依赖及各国对国际分工的依赖。这时的企业资本输出数额和比重都很小，而且主要是投资到殖民地和附属国的资源开发项目（如采煤、采油、开矿）以及农业种植园等，只有极少数企业在海外从事制造业生产性投资。从制造业来看，直接投资的流向主要是比较发达的国家和地区。例如，1914 年英国制造业对外直接投资中近 90% 是投向发达国家，其中对美国的投资占 70% 之多。从投资主体来看，制造业投资以美国为主体，但美国当时还是接受外国投资的主要债务国，其全部对外投资的比重排在英、法、德之后。

美国的第一家跨国公司是胜家（Singer）缝纫机公司，于 1867 年首先在英国的格拉斯哥建立了一家缝纫机装配厂，其产品供应欧洲和其他地区，1880 年又在伦敦和汉堡设立负责欧、亚、非业务的销售机构。在欧洲，德国的拜耳（Bayer）化学公司，于 1865 年在美国纽约州的奥尔班尼开设了一家苯胺制造厂；瑞典的诺贝尔（Nobel）公司于 1866 年在德国汉堡设立了生产炸药的分厂。上述三家公司在海外设立生产性分支机构，从事跨国经营活动，已初具跨国公司的雏形，因此它们通常被看作是早期跨国公司的代表。后来，欧美不少大企业通过对外直接投资，在海外设厂从事跨国经营，如美国的国际收割机公司、国际收银机公司、西方联合电机公司以及英国的尤尼来弗公司和瑞士的雀巢公司等都先后到海外投资设厂，它们成为现代意义上的跨国公司的先驱。

（二）两次世界大战期间跨国公司的发展

两次世界大战期间，发达国家对外直接投资增长缓慢，处于停滞状态。这主要是由于以下几方面原因：第一，战争造成的损失和巨额战后重建费用使欧洲大陆由债权国变为债务国，难以筹措资金进行对外直接投资；第二，1929～1933 年爆发的经济危机使资本主义世界受到重创，生产力遭到严重破坏，而且主要发达国家纷纷实行贸易保护政策，对外资进行限制与歧视；第三，世界性经济危机后国际货币秩序混乱，资本主义各国从自身利益出发，纷纷组成货币集团，实行外汇管制，限制国际资金自由流通，直接影响了对外直接投资。因此，两次世界大战期间，对外直接投资发展缓慢，虽有所增加，但主要集中在资源开发性行业，且具有明显的地域局限性。但是，这一阶段，美国企业对外直接投资增加快于世界整体水平，在世界直接投资总额中仅次于英国居第二位，一些大型企业向欧洲和世界其他地区积极扩张，建立起遍布世界各地的生产与销售网络，跨国公司在海外的分支机构也从第一次世界大战前的 100 多家增加到二战爆发前的 700 多家。

（三）二战后跨国公司的迅速发展

第二次世界大战以后，尤其是 20 世纪 50 年代以来，全球范围内直接投资迅猛增长，跨国公司得到空前发展。这一时期跨国公司的发展可以分为三个阶段：战后初期至 20 世纪 60 年代末为第一阶段，美国跨国公司占绝对优势地位；自 20 世纪 70 年代初开始至 80 年代末为第二阶段，国际直接投资格局逐步由美国占绝对优势向多极化方向发展；自 20 世纪 90 年代初期至今为第三阶段，跨国公司在全球经济一体化时代获得长足发展。

1. 第一阶段：战后初期至 20 世纪 60 年代末

这一阶段的显著特征是，跨国公司对外直接投资在战后初期具有恢复性质，后得到迅速发展，美国跨国公司在其中居主导地位。

第二次世界大战使西欧国家经济受到重创，对外直接投资锐减。而美国在二战期间利用各种有利条件加速进行对外直接投资，二战结束时已成为世界最大对外直接投资国。战后初期，美国垄断资本利用其他国家被战争削弱的机会，凭借在战争期间大大膨胀起来的政治、经济和军事实力攫取了世界经济霸主地位。从战后初期到 20 世纪 60 年代末，美国通过实施"马歇尔计划"，参与欧洲和国际经济重建，这为美国跨国公司大规模对外直接投资创造了极好的条件。在战后 20 余年间，美国的对外直接投资迅速增长，跨国公司也获得空前发展。1945 年，主要资本主义国家对外直接投资总额为 200 亿美元，其中美国占 42%；到 1967 年，对外直接投资总额达 1 050 亿美元，其中美国占 50.5%。据统计，1956 年世界最大的 200 家跨国公司中，美国有 144 家，占 70% 以上。因此，这一时期美国公司几乎成为跨国公司的同义词。正如跨国公司问题专家尼尔·胡德和斯蒂芬·扬所指出的："美国公司是唯一有能力出口并在国外扩展的公司……对外直接投资变成了私人资本流动的主要部分，美国成为主要母国，而欧洲成了主要东道国。"

2. 第二阶段：自 20 世纪 70 年代初开始至 80 年代末

这一阶段的特征是，国际直接投资规模继续扩大，西欧和日本的经济实力增强，跨国公司迅速崛起，美国跨国公司的地位相对受到削弱，国际直接投资格局逐步由美国占绝对优势向多极化方向发展。

西欧和日本经济在二战后得到迅速恢复与发展，在 20 世纪 50 年代初工业生产就几乎接近战前水平，他们的对外直接投资也很快发展起来，跨国公司迅速增加。20 世纪 70 年代，西欧和日本的跨国公司积极对外扩张，在全球范围内与美国公司展开了激烈的竞争，对外直接投资年增长率均为 20% 左右，远远高于同期美国 11.1% 的年均增长率。西欧跨国公司同美国公司相比，不仅数量更多，而且规模更大，经济实力和竞争能力迅速增强，在资本、技术、管理和研发方面的差距日趋缩小，日本跨国公司的力量也在不断加强。因此，尽管美国公司在 20 世纪 70 年代对外直接投资增长较前期迅速，仍处于领先地位，但其相对优势已大大下降。另一方面，从 20 世纪 70 年代开始，随着石油大幅度涨价和某些原材料价格上涨，发展中国家经济实力大大加强，在经济发展的同时，一些发展中国家开始对外直接投资，从事跨国经营。20 世纪 80 年代后，亚洲"四小龙"以及巴西、墨西哥等新兴工业化国家和地区涌现出了一批有相当规模与实力的跨国公司，使国际直接投资呈现出多元化、多极化的新格局。当然，与发达国家相比，发展中国家对外直接投资的资金规模与地域分布还相当有限。

3. 第三阶段：自 20 世纪 90 年代初期至今

这一阶段的特征是，对外直接投资持续大幅度增长，跨国公司数目空前增加，在全球经济一体化时代获得长足发展。

进入 20 世纪 90 年代以后，尽管受到某些不稳定因素，例如东南亚金融危机、发展中国家长期债务危机的影响，但随着世界经济全球化趋势的不断增强和国际分工的日益深化，对外直接投资迅猛增长。据联合国贸发会议历年《世界投资报告》统计，20 世纪 90 年代以来国际直接投资保持持续大幅增长，远远超过同期世界贸易增长率，尤其是 20 世纪 90 年代中期以来增长势头更为迅猛，1996~2000 年平均增幅超过 40%，2000 年全球外国直接投资流入流量达到创纪录的 12 710 亿美元。

国际直接投资的迅速发展扩大了国际生产在世界经济中的作用，跨国公司得到空前发展，成为世界经济一体化的主力。据联合国贸发会议统计，1990 年世界跨国公司总数超过 3.5 万家，在海外设立分支机构 15 万多家，全球销售额达 5.5 万亿美元，有史以来第一次超过世界贸易总额。但是，跨国公司的地区与行业分布很不平衡，以海外资产衡量的世界最大 100 家跨国公司中大约有 90 家的总部设在所谓的"三极"国家或地区，即美国、欧盟与日本，这些公司一半以上是集中在电气和电子设备、汽车以及石油勘探与分销行业。发展中国家的跨国公司虽然在 20 世纪 90 年代获得长足发展，但其总体实力与发达国家相去甚远，其中最大的公司与世界最大 100 家跨国公司中最小的公司规模相当。

第二节　跨国公司内部贸易

一、跨国公司内部贸易的含义与特点

（一）跨国公司内部贸易的含义

跨国公司内部贸易（Internal Trade）是指一家跨国公司内部的产品、原材料、技术与服务的国际流动，这主要表现为跨国公司的母公司与国外子公司之间以及国外子公司之间在产品、技术、服务方面的交易活动。据统计，20 世纪 70 年代，跨国公司内部贸易仅占世界贸易的 20%，20 世纪 80~90 年代升至 40%，而目前世界贸易总量的近 80% 为跨国公司内部贸易。

跨国公司的内部贸易虽然导致商品或服务跨越国界流动，但是交易行为主体实质上是同一个所有者。它既具有国际贸易的特征，同时又具有公司内部商品调拨的特征。因此，它是一种特殊形式的国际贸易。

（二）跨国公司内部贸易的特点

跨国公司内部贸易是一种特殊形式的国际贸易，其具有以下特点。

1. 实行计划性管理

公司内部贸易的计划性主要是指内部贸易的商品数量、商品结构以及地理流向等要受公司全球战略计划、长远发展战略计划、生产投资计划、市场营销计划和利润分配计划的控制和调节。跨国公司实施内部贸易计划管理的目的是，调节公司内部的资源配置，使之不断适应公司发展战略和外部环境变化的要求，在激烈竞争环境中立于不败之地。

2. 实行转移价格

所谓转移价格是指跨国公司根据全球战略目标，在母公司与子公司、子公司与子公司之间交换商品和劳务的交易价格。这种价格不是按照生产成本和正常的营业利润或国际市场价格水平来定价，而是按照子公司所在国的具体情况和母公司全球性经营战略，人为地加以确定。因此，它是一种大大高于或远远低于生产成本的价格。转移价格反映了内部贸易在价格上的全部特征，其具体做法有通过调整半成品或零部件的进出口价格来影响子公司产品的成本；通过调整对子公司出售的机器设备的价格和折旧期限，来影响子公司的产品成本费用；通过向子公司收取技术转让、专利授权、管理咨询、商标使用等的劳务费来调整子公司的成本和利润；通过内部借贷关系及其利率高低来调节子公司的产品成本和利润；母公司通过支付或索取较高或较低的佣金和折扣来影响子公司的销售收入；在母公司与子公司之间人为地制造呆账、损失赔偿等来增加子公司的费用支出等。

3. 内部贸易与行业的技术水平有关

一般来说，跨国公司所处行业的技术水平越高，其内部贸易的比重就越大。例如，1987年，相关专家对世界上 32 个国家不同行业的跨国公司内部贸易进行调查的结果显示，母公司内部出口贸易在其中出口中的比重，计算机行业为 91.3%，汽车为 62.4%，机械为 52.6%，石油为 51%，电子为 36.5%，医药化工为 35%，纺织为 12.8%，食品为 9.8%，造船仅为 8.79%。由此可见，除造船业外，技术密集度与跨国公司内部贸易规模成正相关关系。

4. 跨国公司内部贸易不转移所有权或不完全转移所有权

由于跨国公司内部贸易是在跨国公司的母公司与子公司或子公司与子公司之间的贸易，而母公司对诸子公司分别是完全拥有股权或控股，部分拥有股权并发生其他形式的经济关系。因此，从理论上说，在跨国公司内部贸易中，虽然有的所有权并不转移或不完全转移，但由于各自有不同的经济利益，并有各自的独立核算，彼此间仍然需要通过交换的形式来互通产品，即所谓跨国公司的内部贸易。

二、跨国公司内部贸易的形式

（一）按单个企业跨国经营的发展历程划分

从单个企业跨国经营的发展历程来看，其内部贸易大体要经历简单内部贸易、纵向内部贸易、横向内部贸易、混合内部贸易、战略联盟内部贸易五个阶段。

1. 简单内部贸易阶段

企业刚刚跨入跨国化经营的征程时，一般其海外投资的规模和范围很有限，其海外分支机构的数量也很少，且其从事海外直接投资的初衷是"当地生产，当地销售"，从而达到绕过各种贸易壁垒、减少运输成本、提高产品在当地市场的竞争能力的目的；或是"当地开采、建设，返销国内"，以达到弥补国内相关资源短缺的目的。在第一种情况下，伴随资金的投入，母公司仅仅向海外子公司提供其开展生产经营所需的投入品，如技术、设备、原材料等；在第二种情况下，母公司不仅提供海外子公司开展开采、建设等业务所需的投入品，而且子公司还向母公司提供各种产出品，如石油、矿产品、农副产品等。这两种情况是初始的最为简单的内部贸易。

2. 纵向内部贸易阶段

随着企业跨国化经营的发展，全球经营战略的实施，跨国公司为充分利用各个国家的优势资源，便以产品价值链的各个环节为基础分设海外分支机构，使本属一个国内企业内部就能完成的生产经营线，变为了各个海外分支机构的业务首尾相互衔接的跨国生产经营线。其中，处于价值链前一环节的企业为后一环节的企业供应投入品，即跨国公司内部，一企业的产出构成另一企业的投入，且占主体的是大量的中间产品和单向贸易。这种纵向内部贸易是跨国公司实施垂直一体化的主要内容和重要的支持因素。

3. 横向内部贸易阶段

随着企业跨国化经营的进一步发展，海外投资与海外分支机构的增多，跨国公司为追求各个企业的规模效益，一方面根据国际市场的差异性，在最终产品的生产上采取差别化的生产，在不同国家或地区，各子公司专门生产有特色的产品，即在同行业的最终产品生产上实行水平分工；另一方面，在中间产品的生产上，各子公司之间也实行水平分工，分别专门生产不同的零部件或原材料。同时，为追求跨国公司整体的规模经济和范围经济，跨国公司将在全球范围内实行跨行业的生产与经营，在跨国公司总部统一领导下，各个海外分支机构生产不同的产品。由以上各种水平分工而产生的各子公司之间的产品交叉销售是一种横向内部贸易。这种横向内部贸易是跨国公司实施水平一体化的主要内容和支持性因素。

4. 混合内部贸易阶段

在实际中，当跨国公司发展到相当的规模和水平，以上三种内部贸易模式将同时存在，即既有母公司与子公司之间的投入品或产出品的简单内部贸易，也有子公司与子公司之间的价值链中前后各环节上的垂直协作的纵向内部贸易，同时更有建立在子公司与子公司之间的水平分工基础上的横向内部贸易。混合内部贸易是跨国公司实施全球一体化经营和全球战略的黏合剂，它使内部贸易发展到了极点。

5. 战略联盟内部贸易阶段

跨国公司在其内部一体化经营发展到一定规模的基础上，将会发展公司间的一体化，即为共同开发高新技术，攻克独立作战条件下难以逾越的难关，跨国公司将强强联合，形成交融程度不同的国际战略联盟。国际战略联盟的产生，使一般的跨国公司内部贸易发生了变异。与一般的内部贸易相比，国际战略联盟内部贸易，既有相同之处，又有不同之处，这种变异的程度依战略联盟内各跨国公司的联合形式及关系程度而定。

其实，跨国公司内部贸易发展历程的五阶段或五种模式，既与跨国公司自身规模及其一体化经营的发展历程相一致，也与世界跨国公司的发展历史相吻合。

（二）按内部贸易的性质划分

就内部贸易的性质来看，跨国公司的内部贸易有三种类型：投资性内部贸易、经营性内部贸易和管理性内部贸易。

（1）投资性内部贸易，是指贸易的客体被折价并取得了资本的形式，被注入海外投资项目，这些被当作资本使用的贸易客体一般是技术及相关设备和物品。

（2）经营性内部贸易，是指贸易的客体没有取得资本的形式，而仅因满足跨国公司内部成员的日常经营之需，而进行的跨越国界流动。

（3）管理性内部贸易，是指跨国公司内部的有关会计、法律、宣传、服务、会议及督导控制等活动的跨越国界的开展。

三、跨国公司内部贸易的动因

（一）克服世界市场的不完全性

世界市场是跨国公司赖以发展的基础，跨国公司只有依靠健全有效的市场网络才能顺利地完成其在内部国际分工生产的运营。而现实中的世界市场具有不完全性：一方面存在市场结构性缺陷，即少数大公司的市场垄断和政府干预所造成的贸易障碍；另一方面存在市场交易性缺陷，即市场交易的额外成本及其引起的利润损失。正是因为世界市场的不完全性，迫使跨国公司采取对策，逐步使再生产过程中各环节内部化，以内部市场的发展来营造跨国公司赖以生存的、健全有效的市场网络。通过内部贸易不仅可以稳定地维持并扩大自己的市场份额，而且可以加强公司的对外扩张能力，有效地应付各种垄断和政府干预产生的贸易障碍，降低成本，增加收益。

（二）满足跨国公司生产体系对中间产品的特定需求

跨国公司追求全球资源的优化配置，以扩大国际分工的利益，这是跨国公司的重要经营特征。在跨国公司的国际生产过程中，一些中间产品的投入是高档次的，即在质量、性能或规格上都有特殊的要求。因此，要从外部市场获得这类中间产品是非常困难的。为保证中间产品投入的供给在质量、规格、性能上符合要求，并保持稳定，就要求把这部分的产品生产纳入跨国公司的生产体系，通过内部贸易而取得。这样，既可以消除价格的不规则波动、供求量难以均衡等通过外部市场交易所能带来的风险，又可以直接利用跨国公司内部在生产技术和销售技术上的优势，确保产品质量的稳定性和生产过程的连续性。

（三）维持技术垄断的需要

跨国公司通常垄断着特有的先进技术知识，如果将跨国公司的技术产品和中间投入置于外部交易中，那么它拥有的技术优势就会扩散，技术或产品就会被竞争者所仿制。为了跨国公司内部再生产过程的各个环节的技术水平彼此协调，增强公司的整体竞争力，母公司必须向国外子公司传授特有技术或先进技术。通过内部贸易，跨国公司既可以维持技术垄断，又可以满足其整个国际生产体系的技术装备不断更新换代的要求。

（四）解决跨国公司内部相对独立的利益主体之间交换的矛盾

跨国公司的母公司与子公司之间一般有四个层次的经济关系：①母公司与完全控股子公司的关系；②母公司与大份额控股子公司的关系；③母公司与对等控股子公司的关系；④母公司与小份额控股子公司的关系。由于母公司对子公司控股程度有所不同，它们经济利益统一程度往往不一致。因此，在跨国公司的内部交换过程中，不能以利益的完全一致性为基础进行无偿调拨，而必须采取贸易的形式，通过内部市场机制满足各方的经济利益，以解决内部经济利益的矛盾。当然，母公司对子公司控股程度不同，使得跨国公司通过内部贸易实现其全球经营战略目标的难易程度也就不尽相同。当母公司拥有子公司的全部或大部分股权时，彼此在进行内部贸易过程中，跨国公司通过转移价格而实现其全球经营战略目标就会比较顺利；反之，如果母公司只拥有子公司对等或小部分股权时，跨国公司要通过转移价格而达到其全球经营战略目标就可能遇到子公司经营管理人员的抵制或反对。

（五）利用转移价格达到特定目标

跨国公司利用转移价格可以起到回避价格管制、逃避征税和外汇管制、占领市场、利用币值变动而从中牟取的作用，从而为其全球利益最大化服务。当跨国公司子公司所在国的外汇管制和利润汇出限制严、营业利润抽税高时，母公司就抬高供应给子公司的机器设备、原材料和劳务的价格，使子公司生产成本增加，盈利减少，从而少纳税，少汇出利润。当子公司产品面临当地产品竞争时，母公司可以大幅度降低转移价格，从而降低子公司产品的生产成本，加强其竞争能力，以掠夺性价格打垮竞争对手，操纵和垄断当地市场，然后再提高价格。当子公司所在国货币将要贬值时，母公司可利用转移价格将子公司的利润和现金尽快转移出去；当子公司所在国货币坚挺时，母公司就利用转移价格使子公司扩大资本，从汇率中牟利。

四、内部贸易价格的形成机制

（一）内部转移价格的含义

内部转移价格（Transfer Price），又称转让价格、调拨价格、内部价格，是指跨国公司根据全球战略目标，在母公司与子公司、子公司与子公司之间交换商品和劳务的交易价格。这种价格不是按照生产成本和正常的营业利润或国际市场价格水平来定价，而是按照子公司所在国的具体情况和母公司全球性经营战略，人为地加以确定。因此，它是一种大大高于或远远低于生产成本的价格。

（二）内部转移价格的形式

目前，制定内部转移价格的方法根据不同的计价基础，大致上可以分为以下几大类。

1. 以市场为基础的转移定价

在存在完全竞争的市场条件下，一般采用市场价格。以市场价格定价相当于在企业内部引入市场机制，能够较为客观地评价各个利润（投资）中心的经营成果，可以解决各部门间可能产生的冲突，生产部门有权选择其产品是内部转移还是卖给外部市场，而采购部门也有权自主决定。如果与市场价格偏离，将会使整个公司的利润下降。市场价格比较客观，能够体现责任会计的基本要求，但市场价格容易波动。我国现阶段信息处理能力较低，市场价格的准确性与可靠性受影响，甚至有些产品无市场价格作为参考，市场价格作为内部转移价格有很大的限制。

2. 以成本为基础的转移定价

以成本为基础的转移定价包括完全成本法、成本加成法、变动成本加固定费用等方法。这里的成本，不是采取公司的实际成本而是标准成本，以避免把转出部门经营管理中的低效率和浪费转嫁给转入部门。这种方法应用简单，以现成的数据为基础，但标准成本的制定会有偏差，不能促进企业控制生产成本，容易忽视竞争性的供需关系。

3. 协商转移价格

协商转移价格是位于市场定价和成本定价之间的定价方法，协商价格是以外部市场价格为起点，参考独立企业之间或企业与无关联的第三方之间发生类似交易时的价格，共同协商确定一个双方都愿意接受的价格作为内部转移价格。协商价格在各部门中心独立自主的基础上，充分考虑了企业的整体利益和供需双方的利益。这种方法运用恰当，将会发挥很大的作用。但在实际操作中，由于存在质量、数量、商标、品牌甚至市场的经济水平的差别，使得与市场价格直接对比很困难。

4. 双重内部转移价格

所谓双重内部转移价格，是指对产品（半成品）的供应和耗用单位分别采用不同的内部转移价格作为计价基础。当转移价格的定价在交易过程中没有给卖方部门带来利润时，转移价格的定价将起不到鼓励卖方部门从事内部交易的作用。因此，为了较好地满足买卖双方在不同方面的需要，激励双方在生产经营方面充分发挥其主动性和积极性，可以采用双重内部转移价格来取代单一的内部转移价格。

如果转移价格主要运用于业绩评价和考核，则可以采用双重内部转移价格，因而双方采用的价格无须一致，当然，在计算企业的总成果时，应扣除由双重内部转移价格之差所形成的"内部利润"。采用双重内部转移价格能够使卖方部门获利而买方部门仅负担成本，或者卖方部门以成本加一定的利润作为内部转移价格，而买方部门只支付该产品的成本部分，差额可以记录在一个专门的集中核算的账户中。这种方法为买方部门留下成本数据，且通过转移价格向卖方部门提供了利润，这就会鼓励内部交易活动。

（三）内部转移价格的目的

跨国公司通过转移价格控制它在国外的各子公司服从于其全球战略目标，来获取最大限度利润。具体说来，内部转移价格有以下几个方面的目的。

1. 调节利润

跨国公司为了使它新建的子公司在竞争中具有较高的信誉，易于在当地销售证券或取得信贷，往往通过转移价格使它的子公司显示出较高的利润率。反之，如果一家子公司在当地获取的利润较高，容易引起当地所在国政府和居民的反感，跨国公司又可利用转移价格来降低这家子公司的利润率。

2. 转移资金

有些国家对当地子公司汇出利润有一定的限制。跨国公司就通过转移价格将它赚得的利润调回母国。有些子公司因投资法令等原因的限制，在当地资金出现困难，跨国公司就通过转移价格使它的子公司得到资金融通。

3. 控制市场

跨国公司利用转移价格来支持国外子公司的竞争。在市场竞争激烈的地区，母公司向子公司供应原料、零配件或成品时往往给以极低的价格，使子公司在价格竞争中击败劲敌。反之，母公司对于那些少数股权控制的子公司往往索取较高的价格，以限制这些子公司的活动。转移价格可以作为加强企业对市场渗透、对付激烈市场竞争的有力工具。

4. 逃避税收

由于各国的实际情况不同，所采取的政策不同，因而各国间税率不等，税则规定也有差异。而且，即使在同一国家中，对资本、红利、利息、专利权使用费的计算也有不同的课税方法。

（1）规避或降低所得税。跨国公司的子公司遍布世界，而各子公司所在国的所得税税率和税则的规定有所不同。跨国公司可以利用转移定价，通过低税国子公司以高转移价格向高税国子公司出口或低转移价格从高税子国公司进口，把利润从高税率国子公司转移到低税率国子公司，降低整个跨国公司的纳税总额。这种转移，并不一定是货物的实际转移。

（2）减轻或消除关税负担。跨国公司利用转移定价可以减轻关税的负担。跨国公司体系内部频繁的交易，在跨越关境时都要交纳关税。跨国公司对设在高关税国家的子公司，以偏低的转移价格发货，减少纳税基数和纳税额。一般来说是降低了进口子公司的从价进口税，因为出口一般是免征关税的。

（3）降低或躲避预提税。按照国际惯例，世界各国对跨国公司在本国内取得的诸如股息、利息、租金或无形资产特许使用费等都要征收预提税。一般对毛所得征税是不做扣付的，预提税税率为 $10\%\sim30\%$。对这些所得，跨国公司可以利用转移价格加以转化，来规避预提税。采取子公司低价提供产品的形式将利润转移到母公司，代替股息、利息、租金或特许权使用费的支付或调整子公司分摊的管理成本费用的支付，从而达到降低或躲避预提税的目的。

5. 逃避风险

跨国公司通过转移价格可以规避以下三方面的风险。

（1）外汇风险。近一二十年来，世界外汇市场动荡不定，各国货币比价波动很大而且频繁，这使得在世界各地设立公司的跨国公司，暴露在很大的外汇风险之中。跨国公司不仅面临着贸易中的交易风险，还面临着资产的外汇换算风险（Translation Risk）。通过转移定价，国际企业可以避免或至少减缓外汇风险。

（2）通货膨胀。很多情况下通货膨胀使该国的货币贬值，使跨国公司蒙受损失，因为通货膨胀使得公司的金融资产购买力下降，所以跨国公司通常都是尽可能快地将多余资金或利润转移回母国或位于其他国家的子公司，这就又要依靠转移价格手段。另外，子公司在国外取得的利润必须在年底结算后才能汇出，通过转移价格，就可以提前转移公司的利润，避免货币贬值的影响。

（3）政治风险。如果跨国公司的子公司面临东道国政治动荡的风险，这时，跨国公司就可以通过转移价格将容易被没收的物资转移出该国，以高价卖给该子公司商品，索取高昂的服务费，将资金转移出该国，从而耗空子公司的积蓄，使其陷入财政赤字状态，达到从东道国调回资本的目的。

资料链接 9 - 2

宝洁利用转移价格漏税案

自 1993 年以来，广州宝洁一直蝉联全国轻工行业向国家上缴税额最多的企业的名号。而正是这家缴税大户，在 2003 年上半年，被查出漏报了应纳税所得额共 5.96 亿元，并补缴企业所得税 8149 万元。这是至 2003 年以来，广州市反避税调整单个案件补缴税额最大的案例。

广州宝洁是如何漏缴如此巨额的所得税税收呢？其根本原因就在于转让定价上。转让定价是指集团内的关联企业之间，为了确保集团利益的最大化，在集团内部人为的控制定价。通过人为控制的定价，关联方之间就有了转移正常利润，以减少纳税的条件。宝洁公司在境内的关联企业主要有该公司所属纸品有限公司、口腔保健用品有限公司、北京洗涤用品有限公司和成都、天津公司等。2002 年，在宝洁公司的关联企业中部分公司出现连续亏损，这些公司失去了向银行借贷的能力。于是宝洁公司以公司本部的名义向中国银行广东省分行寻求总金额高达 20 亿元左右的巨额贷款。但与正常企业行为相违背的是，宝洁公司又拨出巨资以无息借贷的方式借给其关联企业使用，这个举动造成避税行为产生。一方面，作为宝洁，其借贷给关联企业的巨额资金实际并不为自身所用，却承担着巨额的银行借贷利息，向银行大量借贷，借贷资金与随之产生的利息支付在账目上表现为负债。根据税法的规定，利息支出是在税前扣除，于是，随着其税前利润的相对减少，其应交所得税也相应地减少，所以宝洁公司利用税前列支利息从而达到了其漏缴所得税的目的。另一方面，作为其获得了巨额的无息贷款的关联企业，改善了资金运营状况，如其当年利润仍表现为亏损，则继续不用缴纳所得税，如其当年利润表现为赢利，根据税法规定，则可将税前利润弥补前五年的亏损。综合来看，宝洁将此次的资金使用权的转让定价即贷款利息定为零，减少了两个企业当年应缴纳的税收之和，规避了大量的所得税，形成了漏税。

第三节 跨国公司主要理论

二战后，随着跨国公司的迅速发展，对外直接投资已经成为世界经济的重要推动力量，而传统的基于证券投资的国际资本流动理论却无法解释跨国公司的对外直接投资行为。在此背景下，西方学者纷纷开始研究跨国公司与对外直接投资，形成了许多不同的理论流派，从不同的角度对对外直接投资的动因、国际市场进入方式与跨国经营的区位选择进行研究，既相互区别，又互为补充，从而形成了一个相对独立的丰富的理论体系。下面将对其中一些主要的具有代表性的理论予以介绍和评述。

一、垄断优势理论

（一）基本内容

垄断优势理论（Monopolistic Advantage Theory），又称所有权优势理论或公司特有优势理论，是最早研究对外直接投资的独立理论。垄断优势理论是由对外直接投资理论的先驱，美国麻省理工学院教授海默（Hymer）于 1960 年在他的博士论文中首先提出的，由麻省理工学院 C·P·金德贝格在 20 世纪 70 年代对海默提出的垄断优势进行了补充和发展。它是一种阐明当代跨国公司在海外投资具有垄断优势的理论。此理论认为，考察对外直接投资应从"垄断优势"着眼。

该理论的核心内容是"市场不完全"与"垄断优势"。传统的国际资本流动理论认为，企业面对的海外市场是完全竞争的，即市场参与者所面对的市场条件均等，且无任何因素阻碍正常的市场运作。但海默认为，传统理论对市场的这种描述是不正确的，"完全竞争"只是一种理论上的假定，现实中并不常见，普遍存在的是不完全竞争市场。海默认为市场的不完全性是对外直接投资的根本原因，而这种市场的不完全性主要体现在以下四个方面：①产品市场不完全，即商品的特异化、商标、特殊的市场技能以及价格联盟等；②要素市场不完全，表现为获得资本的不同难易程度以及技术水平差异等；③规模经济引起的市场不完全，即企业由于大幅度增加产量而获得规模收益递增；④政府干预形成的市场不完全，如关税、税收、利率与汇率等政策。正是在不完全竞争的市场环境下，企业才有可能在国内获得某种垄断优势，并通过对外直接投资的方式在国外加以运用。而这种垄断优势足以抵消跨国竞争和国外经营所面对的种种不利因素，而使企业处于有利地位。企业凭借其拥有的垄断优势排斥东道国企业的竞争，维持垄断高价，导致不完全竞争和寡占的市场格局，这是企业进行对外直接投资的主要原因。

关于垄断优势的构成，海默和其他学者，如金德尔伯格以及后来的约翰逊（Johnson）、卡夫斯（Caves）以及曼斯菲尔德（Mansfield）等人进行了充分的论述，大致可归纳为技术与知识优势、规模经济、资金优势、营销以及组织管理能力等，其中海默特别强调了技术与知识的核心优势作用。这些优势后来被邓宁总结为"所有权优势"，并成为其国际生产折中理论的重要组成部分之一。

（二）理论评价

垄断优势理论突破了国际资本流动导致对外直接投资的传统贸易理论框架，突出了知识资产和技术优势在形成跨国公司中的重要作用。因而，垄断优势理论在 20 世纪 60～70 年代中期，对西方学者产生过较深刻的影响。垄断优势论从理论上开创了以国际直接投资为对象的新研究领域，使国际直接投资的理论研究开始成为独立学科。这一理论既解释了跨国公司为了在更大范围内发挥垄断优势而进行横向投资，也解释了跨国公司为了维护垄断地位而将部分工序，尤其是劳动密集型工序，转移到国外生产的纵向投资，因而对跨国公司对外直接投资理论发展产生很大影响。

但垄断优势理论的不足之处在于它缺乏普遍意义，由于研究依据的是 20 世纪 60 年代初对西欧大量投资的美国跨国公司的统计资料，因此对美国跨国公司对外直接投资的动因有很好的解释力，但却无法解释 20 世纪 60 年代后期日益增多的发展中国家跨国公司的对外直接投资，因为发展中国家的企业并不比发达国家有更强的垄断优势。而且，该理论偏重于静态研究，忽略了时间因素和区位因素在对外直接投资中的动态作用。

二、内部化理论

（一）基本内容

自 20 世纪 70 年代中期开始，以英国里丁大学学者巴克利（Buckley）、卡森（Casson）与加拿大学者拉格曼（Rugman）为主要代表人物的西方学者，以发达国家跨国公司（不含日本）为研究对象，沿用了美国学者科斯（Coase）的新厂商理论和市场不完全的基本假定，于 1976 年在《跨国公司的未来》（The Future of Multinational Enterprise）一书中提出了建立跨国公司的一般理论——内部化理论（The Theory of Internalization）。该理论主要回答了为什么和在怎样的情况下，到国外投资是一种比出口产品和转让许可证更为有利的经营方式。后来，经济学家罗格曼、吉狄、杨等进一步丰富和发展了该理论。

内部化理论的主要观点可概括如下：由于市场的不完全，若将企业所拥有的科技和营销知识等中间产品通过外部市场来组织交易，则难以保证厂商实现利润最大化目标；若企业建立内部市场，可利用企业管理手段协调企业内部资源的配置，避免市场不完全对企业经营效率的影响。企业对外直接投资的实质是基于所有权之上的企业管理与控制权的扩张，而不在于资本的转移。其结果是用企业内部的管理机制代替外部市场机制，以便降低交易成本，拥有跨国经营的内部化优势。

根据内部化理论，企业通过对外直接投资形成内部市场，在全球范围内组织生产与协调分工，以避免外部市场不完全对其经营产生的影响。同时，在"知识产品"的研发与获得越来越昂贵，知识产权保护越来越困难的情况下，企业内部交易可以有效地防止技术迅速扩散，保护企业的知识财富。而且，在不确定性不断增加的市场环境下，内部交易使企业能够根据自己的需要进行内部资金、产品和生产要素的调拨，从而保证效益最优化。

内部化理论还分析了影响中间产品内部化的四个主要因素：①行业特定因素，主要是指产品性质、外部市场结构以及规模经济；②地区特定因素，包括地理位置、文化差别以及社会心理等引起的交易成本；③国别特定因素，包括东道国政府政治、法律、经济等方面政策对跨国公司的影响；④企业特定因素，主要是指企业组织结构、协调功能、管理能力等因素对市场交易的影响。内部化理论认为，上述四组因素中，行业特定因素对市场内部化的影响最重要。当一个行业的产品具有多阶段生产特点时，如果中间产品的供需通过外部市场进行，则供需双方关系既不稳定，也难以协调，企业有必要通过建立内部市场保证中间产品的供需。企业特定因素中的组织管理能力也直接影响市场内部化的效率，因为市场交易内部化也是需要成本的。只有组织能力强、管理水平高的企业才有能力使内部化的成本低于外部市场交易的成本，也只有这样，市场内部化才有意义。

（二）理论评价

内部化理论是西方学者跨国公司理论研究的一个重要转折。以前的理论主要研究发达国家（主要是美国）企业海外投资的动机与决定因素，而内部化理论则研究各国（主要是发达国家）企业之间的产品交换形式与企业国际分工与生产的组织形式，并从内部市场形成的角度阐述了对外直接投资理论，对跨国公司的内在形成机理有比较普遍的解释力。与其他对外直接投资理论相比，内部化理论适用于不同发展水平的国家，既包括发达国家，也包括落后国家，因而在跨国公司理论研究具有相当于"通论"和"一般理论"的地位，大大推进了对外直接投资理论的发展。更为重要的是，该理论强调了知识产品内部一体化市场的形成，更加符合当今国际生产的现实状况。

内部化理论的不足之处是该理论过分注重企业经营决策的内部因素，却忽略了对影响企业运作的各种外部因素的分析，如市场结构、竞争力量等因素，对跨国公司的国际分工和生产缺乏总体认识，对对外直接投资的区位选择等宏观因素也缺乏把握。

三、国际生产折中理论

（一）基本内容

1977 年，英国雷丁大学教授邓宁（Dunning）在《贸易，经济活动的区位和跨国企业：折中理论方法探索》中提出了国际生产折中理论（The Eclectic Theory of International Production）。1981 年，他在《国际生产和跨国企业》一书中对折中理论又进行了进一步阐述。邓宁认为以往的理论只能对国际直接投资做出部分的解释，而且未能把投资理论与贸易理论结合起来，客观上需要一种折中理论。

国际生产折中理论，又称"国际生产综合理论"，该理论的核心观点是，企业进行跨国经营和对外直接投资是该企业具有的所有权优势、内部化优势和区位优势这三大优势综合作用的结果。

1. 所有权优势（Ownership Advantage）

指一国企业拥有或是能获得的国外企业所没有或无法获得的特点优势。其中包括：①技术优势，即国际企业向外投资应具有的生产要领、销售技巧和研究开发能力等方面的优势；②企业规模，企业规模越大，就越容易向外扩张，这实际上是一种垄断优势；③组织管理能力，大公司具有的组织管理能力与企业家才能，能在向外扩张中得到充分的发挥；④金融与货币优势，大公司往往有较好的资金来源渠道和较强的融资能力，从而在直接投资中发挥优势。

邓宁认为，所有权优势只是企业对外直接投资的必要条件，而不是充分条件。企业仅仅具有所有权优势，而不具备内部化优势和区位优势时，国内生产出口销售或许可也是企业实现其优势的可行途径。

2. 内部化优势（Internalization Advantage）

指拥有所有权优势的企业，为了避免外部市场不完全对企业利益的影响，而将企业优势保持在企业内部的能力。企业发挥内部化优势的条件主要有三方面：签订和执行合同需要较高费用；买者对技术出售价值的不确定；需要控制产品的使用。内部交易比非股权交易更节省交易成本，尤其是对于那些价值难以确定的技术和知识产品，而且内部化将交易活动的所有环节都纳入企业统一管理，使企业的生产销售和资源配置趋于稳定，企业的所有权优势得以充分发挥。

但邓宁同样认为，内部化优势和所有权优势一样，也只是企业对外直接投资的必要条件，而不是充分条件，同时具有所有权特定优势和内部化优势的企业也不一定选择进行对外直接投资，因为它也可以在国内扩大生产规模后再行出口。

3. 区位优势（Location Advantage）

指投资的国家或地区对投资者来说在投资环境方面所具有的优势。它包括直接区位优势，即东道国的有利因素和间接区位优势，即投资国的不利因素。具体包括：①劳动力成本，一般直接投资把目标放在劳动力成本较低的地区，以寻求成本优势；②市场潜力，即东道国的市场必须能够让国际企业进入，并具有足够的发展规模；③贸易壁垒，包括关税与非关税壁垒，这是国际企业选择出口抑或投资的决定因素之一；④政府政策，是直接投资国家风险的主要决定因素。如果某一国外市场相对于企业母国市场在区位环境方面特别有利于企业的生产经营，那么这一市场就会对企业的跨国经营产生非常大的吸引力。

最后，邓宁认为，在企业具有了所有权优势和内部化优势这两个必要条件的前提下，又在某一东道国具有区位优势时，该企业就具备了对外直接投资的必要条件和充分条件，对外直接投资就成为企业的最佳选择。

（二）理论评价

邓宁的国际生产折中论克服了传统的对外投资理论只注重资本流动方面的研究不足，他将直接投资、国际贸易、区位选择等综合起来加以考虑，使国际投资研究向比较全面和综合的方向发展。国际生产折中论是在吸收过去国际贸易和投资理论精髓的基础上提出来的，既肯定了绝对优势对国际直接投资的作用，也强调了诱发国际直接投资的相对优势，在一定程度上弥补了发展中国家在对外直接投资理论上的不足。国际生产折中理论可以说是几乎集西方直接投资理论之大成，但它毕竟仍是一种静态的、微观的理论，过于注重对企业内部要素的研究，忽略了企业所处的特定社会政治、经济条件对企业经营决策的影响。

第四节　跨国公司对国际贸易的影响

二战后，跨国公司不仅数量日益增多，而且在世界经济贸易中的地位也在不断提升，对国际贸易的发展起着举足轻重的作用，产生了深远的影响。

一、深化和扩展了国际分工

公司内部贸易的兴起，使当代国际分工出现了新的特征，传统依靠市场调节机制的国际分工逐渐让位于以跨国公司内部管理手段为调节形式的国际分工。跨国公司内部国际分工一方面促使生产分工更加精细，体现在某个国家和某个企业对产品的生产上，只是产品的某一个部件，甚至零件，或者只是某一个工业阶段甚至工序；另一方面促使协作的范围更加广泛。只要资源的配置和利用达到最优状态，协作的空间就可跨越许多国家。例如，美国波音公司生产的747型客机的450万个零部件，是由包括美国在内的26个国家的25000家企业协作生产的，其中非美国企业提供的产品重量竟占飞机总重量的70%。

二、促进了国际技术贸易的发展

跨国公司为了在激烈的竞争中保持自己的地位，扩大自己的份额，需要不断地进行科学技术研究，不断地推出新产品。因而，每家跨国公司都有自己专门的研究机构，每年投入大量的研究与开发费用，直接促进了新技术新产品的研究与开发，加速了产品的更新换代。目前，多数跨国公司的子公司的许多新技术，包括机器、中间产品、成品以及技术服务都需要从母公司引进，母公司向子公司转让的技术主要是加工技术以及相关的技能培训，也可以通过买卖转让技术。

跨国公司为了降低研究与开发成本，减少风险，加快科技开发速度，还会在经营过程中采用战略联盟的形式。而跨国公司为了建立战略联盟，自然会在联盟之间进行技术转让以达到互利的目，从而间接促进国际技术贸易的发展。同时，知识本身具有扩散性和溢出效应。跨国公司的跨国界生产通过知识本身的溢出效应和外在性把科技知识传播出去。其技术传播和扩散的方式主要有：①掌握了技术窍门的科技人员和工人从子公司流动到不属于该跨国公司系统的企业；②东道国的企业通过许可方式从跨国公司子公司获得知识和技术；③东道国当地企业同跨国公司子公司的直接和间接接触，常常会使技术信息扩散出来；④跨国公司在东道国的竞争，引发当地公司采取各种手段和途径借鉴、挖掘和窃取跨国公司的技术。

三、使国际贸易结构不断优化

一方面，跨国公司对外直接投资主要集中在制造业部门，尤其在资本、技术密集型产业，这就直接影响着国际贸易商品结构的变化，反映在世界货物构成中，制成品贸易所占比重上升，初级产品所占比重下降。另一方面跨国公司内部专业化协作的发展使制成品贸易中中间产品贸易比重不断上升。

四、改变了市场结构

公司内贸易创造了一个内部一体化市场，使传统国际贸易中的国别市场界限在很大程度上消失，即传统的"自由市场"缩小，"封闭的市场"日益扩大。跨国公司通过内部贸易，采用歧视性定价策略，排挤竞争对手，垄断了国际市场。跨国公司在许多重要制成品和原料贸易中均处于控制地位，如在拉美地区，以美国为主的跨国公司操纵了这一地区小麦贸易的 90%、糖料贸易的 60%、咖啡贸易的 85%、玉米贸易的 80%、茶叶贸易的80%。几大跨国公司控制了全球汽车贸易。目前，跨国公司直接投资额约占国际投资总额的 90%，掌握和控制着研究与开发的 80%～90%，国际技术贸易的 60%～70%，全球生产总值的 40%。出于避开外部市场的不完全性的公司内部贸易却进一步扭曲了外部市场。从某种意义上来说，公司内贸易同国际贸易中的保护主义倾向有密切关系。

五、削弱了国家政策的效力

跨国公司生产经营的目的是在全球范围内实现"个体利益"最大化，其"个体利益"经常与国家的"整体利益"并不完全一致。公司内贸易的双方都处于共同所有权之下，进行交换的市场是跨国公司内部市场，它并不完全受东道国和母国的管辖，绝大部分时候也无需国家作为中介来进行。跨国公司利用内部贸易的灵活性来避开不利于自身利益的国家政策，削弱了国家财政、金融、贸易等政策效力。例如，跨国公司通过操纵转移定价巧妙地逃避税收，影响国家财政政策的实施。20世纪60年代，美国曾制定严禁资本外流的法规，但在美跨国公司通过在内部贸易中压低出口价格和抬高进口价格，间接将资金调往国外，使得美国的外汇控制没有达到预期的效果。

本章小结

跨国公司主要是指以母国为基地，通过对外直接投资，在两个或更多的国家设立子公司或分支机构，从事国际化生产和经营活动的垄断企业。联合国跨国公司委员会认为，跨国公司必须包含三个基本要素：①跨国公司是指在两个或两个以上的国家从事经营活动的经济组织；②这个组织应有一个中央决策系统，组织内部各单位的活动都是为全球战略目标服务的；③组织内部各单位共享资源和信息，共担责任和风险。

跨国公司内部贸易是指一家跨国公司内部的产品、原材料、技术与服务的国际流动，这主要表现为跨国公司的母公司与国外子公司之间以及国外子公司之间在产品、技术、服务方面的交易活动。从单个企业跨国经营的发展历程来看，跨国公司内部贸易大体要经历简单内部贸易、纵向内部贸易、横向内部贸易、混合内部贸易、战略联盟内部贸易五个阶段。就内部贸易的性质来看，跨国公司内部贸易有三种类型，即投资性内部贸易、经营性内部贸易和管理性内部贸易。

内部转移价格，又称转让价格、调拨价格、内部价格，是指跨国公司根据全球战略目标，在母公司与子公司、子公司与子公司之间交换商品和劳务的交易价格。这种价格不是按照生产成本和正常的营业利润或国际市场价格水平来定价，而是按照子公司所在国的具体情况和母公司全球性经营战略，人为地加以确定。因此，它是一种大大高于或远远低于生产成本的价格。跨国公司通过转移价格控制它在国外的各子公司服从于其全球战略目标，来获取最大限度利润。

重要概念

跨国公司（Transnational Corporation）

内部贸易（Internal Trade）

内部转移价格（Transfer Price）

垄断优势理论（Monopolistic Advantage Theory）

内部化理论（The Theory of Internalization）

国际生产折衷理论（The Eclectic Theory of International Production）

所有权优势（Ownership Advantage）

内部化优势（Internalization Advantage）

区位优势（Location Advantage）

练习题

1. 简述跨国公司的含义及其特点。

2. 什么是跨国公司内部贸易？跨国公司内部贸易有何特点？

3. 就内部贸易的性质来看，跨国公司内部贸易可以分为几种类型？

4. 简要分析促使跨国公司内部贸易发展的因素。

5. 什么是内部转移价格，跨国公司采用转移定价的主要目的是什么？

6. 什么是以成本为基础的转移定价？该方法有何优缺点？

7. 转移价格对跨国公司的关税和税负会产生什么影响？

8. 跨国公司的主要理论有哪些？各个理论的主要内容是什么？

9. 简述跨国公司对国际贸易的影响。

10. 联想集团收购了 IBM 的全球 PC 业务，迈出跨国经营的一步之后，又将总部搬到美国纽约，试分析联想此举的目的何在。

第十章
国际直接投资与国际贸易

学习目标

- **了解**

国际直接投资的作用

国际直接投资的发展历程

国际直接投资的优缺点

- **掌握**

国际直接投资的含义与特点

国际直接投资的基本形式

第一节　国际直接投资概述

国际直接投资亦称对外直接投资（FDI），是一国投资者为取得国外企业经营管理上的有效控制权而输出资本、设备、技术和管理技能等无形资产的经济行为。跨国公司是国际直接投资的主要形式。到 1999 年为止，5.3 万跨国公司约有 3.5 万亿美元资产，且跨国公司的投资主要是在发达国家之间，基本上分布于日本，美国，欧盟三极之中。自 20 世纪 50 年代以来，跨国公司及其对外直接投资的迅速发展引起西方学者的普遍关注，并形成了垄断优势。国际直接投资的动机包括获取原材料、寻求知识、降低成本、规模经济、稳定国内客户等战略性动机以及出于发挥其特定优势而进行国外直接投资的经济性动机。

一、国际直接投资的含义

国际直接投资亦称"对外直接投资"。一国投资者为实现持久利益而对本国之外的企业进行投资，并对该国外企业的经营管理实施有效影响和控制的经济活动，既包括上述两个经济实体之间的初次交易，也包括它们之间以及所有附属企业之间的后续交易。由于企业的经营管理权通常受股权比例的影响，国际货币基金组织建议以拥有国外企业 10% 的股权作为国际直接投资的最低标准，不过，有些国家以其他证据而非股权比例来认定对外国企业经营管理的有效影响。在中国的对外直接投资统计中，对外直接投资指中国企业、团体等在国外及港澳台地区以现金、实物、无形资产等方式投资，并以控制国（境）外企业的经营管押权为核心的经济活动。

发展国际直接投资对中国经济的发展具有重大意义，主要表现在以下几个方面。

（1）通过在工业发达、技术先进的国家和地区收购企业或购买股份，直接经营或参与经营管理，可以吸收其中的先进技术，学习有效的管理经验和方法，这有助于提高国家的整体技术水平，提高企业经营的效率。

（2）近几年来，中国一些传统加工产业的国际市场已面临饱和，亚洲金融危机使中国的出口增长速度大幅度下降。企业进行对外投资，不仅可以避开一些国家对中国产品所设置的关税和非关税壁垒，带动国内原材料、辅助材料、半成品以及成套设备的出口，而且可以为国内企业提供准确的国际市场行情，减少出口中的盲目性。

（3）通过投资国外的资源性行业，能合理有效地利用国外的自然资源，弥补国内资源的短缺，促进国内经济发展。

二、国际直接投资的基本方式

现在国际上主要的国际直接投资方式有合资企业和独资子公司两种。这两种方式各有其优缺点，适用条件也各不相同，企业应该依据自身特点选择。

1. 合资企业

合资企业是由两个或两个以上的、本来相互独立的企业共同拥有的企业。与当地公司建立合资企业长久以来一直是打入外国市场的流行方法，最典型的合资企业是一半对一半的企业，各自向合资企业派出管理队伍，实现共同经营。当然也有些合资方取得多数股权，从而对合资企业有较强的控制权。

合资企业的优点主要有：①企业可以得益于当地的合作伙伴对东道国的竞争态势、文化、语言、政治体制和商业运行机制的了解。例如，很多的美国公司在对外投资时，主要是提供技术和产品，而当地伙伴则提供在当地市场上竞争所需要的经验和对当地情况的了解。②当进入外国市场的成本和风险很高时，当地伙伴可以分摊这些风险和成本。③在很多国家，由于政府部门的规定使得合资是唯一的选择。

合资方式的缺点主要表现在：①合资有可能使得对技术的控制权落到合作伙伴手中。解决的方法之一是争取成为控股方，这样就可以取得对技术更大的控制权。②合资企业可能无法获得为实现经验曲线和区位经济所需要的对子公司的控制。同时，也不能够使企业获得为协调全球战略所需要的对子公司的控制。比如说，公司出于全球竞争的需要，可能会要求某子公司在当地做一些战略牺牲，损失一些利益。面对这种要求，当地的合作伙伴几乎是不会接受的。

2. 独资子公司

所谓独资子公司，也即投资企业占有100％的股权。在外国市场上建立独资子公司有两种方法。其一是在当地创建新的公司；其二是兼并当地的现有企业，并利用兼并企业来促进在当地的产品销售。

独资企业的优点主要有：第一，有利于发挥企业以技术为基础的竞争优势。这是因为独资公司可以将技术外漏的风险在制度上降至最低。因此，这种方式是高科技企业的首选；第二，投资企业可以对独资子公司进行严密控制，使之为企业的全球战略服务；第三，独资的方式有利于企业实现经验曲线经济和区位经济。

独资企业的缺点也是显而易见的，建立独资子公司是成本最高的直接投资方法，投资企业所要承担的风险也是最大的。

三、国际直接投资的特点

国际直接投资与其他投资相比，具有实体性、控制性、渗透性和跨国性的重要特点。具体表现在以下几点。

（1）国际直接投资是长期资本流动的一种主要形式，它不同于短期资本流动，它要求投资主体必须在国外拥有企业实体，直接从事各类经营活动。

（2）国际直接投资表现为资本的国际转移和拥有经营权的资本国际流动两种形态，既有货币投资形式又有实物投资形式。

（3）国际直接投资是取得对企业经营的控制权，不同于间接投资，通过参与、控制企业经营权获得利益。

当代的国际直接投资又有以下几个特点：规模日益扩大、由单向流动变为对向流动、发展中国家国际直接投资日趋活跃、区域内相互投资日趋扩大、国际直接投资部门结构的重大变化、跨国并购成为一种重要的投资形式等等。

四、国际直接投资的优缺点

（1）国际直接投资的优点：拥有企业的控制权；主要通过跨国公司进行，能够实现生产要素的跨国流动；具有实体性、控制性、渗透性和跨国性的重要特点。

（2）国际直接投资的缺点：投资周期长、风险大；不同于短期资本流动，投资主体必须在国外拥有企业实体，直接从事各类经营活动。

第二节　国际直接投资的发展历程

国际直接投资理论于20世纪60年代初期由海默提出，其后经过维农、巴克利、小岛清等人的发展，到20世纪70年代后期终于由邓宁完成了国际直接投资的一般理论。这一理论在研究国际直接投资问题时，强调了两个与传统国际资本流动不相同的地方：其一是强调进行国际直接投资的企业可以获得较大的利益；其二是强调这类企业可以节省交易成本。20世纪80年代以前，国际直接投资理论主要以发达国家特别是美国的跨国公司为研究对象，认为跨国公司的竞争优势主要来自企业对市场的垄断、产品差异、高科技和大规模投资以及高超的企业管理技术。相比之下，发展中国家跨国公司并不具备上述优势，它们往往投资规模小，产品技术含量低且大多属于劳动密集型产业，如服装和纺织、简单食品加工等，缺少名牌产品，广告费用支出较少。但20世纪80年代以后，开始有学者专门研究发展中国家的对外直接投资理论。

在经济理论界一般认为有代表性的国际直接投资理论主要有以下几种。

一、投资发展周期理论

邓宁在20世纪80年代初提出的投资发展周期理论，是国际生产折中理论在发展中国家的运用和延伸。投资发展周期理论认为，发展中国家对外直接投资倾向取决于：①经济发展阶段；②该国所拥有的所有权优势、内部化优势和区域优势。根据人均国民生产总值，邓宁区分了四个经济发展阶段。第一阶段，人均国民生产总值在 400 美元以下。处于这一阶段的国家只有少量的外来直接投资，完全没有对外直接投资。第二阶段，人均国民生产总值在 400～1500 美元之间，外国对本国的投资量有所增加，而本国对外直接投资量仍然是零，从而净对外直接投资呈负数增长。第三阶段，人均国民生产总值在 2500～4750 美元之间。在这一阶段，外国对本国的直接投资量仍然大于其对外直接投资，不过两者之间的差距缩小。处于第四阶段的国家其净对外直接投资呈正数增长。在这一理论中，邓宁又将经济发展周期与企业竞争优势因素结合起来，以说明某国的国际投资地位是怎样随着其竞争优势的消长而相应变化的。

可见，投资发展周期理论是将一国吸引外资和对外投资能力与经济发展水平结合起来，认为一国的国际投资地位与人均国民生产总值成正比关系。世界上发达国家和发展中国家国际投资地位的变化大体上符合这一趋势。邓宁认为，一国吸引外资和对外投资的数量不能仅仅用经济指标衡量，它还取决于一国的政治经济制度、法律体系、市场机制、教育水平、科研水平以及政府的经济政策等因素。一国的所有权优势、内部化优势和区位优势可以从国家、产业和企业三个层面上进行分析。从所有权优势看，国家层面的因素包括自然资源禀赋、劳动力素质、市场规模及其特征、政府的创新、知识产权保护、竞争与产业结构政策；产业层面的所有权优势包括产品和加工技术深度、产品差异成度、规模经济、市场结构等；企业层面的所有权优势包括生产规模、产品加工深度、生产技术水平、企业创新能力、企业的组织结构、管理技术、企业获得低成本要素供给的能力等。

二、小规模技术理论

美国经济学家刘易斯·威尔斯在 1977 年发表的《发展中国家企业的国际化》一文中提出小规模技术理论，他认为，小规模技术理论的最大特点，就是摒弃了那种只能依赖垄断的技术优势打入国际市场的传统观点，将发展中国家对外直接投资竞争优势的产生与这些国家自身的市场特征有机结合起来，从而为经济落后国家对外直接投资提供了理论依据。由于世界市场是多元化、多层次的，即使对于那些技术不够先进、经营范围和生产规模不够庞大的企业来说，参与对外直接投资仍有很强的经济动力和较大的市场空间。当然，该理论也有某些局限性和片面性。它将发展中国家跨国公司的竞争优势仅仅局限于小规模生产技术的使用，可能会导致这些国家在国际生产体系中的位置永远处于边缘地带和产品生命周期的最后阶段。同时该理论很难解释一些发展中国家的高新技术企业的对外投资行为，也无法解释当今发展中国家对发达国家的直接投资日趋增长的现象。

三、技术地方化理论

英国经济学家拉奥在 1983 年出版了《新跨国公司：第三世界企业的发展》一书，提出用技术地方化理论来解释发展中国家的对外投资行为。他认为，发展中国家跨国公司的技术特征尽管表现为规模小、使用标准化技术和劳动密集型技术，但这种技术的形成却包含着企业内在的创新活动。导致发展中国家能够形成和发展自己独特优势的原因主要有以下几个。

（1）发展中国家技术知识的当地化是在不同于发达国家的环境中进行的，这种新的环境往往与一国的要素价格及其质量相联系。

（2）发展中国家通过对进口的技术和产品进行某些改造，使它们的产品能更好地满足当地或邻国市场的需要，这种创新活动必然形成竞争优势。

（3）发展中国家的企业竞争优势不仅来自于其生产过程和产品与当地的供给条件和需求条件紧密结合，而且来自创新活动中所产生的技术在小规模生产条件下具有更高的经济效益。

（4）从产品特征上看，发展中国家企业往往能开发出与名牌产品不同的消费品，特别是当东道国市场较大、消费者的品位和购买能力有很大差别时，来自发展中国家的产品仍有一定的竞争力。

四、技术创新和产业升级论

20 世纪 80 年代中期以后，发展中国家的对外直接投资出现了加速增长的趋势，特别是一些新型工业化国家和地区的对外直接投资把触角直接伸向了发达国家，并成为当地企业有力的竞争对手。如何解释发展中国家跨国公司的新趋势，是跨国公司理论界面临的重要挑战。英国雷丁大学研究技术创新与经济发展问题的著名专家坎特威尔教授与他的学生托兰惕诺共同对发展中国家对外直接投资问题进行了系统的考察，提出了发展中国家技术创新和产业升级理论，并提出了两个命题。

（1）发展中国家产业结构的升级，说明了发展中国家企业技术能力的提高是一个不断积累的结果。

（2）发展中国家企业技术能力的提高是与它们对外直接投资的增长直接相关的。在两个命题的基础上，他们得出的基本结论是：发展中国家对外直接投资的产业分布和地理分布是随着时间的推移而逐渐变化的，并且是可以预测的。

坎特威尔和托兰惕诺认为，从历史上看，技术积累对一国发展的促进作用，在发达国家和发展中国家没有什么本质上的区别。技术创新是一国产业、企业发展的根本动力。与发达国家相比，发展中国家的技术创新表现出不同的特征。发达国家企业的技术创新表现为大量的研究与开发投入，掌握和开发尖端的高科技，引导技术发展的潮流；而发展中国家企业的技术创新并没有很强的研究与开发能力，主要是利用特有的"学习经验"和组织能力，掌握和开发现有的生产技术。

坎特威尔和托兰惕诺还分析了发展中国家跨国公司对外直接投资的产业特征和地理特征。他们认为，发展中国家跨国公司对外直接投资受其国内产业结构和内生技术创新能力的影响。在产业分布上，首先是以自然资源开发为主的纵向一体化生产活动，然后是以进口替代和出口导向为主的一体化生产活动。从海外经营的地理扩张看，发展中国家企业在很大程度上受"心理距离"的影响，其投资方向遵循周边国家→发展中国家→发达国家的渐进发展轨道。随着工业化程度的提高，一些新型工业化经济体的产业结构发生了明显变化，技术能力也得到迅速提高。在对外投资方面，它们已经不再局限于传统产业的传统产品，而是开始从事高科技领域的生产和开发活动。如中国台湾省的跨国公司在化学、半导体、计算机领域，新加坡的跨国公司在计算机、生物技术、基因工程、电子技术领域，韩国、香港特区企业在半导体、软件开发、电信技术等领域都占有一席之地。这些国家和地区对发达国家的投资也表现出良好的竞争力。

五、产品周期理论

美国经济学家维农在实证分析美国跨国公司对外直接投资时间的基础上，提出自己的对外投资理论——产品周期论。该理论将产品周期划分为新产品创新、成品成熟和产品标准化三个阶段。当产品处于第一阶段时，为垄断技术、防止竞争进入，生产者选择在国内生产。当产品进入第二阶段时，随着产品出口的增加，生产者垄断的技术也因此扩散，仿制品开始出现，由垄断技术带来的优势出现丧失的危险。为了避免贸易摩擦、接近消费市场和减少运输费用，生产者选择到其他发达国家建立生产基地、在当地销售或向其他国家出口的经营策略。当产品处于第三阶段时，生产者拥有的技术垄断优势已经消失，竞争的焦点是产品的价格。为了降低生产成本，生产者选择到发展中国家建立生产基地、在当地销售或向其他国家出口的策略。当某产品进入第二第三阶段时，生产者又开发出新一代产品，并进入一个新的周期。

六、国际直接投资理论的创新

近年来，国际经济学者克服了以往对外直接投资理论的片面性和局限性，提出了投资诱发要素组合理论。该理论的核心观点是：任何形式的对外直接投资都是在投资直接诱发要素和间接诱发要素的组合作用下而发生的。投资诱发要素组合理论试图从新的角度阐释对外直接投资的动因和条件，其创新之处在于强调间接诱发要素包括经济政策、法规、投资环境以及宏观经济对国际直接投资所起的重要作用，而以往诸多理论都仅从直接诱发要素单方面来解释对外直接投资的产生，从而导致理论的片面性和局限性。在一般情况下，直接诱发要素是对外直接投资的主要诱发因素，因为对外直接投资本身就是资本、技术、管理和信息等生产要素的跨国流动。但是，单纯的直接诱发要素不可能全面解释对外直接投资的动因和条件，尤其是对大多数发展中国家的企业而言，它们在资本、技术等直接诱发要素方面往往并不处于优势地位，其对外直接投资在很大程度上是间接诱发要素作用的结果。从这个意义上说，投资诱发要素组合理论为发展中国家对外直接投资提供了新的理论支持。

第三节　国际直接投资对国际贸易的影响

一、国际直接投资与国际贸易的关系

贸易投资一体化理论的形成，使人们认识到了国际直接投资与国际贸易之间的关联性，即两者既存在互补性，又具有相互替代性。中国已经在这一方面进行了有益的实践，但是还需要进一步拓展和完善。

（一）投资与贸易的替代关系

1957年美国学者蒙代尔（Mundell）在《美国经济评论》上首次提出了投资与贸易替代关系的观点。关于海外投资以及出口贸易的模型，他的文章中进行了十分详细的介绍，其主要的研究对象归纳起来为两个国家、两个产品以及两个生产要素。具体的来说，就是国际贸易的条件下，各国大量出口一种商品的条件是国内相对富足，同时进口的商品的是本国相对缺少的产品类型，此多彼少，从表面上看是在投资和贸易中以替代关系换取一种表面上的平衡，而替代关系推出的关系是投入资本时的障碍会促进产生贸易，相反贸易中的障碍会促进资本的流动。这种观点在国内外的投资和贸易的关系中可以得到实践上的支持。维农（Vernon）又对这一观点进行了补充，为投资和贸易的替代关系增加了产品周期和认为的因素。维农认为，对外直接投资这种因为主体自身的垄断地位受到意料之外的威胁时所采用的手段，是对产品出口方式的替代。1972年，霍姆特用变量的方式计算了美国与加拿大之间的投资与贸易关系，得出的结果表明二者之间为负相关，从数据的角度说明了投资与贸易的回归关系。后来，又相继有其他学者对这一观点进行补充，例如在1981年，卡森与巴克利的"出口先于对外直接投资说"也对投资与贸易的相互替代关系观点进行了侧面补充。

（二）投资与贸易的互补关系

投资与贸易之间是一种互补关系，这一观点是由日本学者小岛清（Kojima）最先提出的。与蒙代尔的替代关系相比，投资与贸易的互补关系更为复杂。小岛清认为投资并不能简单地同资本的流动建立关系，还应该包括技术（T）和管理（M）的总体转移，为了从更精确的角度说明，小岛清运用了流行的生产函数，建立了投资与贸易的模型。除此之外，小岛清还结合了日本的实际情况，推出关系：当投资国从本国具有比较劣势的产业开始对外直接投资时，被投资国很容易接受外来的投资产品项目，同时还会提高技术基础，同时，投资国可以回避劣势的产业瓶颈，来开发更具有前景的产品，二者之间的优势互补，不仅可以造成当前利益的收益格局，还可以促进下一步的贸易与投资。同样，对于小岛清的互补观点，也有许多学者进行了补充。例如在20世纪80年代，马尔库索（Markuson）等人对资金流动与商品贸易之间的关系进行了进一步论述，不过，他们的这种证明结果有一个较大的缺点，那就是太过简单，缺乏论证力度。所以在此基础之上，马尔库索又用要素比例模型进行了进一步的分析，最终得出结论：如果贸易和非贸易贸易是合作的，那么商品贸易与生产要素之间会相互促进。

二、对外直接投资对国际贸易的影响

（一）对外直接投资促进了国际贸易的扩大

外商投资企业的进出口总额在我国进出口总额所占的比重，是衡量对外直接投资对我国外贸增长的最直接的表现。近年来，对外直接投资对于我国国际贸易的推动作用可以直接从统计数据上看出，从1986年到2006年的20年间，对外投资的比重所占总进出口额增长了44个百分点，这直接影响了进出口贸易的总数量。相关学者又引进了贡献度和拉动度两个全新的指标来从其他角度来说明直接对外投资对对外国际贸易的扩大作用。贡献度指的是外商企业进出口的增长量在全国进出口总额的增长量中所占的比重，拉动度指的是对外直接投资增长量比重与全国进出口总额增长率之间的乘积。从统计数据可以看出，对外直接投资的贡献度与拉动度与我国进出口总额之间保持着稳定的正相关的关系，并且对外直接投资的贡献度基本都保持在 50％以上，拉动度也在 10％以上，从数据的角度证明了对外直接投资对我国对外贸易扩大的拉动力。

（二）对外直接投资对国际贸易结构的改善

这一方面主要从出口贸易结构和进口贸易结构进行分析。第一，对外直接贸易与出口贸易结构的作用。重叠性是出口贸易的主要特性，对于我国的实际情况来说，出口贸易中占比较大比重的是第二产业，而对外直接投资的流入和出口贸易的产品类型比重基本保持一致。近些年来，对外直接投资和出口贸易关系的比重还表现在另一方面，就是新兴电子产业对于出口比重的增加，对外直接投资是其直接推动力。第二，对外直接贸易对于进口贸易之间的作用。对外直接贸易的直接增长对于我国进口产品的产业结构发生良性变化产生了积极的作用。主要表现在产品的技术含量和附加值的不断提升，对于国外来说，一些对外直接投资企业在将我国当作制造中心的同时，也将大部分的资金投入并且进口了大量的机器设备等，使得我国由消费型占优势的国家转变为生产型占优势的国家，最终的结果是改善了我国的出口贸易结构。

（三）对外直接投资提升了我国国际贸易的竞争力

对外直接投资带来了新的工业技术，直接促使了我国的技术发生改革性的进步。由于外资企业对于产品质量和标准的高要求迫使本地企业提供更高质量的产品，因此提高了产品的整体质量。相关的外资企业还会引进详细的技术培训来提高企业整体员工素质，来达到自身企业的预期水平。由于对外直接投资企业具有更高水平的作业模式，更先进的管理理念，这将直接促使本地企业之间进行竞争，甚至与跨国公司之间进行竞争，在竞争中，各个企业会提高自身的竞争实力。在国家政策的支持下，我国的直接对外投资不仅仅是以生产国的身份，更是进一步的参与了研发，与对外直接投资的企业建立了关系合作型的研发中心，这一举措，有利于提高本国对于直接对外投资的直接利用率，提高本国企业的整体技术发展水平。在周期上缩短了向人才集中型企业转变的时间，为提高我国自主研发技术的创新性也有着巨大的拉动作用。

除此之外，对外直接投资对我国国际贸易产生的负面影响也是不可忽视的。例如，对外直接投资在拉动竞争力时，会出现大量的恶性竞争来获取短期利益，这样会导致贸易上的摩擦，从某个角度来看，这也阻碍了国内企业的良性发展。

三、如何推动对外贸易

中国当前对外贸易面临的主要问题之一，就是出口商品屡屡遭到国外反倾销调查。自1979 年欧共体对中国出口发起首次反倾销调查算起，截至 2002 年底，中国已遭受反倾销诉讼 511 起，给中国出口造成的直接损失超过 160 亿美元。中国已经成为国际上遭受反倾销最多的国家。从目前情况来看，对中国发起反倾销绝对数量最多的是美国和欧盟，占总数的 2/5，但近几年发展中国家如印度、巴西、阿根廷、南非等，对中国发起反倾销调查的数量增长明显，成为另一支需要重点防范的新生力量。

面对国外对华反倾销数量不断增长的势头，中国的出口企业、行业协会和政府部门加强联合，多管齐下，采取优化出口商品结构，完善反倾销应诉机制等措施进行积极的应对，同时还借鉴其他国家的做法，试图通过加大对相关国家的直接投资，到相关国家内进行投资设厂等方式绕过反倾销壁垒，推动中国对外贸易不断发展。为此，有关部门和企业认真研究了一些已经取得成功的个案及其分析。例如 Goodman，Spar 和 Yoffie（1996）通过实证研究发现倾销诉讼所达成的"有序市场安排"和"自动出口限制"协议促使日本和其他外国企业改变了向美国出口打字机、彩电、汽车、钢铁和半导体的方式，而直接到美国当地去生产。Barrell 和 Pain（1997）也发现，日本 1981～1991 年间对欧盟和美国的直接投资的增加在很大程度上是受日渐增多的反倾销诉讼的影响。1991 年，韩国的一份《韩国制造业的国外投资经营成果调查表》揭示，韩国对外直接投资的动机与贸易联系比较密切，如开拓市场和回避进口限制所占比重在整个对外直接投资动机中达到 35.7%。

基于上述分析，可以清楚地看到，目前中国作为世界上遭遇反倾销最多的国家，正面临着 20 世纪日本和韩国在出口贸易上的相同问题，所以中国可以借鉴日本、韩国的成功经验，通过对外直接投资，在当地生产、当地销售，从而绕开贸易保护壁垒，改变国际贸易关系中被动的局面。

事实上，在不断面临国外反倾销等贸易保护手段的压力下，中国一些企业也已经转而采取了对外直接投资的策略。例如中国彩电厂商到土耳其设立生产基地，不但带动了一定的零部件出口，而且为避开欧盟对中国彩电的反倾销，成功进入欧洲市场奠定了良好的基础。再如 TCL 公司并购德国施耐德公司，直接在德国境内设厂生产各种型号的彩电整机，利用原产地规则有效地绕过贸易壁垒，其效果更加显著。

中国根据对外直接投资与出口贸易的关联性，积极实践利用对外直接投资绕开国外的贸易保护壁垒，推动本国对外贸易发展，已经取得了良好的开端，但是还存在不少问题，需要进一步提高认识，并采取积极有效的措施予以调整。

首先应该看到的是，目前中国的对外直接投资已经取得了长足的进展。截至 2002 年年底，中国设立境外中资企业总数 6960 家，中外双方协议投资总额 137.8 亿美元，中方协议投资金额 93.4 亿美元，其中，境外加工贸易企业 420 家，中方协议投资额 11.22 亿美元，无论是数量还是规模，都有了长足的发展。对外投资的行业领域也从最初的只投资与贸易有关的服务业，逐步拓宽到工农业生产、投资开发、交通运输、餐饮旅游、咨询服务、技术开发、贸易、金融、房地产等各种产业。特别是服务贸易型的行业投资十分突出，按照投资额计算，截至 1999 年年底，在中国海外投资中，服务贸易型投资占 62%，资源开发型投资占 19%，生产加工和农业开发投资占 18%。此外，对外投资的区域逐渐由发展中国家向发达国家延伸。在中国跨国直接投资的起步阶段，由于投资主体的限制，外贸公司的投资区域多选择在原进出口市场集中的地区，以亚洲尤其是东南亚为主，而承包工程多集中在中东和非洲。但从 20 世纪 80 年代中后期起，中国海外投资从以港澳、东南亚地区为主逐渐扩大到其他国家。截至 2001 年年底，中国的对外直接投资已遍布 154 个国家和地区，而且主要集中在发达国家和港澳地区。2001 年，中国对外直接投资额排前 10 名的国家和地区依次是美国、中国香港、加拿大、澳大利亚、秘鲁、泰国、墨西哥、赞比亚、俄罗斯和柬埔寨。中国在这 10 个国家和地区的直接投资都超过了 1 亿美元，约占中方投资总额的 67％，其中在美国、加拿大和澳大利亚的直接投资额都超过了 3 亿美元，占中方总投资额的 29.4％。所有这些变化，都在一定程度上推进了中国对外贸易的发展，这已是不争的事实。

其次，应当承认中国对外直接投资对推进对外贸易发展的效用不够明显。根据国内有关院校和学者的调查，中国对外直接投资的主要动因目前还比较复杂，具有明显的多元化特征。既有可能是母公司出于长期战略和开拓外国市场的目标需要，也有可能是为了克服已经存在的贸易壁垒，还有可能是为了安置和转移国内过剩的资源，等等。但是，无论如何，在所有的动因之中，通过增加或扩大直接投资，以绕过贸易壁垒，克服进口国贸易限制的动因所占比重是很低的，这就意味着中国企业在面临贸易壁垒时，较少使用直接投资的方法去绕开。相关部门的统计数据也表明中国对外直接投资与出口贸易的关联性不大。

如 2001 年，中国向对反倾销问题最严重的地区之一的欧盟出口了 492 亿美元，而对欧盟的投资仅为 1161 万美元，是中欧贸易额的 2％。统计中还发现，中国对欧盟的投资主要集中在德、法、英、意等大国，即使在这些中国企业投资偏好的国家中，中资企业的总投资额也不足 5000 万美元。另一方面，据统计资料显示，1998～2000 年三年内，中国对欧盟出口增长分别达到 281 亿、302 亿和 455 亿美元，但三年内中国对欧盟投资总量增幅不大，分别为 5097 万、5149 万和 5884 万美元，就是明显的例证。

怎样进一步发挥中国对外直接投资推动对外贸易的作用呢？根据中国的实际状况，除了需要积极地鼓励与提倡服务业和自然资源开发型的对外直接投资之外，应当重点抓制造业对外直接投资。制造业对外直接投资对中国对外贸易的影响较为复杂。首先，由于中国制造业对外投资中，有近一半投资于初级产品的生产加工，生产初级产品的附加值较低，对带动中国相关行业的贸易出口作用很小，但如果能进口该初级产品，经过深加工再出口，则能间接起到贸易创造效应。其次，产品附加值较高的制造业如机械行业，由于其技术是与原材料、零部配件等高度结合的，对外直接投资可以带动中国相关技术、原材料和零部配件的出口，因此具有明显的贸易创造效应。

此外，遭受贸易壁垒的行业如纺织品业，由于直接出口的困难较大，出口成本提高，为了规避这一壁垒，寻求在海外的市场，争取参加国际分工，企业往往转而选择对外直接投资作为对贸易的替代，补充市场的贸易损失。如果在投资中可以使用国内原材料，则可以促进国内原材料的出口，对贸易起到一定的补充作用。虽然制造业的对外直接投资对中国对外贸易的影响是复杂的，既可能产生替代效应，也可能会有创造效应，但经验性研究表明，作为投资母国，制造业对外投资的贸易创造效应大于贸易替代效应，对外直接投资会改变母国向东道国出口的商品构成，以中间产品出口代替终极产品出口，这也就更说明了加强对外直接投资的必要性。

总之，随着经济全球化程度的不断加深，对外直接投资和对外贸易的关联性将会不断发展，中国应该适应这一新的形势，积极改变目前对外直接投资缺乏竞争优势，与对外贸易的规模不相适应的状况，鼓励企业在加强自身发展的基础上，制定确实可行的对外直接投资战略目标。同时，政府要加速完善境外投资立法，利用财政、金融等多种手段支持企业开展跨国经营，为企业境外直接投资提供优质服务，努力建立起对外直接投资和对外贸易之间的健康良性的发展关系。

资料链接 10-1

国际投资案例一：美的集团股份有限公司

收购标的及金额：库卡公司（37 亿欧元）

2016 年 5 月，美的集团发布公告称，旗下子公司将以每股 115 欧元收购德国工业机器人公司库卡。最终，在经历了各国相关部门的一系列阻挠后，截至北京时间 2017 年 1 月 6 日，美的支付总金额 37 亿欧元，正式持有库卡集团已发行股本的比例为 94.55%。

库卡的核心优势在于机器人综合制造实力强、下游应用经验丰富，美的希望通过此次收购，布局机器人领域的中游总装环节，并积累下游应用经验，为其在中国推广做足铺垫。同时，白色家电企业属于劳动密集型企业，用机器人代替人工已经逐渐成为制造领域里的趋势之一。所以，美的希望通过收购库卡来快速提升自身的机器人研发与应用水平。相对于日资企业安川而言，库卡对中国可能有更开放的态度。

库卡是全球四大机器人企业之一，美的对库卡的收购是 2016 年机器人行业最大的收购事件。美的收购库卡，使中国有机会进入机器人产业的第一阵营，推动智能制造的发展。收购库卡也有利于美的在海外的布局，海外收入占美的集团的比例将更大。

国际投资案例二：万达集团

收购标的及金额：美国传奇影业公司（LeGEndary Entertainment）（35 亿美元）

Carmike Cinemas（12 亿美元）

Odeon & UCI 院线（11.96 亿美元）

万达是文娱影视行业海外并购最活跃的买家，它开创了中国对海外院线开展收购的先河，继在 2012 收购美国 AMC 院线后，2016 年在海外影视领域更是高歌猛进。

2016 年初，万达集团正式对外宣布将以不超过 35 亿美元现金（约 230 亿元人民币）收购美国传奇影业公司（LeGEndary Entertainment）。传奇影业成立于 2000 年，是美国独立的电影制作公司，倾向于制作大预算、以特殊效果为主的高概念电影。旗下知名 IP 包括《蝙蝠侠》《盗梦空间》《宿醉》《侏罗纪世界》《300 勇士：帝国崛起》《环太平洋》等。

收购传奇影业，无疑将增加万达集团在全球电影产业的话语权。此外，收购还有助于万达文化旅游产业的整体布局。传奇影业的大 IP 资源可以助力万达旗下旅游业、儿童娱乐等多个业态的协同发展，打造更有品牌认知度的主题乐园、电影乐园等。

2016 年，万达旗下美国 AMC 还先后宣布收购美国 Carmike 影业和欧洲 Odeon & UCI 院线，两笔交易金额均超 10 亿美元，万达集团在全球院线市场的份额以稳居第一，距离到 2020 年占据全球电影票房 20% 的目标则更进了一大步。

本章小结

本章主要介绍了国际直接投资的相关内容，通过本章的学习，要掌握国际直接投资概念和基本形式，系统地了解国际直接投资的发展历程以及国际直接投资对国际贸易的影响，并能够运用相关的理论对国际贸易的发展进行分析。

重要概念

国际直接投资（International Direct Investment）
合营（资）〔Joint Venture (Capital)〕
独资（Sole Proprietorship）

练习题

1. 国际直接投资的含义是什么？
2. 国际直接投资的基本形式及其优缺点。
3. 简述国际直接投资的主要特点。
4. 论述国际直接投资与国际贸易的关系。
5. 从国际直接投资角度看，如何推动国际贸易？
6. 简要分析国际直接投资的发展历程。

第十一章
国际无形贸易

- **了解**

国际服务贸易的发展

《服务贸易总协定》

《与贸易有关的知识产权协定》

国际贸易壁垒

- **掌握**

国际服务贸易的含义与特点

国际服务贸易的分类

国际技术贸易的含义与特点

国际技术贸易的内容

加工贸易与补偿贸易

第一节　国际服务贸易

随着世界经济的发展和全球产业结构的调整，服务业在各国国民经济中所占的比重不断上升，发达国家基本完成了以制造业为主向以服务业为主的产业结构的转变，使得国际服务贸易得以迅速发展，并成为国际贸易的重要组成部分。

一、国际服务贸易的含义与特点

（一）国际服务贸易的含义

虽然服务业作为一个传统的产业部门已经有数千年的发展历史，但是"服务贸易"（Service Trade）这一概念的提出相对于古老的货物贸易而言，则并不是一件遥远的事情。据文献记载，"服务贸易"这个概念最早出现在 1972 年 9 月经济合作与发展组织（OECD）提出的《高级专家对贸易和有关问题报告》中。1974 年美国在《1974 年贸易法》第 301 条款中首次使用了"世界服务贸易"的概念。国际服务贸易（International Service Trade）有广义和狭义之分。狭义的国际服务贸易是指传统的为国际货物贸易服务的运输、保险、金融以及旅游等无形贸易。而广义的概念除了传统的国际服务贸易之外，还包括服务的提供者与使用者在没有实体接触的情况下发生的无形的国际服务交换，如承包劳务、技术服务、服务外包、软件设计、信息咨询服务、卫星传送和传播等。

目前，由于服务的界定本来就很复杂，此外不同的国家和研究人员从各自的立场出发有不同的视角，因此关于国际服务贸易，各国统计和各种经济贸易文献并无统一的、公认的、确切的定义。下面介绍几种有代表性的定义。

1. 基于国际收支统计的定义

统计学家从国民收入、国际收支平衡为出发点，将国际服务贸易从服务出口和服务进口两个方面进行了定义：服务出口是本国将服务出售给其他国家的居民；服务进口则是本国居民从其他国家购买服务。在这里，"服务"是任何不直接生产制成品的经济活动，它可定义为一系列产业、职业、行政机关的产出。例如空运业、银行业、保险业、旅馆业、餐饮业、理发业、教育、建筑设计与工程设计、研究、娱乐业、旅游业与旅游代理、计算机软件业、信息业、医疗与护理、广告、租赁、汽车出租服务等。因此"国际服务贸易"可定义为：这些行业部门（任何不直接生产制成品的经济活动的行业部门）的产出品向其他国家居民的销售。

从上述定义可看出，国际服务贸易的定义是以"国境"为界划分的，这对于统计专家在进行服务出口和进口的计算及分类是比较方便的。

2. 联合国贸发会议的定义

联合国贸易与发展会议是联合国处理有关贸易和发展问题的常设机构，它从"过境"这一视角来阐述国际服务贸易。将国际服务贸易定义为：货物的加工、装配、维修以及货币、人员、信息等生产要素为非本国居民提供服务并取得收入的活动，是一国与他国进行服务交换的行为。狭义的国际服务贸易是指有形的、发生在不同国家之间，并符合于严格的服务定义的，是直接的服务输出与输入。广义的国际服务贸易既包括有形的服务输入和输出，也包括在服务提供者与使用者在没有实体接触的情况下发生的无形的国际服务交换。

一般我们所指的服务贸易都是广义的国际服务贸易概念，只有在特定情况下"国际服务贸易"或"服务贸易"才是狭义的"国际服务贸易"的概念。

3. 世界贸易组织的定义

乌拉圭回合谈判1994年4月签订的《服务贸易总协定》（General Agreement on Trade in Service，GATS），该协定第一条第二款对服务贸易作了如下定义。

（1）跨境交付（Cross-border Supply）。即从一成员国境内向任何其他成员国提供服务，这种服务不构成人员、物质或资金的流动，而是通过电讯、邮电、计算机网络实现的服务，如视听、金融信息等。这种服务提供方式特别强调买卖双方在地理上的界限，跨越国境和边界的只是服务本身，而不是服务提供者或接受者。

（2）境外消费（Consumption Abroad）。即在一成员境国内向任何其他成员国的服务消费者提供服务，如接待外国游客、提供旅游服务、为国外病人提供医疗服务等。这种服务提供方式的主要特点是消费者到境外去享用服务提供者提供的服务。

（3）商业存在（Commercial Presence）。即一成员国的服务者在任何其他成员国境内通过商业存在提供服务，指允许一国的企业和经济实体到另一国开业，提供服务，包括投资设立合资、合作和独资企业，如外国公司到中国来开办银行、商店，设立会计、律师事务所等。"商业存在"是 GATS 中最重要的一种服务提供方式。这种服务提供方式的特点是服务的提供者和消费者在同一成员的领土内；服务提供者到消费者所在国的领土内采取了设立商业机构或专业机构的方式。

（4）自然人流动（Presence of Natural Persons）。即一成员的服务提供者在任何其他成员境内通过自然人提供的服务，确切些说，就是允许其他国家的人员进入本国提供服务，如一国的医生、教授、艺术家到另一国从事个体服务。

自然人流动与商业存在的共同点是服务提供者到消费者所在国的领土内提供服务；不同点是以自然人流动的方式提供的服务，服务提供者没有在消费者所在国的领土内设立商业机构或专业机构。

（二）国际服务贸易的特点

与国际商品贸易相比较，国际服务贸易具有以下特点。

1. 贸易标的的无形性

这是国际服务贸易最主要的特点。由于服务要素所提供的产品很多都是无形的，即服务产品在被购买之前，是无法去品尝、触摸、观看的，所以大部分服务产品属于不可感知型产品，消费者对这类产品的价值量很难评估。

2. 国际服务贸易的不可分离性

大多数国际服务贸易的交易过程是与服务的生产和消费过程分不开的，而且往往是同步进行的。也就是说，服务价值的形成和使用价值的创造过程，与服务价值的实现和使用价值的让渡过程，以及服务使用价值的消费过程往往是在同一时间和地点完成的。服务交易在整个服务再生产过程中具有决定性意义。服务交易与服务生产和消费的同步性要求服务交易必须具备不同于货物交易的条件，那就是要有两个主体（提供者与消费者）的实体接近。

3. 国际服务贸易的不可储存性

由于生产者和消费者个体差别的存在，国际服务产品不可能像有形产品那样被储存起来以备出售。服务的生产者和消费者对于服务产品来说，如果不是同时进行，那么，就会使服务产品受损，而这种损失就是机会损失或价值贬值。

4. 贸易主体地位的多重性

服务的卖方往往就是服务生产者，并作为服务消费过程中的物质要素直接加入服务的消费过程；服务的买方则往往是服务的消费者，并作为服务生产者的劳动对象直接参与服务产品的生产过程。

5. 服务贸易市场具有高度垄断性

由于国际服务贸易在发达国家和发展中国家的发展严重不平衡，加上服务市场的开放涉及一些诸如跨国银行、通讯工程、航空运输、教育、自然人跨国界流动等直接关系到输入国主权、安全、伦理道德等极其敏感的领域和问题。因此，国际服务贸易市场的垄断性很强。这一方面表现在少数发达国家在国际服务贸易中的垄断优势上，目前，美、日、欧盟各国或地区的服务贸易额约占全球服务贸易总额的 2/3，其中，在旅游、运输和其他民间服务贸易中所占比例超过 3/4；另一方面表现为全球服务贸易壁垒森严，多种贸易障碍林立。据关税及贸易总协定（General Agreement on Tariffs and Trade，GATT）统计，全球服务贸易壁垒多达 2000 多种，大大超过商品贸易。应该看到，国际服务贸易市场的这种高垄断性，不可能在短期内消失，因为，相对于商品贸易自由化而言，服务贸易自由化过程不仅起步晚，而且遇到的阻力更大。

6. 贸易保护方式更具刚性和隐蔽性

由于服务贸易标的的特点，各国政府对本国服务业的保护常常无法采取关税壁垒的形式，而只能采取在市场准入方面予以限制或进入市场后不给予国民待遇等非关税壁垒的形式，这种保护常以国内立法的形式加以施行。国际服务贸易保护的发展态势也不同于国际商品贸易，各国对服务贸易的保护往往不是以地区性贸易保护和"奖出"式的进攻型保护为主，而是以行业性贸易保护和"限入"式的防御型保护为主。这种以国内立法形式实施的"限入"式非关税壁垒，使国际服务贸易受到的限制和障碍往往更具刚性和隐蔽性。比较而言，商品贸易遇到的壁垒主要是关税，关税表现为数量形式，具有较高透明度，通过相互减让的方式消除障碍相对来说容易得多。服务贸易中遇到的壁垒主要是国内法规，难以体现为数量形式，也往往缺乏透明度，而且调整国内立法的难度一般都比调整关税的难度大。

二、国际服务贸易的发展

早期的国际贸易以货物贸易为主，直到中世纪才开始出现国际服务贸易。15 世纪，西方国家开始进行大规模的国际服务贸易的出口，随着新大陆的发现以及美洲的开发，出现了大规模的"奴隶贸易"，形成了带有强烈资本主义色彩的国际劳务的输出和输入，形成了早期的国际服务贸易。在资本主义自由竞争时期，随着货物贸易的迅速发展，铁路、海运、通讯、金融等不断发展。二战后，随着第三次科技革命的产生，各国尤其是发达国家产业结构不断调整，第三产业迅速发展，加上国际分工和资本国际化的发展，国际服务贸易进入迅速发展阶段。

（一）二战后国际服务贸易的发展阶段

二战后，国际服务贸易的发展大致可以分为以下三个阶段。

1. 作为货物贸易附属地位的服务贸易阶段（二战～20 世纪 70 年代）

这一时期，世界各国还未意识到服务贸易作为一个独立实体的存在，在实际经贸活动中，服务贸易基本上是以货物贸易附属的形式进行，如仓储、运输、保险等服务。因此，尽管当时事实上存在着服务贸易，但它却独立于人们的意识之外，所以对服务贸易缺乏具体的数量统计。

2. 服务贸易快速增长阶段（1970～1994 年）

这一时期，服务贸易从货物贸易附属地位逐渐开始独立出来，并得到快速发展。根据国际货币基金组织统计，1970～1980 年间，国际服务贸易年均增长率为 17.8%，与同期货物贸易的增长速度大体持平；20 世纪 80 年代后，服务贸易开始超过货物贸易的增长速度；1980～1990 年间，国际服务贸易年均增长率为 5.02%，而同期货物贸易年均增长率只有 3.69％，这一势头一直持续到 1993 年。

3. 服务贸易在规范中向自由化发展阶段（1994 年至今）

1994 年 4 月，规范服务贸易的多边框架体系《服务贸易总协定》（GATS）签署后，服务贸易的发展进入了一个新的历史时期。但服务贸易在高速发展的同时又有一些反复，1994 和 1995 年，服务贸易的增长速度分别为 8.03％和 13.76％，比同期货物贸易的增长速度低。但从 1996 年以来，服务贸易和货物贸易几乎处于同步增长并略高于货物贸易的增长速度。

（二）二战后国际服务贸易迅速发展的原因

1. 世界产业结构的调整和升级

按照发展经济学的经济增长理论，随着国家经济实力的增强，该国的产业结构将逐步由农业经济过渡到工业经济，再由工业经济过渡到服务经济。20 世纪 60 年代初，世界主要发达国家已基本完成了本国的工业化进程，开始步入后工业化阶段，即经济重心逐步向服务经济转移。由于各国经济实力增强所带来的产业结构的调整和升级，使得整个世界的产业机构也发生了巨大调整。这一调整和升级过程中，世界经济对国际服务贸易产生了更大规模的需求，从而使得国际服务贸易有了高速增长的潜力。

2. 科学技术的进步

科技进步极大地提高了交通、通讯和信息处理能力，为信息、咨询和以技术服务为核心的各类专业服务领域提供了新的服务手段，使原来不可能发生贸易的许多服务领域实现了跨国贸易，如原来不可贸易的知识、教育服务现在可以存储在光盘中，以服务产品的形式交易通过卫星电视、因特网直接发送。这与国际技术、产品和产业梯度扩散紧密相关。新技术不仅为附加服务提供了贸易机会，而且使高新技术服务的成为一些跨国公司的核心竞争力。

3. 服务需求的迅速扩大

从需求的角度来看，随着世界经济的发展，各国人民生活水平普遍提高，对各种服务的需求迅速增长。首先，根据马斯洛的需求层次理论，人的低层次需求是与物质产品有关的生理需求，在生理需求满足之后，人们开始产生其他的和服务有关的安全、社会尊重和自我实现需求。其次，人们对环境和可持续发展的关注随着收入的提高而加深。服务行业基本属于绿色行业，污染小，能源消耗少，各国政府普遍把服务行业作为重点发展行业之一。再次，出于解决失业和平衡国际收支的需要。传统服务行业如餐饮业等属于劳动密集型产业可以解决大量的就业问题，新型服务行业的发展进一步拓宽了社会就业渠道；服务业也是许多国家出口创汇的重要行业，如美国在货物贸易领域的巨额贸易逆差，是通过电讯、金融保险等方面的服务贸易顺差来弥补的。

4. 跨国公司的扩张

跨国公司国际化经营活动的开展，带来了资本、技术、人才的国际流动，促进了与其相关或为其服务的国际服务贸易的发展。具体而言：①跨国公司在世界范围扩张过程中所带进的大量追随性服务，如设立为本公司服务的专业性公司，这些服务子公司除满足本公司需求之外，也向东道国的消费者提供服务，从而促进了东道国服务市场的发展；②跨国公司在国际服务市场上提供的银行、保险、会计、法律、咨询等专业服务，也随着跨国公司的进入在东道国市场上获得渗透和发展；③制造型跨国公司对海外的直接投资，产生了"企业移民"，这种企业移民属于服务跨国流动的一种形式，随着设备技术的转移，其技术人员和管理人员也产生流动，因而带动了服务的出口。

5. 发展中国家的积极参与

发展中国家为了发展经济，普遍采取了开放型经济政策，积极地从发达国家引进资金和技术。与此同时，为增加外汇收入，实现本国经济现代化，发展中国家也积极参与国际服务贸易，随着外贸政策不断趋向自由化和经济实力的增强，贸易范围不断扩大。近年来，发展中国家除积极参与国际运输、劳务输出外，还大力发展旅游业，千方百计吸引外国游客，并且积极扩大其他服务出口，推动了世界服务贸易的发展。

三、国际服务贸易的分类

由于国际服务贸易的多样性和复杂性，目前尚未形成一个统一的分类标准。许多经济学家和国际经济组织为了方便分析和研究的需要，从各自选择的角度对国际服务贸易进行划分，下面重点介绍几种有代表性和影响的分类，即民间分类、世贸组织的分类和IMF分类。

（一）民间分类

1. 以"移动"为标准

美国人R·M·斯特恩在1987年所著的《国际贸易》一书中，将国际服务贸易按服务是否在提供者与使用者之间移动分为四类。

（1）分离式服务（Separated Services），是指服务提供者与使用者在国与国之间不需要移动而实现的服务。运输服务是分离式服务的典型例子，如民用航空运输服务，一家美国航空公司可以为中国的居民提供服务，但并不需要将这家美国航空公司搬到中国去，也不必要求中国顾客到这家航空公司所在的美国去接受服务。

GATS中定义的第一种服务提供方式"跨境交付"类似于这一类服务。

（2）需要者所在地服务（Demander-located Services），它是指服务的提供者转移后产生的服务，一般要求服务的提供者与服务使用者在地理上毗邻，银行、金融、保险服务是这类服务的典型代表。例如，一英国银行要想占有日本的小额银行业务市场份额，它必须在日本开设分支机构，这就要求国与国之间存在着资本和劳动力的移动。

GATS中定义的第三种服务提供方式"商业存在"类似这一类服务。

（3）提供者所在地服务（Supplier-located Services），它是指服务的提供者在本国国内为外籍居民和法人提供的服务，一般要求服务消费者跨国界接受服务，国际旅游、留学教育、涉外医疗属于这类服务贸易。例如，外国游客到中国的长城、桂林等游览接受中国旅行服务。此时，服务提供者并不跨越国界向服务消费者出口服务，对服务提供者而言，也不存在生产要素的移动。

GATS中定义的第二种"境外消费"类似这一类服务。

（4）自由并非分离的服务（Footloose and Non-separated Services），也叫"流动的服

务"，它是指服务的消费者和生产者相互移动所接受和提供的服务，服务的提供者进行对外直接投资，并利用分支机构向第三国的居民或企业提供服务，如设在意大利的一家美国旅游公司在意大利为德国游客提供服务。流动式服务要求服务的消费者和提供者存在不同程度的资本和劳动力等生产要素的移动。

GATS 中定义的第三种"商业存在"和第四种"自然人流动"中的部分服务属于这类服务。

这种分类方法其本质涉及资本和劳动力等生产要素在不同国家间的移动问题。由于这种生产要素的跨国界移动往往涉及各国国内立法或地区性法律的限制，并涉及在需求者所在国的开业权问题，因此，研究这类问题用这种分类方法比较合适，但存在难以准确、彻底地将服务贸易进行划分的缺陷，如各国间相互提供的旅游服务就很难加以划分。

2. 以生产过程为标准

这种分类方法根据服务与生产过程之间的内在联系，将服务贸易分为三类。

（1）生产前服务，主要涉及市场调研和可行性研究等，这类服务在生产过程开始前完成，对生产规模及制造过程均有重要影响。

（2）生产服务，主要指在产品生产或制造过程中为生产过程的顺利进行提供的服务，如企业内部质量管理、软件开发、人力资源管理、生产过程之间的各种服务等。

（3）生产后服务，这种服务是联结生产者与消费者之间的服务，如广告、营销服务、包装与运输服务等。通过这种服务，企业与市场进行接触，便于研究产品是否适销，设计是否需要改进，包装是否满足消费者需求等。

这种以"生产"为核心划分的国际服务贸易，其本质涉及应用高新技术提高生产力的问题，并为产品的生产者进行生产前和生产后的服务协调提供重要依据。这使生产者能够对国际市场的变化迅速做出反应，以便改进生产工艺，进行新的设计或引入新的服务，最终生产出使消费者满意的产品或服务。

3. 以要素密集度为标准

沿袭商品贸易中所密集使用某种生产要素的特点，有的经济学家按照服务贸易中对资本、技术、劳动力投入要求的密集程度，将服务贸易分为三类。

（1）资本密集型服务，这类服务包括空运、通信、工程建设服务等。

（2）技术、知识密集型服务，这类服务包括银行、金融、法律、会计、审计、信息服务等。

（3）劳动密集型服务，这类服务包括旅游、建筑、维修、消费服务等。

这种分类以生产要素密集程度为核心，涉及产品或服务竞争中生产要素，尤其是当代高科技的发展和应用问题。

4. 以商品为标准

关贸总协定乌拉圭回合服务贸易谈判期间，谈判小组曾经于 1988 年 6 月提出依据服务在商品中的属性进行服务贸易分类，据此将服务贸易分为四类。

（1）以商品形式存在的服务，这类服务以商品或实物形式体现，如电影、电视、音响、书籍、计算机及专用数据处理与传输装置等。

（2）对商品实物具有补充作用的服务，这类服务对商品价值的实现具有补充、辅助功能，如商品储运、财务管理、广告宣传等都属于这类服务。

（3）对商品实物形态具有替代功能的服务，这类服务伴随有形商品的移动，但又不是一般的商品贸易，不像商品贸易实现了商品所有权的转移，而只是向服务消费者提供服务，如技术贸易中常用的特许经营、设备租赁及设备维修等。

（4）具有商品属性却与其他商品无关联的服务，这类服务具有商品属性，其销售并不需要其他商品补充才能实现，例如通讯、数据处理、旅游、旅馆和饭店服务等。

这种分类将服务与商品联系起来加以分析，事实上，它就是从理论上承认"服务"与"商品"一样，既存在使用价值，也存在价值，与商品同样能为社会生产力的进步做出贡献。服务的特殊性就在于它有不同于商品的"无形性"，但是，这种"无形性"也可以在一定情况下以商品形式体现。

（二）世贸组织的分类

乌拉圭回合服务贸易谈判小组在对以商品为中心的服务贸易分类的基础上，结合服务贸易统计和服务贸易部门开放的要求，并在征求各谈判方的提案和意见的基础上，提出了以部门为中心的服务贸易分类方法，将服务贸易分为12大类，其分类如下。

（1）商业性服务，指在商业活动中涉及的服务交换活动，服务贸易谈判小组列出的6类这种服务，其中既包括个人消费的服务，也包括企业和政府消费的服务。分别是专业性（包括咨询）服务，计算机及相关服务，研究与开发服务，不动产服务，设备租赁服务和其他服务。

（2）通讯服务，主要指所有有关信息产品、操作、储存设备和软件功能等服务，主要包括邮政服务、速递服务、电信服务、视听服务和其他电信服务。

（3）建筑服务，主要指工程建筑从设计、选址到施工的整个服务过程，具体包括：选址服务，涉及建筑物的选址；国内工程建筑项目，如桥梁、港口、公路等的地址选择等；建筑物的安装及装配工程；工程项目施工建筑；固定建筑物的维修服务；其他服务。

（4）销售服务，指产品销售过程中的服务交换，主要包括：商业销售，主要指批发业务；零售服务；与销售有关的代理费用及佣金等；特许经营服务；其他销售服务。

（5）教育服务，指各国间在高等教育、中等教育、初等教育、学前教育、继续教育、特殊教育和其他教育中的服务交往，如互派留学生、访问学者等。

（6）环境服务，指污水处理服务；废物处理服务；卫生及相似服务等。

（7）金融服务，主要指银行和保险业及相关的金融服务活动。包括：①银行及相关的服务；银行存款服务；与金融市场运行管理有关的服务；贷款服务；其他贷款服务；与债券市场有关的服务，主要涉及经纪业、股票发行和注册管理、有价证券管理等；附属于金融中介的其他服务，包括贷款经纪、金融咨询、外汇兑换服务等。②保险服务；货物运输保险，其中含海运、航空运输及陆路运输中的货物运输保险等；非货物运输保险。具体包括人寿保险、养老金或年金保险、伤残及医疗费用保险、财产保险服务、债务保险服务；附属于保险的服务。例如保险经纪业、保险类别咨询、保险统计和数据服务；再保险服务。

（8）健康及社会服务，主要指医疗服务、其他与人类健康相关的服务；社会服务等。

（9）旅游及相关服务，指旅馆、饭店提供的住宿，餐饮服务，膳食服务及相关的服务；旅行社及导游服务。

（10）文化、娱乐及体育服务，指不包括广播、电影、电视在内的一切文化、娱乐、新闻、图书馆、体育服务，如文化交流、文艺演出等。

（11）交通运输服务，主要包括：货物运输服务，如航空运输、海洋运输、铁路运输、管道运输、内河和沿海运输、公路运输服务，也包括航天发射以及运输服务，如卫星发射等；客运服务；船舶服务（包括船员雇用）；附属于交通运输的服务，主要指报关行、货物装卸、仓储、港口服务、起航前查验服务等。

（12）其他服务。

（三）IMF 分类

IMF（国际货币基金组织）按照国际收支统计将服务贸易分为四大类。

（1）民间服务（或称商业性服务），所谓的民间服务指 1977 年 IMF 编制的《国际收支手册》中的分类：①货运：运费、货物保险费及其他费用；②客运：旅客运费及有关费用；③港口服务：船公司及其雇员在港口的商品和服务的花费及租用费；④旅游：在境外停留不到一年的旅游者对商品和服务的花费（不包括运费）；⑤劳务收入：本国居民的工资和薪水；⑥所有权收益：版权和许可证收益；⑦其他民间服务：通信、广告非货物保险、经纪人、管理、租赁、出版、维修、商业、职业和技术服务。一般我们把劳务收入、所有权收益、其他民间服务统称为民间服务和收益。

（2）投资收益，指国与国之间因资本的借贷或投资等所产生的利息、股息、利润的汇出或汇回所产生的收入与支出。

（3）其他政府服务和收益，是指不列入上述各项的涉及政府的服务和收益。

（4）不偿还的转移，指因属单方面的（或片面的）、无对等的收支，即意味着资金在国际移动后，并不产生归还或偿还的问题。因而，又称单方面转移。一般指单方面的汇款、年金、赠予等。根据单方面转移的不同接受对象，分为：①政府转移，主要指政府间的无偿经济技术或军事援助、战争赔款、外债的自愿减免、政府对国际机构缴纳的行政费用以及赠予等收入与支出。②私人转移，主要指以下几类：(a) 汇款，包括侨民汇款、慈善性质汇款、财产继承款等。主要指侨民汇款，如一个国家长期在外国居住的侨民汇回本国的款项；居住在本国的外国侨民从本国汇出的款项等。(b) 年金，指从外国取得或对外国支付的养老金、奖金等。③赠予，指教会、教育基金、慈善团体对国外的赠予，以及政府无偿援助等。

四、《服务贸易总协定》

1990 年 7 月，关贸总协定乌拉圭回合服务贸易谈判取得了实质性成效，经过各方磋商，在广泛吸纳各方意见的基础上拟定了《服务贸易多边框架协议草案》（简称《草案》）。1990 年 12 月，在布鲁塞尔召开的关贸总协定部长级会议上将《草案》改名为《服务贸易总协定》，在此基础上，各方就部门承诺展开深入谈判。1993 年 12 月 15 日，最终结束了长达七年的乌拉圭回合谈判；1994 年 4 月 15 日，111 个国家和地区在马拉喀什签署了乌拉圭回合谈判的最终协定。1995 年 1 月 1 日，《服务贸易总协定》正式生效。

《服务贸易总协定》是世界贸易组织管辖的一项多边贸易协议，其由三大部分组成：

一是协定条款本身，又称为框架协定；二是部门协议；三是各成员的市场准入承诺单。

（一）《服务贸易总协定》条款本身

1995 年 1 月 1 日生效的《服务贸易总协定》本身条款由序言和六个部分（29 条）组成，其中，前 28 条为框架协议，规定了服务贸易自由化的原则和规则，第 29 条为附件（共有 8 个附件），这些附件的主要目的是对一些较特殊的服务部门做出更有针对性的规定，以使框架协议的基本原则和规定更好地适用这些部门。主要内容包括：范围和定义、一般义务和纪律、具体承诺、逐步自由化、机构条款、最后条款等，其核心是最惠国待遇、国民待遇、市场准入、透明度及支付的款项和转拨的资金的自由流动。《服务贸易总协定》适用于各成员采取的影响服务贸易的各项政策措施，包括中央政府、地区或地方政府和当局及其授权行使权力的非政府机构所采取的政策措施。

1. 序言

《服务贸易总协定》序言说明了缔结该协定的宗旨、目的和总原则。

《服务贸易总协定》的宗旨是在透明度和逐步自由化的条件下，扩大全球服务贸易，并促进各成员的经济增长和发展中国家成员服务业的发展。协定考虑到各成员服务贸易发展的不平衡，允许各成员对服务贸易进行必要的管理，鼓励发展中国家成员通过提高其国内服务能力、效率和竞争力，更多地参与世界服务贸易。

2. 第一部分：适用范围与定义

《服务贸易总协定》适用于"服务部门参考清单"所列 12 种服务部门的服务贸易，并将"服务贸易"定义为"服务贸易包括过境交付；境外消费；商业存在；自然人流动四个方面"。

3. 第二部分：普遍义务与原则

这是《服务贸易总协定》的核心部分之一。包括最惠国待遇、透明度、发展中国家进一步参与、对服务提供者资格的确认、垄断与专营服务、支付与转移、政府采购、协定一般纪律与责任的例外等。

4. 第三部分：具体承诺（市场准入）

市场准入是一种经过谈判而承担的具体承诺的义务，实施对象既包括服务也包括服务的提供者。各成员国应为其他成员的服务和服务提供者能够进入市场提供可行的渠道，而这种渠道必须以不低于其在具体承诺细目表上已同意提供的条件和待遇。市场准入是 GATS 中的关键性条款，适用于各成员在承诺表具体承诺范围的服务部门。

市场准入条款与国民待遇条款一样，都不是作为普遍义务，而是作为具体承诺与各部门的开放联系在一起，这样可以使分歧较小的部门早日达成协议。

5. 第四部分：逐步自由化

这部分就进一步扩大服务贸易自由化的谈判原则、适用范围、具体承诺的细目表以及细目表的修改做出了规定。为实现本协定的目标，自 WTO 协议生效之日起不迟于 5 年，为逐步实现更高水平的自由化，各成员应进行连续回合的谈判，并在以后定期举行。这些谈判的目的是减少和消除对服务贸易产生不良影响的措施，以实现有效的市场准入途径。同时，谈判应充分尊重各国政府的政策目标和各国的发展水平。对某些发展中国家应允许有一定的灵活性，允许其有选择地开放部门和交易类型，并考虑到发展中国家的发展目标。

6. 第五部分：组织机构条款

这部分主要规定了《服务贸易总协定》的争端解决机制及组织机构。

任何成员都有权对其认为会有损于它利益的做法，在本协定原则下向另一成员提出磋商。当某成员要求提出的磋商没能达成圆满的结果时，服务贸易理事会可与另一成员（指当事另一成员）或其他成员进行磋商解决有关问题，而服务贸易理事会就是为了有利于实施本协定和促进实现本协定所期望达到的目标而设立的。服务贸易引起争端时，当受损害的成员认为该争端在合理的一段时间内没能达成满意的结果，或当事方认为磋商结果不尽如人意时，可将此争端提交"争端解决机构"。

7. 第六部分：最后条款

这部分主要规定了《服务贸易总协定》中的利益的否定、术语的定义、附录。

（二）部门协议

1. 关于提供服务的自然人的移动协议

关于提供服务的自然人的移动协议适用于各缔约方提供服务的自然人以及受雇于服务提供者的自然人，但不适用于寻找工作的自然人，它与公民权、居留和受雇等措施无关。就是说自然人的移动必须跟随提供服务，它有别于移民权。

2. 关于航空运输服务协议

关于航空运输服务协议规定，航空运输服务可以不遵守《服务贸易总协定》关于最惠国待遇的条款，而继续根据国际民航协议的对等原则，相互给予着陆权。

3. 关于金融（含保险）服务协议

关于金融（含保险）服务协议有两个附件。

第一个附件允许各缔约方政府根据谨慎的原则采取保护国内金融服务的措施，但这些措施在与《服务贸易总协定》的有关条款不符合时，不能用来逃避自己的承诺和义务。谨慎的措施应得到他方的承认，这种承认可以通过协议或安排的方式，也可以通过自动承认的方式。同时，附件还对银行和保险的服务范围做出了规定。

第二个附件允许各参加方在《服务贸易总协定》生效 4 个月后的 60 天内，列出其最惠国待遇的例外清单，并可以改进、修改或撤销其减让表中的有关金融服务的承诺。

4. 关于电讯服务协议

关于电讯服务协议，承认这个部门具有双重作用，一方面是一个独特的经济部门，另一方面又是一种提供其他经济活动的基本方式。协议要求缔约方政府非歧视地给予外国服务提供者进入公共电讯网的机会。

5. 关于海运服务协议

关于海运服务协议规定，《服务贸易总协定》生效后，各方再就海运服务部门进行谈判。在此之前，各参加方可以随意撤销其在该部门的承诺减让，无须给予补偿。

（三）各成员的市场准入承诺单

各成员的市场准入承诺单（即初步承诺减让表），是各国在谈判基础上提交的开放市场的承诺，是《服务贸易总协定》不可分割的部分，具有法律约束力。市场准入承诺单的内容是参加方在双边谈判的基础上承担的关于国民待遇和市场准入的义务，各参加方只有提交初步承诺减让表，才能成为《服务贸易总协定》的成员。

服务贸易总协定的制定，是关贸总协定生效以来在推动世界贸易自由化发展问题上的一个重大突破，它标志着多边贸易体制趋于完善。该协定不仅为国际服务贸易的发展创造了条件，而且使各缔约方从服务市场的保护与贸易的对立转向自由化多边谈判，这有助于加强各国间的相互交往和信息沟通，特别是有关知识产权、技术转让、软件、通讯、数据处理、咨询、广告等服务行业的贸易自由化，对加速各国经济的发展将起到重要作用。

（四）《服务贸易总协定》基本原则

1. 最惠国待遇原则

最惠国待遇（Most Favoured Nation，MFN），是国际经济贸易关系中常用的一项制度，又称"无歧视待遇"。它通常指的是缔约国双方在通商、航海、关税、公民法律地位等方面相互给予的不低于现时或将来给予任何第三国的优惠、特权或豁免待遇。条约中规定这种待遇的条文称"最惠国条款"。

与《关税与贸易总协定》第一条最惠国待遇类似，原则上也是无条件最惠国待遇原则，而对某些国际协议予以例外处理。但是，GATS 中的最惠国待遇不仅适用于服务本身，而且还包括服务的提供者。这一点与调整货物贸易的"1994 年关税及贸易总协定"（GATT1994）所规定的最惠国待遇是不同的。这主要是因为 GATT 1994 的最惠国待遇只涉及其他成员方的产品，而不涉及产品的提供者，但是服务贸易由于自身的特殊性使得服务与服务的提供者不可分离。

GATS 也规定了最惠国待遇责任的若干例外与免除，也就是说 WTO 成员在特定情况下，经 WTO 允许可以对最惠国待遇实行暂时的例外，即暂时在某些特定的服务领域，WTO 成员间可以不履行最惠国待遇的义务。例如，在基础电信、金融服务和海运服务方面，在其他成员方市场遇到市场关闭的情况下，已经放宽市场准入的成员方可以提出最惠国待遇的登记免除。

2. 国民待遇原则

国民待遇（National Treatment），是指每一成员方给予其他成员的服务和服务提供者的待遇不低于给予本国国内服务和服务提供者的待遇。这种待遇不是自动给予的，而是经过谈判减让的结果，具体反映在承诺单中。承诺单可以对国民待遇规定某种条件和限制，这种待遇只适应于承诺开放的部门。

3. 透明度原则

GATS 法律框架下的"透明度义务"，是指任何成员除非在紧急情况下应立即并最迟在其生效前，公布所有有关或影响 GATS 执行的相关措施。并且，GATS 成员也应公布其签署参加的有关或影响 GATS 的国际协议。GATS 透明度义务要求各成员国应至少一年一度地对本国新法规或现存法规的修改做出说明介绍，并对其他成员国的询问做出迅速答复。此外，任何成员方如认为某一些成员采取的措施影响 GATS 的实施，可通知服务贸易理事会。

4. 对发展中国家的特殊优惠原则

此条款有三层含义。

（1）有关成员应做出具体承诺以促进发展中国家国内服务能力、效率和竞争性的增强；促进其对技术的有关信息的获取；增加产品在市场准入方面的自由度。

（2）发达国家应在《服务贸易总协定》生效后的 2 年内建立"联系点"，以使发展中国家的服务提供者更易获取有关服务供给的商业和技术方面的信息；有关登记、认可和获取专业认证方面的信息；服务技术的供给方面的信息。

（3）对最不发达国家予以特殊优惠，准许这些国家不必做出具体的开放服务市场方面的承诺，直到其国内服务业具有竞争力。

五、国际服务贸易壁垒

（一）国际服务贸易壁垒的含义

服务贸易壁垒（Service Trade Barriers）是指一国为保护本国服务业的发展，采取国家干预的手段限制外国服务业在本国发展所设置的障碍，即凡直接或间接地使外国服务生产者或提供者增加生产或销售成本的政策措施，都有可能被外国服务厂商认为属于贸易壁垒。服务贸易壁垒当然也包括出口限制。服务贸易壁垒的目的一方面在于保护本国服务市场、扶植本国服务部门，增强其竞争力；另一方面旨在抵御外国服务进入，削弱外国服务的竞争力。

（二）国际服务贸易壁垒的分类

把服务交易模式与影响服务提供和消费的壁垒结合起来进行分类，从而将服务贸易壁垒划分为产品移动、资本移动、人员移动和商业存在壁垒四种形式。

1. 产品移动壁垒

产品移动壁垒包括数量限制、当地成分或本地要求、政府补贴、政府采购、歧视性技术标准和税收制度，以及落后的知识产权保护体系等。数量限制，如不允许外国航空公司利用本国航空公司的预订系统，或给予一定的服务进口配额；当地成分，如服务厂商被要求在当地购买设备，使用当地的销售网或只能租赁而不能全部购买等；本地要求，如德国、加拿大和瑞士等国禁止在东道国以外处理的数据在国内使用；政府补贴，政府补贴本国服务厂商也能有效地阻止外国竞争者，改变补贴可能改变某个厂商在本国服务贸易上的竞争优势，如英国政府改变在英学习的外国留学生的补贴，由此使得学费高到足以禁止留学的程度；政府采购，如规定公共领域的服务只能向本国厂商购买，或政府以亏本出售方式对市场进行垄断，从而直接或间接地排斥外国竞争者；歧视性技术标准和税收制度，如对外国服务厂商使用设备的型号、大小和各类专业证书等的限制，外国服务厂商可能比国内厂商要缴纳更多的交易附加税、经营所得税和使用设备（如机场）的附加税；落后的知识产权保护体系，缺乏保护知识产权的法规或保护知识产权不力，都可能有效地阻碍外国服务厂商的进入，因为知识产权既是服务贸易的条件，也构成服务贸易的内容和形式。美国政府估计，每年外国盗版影视片使美娱乐业出口损失约 10 亿美元，大约 80% 的影片不能从影剧院的票房收入中收回成本，即便加上出口，仍有大约 60% 不能收回成本。

2. 资本移动壁垒

资本移动壁垒的主要形式有外汇管制、浮动汇率和投资收益汇出的限制等。外汇管制主要是指政府对外汇在本国境内的持有、流通和兑换，以及外汇的出入境所采取的各种控制措施。外汇管制将影响到除外汇收入贸易外的几乎所有外向型经济领域，不利的汇率将严重削弱服务竞争优势，它不仅增加了厂商经营成本，而且会削弱消费者的购买力。对投资者投资收益汇回母国的限制，如限制外国服务厂商将利润、版税、管理费汇回母国，或限制外国资本抽调回国，或限制汇回利润的额度等措施，也在相当程度上限制了服务贸易的发展。这类措施大量存在于建筑业、计算机服务业和娱乐业中。

3. 人员移动壁垒

作为生产要素的劳动力的跨国移动是服务贸易的主要途径之一，也自然构成各国政府限制服务提供者进入本国或进入本国后从事经营的主要手段之一。种种移民限制和出入境的烦琐手续，以及由此造成的长时间等待等，都构成人员移动的壁垒形式。在一些专业服务，如管理咨询服务中，能否有效地提供高质量服务通常取决于能否雇佣到技术熟练的人员。比如，在美国与加拿大之间存在工作许可证制度，某个美国公司在加拿大的分公司需要维修设备，技术人员就在 1 公里之外的美国境内，但他们却不能进入加境内开展维修业务，而是从更远的地方，或用更多的等待时间雇佣加拿大维修人员来工作。又如，印尼通过大幅度提高机场启程税的方式，限制为购物而前往新加坡的本国居民数量。

4. 商业存在壁垒

商业存在壁垒，又称开业权壁垒、生产者创业壁垒。据调查，三分之二以上的美国服务业厂商都认为开业权限制是其开展服务贸易的最主要壁垒。在与被调查厂商保持贸易关系的 29 个国家中都有这类壁垒，即从禁止服务进入的法令到东道国对本地成分的规定等。例如，1985 年以前澳大利亚禁止外国银行设立分支机构，1985 年后首次允许外资银行进入，但仅从众多申请机构中选择了 16 家银行，其选择标准是互惠性考虑和公司对金融制度的潜在贡献。加拿大规定外国银行在国内开业银行中的数量不得超过预定比例等。一般来说，即使外国厂商能够在东道国开设分支机构，其人员构成也受到诸多限制。除移民限制外，政府有多种办法限制外国服务厂商自由选择雇员，如通过就业法规定本地劳工比例或职位等。美国民权法、马来西亚定额制度、欧洲就业许可证制度、巴西本地雇员比例法令等，都具有这类性质。有些国家还规定专业人员开业必须接受当地教育或培训。

如果按照乌拉圭回合谈判所采纳的方案，我们又可以将服务贸易壁垒分为两大类，即影响市场准入的措施和影响国民待遇的措施。虽存在某些无法归入以上两大类的其他措施，如知识产权等，但人们认为现在应集中探讨市场准入和国民待遇问题。所谓的市场准入措施是指那些限制或禁止外国企业进入国内市场，从而抑制市场竞争的措施；国民待遇措施是指有利于本国企业但歧视外国企业的措施，其包括两大类：一类是为国内生产者提供成本优势，如政府补贴当地生产者；另一类是增加外国生产者进入本国市场的成本，以加剧其竞争劣势，如拒绝外国航空公司使用本国航班订票系统或收取高昂使用费。将贸易壁垒以影响市场准入和国民待遇为原则进行划分，也是较为有效的分类方法。原因在于第一，它便于对贸易自由化进行理论分析，因为现有国际贸易理论一般从外国厂商的市场准入和直接投资环境两大角度，分析贸易自由化的影响；第二，它便于分析影响服务贸易自由化的政策手段。

第二节　国际技术贸易

一、国际技术贸易的含义与特点

（一）国际技术贸易的含义

国际技术贸易（International Technology Trade）是指不同国家的企业、经济组织或个人之间，按照一般商业条件，向对方出售或从对方购买软件技术使用权的一种国际贸易行为。它由技术出口和技术引进这两方面组成。简言之，国际技术贸易是一种国家间的以纯技术的使用权为主要交易标的的商业行为。技术贸易既包括技术知识的买卖，也包括与技术转让密切相关的机器设备等货物的买卖。

（二）国际技术贸易的特点

国际技术贸易是以技术作为交易内容，在国际发生的交换行为，必然遵循商品交换一般规律。但是，由于技术这类商品有自己的特点，在某些方面不同于物质商品，因此，技术贸易也不同于一般的商品贸易，形成了相对独立的世界技术市场，技术贸易与一般商品贸易相比有以下区别。

1. 贸易标的物不同

一般商品贸易是有形贸易，其标的物是各种具体的物质产品，如原材料、消费品和机械设备等，这些商品均是看得见、摸得着的有形商品。而技术贸易的标的物是无形的知识产品，是人们在科学实验和生产过程中创造的各种科技成果。虽然技术革新、创造发明可能是一个数学公式、一项原理、一项设计，可以写在纸上，也可以记录在录音带上，但是，文字和录音只是技术的载体，可以表示技术的内容，并不是技术本身。

2. 贸易标的物的使用权和所有权不同

商品所有权是指对商品的占有、使用、收益处分的权利。一般商品的所有权随贸易过程发生转移，原所有者不能再使用、再出卖，而技术贸易过程一般不转移所有权，只转移使用权，绝大多数情况下是技术转让后，技术所有权仍属技术所有人，因而一项技术不需要经过再生产就可以多次转让。这与技术商品的特点有关，因为技术商品的所有权与使用权可以完全分开，技术转让只是扩散技术知识，转让的只是使用权、制造权、销售权，并非所有权。

3. 贸易标的物作价和价格构成不同

一般物质商品的价值量是由生产该商品的社会必要劳动时间决定的，而技术商品的价值量是由该技术发明所需的个别劳动时间直接构成。因为新技术具有先进性，新颖性，是唯一的，不可能形成社会平均必要劳动时间；同时新技术又具有垄断性、独占性的特点，这就决定了技术商品作价原则的特殊性，技术商品价格构成也复杂得多。

4. 贸易关系不同

一般商品贸易只是简单的买卖关系，钱货两清，贸易关系终结。技术贸易是一种长期合作关系，一项技术从一方转移到另一方，往往要经过提供资料、吸收技术、消化投产，最后才完成技术贸易行为。因此，技术交付不是双方关系的终结，而是双方关系的开始，技术贸易双方通常是"同行"，所以合作中也会存在潜在利益冲突和竞争关系。

5. 贸易条件不同

一般商品贸易条件比较简单，而技术贸易的条件非常复杂，包括转移什么技术，专利使用范围，承担什么义务和责任等。由于技术市场本质上是卖方市场，一般来说，技术引进方总是处于较被动的地位，特别是当今各国都重视科学技术进步对经济发展的作用，采用新技术速度快，需求量大，使世界技术贸易的卖方市场特征更加明显，技术供给方常常利用提供新技术附带一些限制性条款。

6. 贸易所涉及法律不同

一般商品贸易主要涉及各国的货物买卖法、合同法、国际货物销售合同公约等，而国际技术贸易涉及的法律，除了适用于各国的货物买卖法、合同法外，还要受到专利权法、商标法、工业产权法等国际保护知识产权的公约或法律的约束。

此外，国际技术贸易还具有先进性、系统性、垄断性和保护性等特点。

二、国际技术贸易的内容

国际技术贸易是以无形的技术知识作为主要标的物的，这些技术知识构成了国际技术贸易的内容。国际技术贸易的主要内容有各种工业产权，如专利、商标；各种专有技术或技术要领；提供工程设计，工厂设备安装、操作和使用；与技术转让有关的机器、设备和原料的交易等。具体来说，技术贸易的基本内容包括专利使用权、商标使用权、专有技术使用权、商业秘密以及计算机软件等。

（一）专利

1. 专利的含义

专利（Patent）通常是指某项技术的发明人，依法向政府主管当局提出申请，经审查，政府主管当局认为其发明符合法律规定的条件，而授予发明人在一定期限内对其发明独自享有使用、制造和销售产品或使用其方法的一种独占权利。专利有时也指专利法保护的对象，如发明专利、实用新型专利等，有时也指专利文件。

专利文献作为技术信息最有效的载体，囊括了全球90％以上的最新技术情报，相比一般技术刊物所提供的信息早5～6年，而且70％～80％发明创造只通过专利文献公开，并不见诸其他科技文献，相对于其他文献形式，专利更具有新颖、实用的特征。可见，专利文献是世界上最大的技术信息源，另据实证统计分析，专利文献包含了世界科技技术信息的90％～95％。

2. 专利的特点

专利是一种无形的财产权，具有与其他财产权不同的特征，即专利具有独占性、地域性和时间性。

（1）独占性，也称专有性或排他性，专利权人在专利的有效期内享有专有权，即独家占有权。同一发明在一定的地域范围内，其专利权只能授予一个发明者，做出同一发明的其他人不能获得同一发明内容的专利权。发明人被授予专利权后，其在一定时期内享有独立制造、使用和销售权，其他人如欲使用，必须征得专利权人的同意，否则属于侵权行为。

（2）地域性，是指专利权是一种有地域范围限制的权利，它只有在法律管辖区域内有效。除了在有些情况下，依据保护知识产权的国际公约，以及个别国家承认另一国批准的专利权有效以外，技术发明在哪个国家申请专利，就由哪个国家授予专利权，而且只在专利授予国的范围内有效，而对其他国家则不具有法律的约束力，其他国家不承担任何保护义务。但是，同一发明可以同时在两个或两个以上的国家申请专利，获得批准后其发明便可以在所有申请国获得法律保护。

（3）时间性，是指专利只有在法律规定的期限内才有效。专利权的有效保护期限结束以后，专利权人所享有的专利权便自动丧失，一般不能续展。发明便随着保护期限的结束而成为社会公有的财富，其他人便可以自由地使用该发明来创造产品。专利受法律保护的期限的长短由有关国家的专利法或有关国际公约规定。世界各国的专利法对专利的保护期限规定不一。《知识产权协定》第33条规定专利"保护的有效期应不少于自提交申请之日起的第二十年年终"。

3. 专利的分类

专利的分类在不同的国家有不同规定，在我国专利法中规定有发明专利、实用新型专利和外观设计专利；在香港地区的专利法中规定有标准专利、短期专利、外观设计专利；在部分发达国家中的分类有发明专利和外观设计专利。

（1）发明专利（Invention patent）。发明专利就是国家将发明作为保护对象的专利。发明是对一种技术问题的新的解决方案，包括产品发明和方法发明两大类。产品发明是指有形的一切发明，如机器、设备、仪器、装置等；方法发明是指制造某种产品的方法发明和使用产品的方法发明，如机械制造法、化学制造法、修理方法和通讯方法等。通常把他们称为产品发明专利和方法发明专利。

（2）实用新型专利（Utility Model Patent）。实用新型是指对产品的形状、构造或者其结合所提出的适用于实用的新的技术方案，同发明一样，实用新型专利保护的也是一个技术方案。但实用新型专利保护的范围较窄，它只保护有一定形状或结构的新产品，不保护方法以及没有固定形状的物质。实用新型的技术方案更注重实用性，其技术水平较发明而言，要低一些。授予实用新型专利不需经过实质审查，手续比较简便，费用较低，因此，关于日用品、机械、电器等方面的有形产品的小发明，比较适合申请实用新型专利。

（3）外观设计专利（Design Patent）。外观设计是指对产品的形状、图案或者其结合以及色彩与形状、图案的结合所作出的富有美感并适于工业应用的新设计。外观设计专利的保护对象，是产品的装饰性或艺术性外表设计，这种设计可以是平面图案，也可以是立体造型，更常见的是这二者的结合，授予外观设计专利的主要条件是新颖性。

资料链接 10 – 2

外观设计专利侵权案

美国鸿利公司来华投资后，在其经营的餐厅中一直使用在北京消费者中有相当知名度的"美国加州牛肉面大王"名称，在北京设立 20 余家连锁店。该公司的"红蓝白"装饰牌幅于 1993 年获得中国外观设计专利，公司于 1993 年向商标局申请"美国加州牛肉面大王"服务商标，至 1995 年 5 月仍未获准。某快餐店于 1993 年 4 月 10 日开业，自开业以来在其横幅牌匾上打上了"美国加州牛肉面大王"名称，其横幅牌匾的颜色依次为红白蓝，其霓虹灯招牌上亦标有"美国加州牛肉面大王"字样。1993 年，经鸿利公司请求，北京市某工商所责令快餐店就其横幅牌匾上的"美国加州牛肉面大王"以及霓虹灯上的"国""州"两字去掉。快餐店则仅将其横幅牌匾及霓虹灯上的"国""州"两字去掉，将字样改为"美加牛肉面大王"，"国""州"两字在横幅牌匾及霓虹灯上的空缺处仍能模糊辨认。于是，鸿利公司向法院提起诉讼，控告某快餐店侵权。

在该案例中，被告之横幅牌匾与原告的"红蓝白"外观设计专利在色彩的排列顺序上有所不同，但足以使消费者在视觉上与原告"红蓝白"外观设计专利产生混淆，被告行为已侵犯了原告在中国获得的专利权，因此，法院判决被告停止侵害原告"红蓝白"外观设计专利的行为。专利法所称外观设计，是指对产品的形状、图案或者其结合以及色彩与形状、图案的结合所作出的富有美感并适于工业应用的新设计。外观设计的客体特征为：①必须是对产品的外表所做的设计。以产品的外表为依托，构成产品与设计的结合。②必须是产品的形状、图案或者其结合以及色彩与形状、图案的结合。③必须是适于工业应用的新设计。能应用于产品上批量生产；在申请日或优先日之前与现有外观设计不同；没有相同的申请向专利局提出并在中国专利公告上公布或公开，也没有相同的外观设计产品被公开销售。④外观设计必须富有美感。产品的形状、图案或者其结合以及色彩与形状、图案或结合所做的设计，突出体现引起人们对商品的视觉、感官的吸引，满足消费需要。

《专利法实施条例》第 28 条规定，申请外观设计专利的，必要时应当写明对外观设计的简要说明。外观设计的简要说明应当写明使用该外观设计的产品的设计要点、请求保护色彩、省略视图等情况。权利的保护以权利人向专利局声明保护提交的图片、照片为限。

据此，被告之横幅牌匾与原告的"红蓝白"外观设计专利在色彩的排列顺序上有所不同，但足以使消费者在视觉上与原告"红蓝白"外观设计专利产生混淆，被告行为已侵犯了原告在中国获得的专利权。原告在京设立"美国加州牛肉面大王"连锁店，这些连锁店的牛肉面在消费者中有一定的知名度，应认定为知名商品。被告擅自使用原告知名商品特有的装潢，依我国反不正当竞争法规定，其行为构成了不正当竞争行为。因此，法院判决被告停止使用"美国加州牛肉面大王"名称，赔偿原告有关商誉损失并消除影响。

（二）商标

1. 商标的含义与分类

商标（Trade Mark）是商品生产者或经营者为了使自己的商品同他人的商品相区别而在其商品上所加的一种具有显著性特征的标记。一般只有能够移动的重复性生产的商品才使用商标。商标须具有显著性特点，即相同或类似的商品不能使用相同或相似的商标。

常见的商标是文字商标和图形商标。国外有立体商标，如"可口可乐"饮料瓶子的特殊形状。还有音响商标、气味商标等形式。一般来说，商标按其服务对象或功能，大体上可分为三类：制造商标、商业商标和服务商标。

（1）制造商标（Manufacturing Mark）。制造商标又称生产商标，是指商品生产者或企业使用的、用以表明商品制造者的商标。

（2）商业商标（Commercial Mark）。商业商标是指商品经销者或企业用于其所经营的商品之上的商标。一种商品之上可以同时有制造商标和商业商标，分别表明该商品的制造者和经销者。

（3）服务商标（Service Mark）。服务商标是诸如金融、旅游、广播、运输、建筑、维修等服务性行业使用的各种标记，以使公众能够区分各个企业所提供的服务。

2. 商标的功能

（1）区别功能，即商标能标明产品的来源，把一企业的产品与另一同类企业的产品区别开来。这是商标的最基本最重要的功能。

（2）间接标示产品质量的功能。产品的来源不同，其质量和信誉也会有差别。商标作为特定来源的产品的标记，它间接地反映了该产品的内在质量。人们选购商品时，一般无法当场检验其内在质量，而往往是根据自己的经验和商品的社会信誉凭商标来选购所希望的商品的。

（3）广告功能。由于商标的简明性和"显著性"，它最容易被消费者记住，从而使商标成为醒目的广告。

3. 商标权的含义与内容

商标权是商标专用权的简称，是指商标主管机关依法授予商标所有人对其注册商标受国家法律保护的专有权。商标注册人拥有依法支配其注册商标并禁止他人侵害的权利，包括商标注册人对其注册商标的排他使用权、收益权、处分权、续展权和禁止他人侵害的权利。经核准注册的商标，是商标所有人的财产，因此，商标是一种财产性质的权利。

商标权主要有以下内容。

（1）专有使用权。专有使用权是商标权最重要的内容，是商标权中最基本的核心权利。它的法律特征为商标权人可在核定的商品上独占性地使用核准的商标，并通过使用获得其他合法权益。

（2）禁止权。禁止权是指注册商标所有人有权禁止他人未经其许可，在同一种或者类似商品或服务项目上使用与其注册商标相同或近似的商标。商标权具有与财产所有权相同的属性，即不受他人干涉的排他性，其具体表现为禁止他人非法使用、印制注册商标及其他侵权行为。

（3）许可使用权。许可使用权是指注册商标所有人通过签订许可使用合同，许可他人使用其注册商标的权利。许可使用是商标权人行使其权利的一种方式。许可人是注册商标所有人，被许可人根据合同约定，支付商标使用费后在合同约定的范围和时间内有权使用该注册商标。实质上，许可制度有利于企业发挥优势，扩大名牌商品生产，活跃流通，满足消费者需要，提高社会经济效益。

（4）转让权。转让是指注册商标所有人按照一定的条件，依法将其商标权转让给他人所有的行为。转让商标权是商标所有人行使其权利的一种方式，商标权转让后，受让人取得注册商标所有权，原来的商标权人丧失商标专用权，即商标权从一主体转移到另一主体。转让注册商标，应由双方当事人签订合同，并应共同向商标局提出申请，经商标局核准公告后方为有效。

4. 取得商标权的原则

根据各国商标法的规定，注册商标必须由商标使用人提出书面申请，并交纳申请费。商标申请经主管部门批准后，才予以登记注册，授予商标权。各国对商标权的取得大致有四种原则。

（1）使用在先原则。使用在先原则是指商标的所有权归属于首先使用的申请人，而不管其是否办理了商标注册手续，只要存在首先使用的事实，法律就予以承认和保护，如美国、英国、法国便采用这一原则。

（2）注册在先原则。注册在先原则是指商标权属于先注册的申请人，注册后取得的权利压倒其他人的权利，包括商标的最先使用人。目前，大多数国家，如中国、日本、德国、意大利、比利时、丹麦、荷兰和卢森堡都采用这一原则。

（3）混合原则。混合原则又称无异议优先注册原则，这一原则实际上是上述两种原则的折中。按照这一原则，商标权原则上授予先注册人，但先使用的人可以在规定的期限内提出异议，请求撤销。超过规定的期限无人提出异议，则商标权属于先注册人。如在规定的期限内，先使用人提出异议，并且异议成立，已经授予先注册人的商标权即被撤销，而授予先使用人。目前，印度、加拿大和西班牙等国使用这一原则。

（4）授予先注册人商标权，又允许商标先使用人继续使用原则。有的国家实行先授予注册人商标权，但又保留先使用人继续使用商标的权利，先使用人并不拥有商标权，但拥有商标连同企业一起转让的转让权。目前，斯里兰卡、冰岛、沙特等国家就是用这一原则。

同专利权一样，商标权也具有排他性、地域性、时间性等特点，但与专利权期满不可延期不同，商标权到期可续展延期，且延期次数不限。

（三）专有技术

1. 专有技术的含义

专有技术的英文名称叫"Know-how"，意为"知道如何制造"。它有许多中文名称，如技术诀窍、技术秘密、专门知识等，但最常用的名称是"专有技术"。迄今为止，国际上对专有技术一词还没有公认的定义。世界知识产权组织国家局在 1964 年制订的《发展中国家发明样板法》中曾给出如下定义："所谓专有技术是指有关制造工艺，以及产业技术的使用及知识。"北京大学出版社出版的《现代经济法辞典》中对专有技术是这样定义的："专有技术是有一定价值，可利用、未被公众所知，可以转让或传授而未取得专利权的技术知识、技术情报、经验、方法或其组合。"以上定义虽有所不同，但大致可以归纳为：所谓专有技术，是指生产、管理和财务等活动领域的一切符合法律规定条件的秘密知识、经验和技能，其中包括工艺流程、公式、配方、技术规范、管理和销售的技巧与经验等。专有技术指先进、实用但未申请专利的技术秘密，不属于知识产权，不受法律保护。专有技术是技术贸易的重要内容之一，其转让合同上会规定受让方必须承担保密义务。

2. 专有技术的特点

专有技术不像专利技术那样经过法律的认可而得到保护，它是一种非法定的权利。其具有以下特点。

（1）实用性。由于专有技术具有商品的属性，价值和使用价值，因而专有技术具有实用性。人们可以把专有技术用于实践中，并获得经济效益。专有技术可以在国际市场上有偿转让和许可使用。

（2）秘密性。专有技术是不公开的、未经法律授权的秘密技术。专有技术的所有者只能依靠自身的保护措施来维持其技术的专有权，专有技术一旦为公众所知，便成为公开的技术，从而丧失其商业价值。

（3）可传授性。专有技术作为一种技术必须能以言传身教或以图纸、配方、数据等形式传授给他人。不可传授的生理性技能等不属于专有技术。

（4）非专有性。在特定的时期、国家或地区内，同一专有技术的所有人可能不止一个，因为法律并不排斥他人对自己开发出来的相同技术的所有权。即只要是自己的智力成果，并以合理的措施予以保密，同一项专有技术可能有两个或两个以上的所有人。

（5）无时效性。专有技术无法律限定的有效期限，只要其所有人愿意并实施保密，便可长期拥有该项专有技术。典型的例子是可口可乐的配方已历时百年却并未公开。

（6）实践性。专有技术是经过多年生产实践研究、积累和总结而来的行之有效的技术成果，未经实践证明有生产效益的，不能成为专有技术。

3. 专有技术与专利的区别

专有技术与专利虽然都含有技术知识的成分，都是人类智力活动的成果，但是两者还是有重大区别的。专有技术与专利的区别主要表现在以下几个方面。

（1）保密性不同。专利是公开的，而专有技术则是秘密的。按照各国专利法的规定，发明人在申请专利权时，必须把发明的内容在专利申请书中予以披露，并由专利主管部门在官方的专利公告上发表，公之于众。但专有技术则尽量保密不予公开，一旦丧失秘密性，就不能得到法律保护。

（2）时效性不同。专利权有一定的保护期限，如前所述，按照各国专利法的规定，其有效期一般为15年或20年。但专有技术则无所谓保护期限的问题，只要严守秘密，没有泄露出去，未为公众所知，就受到保护。不过，一旦被公开，则任何人都可以使用。因此，在专有技术许可证中，一般都订有保密条款，要求被许可人承担保密义务，不得把专有技术的内容透露给第三者。

（3）法律保护不同。专利权是一种工业产权，受有关国家专利法的保护，而专有技术则是没有取得专利权的技术知识，它不是依据专利法的规定求得保护，而主要是根据民法、刑法、不公平竞争法的有关规定取得法律上的保护。

（4）表现形式不同。专利只能通过说明书来体现；专有技术既可以通过文字、图纸来体现，也可以是人们头脑中掌握的技术知识。

（5）内容范围不同。专利内容仅限于工业目的；专有技术内容除生产目的外，还包括商业、管理等有助于工业发展的技术。

（四）商业秘密

1. 商业秘密的含义

商业秘密（Business Secret），是指不为公众所知悉、能为权利人带来经济利益，具有实用性并经权利人采取保密措施的设计资料、程序、产品配方、制作工艺、制作方法、管理诀窍、客户名单、货源情报、产销策略等技术信息和经营信息。其中，不为公众知悉，是指该信息是不能从公开渠道直接获取的；能为权利人带来经济利益，具有实用性，是指该信息具有可确定的可应用性，能为权利人带来现实的或者潜在的经济利益或者竞争优势；权利人采取保密措施，包括订立保密协议，建立保密制度及采取其他合理的保密措施。

商业秘密具有丰富的内涵和广泛的应用范围，它是所有者的重要财产，而且这种财产既可以是有形的，也可以是无形的。依据我国法律对商业秘密的界定，它所涉及的范围为两类：一是技术信息，它是指凭经验或技能所产出的，在实际中尤其是工业中适用的技术情报、数据或知识，主要包括化学配方、工艺流程、未申请专利的设计、技术秘诀等；二是经营信息，它是指具有秘密性质的经营管理方法及与经营管理方法密切相关的信息和情报，主要包括管理方法、企业营销战略、客户名单、货源情报等。

2. 商业秘密的特点

商业秘密具有以下四个基本特征。

（1）秘密性。商业秘密首先必须是处于秘密状态的信息，不可能从公开的渠道获悉。《关于禁止侵犯商业秘密行为的若干规定》规定："不为公众所知悉，是指该信息是不能从公开渠道直接获取的。"即不为所有者或所有者允许知悉范围以外的其他人所知悉，不为同行业或者该信息应用领域的人所普遍知悉。

（2）实用性。商业秘密与其他理论成果的根本区别在于，商业秘密具有现实或潜在的实用价值。商业秘密必须是一种现在或者将来能够应用于生产经营或者对生产经营有用的具体的技术方案和经营策略。不能直接或间接使用于生产经营活动的信息，不具有实用性，不属于商业秘密。

（3）保密性。即权利人采取保密措施，包括订立保密协议，建立保密制度及采取其他合理的保密手段。只有当权利人采取了能够明示其保密意图的措施，才能成为法律意义上的商业秘密。

（4）价值性。是指该商业秘密自身所蕴含的经济价值和市场竞争价值，并能实现权利人经济利益的目的。

上述四个特征，是商业秘密缺一不可的构成要件。只有同时具备以上四个特征的技术信息和经营信息，才属于商业秘密。

（五）计算机软件

计算机软件（Computer Software）是指计算机系统中的程序及其文档。根据国务院于 1991 年 6 月 4 日发布的《计算机软件保护条例》，受保护的软件必须由开发者独立开发，即必须具备原创性，同时，必须是已固定在某种有形物体上而非存在于开发者的头脑中。

软件开发者的开发者身份权保护期不受限制。软件著作权的其他权利保护期为 25 年，截止于软件首次发表后第 25 年的 12 月 31 日，保护期满前，软件著作权人可以向软件登记机关申请续展 25 年，但保护期最长不超过 50 年。因继承或单位分立、合并等法律行为使著作权人主体发生合法变更时，不改变相应软件著作权的保护期。因依法签订使用权或使用权许可合同而转让有关权利时，转让活动的发生不改变有关软件著作权的保护期。当拥有软件著作权的单位终止或拥有软件著作权的公民死亡而无合法继承者时，除开发者身份权外，有关软件的其他各项权利在保护期满之前进入公有领域。

计算机软件所有人应向软件登记机构办理软件著作权登记。软件登记机构发放的登记证明文件，是软件著作权有效或者登记申请文件中所述事实确定的初步证明。凡已办理登记的软件，在软件权利发生转让活动时，受让方应当在转让合同正式签订后 3 个月内，向软件登记管理机构备案，否则不能对抗第三者的侵权活动。中国籍的软件著作权人将其在中国境内开发的软件权利向外国人许可或转让时，应当报请国务院有关主管部门批准并向软件登记管理机构备案。

三、国际技术贸易的形式

在实践中，单纯的技术贸易并不多见，常常是把无形的技术知识与有形的商品、工程项目等其他贸易方式进行结合。目前，国际技术贸易的形式主要有许可贸易、特许专营、技术咨询、技术服务与协助、国际工程承包等。

（一）许可贸易

1. 许可贸易的含义

许可贸易（Licensing），有时也被称为许可证贸易，是专利权所有人或商标所有人或专有技术所有人作为许可方（Licensor）向被许可方（Licensee）授予某项权利，允许其按许可方拥有的技术实施、制造、销售该技术项下的产品，并由被许可方支付一定数额的报酬。许可贸易实际上是一种许可方用授权的形式，向被许可方转让技术使用权的同时也让渡一定市场的贸易行为。

2. 许可贸易的分类

从许可贸易的对象来看，许可贸易可以分为三种类型：专利许可、商标许可和专有技术许可（转让）。在技术贸易中，三种方式有时单独出现，如单纯的专利许可或单纯的商标许可或单纯的专有技术转让，但多数情况是以某两种或三种类型的混合方式出现。

从许可授权的范围来看，许可贸易主要有五种类型：独占许可、排他许可、普通许可、分许可和交叉许可。

（1）独占许可（Sole License）。独占许可是指在合同规定的期限和地域内，被许可方对转让的技术享有独占的使用权，即许可方自己和任何第三方都不得使用该项技术和销售该技术项下的产品。显然，在这种情况下，被许可人拥有最大的权利，所以这种许可的技术使用费也是最高的。

（2）排他许可（Exclusive License）。排他许可又称独家许可，是指在合同规定的期限和地域内，被许可方和许可方自己都可使用该许可项下的技术和销售该技术项下的产品，但许可方不得再将该项技术转让给第三方。排他许可是仅排除第三方，而不排除许可方。

（3）普通许可（Simple License）。普通许可又称一般许可，是指在合同规定的期限和地域内，许可人可以与一个以上被许可方签订许可合同转让技术，同时，自己仍然保留该项技术的使用权。在普通许可证合同中，被许可方往往要求订立一项最优惠条款，规定在该地域内，如果许可方就同样的技术与其他人签订许可证协议时，被许可方应享有最优惠待遇。普通许可是许可方授予被许可方权限最小的一种授权，其技术使用费也是最低的。

（4）分许可（Sub-License）。分许可又称可转让许可，是指被许可方经许可方允许，在合同规定的地域内，将其被许可所获得的技术使用权全部或部分地转售给第三方。通常只有独占许可或排他许可的被许可方才获得这种可转让许可的授权。

（5）交叉许可（Cross License）。交叉许可又称互换许可，是指交易双方或各方以其所拥有的知识产权或专有技术，按各方都同意的条件互惠交换技术的使用权，供对方使用。这种许可多适用于原发明的专利权人与派生发明的专利权人之间。互换贸易的交易双方更多的是合作关系，而不是单纯的买卖关系。

以上几种许可方式，其当事人的权利是存在差别的，具体内见表10-1。

表 10-1　许可贸易方式下各方的权利

许可类型各方权利	许可方	被许可方	第三方
独占许可	无使用权	有独占使用权	不能获得使用权
排他许可	保留使用权	有使用权	不能获得使用权
普通许可	保留使用权及转让权	有使用权	能从供方获得使用权
分许可	保留使用权及转让权	有使用权及转让权	供受双方都可获得使用权
交叉许可	有使用权并可交换双方技术使用权	有使用权	

（二）特许专营

特许专营（Franchising）是指由一家已经取得成功经验的企业，将其商标、商号名称、服务标志、专利、专有技术以及经营管理的方法或经验转让给另一家企业的一项技术转让合同，后者有权使用前者的商标、商号名称、专利、服务标志、专有技术及经营管理经验，但须向前者支付一定金额的特许费（Franchise Fee）。

特许专营的一个重要特点是，各个使用同一商号名称的特许专营企业并不是由一个企业主经营的，被授权人的企业不是授权人的分支机构或子公司，也不是各个独立企业的自由联合，它们都是独立经营、自负盈亏的企业。授予人不保证被授人企业一定能获得利润，对其企业的盈亏也不负责任。特许专营合同是最近二三十年迅速发展起来的一种新型商业技术转让合同，它是一种长期合同，可以适用于商业和服务行业，也可以适用于工业。

（三）技术咨询

1. 技术咨询的含义

技术咨询（Technology Consulting）是指咨询方根据委托方对某一技术课题的要求，利用自身的信息优势，为委托方提供技术选用的建议和解决方案。技术咨询是对特定技术项目提供可行性论证、经济技术预测、专题调查、分析评价等咨询报告，它是技术市场的主要经营方式和范围。

2. 技术咨询合同的特点

国际技术咨询合同是指一方当事人用自己的技术和劳务，跨越国界为另一方当事人完成一定的工作任务，或者跨越国界派遣专家或以书面方式向另一方当事人提供咨询意见，并收取报酬；另一方当事人接受工作成果或者取得咨询意见并付给报酬的书面协议。

国际技术咨询合同有如下特点。

（1）技术咨询合同在技术领域内具有自己特定的调整对象，即合同当事人是在完成一定的技术项目的可行性论证、技术预测、专题技术调查等软科学研究活动中产生的民事法律关系。

（2）履行技术咨询合同的目的在于受托方为委托方进行科学研究、技术开发、成果推广、技术改造、工程建设、科技管理等项目提出建议、意见和方案，供委托方在决策时参考，从而使科学技术的决策和选择真正建立在民主化和科学化的基础之上。因此，技术咨询合同的履行结果并不是某些立竿见影的科技成果，而是供委托方选择的咨询报告。

（3）技术咨询合同有其特殊的风险责任承担原则，即因实施咨询报告而造成的风险损失，除合同另有约定外，受托人可免于承担责任。这一特殊的风险责任承担原则是技术开发合同、技术转让合同、技术服务合同中所不具有的。

（4）技术咨询合同的期限一般比较短，通常以某项技术的实现为限度。

（四）技术服务与协助

技术服务与协助（Technical Assistant）是指一方受另一方的委托，利用自己掌握的技术经验和技术条件，协助另一方处理和完成某项特定的经济、技术任务，达到一定的目标。这种以贸易性质进行的技术服务，在国际技术贸易中具有广泛、灵活、普遍的特点。

技术转让不仅包括转让公开的技术知识，而且包括转让秘密的技术知识和经验，对技术受方引进项目的成败往往起关键作用。因为，这些技术知识和经验很难用书面资料表达出来，而必须通过言传、示范等传授方式来实现。所以技术服务与协助是技术转让交易中必不可少的环节。它可以包括在技术转让协议中，也可以作为特定项目，签订单独的合同。提供技术服务与协助的方式有两种：一是由受方派出自己的技术人员和工人，到技术供方的工厂或使用其技术的工厂培训实习；二是由供方派遣专家或技术人员到受方工厂，调试设备，指导生产，讲授技术。

（五）国际工程承包

1. 国际工程承包的含义

工程承包（Engineering Contracting），又称"交钥匙"项目，是指一个国家的政府部门、公司、企业或项目所有人（一般称工程业主或发包人）委托国外的工程承包人（Contractor）按规定条件包干完成某项工程任务，亦即负责工程设计、土建施工、提供机器设备、施工安装、原材料供应、提供技术、培训人员、投产试车、质量管理等全部过程的设备和技术，工程承包是一种综合性的国际经济合作方式，也是国际劳务合作的一种方式，其中包括大量的技术转让内容，因此又可称为国际技术贸易的一种方式。

2. 国际工程承包的招标程序

国际工程承包的招标程序一般包括招标、投标、开标、评标、中标、签订承包合同、组织工程实施等。

（1）招标（Invitation of Bid）。招标就是一家买主（发包者）将拟买一批物资设备（包括外购外协件）或拟建工程项目的内容、要求等，如品种、规格、质量、价格、工期等，通过公告或通知书等形式招引或邀请卖家（承包者）前来投标，最后由买主（发包者）从中择优选定的一种经济行为。招标承包中的标，也叫"标的"，是指"拟发包工程项目内容的标明"。

（2）投标（Bid）。投标就是投标人（或投标单位）在同意招标人拟定的招标文件的前提下，对招标项目提出自己的报价和相应的条件，通过竞争试图为招标人选中的一种交易方式。从卖方角度看，国际投标是一种利用商业机会进行竞卖的活动。国际投标是对国际招标的响应，是一国的卖方为了得到该项合同而向另一国买方发出的实盘。

（3）开标、评标、中标

开标（Bid Opening）。开标是指招标人在指定日期、时间和地点将收到的投标书中所列的标价和提出的交易条件进行比较，然后择优选定投标人。

评标（Evaluation of Bid）。评标是指招标人组织人员从不同角度对投标进行评审。评标的主要内容为研究对比投标报价；评审投标是否有任何违反投标须知的规定；审查投标计算是否有严重错误；对标书内容有否严重误解等。参加评标的人员应当坚持"准确性""公开性"和"保密性"。

中标（Award of Bid）。中标是指经过评标，做出决定，最后选定中标人的行为。在投标人的最低报价与其他投标人的报价相差很大，甚至低于主管部门预计的"底标价"情况下，评标人可裁定其属于不合理报价，将标权授予其后报价较高的投标人。

（4）签订承包合同。承包公司中标后，按照规定要向业主缴纳一定金额的履约保证金，并与业主签订书面承包合同。承包工程合同的大致内容有：工程的价格；工程的范围；工程保险及其他有关工人及社会保险的规定；工程组织；工程变更和增减；施工工艺技术要求；履约保证的工具；关于雇主工程师的职权范围；关于人力不可抗拒和特殊风险以及发生争议如何解决；施工机具设备和材料出入境等的规定；付款等。合同签订后，签约双方必须严格遵守，如一方不履约或不完全履行合同，另一方有权要求对方赔偿损失或解除合同。

（5）组织工程实施。承包合同签订后，承包公司就组织工程施工。

资料链接 10 - 3

招标人与中标人签订正式合同之前的注意事项

（1）双方仍可对合同的条款可以进一步协商，调整最后价格和部分合同条款。双方经议标达成一致意见后，签订正式合同。

（2）中标人要向招标人提交履约保证书，又称履约保函。履约保函由招标人可接受的银行开立。中标人不能交付履约保函，视为弃权。

（3）如果中标人因其他理由不能按期履约，中标人事先未提出申请要求延缓，或提出申请未被招标机构接受，或有意拖延议标拒绝签约等，均视为中标人违约。招标人有权没收其投标保证金，并给以制裁。

---

3. 国际工程承包的招标方式

国际工程承包的招标方式，按性质划分可以分为三种。

（1）竞争性招标（International Competitive Bidding）。国际竞争性招标一般可以分为两种：国际公开招标；选择性招标。①国际公开招标，是指招标人通过报纸及其他宣传媒介发布招标信息，使世界各地合格的承包商都有机会按通告中的地址领取或购买资料和资格预审表，互相竞争投标取得授标。公开招标的主要特点是：（a）招标方给予自愿投标公司以平等参与的机会；（b）能较合理地选定承包商，在一定程度上防腐；（c）不允许更动标书中的技术及财务条件；投标人必须无条件地按标书的规定报价。②选择性招标（Selecting Bidding），又称限制性招标，它一般不在报刊上刊登广告，而是根据招标人自己积累的经验、相关资料介绍或由咨询公司提供的承包商名单，向若干被认为最有能力和信誉的承包商发出邀请。经过对应邀人进行资格预审后，通知其提出报价，递交投标书。选择性招标作为一种有限竞争性招标，其主要优点是经过选择的投标商在技术、信誉上都比较可靠，可以减少违约的风险，并可节省费用，简化手续，迅速成交；缺点是招标人所了解的情况和承包商的数量有限，在邀请时难免遗漏某些在技术上和在报价上有竞争能力的厂商。

（2）两阶段招标（Two-Stage Bidding）。两阶段招标，又称两阶段竞争性招标。它是无限竞争性招标和有限竞争性招标结合使用的一种招标方式。

第一阶段按公开招标方式进行，经开标、评价后再邀请其中报价较低、最有资格的数家承包商（一般为三四家）进行第二阶段报价。由于第二阶段投标人较少，一般采取谈判报价或秘密报价的方式。

（3）议标（Negotiated Procurement）。议标，又称谈判招标，是招标人直接选定一个或少数几家公司谈判承包条件及标价。其主要特点是：议标没有资格预审、开标等过程，方式简单，通过直接谈判即可授标。议标对投标人来说，不用出具投标保函，也无须在一定期限内对其报价负责；议标竞争对手少，缔约成交的可能性大。严格地讲，议标不算一种招标方式，只是一种"谈判合同"，在国际工程承包实际业务中较少采用。

资料链接 10 - 4

不同招标方式适用不同的工程项目

从招标的性质来看，国际工程承包可以分为三种招标方式，而不同的招标方式适用不同的工程项目。

一、国际公开招标适用于下列工程

（1）由世界银行及其附属组织国际开发协会和国际金融公司提供优惠贷款的工程项目。

（2）由联合国经济援助的项目。

（3）由国际财团或多家金融机构投资的工程项目。

（4）需要承包商带资承包或延期付款的工程项目。

（5）实行保护主义的国家的大型土木工程或施工难度大，发包国在技术和人力方面均无实施能力的工程。

二、选择性招标主要适用于以下情况

（1）工程量不大，投标商数目有限或其他不宜进行国际公开招标的项目。

（2）某些大而复杂的专业性又很强的工程项目，可能投标者不多，但准备招标的成本很高，为了节省时间费用，及时获取较好的报价，招标可以限制在几家合格的承包商中进行，从而使每个承包商都有争取合同的机会。

（3）由于工期紧迫或出于军事保密要求或其他各方面原因不宜公开招标的项目。

（4）工程规模太大，中小型公司不能胜任，只好邀请若干家大公司投标的项目。

（5）工程项目招标通告发出后，无人投标或投标商的数目不足法定人数（至少三家），招标人可通过选择性招标再选择几家公司投标。

三、两阶段招标主要适用于以下情况

（1）第一阶段报价、开标、评标后，如最低标价超过底价20%，而且经过减价重新比价之后，仍不能低于底价时，需再作第二阶段报价。

（2）招标过程尚处于发展过程，需在第一阶段招标中博采众议，进行评价，选出最新最优方案，再在第二阶段邀请被选中方案的投标人详细报价。

（3）在某些经营管理或技术要求高的大型项目中，招标人对项目经营管理缺乏足够的经验，可在第一阶段向投标人提出要求，就其熟悉的经营管理方法或就其建造方案进行报价，经过评标，选出其中最佳方案的投标人。

四、议标一般用于下列工程项目

（1）执行政府协议缔结的承包合同。

（2）由于技术方面的特定需要只能委托给特定的承包商或制造商实施的合同。

（3）属于国防需要的工程或秘密工程。

（4）项目已公开招标，但无中标者或没有理想的承包商，通过议标，另行委托承包商实施工程。

（5）业主提出合同外新增工程。

4. 国际工程承包合同的种类

按照承包人承担责任的不同，国际工程承包合同可以分为以下四类。

（1）分项工程承包合同。发包人将总的工程项目分为若干部分，发包人分别与若干承包人签订合同，由他们分别承包一部分项目，每个承包人只对自己承包的项目负责，整个工程项目的协调工作由发包人负责。

（2）半交钥匙工程承包合同（Semi-turn Key Project Contract）。承包人负责项目从勘察一直到竣工后试车正常运转符合合同规定标准，即可将项目交给发包人。它与交钥匙工程承包合同的主要区别在于不负责一段时间的正式生产。

（3）交钥匙工程承包合同（Turn Key Project Contract）。承包人负责项目从勘察、设计一直到正式生产的全过程的全部承包，并要经过一段时间的正式生产，在产品的数量、质量等指标达到合同规定的标准之后，将建成的项目移交给发包人。

（4）产品到手工程承包合同（Contract for Products in Hand）。承包人不仅负责项目从勘察一直到正式生产，还必须在正常生产后一段时间（一般为 2～3 年）内进行技术指导和培训、设备维修等，确保产品符合合同的规定。

四、《与贸易有关的知识产权协定》

（一）《与贸易有关的知识产权协定》产生的原因

20 世纪 80 年代以来，随着世界经济、科技一体化和世界贸易自由化进程的加快，使国际技术贸易问题与知识产权保护问题之间的关系日益密切。在世贸组织《与贸易有关的知识产权协定》（Agreement on Trade-Related Aspects of Intellectual Property Rights，TRIPs）产生之前，已经有一些公约对知识产权进行国际保护，例如《巴黎公约》（工业产权）、《伯尔尼公约》（版权）、《罗马公约》（邻接权）和《关于集成电路的知识产权条约》等等。虽然已经签订的有关保护知识产权的一系列国际协议对于知识产权的国际保护起到了重要作用，但仍然存在许多问题，以往的保护知识产权协议，令多数知识产权产品出口商不满意。

（1）现行的知识产权协议未能很好地对争端解决问题做出切合实际的规定。一旦成员国之间发生知识产权纠纷，只能谈判或向国际法院提起诉讼。

（2）现行的知识产权协议缔结时间较早，已不能适应当今国际贸易和技术发展的需要，必须对知识产权进行高水平的保护。例如，各国国内立法规定差异较大，有的国家甚至还未订立保护知识产权的法律。知识产权协议的约束力有限，保护范围有限。具体来说，他们认为：①《巴黎公约》没有规定专利的最低保护期限；②对于商业秘密的保护没有专门的国际条约；③对计算机软件和录音制品应当加强国际保护；④已有公约对假冒商品的处理不够有力；⑤尚未确定一个有效的争端解决机制来处理与知识产权有关的问题。这些现象，使得各国日益关注知识产权的保护问题。

此外，在 1947 年的关贸总协定中，也涉及了知识产权问题，但是没有明确的关于知识产权保护的。从理论上讲，关贸总协定的最惠国待遇（第 1 条）、国民待遇（第 3 条）、透明度（第 10 条）及利益的丧失或损害（第 23 条），都可以适用于对知识产权的保护。但关贸总协定中直接提及知识产权的条款和内容很有限：①只有原产地标记（第 9 条），要求缔约方制止滥用原产地标记的行为；②为收支平衡目的使用配额，不得违反知识产权法律（第12条第3款、第18条第10款）；③一般例外（第20条第4款）规定，保护知识产权的措施应当是非歧视的。并且，关贸总协定中所涉及的知识产权问题，主要是假冒商品贸易。

基于以上情况，在GATT框架的第八轮谈判中，与贸易有关的知识产权保护问题成为期间新的议题，并最终于1993年12月乌拉圭回合闭幕时达成《与贸易有关的知识产权协定》，该协定于1995年7月1日生效，是乌拉圭回合谈判的重要成果之一，在WTO中与《服务贸易总协定》（GATs）的地位是平行的。该协定有7个部分，共73条，其目的在于减少国际贸易中的扭曲和障碍，充分有效地保护知识产权，保证实施知识产权的措施和程序本身不对合法贸易构成障碍，并视具体情况制定新的规则和纪律。1995年，中国签署了该协定。

（二）《与贸易有关的知识产权协定》的基本原则

1. 与世界知识产权组织（WIPO）中四大公约的原则相一致

（1）《保护工业产权巴黎公约》（Paris Convention on the Protection of Industrial Property），简称《巴黎公约》，该公约于1883年3月20日在巴黎缔结，是缔结最早、影响最大、成员国最多的保护知识产权的国际协定，中国于1985年加入该协定。《巴黎公约》的调整对象即保护范围是工业产权，包括发明专利权、实用新型、工业品外观设计、商标权、服务标记、厂商名称、产地标记或原产地名称以及制止不正当竞争等。《巴黎公约》的基本目的是保证一成员国的工业产权在所有其他成员国都得到保护。但由于各成员国间的利益矛盾和立法差别，巴黎公约没能制定统一的工业产权法，而是以各成员国内立法为基础进行保护，因此它没有排除专利权效力的地域性。公约在尊重各成员的国内立法的同时，规定了各成员国必须共同遵守的几个基本原则，以协调各成员国的立法，使之与公约的规定相一致。巴黎公约的基本原则为以下4项：①国民待遇原则。在工业产权保护方面，公约各成员国必须在法律上给予公约其他成员国相同于其本国国民的待遇；即使是非成员国国民，只要在公约某一成员国内有住所，或有真实有效的工商营业所，亦应给予相同于本国国民的待遇。②优先权原则。《巴黎公约》规定凡在一个缔约国申请注册的商标，可以享受自初次申请之日起为期6个月的优先权，即在这6个月的优先权期限内，如申请人再向其他成员国提出同样的申请，其后来申请的日期可视同首次申请的日期。优先权的作用在于保护首次申请人，使他在向其他成员国提出同样的注册申请时，不致由于两次申请日期的差异而被第三者钻空子抢先申请注册。发明、实用新型和工业品外观设计的专利申请人从首次向成员国之一提出申请之日起，可以在一定期限内（发明和实用新型为12个月，工业品外观设计为6个月）以同一发明向其他成员国提出申请，而以第一次申请的日期为以后提出申请的日期。其条件是，申请人必须在成员国之一完成了第一次合格的申请，而且第一次申请的内容与日后向其他成员国所提出的专利申请的内容必须完全相同。③独立性原则。申请和注册商标的条件，由每个成员国的本国法律决定，各自独立。对成员国国民所提出的商标注册申请，不能以申请人未在其本国申请、注册或续展为由而加以拒绝或使其注册失效。在一个成员国正式注册的商标与在其他成员国——包括申请人所在国——注册的商标无关。这就是说，商标在一成员国取得注册之后，就独立于原商标，即使原注册国已将该商标予以撤销，或因其未办理续展手续而无效，都不影响它在其他成员国所受到的保护。同一发明在不同国家所获得的专利权彼此无关，即各成员国独立地按本国的法律规定给予或拒绝、或撤销、或终止某项发明专利权，不受其他成员国对该专利权处理的影响。这就是说，已经在一成员国取得专利权的发明，在另一成员国不一定能获得；反之，在一成员国遭到拒绝的专利申请，在另一成员国则不一定遭到拒绝。④强制许可专利原则。《巴黎公约》规定，各成员国可以采取立法措施，规定在一定条件下可以核准强制许可，以防止专利权人可能对专利权的滥用。某一项专利自申请日起的四年期间，或者自批准专利日起三年期内（两者以期限较长者为准），专利权人无正当理由不实施专利，则应强制许可。第三方取得强制许可后可实施发明，但应给专利人报酬，专利人仍享受专用权、转让权和实施权。如在第一次核准强制许可特许满两年后，专利权人无正当理由仍不能实施专利，可以撤销专利权。《巴黎公约》还规定强制许可，不得专有，不得转让；但如果连同使用这种许可的那部分企业或牌号一起转让，则是允许的。

（2）《保护文学和艺术作品伯尔尼公约》（Berne Convention for the Protection of Literary and Artistic Works），简称《伯尔尼公约》，是关于著作权保护的国际条约，1886 年 9 月 9 日制定于瑞士伯尔尼，中国于 1992 年加入。《伯尔尼公约》规定了国民待遇原则、独立保护原则和自动保护原则。

（3）《保护表演者、录音制品制作者与广播组织公约》（Convention on the Protection of Performers，Producers of Sound Recordings and Broadcast Organizations），简称《罗马公约》。《罗马公约》于 1961 年 10 月缔结，为闭合性公约，只有参加了《伯尔尼公约》或《世界版权公约》，才能允许参加《罗马公约》。缔结《罗马公约》的目的，是为了在不损害作者利益的情况下，对以艺术表演、唱片、广播节目等形式传播文学、音乐、戏剧等作品的表演者、唱片制作者和广播组织予以法律上的国际保护。《罗马公约》体现了"国民待遇"原则；规定保护期以 20 年为最低限；《罗马公约》对表演者权、录制者权和广播组织者权进行了权利限制，并允许成员国对某些条款予以保留。

（4）《保护集成电路知识产权的华盛顿公约》（Treaty on Intellectual Property in Respect of Integrated Circuits），简称《华盛顿公约》（Washington Treaty），于 1989 年 5 月 26 日缔结于美国华盛顿，我国于 1989 年加入。《华盛顿公约》规定成员国应对集成电路的布图设计实行注册保护，注册申请无须具有新颖性，集成电路布图设计的所有人在其产品投入商业领域后两年之内提交申请即可，保护期至少为 10 年。受保护的条件除了"独创性""非一般性"之外，还有"非仅仅其有关功能的有限表达方式"。公约还规定了国民待遇，即各成员国对于其他成员国的国民或居民，只能要求与本国国民一样地履行手续，并给予同样的保护，这与《巴黎公约》相似。

2. 规定最惠国待遇原则

与世界知识产权组织四大公约不同的是，《与贸易有关的知识产权协定》规定了最惠国待遇原则，该协定第四条规定：在保护知识产权方面，一成员国给予另一成员国公民的待遇、优惠、特权或豁免，应同时无条件地给予其他成员国的公民。

此外，《与贸易有关的知识产权协定》还规定了与 WTO 相一致的原则，如互惠原则、透明度原则等，并授权交叉报复，即在知识产权保护方面受到损害的一成员国可以货物贸易和服务贸易等领域进行报复。

（三）《与贸易有关的知识产权协定》的基本内容

1. 版权

版权（Copyright）是指文学、艺术、科学作品的作者对其作品享有的权利（包括财产权和人身权）。版权是知识产权的一种类型，它是由自然科学、社会科学以及文学、音乐、戏剧、绘画、雕塑、摄影和电影摄影等方面的作品组成。

版权的取得有两种方式：自动取得和登记取得。在中国，按照著作权法规定，作品完成就自动有版权。所谓完成，是相对而言的，只要创作的对象已经满足法定的作品构成条件，即可作为作品受到著作权法保护。在学理上，根据性质不同，版权可以分为著作权及邻接权。简单来说，著作权是针对原创相关精神产品的人而言的；而邻接权的概念，是针对表演或者协助传播作品载体的有关产业的参加者而言的，比如表演者、录音录像制品制作者、广播电视台、出版社等。

根据著作权法的规定，版权所有人可以根据法律在法律规定的年限内对作品享有独占权。一般而言，其他人需要使用作品，应当事先取得版权所有人的许可，并向其支付报酬。但是著作权法也规定了若干情形，在法律规定的使用方式下，该种使用无须取得版权所有人的许可，或者无需向其支付报酬。版权的期限，简单来说，对个人而言，是去世后50年，署名权等精神权利期限无限制；对单位和法人而言，是作品首次发表后50年。

2. 商标

商标的首次注册及每次续展的期限均不得少于7年。商标的注册应可以无限续展。如维持注册需要使用商标，则只有在至少连续3年不使用后方可注销注册，除非商标所有权人根据对商标使用存在的障碍说明正当理由。出现商标人意志以外的情况而构成对商标使用的障碍，例如对受商标保护的货物或服务实施进口限制或其他政府要求，此类情况应被视为不使用商标的正当理由。在受所有权人控制的前提下，另一人使用一商标应被视为为维持注册而使用该商标。

3. 地理标识

就本协定而言，"地理标识"指识别一货物来源于一成员领土或该领土内一地区或地方的标识，该货物的特定质量、声誉或其他特性主要归因于其地理来源。如一商标包含的或构成该商标的地理标识中所标明的领土并非货物的来源地，且如果该成员在此类货物的商标中使用该标识会使公众对其真实原产地产生误解，则该成员在其立法允许的情况下可依职权或在一利害关系方请求下，拒绝该商标注册或宣布注册无效。

4. 工业设计

受保护的工业设计的所有权人有权阻止第三方未经所有权人同意而生产、销售或进口所载或所含设计是一受保护设计的复制品或实质上是复制品的物品。如此类行为为商业目的而采取，各成员可对工业设计的保护规定有限的例外，只要此类例外不会与受保护的工业设计的正常利用发生无理抵触，也不会无理损害受保护工业设计所有权人的合法权益，同时考虑第三方的合法权益。工业设计可获得的保护期限应至少达到10年。

5. 专利

专利可授予所有技术领域的任何发明，无论是产品还是方法，只要它们具有新颖性，包含发明性步骤，并可供工业应用，就可以授予专利权。对于专利的获得和专利权的享受不因发明地点、技术领域、产品是进口的还是当地生产的而受到歧视。可获得的保护期限自登记之日起不得少于 20 年。

6. 集成电路布图设计

在要求将注册作为保护条件的成员中，布图设计的保护期限不得在自提交注册申请之日起或自世界任何地方首次进行商业利用之日起计算 10 年期限期满前终止；在不要求将注册作为保护条件的成员中，布图设计的保护期限不得少于自世界任何地方首次进行商业利用之日起计算的 10 年。尽管存在上述两条保护期限的规定，但是任何一成员仍可规定保护应在布图设计创作 15 年后终止。

7. 对未披露信息的保护

应受保护的未披露信息必须同时满足三个条件。

（1）属于秘密，即作为一个整体或就其各部分的精确排列和组合而言，该信息尚不为通常处理所涉信息范围内的人所普遍知道，或不易被他们获得。

（2）因被保密而具有商业价值。

（3）该信息的合法控制人已经采取合理的步骤以保持其秘密性质。

目前，发达国家倾向于将知识产权保护问题作为一种非关税壁垒措施，借口发展中国家的产品是对其知识产权的侵犯，来阻挡发展中国家廉价商品的出口。这一做法扭曲了世界贸易，对发展中国家的经济和贸易发展是极为不利的。《与贸易有关的知识产权协定》为各国的知识产权保护提供了共同的法律框架，能够在一定程度上约束和规范发达国家发起的知识产权调查，并为发展中国家和地区的知识产权保护指明了方向。

第三节　灵活多样的国际经济合作方式

国际经济合作具体表现为国际投资合作、国际技术合作、国际服务合作、国际劳务合作、国际工程建筑合作、国际发展援助、国际土地合作、国际信息与管理合作和国际经济政策协调合作。前两节涉及的国际服务贸易和国际技术贸易也属于国际经济合作的范畴，本节将重点介绍加工贸易、补偿贸易和国际租赁三种国际经济合作方式。

一、加工贸易

（一）加工贸易的含义

加工贸易是外国企业以投资的方式把某些生产能力转移到东道国或者利用东道国已有的生产能力为自己加工装配产品，然后运出东道国境外销售。加工贸易是以加工为特征的再出口业务，按照所承接的业务特点不同，常见的加工贸易方式包括进料加工、来料加工、来件装配和协作生产。

1. 进料加工

进料加工又叫以进养出，指用外汇购入国外的原材料、辅料，利用本国的技术、设备和劳力加工成成品后，销往国外市场。这类业务中，经营的企业以买主的身份与国外签订购买原材料的合同，又以卖主的身份签订成品的出口合同。两个合同体现为两笔交易，它们都是以所有权转移为特征的货物买卖。进料加工贸易要注意所加工的成品在国际市场上要有销路。否则，进口原料外汇很难平衡，从这一点看，进料加工要承担价格风险和成品的销售风险。

2. 来料加工

来料加工通常是指加工一方由国外另一方提供原料、辅料和包装材料，按照双方商定的质量、规格、款式加工为成品，交给对方，自己收取加工费。有的是全部由对方来料，有的是一部分由对方来料，一部分由加工方采用本国原料的辅料。此外，有时对方只提出式样、规格等要求，而由加工方使用当地的原、辅料进行加工生产。这种做法常被称为"来样加工"。

3. 来件装配

来件装配指由一方提供装配所需设备、技术和有关元件、零件，由另一方装配为成品后交货。来料加工和来料装配业务包括两个贸易进程，一是进口原料，二是产品出口。但这两个过程是同一笔贸易的两个方面，而不是两笔交易。原材料的提供者和产品的接受者是同一家企业，交易双方不存在买卖关系，而是委托加工关系，加工一方赚取的是劳务费，因而这类贸易属于劳务贸易范畴。它的好处是加工一方可以发挥本国劳动力资源丰裕的优势，提供更多的就业机会；可以补充国内原料不足，充分发挥本国的生产潜力；可以通过引进国外的先进生产工艺，借鉴国外的先进管理经验，提高本国技术水平和产品质量，提高本国产品在国际市场的适销能力和竞争能力。当然，来料加工与来件装配只是一种初级阶段的劳务贸易，加工方只能赚取加工费，产品从原料转化为成品过程中的附加价值，基本被对方占有。由于这种贸易方式比进料加工风险小，在中国开展得比较广泛，获得了较好的经济效益。

4. 协作生产

协作生产是指一方提供部分配件或主要部件，而由另一方利用本国生产的其他配件组装成一件产品出口。商标可由双方协商确定，既可用加工方的，也可用对方的。所供配件的价款可在货款中扣除。协作生产的产品一般规定由对方销售全部或一部分，也可规定由第三方销售。

· ·

资料链接 10 - 5

来料加工与进料加工的区别

来料加工是指进口料件由境外企业提供、经营企业不需要付汇进口，按照境外企业的要求进行加工或者装配，只收取加工费，制成品由境外企业销售的经营活动。进料加工是指进口料件由经营企业付汇进口，制成品由经营企业外销出口的经营活动。两者的区别主要有以下几点。

（1）料件付汇方式不同。来料加工料件由外商免费提供，不需付汇，进料加工料件必须由经营企业付汇购买进口。

（2）货物所有权不同。来料加工货物所有权归外商所有，进料加工货物所有权由经营企业拥有。

（3）经营方式不同。来料加工经营企业不负责盈亏，只赚取工缴费，进料加工经营企业自主盈亏，自行采购料件，自行销售成品。

（4）承担风险不同。来料加工经营企业不必承担经营风险，进料加工经营企业必须承担经营过程中的所有风险。

（5）海关监管要求不同。经营企业进料加工项下的保税料件经海关批准允许与本企业内的非保税料件进行串换，来料加工项下的保税料件因物权归属外商，不得进行串换。进料加工有退税，退税办法按新颁布的退税率执行，来料加工产品复出口不退税。

（二）加工贸易的特点

加工贸易（主要针对来料加工和来件装配业务）实质上是一种劳务出口形式。目前，我国加工贸易的发展具有以下三个方面的基本特征。

（1）两头在外的特征。即用以加工成品的全部或部分材料购自境外，而加工成品又销往境外。

（2）料件保税的特征。根据加工贸易"两头在外"的基本特征，我国现行的法规规定海关对进口料件实施保税监管，即对其进口料件实施海关监管下的暂缓缴纳各种进口税费的制度。料件的保税可以大大降低企业的运行成本，增加出口成品的竞争力，同时又对加工贸易保税料件监管提出较高的监管要求。料件保税是加工贸易的灵魂与核心，是区别于一般贸易的重要标志。

（3）加工增值的特征。企业对外签订加工贸易合同的目的在于通过加工使进口料件增值，从而从中赚取差价或工缴费。加工增值是加工贸易得以发生的企业方面的根本动因。

（三）加工贸易的作用

加工贸易这种经济合作方式的出现，有利于深化国际分工。对贸易的委托方来说，加工贸易可以利用受托方廉价的劳动力，降低生产成本，提高经济效益，同时，还可以扩大生产规模，为多余的资金和物资找到出口，提高销售量和利润额。

对贸易的受托方来说，主要会产生以下几方面的作用。

（1）发挥本国劳动力资源的优势。利用已有的厂房、设备在国内从事加工贸易，可以吸纳更多的劳动力就业，同时还有助于增加外汇收入。

（2）弥补国内原料的不足。有利于取得在花色、品种、规格、质量、数量等方面，国内不能满足出口生产需要的原材料和零部件。

（3）有利于引进国外先进的技术设备和管理经验。在加工贸易中，为保证产品的生产质量，委托方有时会提供先进的生产技术和设备以及管理经验供受托方使用，受托方从中可以学到一些先进的技术和生产经验。

（4）有利于本国生产适销对路的出口产品。加工贸易不受花色、式样和原材料等方面的制约，按照委托方的要求进行生产，可以保证生产的产品更加符合国际市场的需求，提高本国产品在国际市场上的适应能力和竞争能力。

（四）加工贸易的局限性

（1）产品的生产和销售权实际都掌握在委托方手中，受托方处于被动地位。一旦国际市场不景气或受到季节性因素的影响，委托方不及时来料，或者当市场看好时委托方要求增加加工数量，使委托方难以保持均衡正常的生产。

（2）加工贸易产品附加值低。加工贸易大多属于劳动密集型行业，对技术水平和管理经验的要求较低，而且产品加工完全是按照委托方的要求进行生产的，无法从根源上提高自身的生产管理水平，加工贸易的利润来源主要是工缴费，导致产品附加值低。

（3）存在"两高一资"问题。所谓的"两高一资"即"高耗能、高污染和资源性"，有些委托方要求生产的产品存在"两高一资"问题，导致受托方以牺牲环境、大量消耗资源能源为代价换取利润，造成了大量资源能源的浪费和严重的环境污染。

（4）冲击受托方已有的销售市场。加工贸易的产品一般是受托方原本生产经营的同类产品，加工贸易的发展会挤占自身产品原有的销售市场，增加竞争的激烈程度，缩减利润空间，不利于企业的长远发展。

二、补偿贸易

（一）补偿贸易的含义

补偿贸易（Compensation Trade）又称产品返销，指交易的一方在对方提供信用的基础上，进口设备技术，然后以该设备技术所生产的产品，分期抵付进口设备技术的价款及利息。补偿贸易双方的关系属于国际贸易范畴内买方与卖方的关系，买方对购进的机器设备或技术知识等，拥有完全的所有权和使用权，卖方在工厂企业内不占有股份。这种形式既利用了外资，也扩大了商品的销售渠道。补偿贸易常与加工贸易相结合，通常称为"三来一补"。

早期的补偿贸易主要用于兴建大型工业企业。如当时苏联从日本引进价值8.6亿美元的采矿设备，以1亿吨煤偿还；波兰从美国进口价值4亿美元的化工设备和技术，以相关工业产品返销抵偿。后期的补偿贸易趋向多样化，不但有大型成套设备，也有中小型项目。20世纪80年代，波兰向西方出口的电子和机械产品中，属于补偿贸易返销的占40%～50%。

我国在20世纪80年代，曾广泛采用补偿贸易方式引进国外先进技术设备，但规模不大，多为小型项目或外商以设备技术作为直接投资进入我国，故补偿贸易更趋减少。但是，随着我国市场经济的发展，补偿贸易在利用外资、促进销售方面的优越性不容忽视。

（二）补偿贸易的分类

按照偿付标的不同，补偿贸易大体上可分为三类。

（1）直接产品补偿。即双方在协议中约定，由设备供应方向设备进口方承诺购买一定数量或金额的由该设备直接生产出来的产品。这种做法的局限性在于，它要求生产出来的直接产品及其质量必须是对方所需要的，或者在国际市场上是可销的，否则不易为对方所接受。

（2）其他产品补偿。其他产品补偿又称间接产品补偿，是指当所交易的设备本身并不生产物质产品，或设备所生产的直接产品非对方所需或在国际市场上不好销售时，可由双方根据需要和可能进行协商，用回购其它产品来代替。

（3）劳务补偿。这种做法常见于同来料加工或来件装配相结合的中小型补偿贸易中。具体做法是双方根据协议，往往由对方代为购进所需的技术、设备，货款由对方垫付。我方按对方要求加工生产后，从应收的工缴费中分期扣还所欠款项。

上述三种做法还可结合使用，即进行综合补偿。有时，根据实际情况的需要，还可以部分用直接产品或其他产品或劳务补偿，部分用现汇支付等等。

（三）补偿贸易的特点和作用

1. 补偿贸易的特点

与一般贸易方式相比，补偿贸易具有以下两个基本特征：

（1）信贷是进行补偿贸易必不可缺少的前提条件。

（2）设备供应方必须同时承诺回购设备进口方的产品或劳务，这是构成补偿贸易的必备条件。

应当明确的是，在信贷基础上进行设备的进口并不一定构成补偿贸易，补偿贸易不仅要求设备供应方提供信贷，同时还要承诺回购对方的产品或劳务，以使对方用所得货款还贷款。这两个条件必须同时具备，缺一不可。此外，进行补偿贸易，双方须签订补偿贸易协议。

2. 补偿贸易的作用

（1）补偿贸易对设备技术进口方的作用。企业通过补偿贸易引进设备技术，可解决其缺少资金进行设备更新和技术改造的难题，从而使产品得以升级换代增强市场竞争能力（包括国际市场和国内市场）。设备技术进口方将产品返销，在抵偿设备技术价款的同时，也利用了设备出口方在国外的销售渠道，使产品进入国外市场、以进口设备技术来带动产品的出口，这种"以进带出"的方法，是当代中小型补偿贸易的一大特点。

以补偿贸易方式引进的设备技术，往往并不十分先进，甚至是二手设备。但如果产品能够畅销且市场前景良好，设备价格合理，则对发展中国家增加产品出口，扩大国内就业机会，提高地区经济发展水平仍是有利的。

（2）补偿贸易对技术出口方的作用。出口方在提供信贷的基础上，扩大设备和技术的出口。出口方出于转移产业的需要，通过补偿贸易方式将产业转移至发展中国家，既获得了转让设备和技术的价款，又从返销商品的销售中获取利润，可谓是一举两得。

（四）补偿贸易的局限性及相关风险

1. 补偿贸易的局限性

补偿贸易作为一种以信贷为基础、进出口相结合的贸易方式，其具有以下局限性：设备供应方并不普遍接受用返销产品进行偿付；不易引进较先进的技术设备，且价格偏高；若补偿产品出口量大，可能会与本国同类产品的出口发生竞争；补偿贸易较复杂、费时。

2. 补偿贸易的相关风险

开展补偿贸易，要注意以下一些可能遇到的风险。

（1）引进技术。一般情况下，西方不愿将较先进的技术、设备提供给别人，所以对一些技术要领、高技术的转让价格偏高。因此，在引进外国先进技术和设备时，要注意这些技术的先进性和可靠性如何，还要确立合理的价格。

（2）竞争和风险。①外商在获得补偿产品后，要注意其销售渠道和销售市场。如其销售渠道、市场范围、销售价格等与我方的出口市场和销售渠道相一致，即会形成竞争，因此，要注意避开这些竞争。在补偿贸易的立项到清偿过程中，要了解对方的意图和销售情况，尽可能使补偿产品的出口与传统出口商品不重复。即使以传统产品作补偿产品，也要尽可能避开我国已有的出口市场和销售渠道，而且要密切注意对方在国际市场上低价抛售的情况。②要注意国际市场风险，要防止出口方在国际市场发生某些变化时，以各种借口拒收补偿产品，造成进口方偿还困难。③要注意补偿产品的销售成本，有的外商获得补偿产品后，将这些产品委托贸易商代销，其增加的成本分摊到引进技术、设备的成本中去，这将直接增加技术、设备的成本。

（3）补偿期问题。补偿贸易的补偿期可以是 3 年、5 年，大宗交易项目也可长达 20 年。但有的企业在和外商签订补偿贸易合同时，往往忽视了确定合理的补偿期，偿还期过短或过长，以致企业不能如期履约或不能合理利用外资。

资料链接 10－6

补偿贸易与其他贸易方式的区别

补偿贸易与一般贸易的区别。

（1）一般贸易通常是以货币为支付手段；补偿贸易实质上是用商品为支付的。

（2）一般贸易通常不用以信贷为条件；补偿贸易往往离不开信贷，信贷往往是这种贸易的组成部分。

（3）一般贸易，一方为买方，另一方为卖方，交易手续简便；补偿贸易的双方既是买方，又是卖方，具有两重身份，有时供货或销售的义务还可让给第三方，交易手续比较复杂。

补偿贸易与易货贸易的区别。

补偿贸易与易货贸易都是买卖双方直接进行交换，一般不发生货币的流通，货币在这些贸易中仅仅是计价的手段。两者的不同之处在于，易货贸易往往是一次性行为，买卖过程同时发生，大致同时结束。补偿贸易往往持续时间过长，有的 3～5 年，有的长达 10 年以上，每一笔交易往往包括多次买卖活动。

三、国际租赁

（一）国际租赁的含义

国际租赁（International Letting and Hiring），又称租赁贸易或租赁信贷，也称为国际金融租赁或购买性租赁，是指出租人通过签订租赁合同将设备等物品较长期地租给承租人，承租人将其用于生产经营活动的一种经济合作方式。在租赁期内，出租人享有租赁物的所有权，承租人拥有租赁物的使用权，并定期向出租人缴纳租金，租期满后租赁物按双方约定的方式处理。租赁业务主要包括融资性租赁和经营性租赁两种方式。国际租赁关系的主体可以是自然人、法人、国家或国际经济组织，客体一般为价值较高的动产或不动产，如工厂的成套设备、建筑设备、采矿设备、炼油钻井设备、轮船、码头港口设备以及飞机、机场等。这种租赁关系属于债权关系，也具有某些物权性质，如有第三人（包括财产的所有人）侵害承租人使用权时，承租人有权依一定程序申请予以排除。

国际租赁是在第二次世界大战期间开始发展起来的，最早出现于美国。20 世纪 50～60 年代，西方国家纷纷建立租赁公司，并在国外设立分支机构。后来扩展到日本、澳大利亚以及第三世界。20 世纪 70 年代以后有一些国际金融组织成立租赁公司，并设立分支机构，经营国际租赁业务。中华人民共和国于 1981 年成立了中国租赁有限公司，后又同日本东方租赁公司合资成立中国东方租赁有限公司，按照平等互利原则，通过租赁引进先进技术设备。

（二）国际租赁的分类

1. 融资租赁

融资租赁（Finance Lease），又称金融租赁、资本租赁，是指出租方按承租方的意向购买机器设备，并以租金的形式给予出租方补偿，出租方收取的租金不仅弥补了其本金，而且还可以获取收益。这种租赁方式的租赁合同一般时间较长，包括了整个设备的使用年限，当合同结束时，机器的价值已全部以租金形式返还出租者，因此残存设备的所有权属于承租方，而且承租方不得中途解除合同或更改协议内容。承租人负责设备的维修与保险等费用。

在整个设备使用期内只租给一个用户，租赁公司按设备成本利息加上费用，分摊成租金向承租人收取，是最基本的租赁形式。

2. 杠杆租赁

杠杆租赁（Leverage Lease）又称衡平租赁、借贷式租赁，多见于价格昂贵的设备和固定资产。由于所需资金金额巨大，出租人无力独自购买，以设备本身和设备出租后租金的受让权为担保，向银行贷款，用贷款和一部分自有资金购买设备，再把设备出租给承租人，用租金偿还贷款本息。

在这种租赁方式中，出租人居中，从承租人处收取资金，并需归还银行贷款。出租人对其所贷款项负责，若承租方违约，出租人承担损失，银行本息照付。杠杆租赁方式结构复杂，当事人较多，是租赁贸易中较特殊的方式。租赁合同一经达成协议，不得中途撤销。杠杆租赁并非完全属于全部回收性租赁。

3. 经营租赁

经营租赁（Operating Lease）又称服务租赁、维修租赁，在经营租赁方式中，出租人拥有原始设备，承租人可以根据自己的需要确定租赁机器设备时间的长短，付给出租人租金。租期结束后，如果承租人无意再租或购买该设备，可以把设备归还给出租方，出租人可以继续把设备出租给下一个承租人。经营租赁合同期间，承租人可以中途解约。如合同中附有违约责任条款，应遵照执行。租赁期间，设备的维修费、保险费和资产税均由出租方负担，租金也较高。

这种形式的租赁期限较短，在设备使用有效期内不仅租给一个用户，每个用户所缴付的租金只相当于设备投资的一部分。经营租赁的标的物是通用设备，出租人通常是生产制造商兼营的租赁公司或者专业租赁公司。

4. 回租

回租（Lease-back），即承租人将自有设备作价卖与出租者，先将固定资产转变为现有资金后，再将原设备反租过来，采用分期交付租金的办法。承租人向出租人租赁原来属于自己的设施，一般做法是先由承租人和出租人签订租赁协议，然后再签订买卖合同，由出租人购进标的物，将其租给承租人，即原物主。这种租赁方式主要用于不动产，是承租人缺少资金而出售不动产以筹措所需资金的一种方式。

回租租赁均为融资租赁。标的物的售价将分摊在各期租金中，往往并不反映真正的市场价，多取决于承租人所需资金的数额。

5. 综合性租赁

综合性租赁（Comprehensive Lease）是租赁与合资经营、合作经营、对外加工装配、补偿贸易及包销等其他贸易方式相结合的租赁方式。但租赁与合资经营、合作经营相结合的方式，必须是合营公司注册资本以外的部分。具体来说，由出租人将机器设备租给承租人后，承租人或用租赁的设备生产出的产品偿付租金，或用加工装配所获工缴费顶替租金分期偿付，或把产品交出租人包销，由其从包销价款中扣取租金。

我国的租赁市场主要由租赁专业公司、中国银行的信托部门（中国银行信托咨询公司）以及各级国际信托投资公司等组成。这些公司在租赁业务的经营中，一般是通过将外国制造的设备租给本国企业使用，或把我国的部分机器设备出租给国外公司、企业的形式来进行。有时这些租赁部门也为国内用户单位介绍国外的租赁公司，由租赁部门作担保，国内用户可直接与国外租赁公司签订租赁合同，租入设备。

从我国租赁业务来看，租赁方式多以融资租赁（金融租赁）为主，即由国外租赁公司或我方公司垫付资金，购进企业所需设备，并分期支付租赁费，以取得设备的使用权。在租期内，企业用设备投产所创外汇，分期偿还总租赁费，最后以象征性的付款方式取得设备的所有权。

（三）国际租赁的优势和劣势

1. 国际租赁的优势

（1）国际租赁对承租者的优势。①能充分利用外资。当国内生产企业急需引进国外先进设备，又缺乏外汇资金时，国际租赁是利用外资的有效途径。因为国际信贷购买设备，仍需自筹部分资金，并预付15％的合同价款。而用租赁方式引进，生产企业可先不付现汇资金即可使用设备，留待以后分期支付租金给国外出资者，使企业资金周转不会遇到困难，从而达到提高产品质量，增加产量和扩大出口的目的。②能争取引进时间。国内生产企业如果向银行申请贷款和外汇，再委托进口公司购买所需设备，一般来说，时间是相当长的。而使用融资租赁的形式，通过信托公司办理，可使融资与引进同步进行，既减少了环节，又缩短了时间，使进口货物很快落实，从而达到加快引进的目的。③有利于企业的技术改造。企业采用租赁方式，能经常替换残旧和过时的设备，使设备保持高效率及其先进性，使企业产品更具有竞争力。尤其是经济寿命较短或技术密集型的设备，用经营租赁方式引进最新设备，出资者负责维修，更能使企业的技术改造有所保证。④不受国际通货膨胀的影响。租赁合同经双方认可，根据租赁时设备的售价及银行利息而确定的金额，在写成正式书面合同文件后就固定了下来。因此，在整个租期内，合同条款不会变动，即使遇到通货膨胀或国际贷款利率上浮等情况发生，也不能改变合同中已订的价款、利率和租金。⑤能减少盲目引进的损失。购买引进设备，一旦发现其产品不符合国内外市场的形势和要求，要想很快脱手是相当困难的。若压价出售，会使企业蒙受不必要的经济损失；暂时闲置不用，又会使企业背上沉重的包袱，占用资金；勉强维持生产，而产品又销售不出去，则会造成更大的损失。而采用经营租赁方式，灵活方便，如果发现情况不好，则可立即收手退租，力求使企业损失降低到最低程度。⑥有利于适应暂时性和季节性需要。有些设备在生产中的使用次数不多，却又不可缺少，如探测仪器、仪表等；有些设备受生产的季节性影响较大，使用的时间少，闲置的时间多，如农用设备等。如果购置备用，则造成积压浪费。而采用租赁形式，便利又节约，还能节省保管和维修费用。

（2）国际租赁对出租者的优势。①扩大设备销路的新途径。机器设备只有尽快销售出去，才能收回资金，促进生产的进一步发展。如果需要设备的用户缺乏资金又不易获得银行贷款，难于一次付清货款时，就难以达成交易。采用租赁贸易的方式，以租金的形式回收资金，是商品拥有者扩大商品销路的一条新途径。出租者承接租赁业务，起着促进达成交易的作用，并能从中获得一定的利益。②能获得较高的收益。出租者在设备出租期间所获得租赁费的总和，一般都比出售该设备的价格要高。而设备的所有权仍属于出租者，使其收益更安全可靠。同时，在租赁期间，出租者还可向承租者提供技术服务，包括安装、调试、检测、维修、保养、咨询和培训等，也可以从中获得一定的额外收入。③能得到缴纳税金的优惠待遇，可以享受税负和加速折旧的优惠。采用融资租赁形式出租的设备，国家一般不将其作为该企业的资产处理，因此能在本国获得减免税的待遇。

2. 国际租赁的劣势

（1）租金高昂，即比用现汇或外汇贷款购买的代价高，从而提高了产品的生产成本。通常情况下，高出的幅度可达 $12\%\sim17\%$ 左右。

（2）在租赁期间，承租人只有使用权，设备的所有权仍属于出租者。因此，承租人不能将租赁物进行技术改造、抵押或者出售。

（3）租赁设备在租用期满后的残值，仍属于出租人所有。如果采用经营租赁方式，承租人对于在设备使用期间内所确定的租金没有经过仔细的调查研究，核算租用设备的使用寿命及其利用率将是一笔很大的损失。

（4）长期按规定支付租金，若设备利用不充分，则生产成本将会增加。

（5）租赁契约经双方签订认可后，一般不得随意终止合同，如果一方毁约或不履行有关条款，就要赔偿对方损失，且罚款较重，因此应慎重考虑。

资料链接 10－7

著名租赁公司

远东国际租赁有限公司

远东国际租赁有限公司（简称远东租赁）于 1991 年成立于"一朝发祥地，两代帝王城"的沈阳，系中外合资的专门从事融资租赁业务的专业公司。在经历了十年发展之后，由浑河北岸的沈阳南迁至浦江之畔的上海，公司从此掀开了新的篇章。随着公司管理水平的提高和改善，创建了独具特色的保障租赁资产安全的质量控制体系，远东租赁获得股东信任，于 2004 年再次增资扩股，注册资本达到 6047 万美元，并于同年 8 月正式获得了英国标准协会（BSI）颁发的 ISO9001 质量体系认证证书。同时，公司还获得了由国家人事部和国务院国有资产管理监督委员会联合颁发的"中央企业先进集体"荣誉称号。

中航技国际租赁有限公司

中航技国际租赁有限公司（CATIC International Leasing Co.，Ltd.），简称中航技租赁公司（CATIC Leasing），成立于 1993 年，由中国航空技术进出口总公司与江西江南信托投资股份有限公司联合控股。

中航技国际租赁有限公司是专业的租赁服务商及品牌经销商。公司主要从事民用飞机、机电、运输设备等资产的融资租赁（包括直接融资租赁、回租赁、转租赁、委托租赁、杠杆租赁、联合租赁）和经营性租赁；对租赁物品及抵偿租金物品的变卖、处理业务；除国家组织统一联合经营的出口商品和实行核定的进口商品以外的商品及技术进出口等经批准的业务，国内贸易（除专项规定），系统集成，展览，投资，咨询。

浙江金融租赁股份有限公司

浙江金融租赁股份有限公司，是浙江省唯一一家先后经中国人民银行总行、银监会批准的主营融资性租赁业务的非银行金融机构。公司成立于 1984 年，总部设在浙江省会杭州市，在宁波、金华设有分公司。现有总资产 56.8 亿元，员工 163 人。是中国金融租赁行业的领先优势企业，从 2001 年至今担任行业协会会长。截至 2004 年 6 月，公司累计租赁投放人民币 320 多亿元，根据国际租赁实践经验，可带动相关投资 1600 多亿元，新增产值近 3200 亿元人民币。在公司租赁支持的 2300 多家企业中，利税超千万元的浙江企业已超过 300 家，其中 285 家进入"五个一批"，包括万向集团、新和成股份、精工科技、华伦电缆、桐昆集团、金洲集团等代表浙江产业形象的大中型企业集团、地方骨干企业。

本章小结

国际服务贸易有广义和狭义之分。狭义的国际服务贸易是指传统的为国际货物贸易服务的运输、保险、金融以及旅游等无形贸易；而广义的概念除了传统的国际服务贸易之外，还包括服务的提供者与使用者在没有实体接触的情况下发生的无形的国际服务交换，如承包劳务、技术服务、服务外包、软件设计、信息咨询服务、卫星传送和传播等。

国际技术贸易是指不同国家的企业、经济组织或个人之间，按照一般商业条件，向对方出售或从对方购买软件技术使用权的一种国际贸易行为。它由技术出口和技术引进这两方面组成。简言之,国际技术贸易是一种国家间的以纯技术的使用权为主要交易标的的商业行为。技术贸易既包括技术知识的买卖,也包括与技术转让密切相关的机器设备等货物的买卖。国际技术贸易的基本内容包括:专利使用权、商标使用权、专有技术使用权、商业秘密以及计算机软件和版权等。

国际经济合作除了国际服务贸易和国际技术贸易之外,较为典型的还有加工贸易和补偿贸易。所谓加工贸易,是指外国企业以投资的方式把某些生产能力转移到东道国或者利用东道国已有的生产能力为自己加工装配产品,然后运出东道国境外销售。加工贸易是以加工为特征的再出口业务,按照所承接的业务特点不同,常见的加工贸易方式包括进料加工、来料加工、来件装配和协作生产。所谓补偿贸易,是指交易的一方在对方提供信用的基础上,进口设备技术,然后以该设备技术所生产的产品,分期抵付进口设备技术的价款及利息。

重要概念

国际服务贸易 (International Service Trade)

跨境交付 (Cross-border Supply)

境外消费 (Consumption Abroad)

商业存在 (Commercial Presence)

自然人流动 (Presence of Natural Persons)

最惠国待遇 (Most Favoured Nation,MFN)

国民待遇 (National Treatment)

服务贸易壁垒 (Service Trade Barriers)

国际技术贸易 (International Technology Trade)

发明专利 (Invention patent)

实用新型专利 (Utility Model Patent)

外观设计专利 (Design Patent)

商标 (Mark)

许可贸易 (Licensing)

特许专营 (Franchising)

工程承包 (Engineering Contracting)

竞争性招标 (International Competitive Bidding)

两阶段招标 (Two-Stage Bidding)

议标 (Negotiated Procurement)

半交钥匙工程承包合同 (Semi-turn Key Project Contract)

交钥匙工程承包合同 (Turn Key Project Contract)

产品到手工程承包合同 (Contract for Products in Hand)

《与贸易有关的知识产权协定》 (Agreement on Trade-Related Aspects of Intellectual

Property Rights，TRIPs)

补偿贸易（Compensation Trade）

国际租赁（International Letting and Hiring）

练习题

1. 什么是国际服务贸易？其具有哪些特点是什么？

2. 国际服务贸易主要有哪几种分类？

3. 《服务贸易总协定》的基本原则是什么？

4. 常见的国际服务贸易壁垒有哪些？

5. 什么是国际技术贸易？

6. 专利的定义和分类分别是什么？

7. 取得商标权的原则有哪些？

8. 什么是许可贸易？

9. 许可贸易的主要分类是什么？各个分类之间的区别是什么？

10. 什么是加工贸易？

11. 进料加工和来料加工有什么区别？

12. 在国际经济合作迅速发展的形势下，我国企业应如何更好地运用补偿贸易这种合作方式？

参考文献

[1]（美）多米尼克·萨尔瓦多（(Dominick Salvatore)（作者），杨冰（译者）. 国际经济学 [M]，北京：清华大学出版社，2015.

[2] 华民. 国际经济学（第二版）[M]，上海：复旦大学出版社，2017.

[3]（英）亚当·斯密（Adam·Smith)（作者），杨敬年（译者）. 国富论（第三版）[M]. 西安：陕西人民出版社，2011.

[4]（英大卫·李嘉图（作者），郭大力、王亚南（译者）. 经济学及赋税之原理（第2版） [M]. 上海：上海三联书店，2014.

[5]（美）保罗·R·克鲁格曼（Paul R Krugman)、茅瑞斯·奥伯斯法尔德（Maurice Obstfeld)、马克·J·梅里兹（Marc J. Melitz)（作者），丁凯、黄剑、汤学敏（译 者）. 国际贸易（第十版）[M]. 北京：中国人民大学出版社，2016.

[6]（瑞典）伯特尔·俄林（Ohlin B. G.)（作者），逯宇铎（译者）. 区际贸易与国际贸易 [M]. 北京：华夏出版社，2013.

[7] 张海波，李汉君，陈忠. 国际贸易理论与政策 [M]. 北京：清华大学出版社，2017.

[8] 薛荣久. 国际贸易（第六版）[M]. 北京：对外经济贸易大学出版社，2016.

[9] 李左东. 国际贸易理论、政策与实务（第四版）[M]. 北京：高等教育出版社，2017.

[10] 蔡春林. 发展中国家贸易救济措施研究 [M]. 北京：对外经济贸易大学出版 社，2011.

[11] 贾建华，阚宏. 新编国际贸易理论与实务（第三版）[M]. 北京：对外经济贸易大学 出版社，2012.

[12] 盛洪昌. 国际贸易理论与实务（第三版）[M]. 上海：上海财经大学出版社，2016.

[13] 佟家栋，周申. 国际贸易学：理论与政策（第三版）[M]. 北京：高等教育出版 社，2014.

[14] 孙丽云，王立群. 国际贸易（第五版）[M]. 上海：上海财经大学出版社，2014.

[15] 陈宪，应诚敏，韦金鸾. 国际贸易理论与实务（第4版）[M]. 北京：高等教育出版 社，2012.

[16] 冷柏军，张玮. 国际贸易理论与实务 [M]. 北京：中国人民大学出版社，2012.

[17] 陈岩. 国际贸易理论与实务（第四版）[M]. 北京：清华大学出版社，2018.

[18] 李权. 国际贸易（第二版）[M]. 北京：北京大学出版社，2014.

[19] 韩华英，兰峰. 国际贸易 [M]. 上海：上海财经大学出版社，2016.

[20]（美）托马斯·A·普格尔（Thomas A. Pugel)（作者），赵曙东，沈艳枝（译者）. 国际贸易（第十五版）[M]. 北京：中国人民大学出版社，2014.